U0537068

THE CORE ISSUES OF COUNTY-LEVEL INTEGRATED MEDIA

县级融媒体的“四梁八柱”

刘建华等 著

图书在版编目（CIP）数据

县级融媒体的“四梁八柱” / 刘建华等著. -- 北京:
中国书籍出版社, 2024.5

ISBN 978-7-5068-9841-6

Ⅰ. ①县… Ⅱ. ①刘… Ⅲ. ①县—传播媒介—建设—
研究—中国 Ⅳ. ①G206.2

中国国家版本馆CIP数据核字(2024)第080096号

县级融媒体的“四梁八柱”

刘建华等　著

责任编辑　庞　元
责任印制　孙马飞　马　芝
封面设计　东方美迪
出版发行　中国书籍出版社
地　　址　北京市丰台区三路居路 97 号（邮编：100073）
电　　话　（010）52257143（总编室）　（010）52257140（发行部）
电子邮箱　eo@chinabp.com.cn
经　　销　全国新华书店
印　　厂　北京九州迅驰传媒文化有限公司
开　　本　787毫米 × 1092毫米　1/16
印　　张　24.75
字　　数　486千字
版　　次　2024 年 5 月第 1 版
印　　次　2024 年 5 月第 1 次印刷
书　　号　ISBN 978-7-5068-9841-6
定　　价　158.00元

《县级融媒体的“四梁八柱”》
出品方

中国新闻出版研究院传媒研究所

江西省鹰潭市贵溪市融媒体中心

目　录

序论：融媒体中心是治国理政的战略安排

2013年8月，习近平总书记在全国宣传思想工作会议上首次提出融合发展思想，2014年8月，中央全面深化改革领导小组第四次会议审议通过《关于推动传统媒体和新兴媒体融合发展的指导意见》，以习近平总书记重要讲话和《意见》为标志，媒体融合正式成为国家战略，2013年也被称为媒体融合元年。作为一种治国理政的战略安排，媒体融合发展已有十个年头，县级融媒体中心建设也进入了第六个年头，在多年的融合实践中，涌现了很多成功的县级融媒体中心典型，如江西分宜融媒体中心和共青城融媒体中心、福建尤溪融媒体中心、浙江安吉融媒体中心和长兴融媒体中心、江苏邳州融媒体中心和江阴融媒体中心、湖南浏阳融媒体中心、四川双流融媒体中心和仁寿融媒体中心、湖北夷陵融媒体中心、河南项城融媒体中心、河北香河融媒体中心、甘肃玉门融媒体中心、宁夏贺兰融媒体中心、黑龙江海伦市融媒体中心等。县级融媒体中心已由最初两年的挂牌成立阶段进入今后较长时期的能力建设阶段。这个能力建设就是要通过体制机制、生产流程、经营管理、技术应用、人才培养、队伍激励、政策资源等方面的综合发力，形成符合本区域实际的全媒体生产与传播能力，真正建成主流舆论阵地、综合服务平台和社区信息枢纽，成为地方党委政府“治县理政”的抓手和平台，为中国式现代化实践服务，为中华民族伟大复兴中国梦目标助力。未来一段时间内，融媒体中心能力建设有两大重要任务：一是占领舆论引导制高点，二是要建设本区域文化体系。在舆论引导方面，融媒体中心要紧紧围绕中央及各级党委政府的中心任务，通过解读好党的理论路线方针政策、讲好本地老百姓生产生活故事、做好重大危机事件干预和外宣传播等工作，发挥强大的舆论引导作用。在本区域文化体系建设方面，融媒体中心要高度重视传播本地文化工作，我们知道，中国社会主义道路的每一步开拓，都是基于中国国情和中国文化的实践探索，在全面推进中国式现代化的大潮中，马克思主义和中华优秀传统文化进行紧密结合，锻造出丰富的当代文化，形成新时代的中华民族现代文明，现代意义上的文化认同，必将为中国特色社会主义文化发展提供强大精神动力，为实现中华民族伟大复兴提供关键思想资源。为此，各级各类媒体务必高度重视对本区域本行业文化的传播，形成自己独特的文化体系，成为传媒产品生产传播取之不尽用之不竭的活力源泉，形成区域融媒体中心核心竞争力，打通传播“最后一公里”，紧紧黏附本区域传媒文化产品用户，与中央省市级媒体形成互补优势，真正成为不可替代的基层新型主流媒体。

第一节　县级融媒体中心深度发展的理论遵循

融合发展是社会发展的重要规律之一。党的十八大以来，习近平总书记发表了很多融合发展的论述，党中央在各个领域、各个方面、各个层次制定的战略、策略、方针、政策，无不贯穿着融合发展的重要思想并基本形成了完整的体系。在所有关于融合发展的论述中，习近平总书记尤其重视媒体融合发展。十年来，习近平总书记在不同场合发表的许多推动媒体融合发展的重要论述，体现了宣传思想文化工作在党的当前工作中的极端重要性。十年来，习近平关于推动传统媒体与新兴媒体融合发展的论述，展示出一条清晰的演进轨迹，从“你是你、我是我”，到“你中有我、我中有你”，到“你就是我、我就是你”，到“四全”媒体，最后在全媒体传播体系建成的基础上，不断扩大传播力和影响力，通过有效的国内国际传播，为实现中华民族伟大复兴的中国梦书写更为精彩的时代篇章，为推动构建人类命运共同体贡献智慧和力量。

2013 年 8 月，习近平总书记在全国宣传思想工作会议上强调：“宣传思想工作就是要巩固马克思主义在意识形态领域的指导地位，巩固全党全国人民团结奋斗的共同思想基础。很多人特别是年轻人基本不看主流媒体，大部分信息从网上获取。要适应社会信息化持续推进的新情况，加快传统媒体和新兴媒体融合发展。”[①]

2014 年 8 月，习近平总书记在中央全面深化改革领导小组第四次会议上强调：“推动传统媒体和新兴媒体融合发展，要遵循新闻传播规律和新兴媒体发展规律，强化互联网思维，坚持传统媒体和新兴媒体优势互补、一体发展，坚持先进技术为支撑、内容建设为根本，推动传统媒体和新兴媒体在内容、渠道、平台、经营、管理等方面的深度融合。”[②]

2015 年 12 月，习近平总书记在视察解放军报社时指出：“媒体格局、舆论生态、受众对象、传播技术都在发生深刻变化。读者在哪里，受众在哪里，宣传报道的触角就要伸向哪里，宣传思想工作的着力点和落脚点就要放在哪里。‘互联网 +’就是‘互联网 + 各个传统行业’。”[③]2015 年 12 月，习近平总书记在第二届世界互联网大会开幕式上讲话中指出：推进全球互联网治理体系变革的四项原则是尊重网络主权、维护和平安全、促进开放合作与构建良好秩序，并提出了构建网络空间命运共同体的五点主张。

2016 年 2 月，习近平总书记在党的新闻舆论工作座谈会上指出：“融合发展关键在融为一体、合而为一。要尽快从相‘加’阶段迈向相‘融’阶段，从‘你是你、我是我’变成‘你中有我、我中有你’，进而变成‘你就是我、我就是你’，着力打造一批新型主流媒体。”[④]在网络安全和信息化工作座谈会上指出：网民来自老百姓，老百姓上了网，民意也就上了网。

2017 年 10 月，习近平总书记在党的十九大报告中指出：高度重视传播手段建设和创新，提高新闻舆论传播力、引导力、影响力、公信力。加强互联网内容建设，建立网络综合治理体系，营造清朗的网络空间。在给第四届世界互联网大会的致信中指出：建设网络强国、数字中国、智慧社会，推动互联网、大数据、人工智能和实体经济深度融合，携手构建网络空间命运共同体。

2018 年 4 月，习近平在网络安全和信息化工作座谈会上指出：“推进网上宣传理念、内容、形式、方法、手段等创新，把握好时度效，构建网上网下同

---

① 习近平 . 论党的宣传思想工作 [M]. 北京：中央文献出版社，2020：14.

② 推动传统媒体和新兴媒体融合发展，人民网 http：//media.people.com.cn/GB/22114/387950/，2021-6-23.

③习近平视察解放军报社，新华网 http：//www.xinhuanet.com/politics/2015-12/26/c_1117588434.htm，2021-6-23.

④人民网：习近平谈媒体融合发展关键在融为一体、合而为一，求是网 http：//www.qstheory.cn/2019-03/26/c_1124282589.htm，2021-6-23.

心圆。”[①] 要发展数字经济，不断催生新产业新业态新模式。在全国宣传思想工作会议上指出：使互联网这个最大变量变成事业发展的最大增量。要扎实抓好县级融媒体中心建设，更好引导群众、服务群众。

2019 年 1 月，习近平总书记在中共中央政治局第十二次集体学习时强调：“推动媒体融合发展、建设全媒体成为我们面临的一项紧迫课题，全媒体不断发展，出现了全程媒体、全息媒体、全员媒体、全效媒体。要运用信息革命成果，推动媒体融合向纵深发展，做大做强主流舆论。推动媒体融合发展，要坚持一体化发展方向，通过流程优化、平台再造，实现各种媒介资源、生产要素有效整合，实现信息内容、技术应用、平台终端、管理手段共融互通，催化融合质变，放大一体效能，打造一批具有强大影响力、竞争力的新型主流媒体。人在哪儿，宣传思想工作的重点就在哪儿，网络空间已经成为人们生产生活的新空间。移动互联网已经成为信息传播主渠道。要把握国际传播领域移动化、社交化、可视化的趋势，在构建对外传播话语体系上下功夫。”[②]

2020 年 6 月，中央全面深化改革委员会第十四次会议审议通过了《关于加快推进媒体深度融合发展的指导意见》，习近平总书记强调：“推动媒体融合向纵深发展，要深化体制机制改革，加大全媒体人才培养力度，打造一批具有强大影响力和竞争力的新型主流媒体，加快构建网上网下一体、内宣外宣联动的主流舆论格局，建立以内容建设为根本、先进技术为支撑、创新管理为保障的全媒体传播体系，牢牢占据舆论引导、思想引领、文化传承、服务人民的传播制高点。”[③]

2021 年 11 月，习近平总书记致信祝贺新华社建社 90 周年时指出，“90 年来，新华社坚定不移跟党走，宣传党的主张，反映人民心声，记录时代精神，传播中国声音，在革命、建设、改革各个历史时期发挥了重要作用。在全面建设社会主义现代化国家新征程上，新华社要在党的领导下，把握正确政治方向，坚定理想信念，坚守人民情怀，赓续红色血脉，坚持守正创新，加快融合发展，加强对外传播，努力建成国际一流新型全媒体机构，为实现中华民族伟大复兴

①习近平在网络安全和信息化工作座谈会上的讲话，人民网 http：//politics.people.com.cn/n1/2016/0426/c1024-28303544-3.html，2021-6-23.

②习近平在中共中央政治局第十二次集体学习时强调：推动媒体融合向纵深发展　巩固全党全国人民共同思想基础，人民网 http：//politics.people.com.cn/n1/2019/0126/c1024-30591056.html，2021-6-23.

③习近平主持召开中央全面深化改革委员会第十四次会议，新华网 www.xinhuanet.com，2020-6-30.

的中国梦、推动构建人类命运共同体作出新的更大的贡献”①。

2022年10月16日，习近平总书记在党的二十大报告中指出，“巩固壮大奋进新时代的主流思想舆论，加强全媒体传播体系建设，推动形成良好网络生态”②。此前，1月4日，习近平总书记在北京考察冬奥会筹备工作时，在中央广播电视总台主媒体中心指出，要“讲好中国故事、传播中国声音，争取第一时间把北京冬奥盛会传播出去。要通过办好这样的大型国际赛事活动，进一步提升我们的文化传播力、新闻影响力、国家软实力”③。6月12日，在给《大公报》创刊120周年的贺信中指出，“不忘初心，弘扬爱国传统，锐意创新发展，不断扩大传播力和影响力，为‘一国两制’实践行稳致远、为实现中华民族伟大复兴的中国梦书写更为精彩的时代篇章”④。8月25日，在给第五届中非媒体合作论坛的贺信中指出，“努力做人文交流的推动者、公平正义的守望者、全球发展的促进者，共同讲好新时代中非故事，传播全人类共同价值，为推动构建人类命运共同体贡献智慧和力量”⑤。8月30日，为了深入学习贯彻习近平总书记关于推动媒体融合发展的重要论述，黄坤明在2022中国新媒体大会开幕式上强调，“中央媒体和省级媒体要在深入深化上取得新进展，地市级媒体要在整合融合上迈出新步伐，县级融媒体要在增质增效上进行新探索”⑥。9月23日，习近平总书记在给中国新闻社建社70周年的贺信中指出，要“创新国际传播话语体系，加快融合发展，提高国际传播能力”⑦。

①习近平致新华社建社90周年的贺信，新华网 https：//baijiahao.baidu.com/s?id=1715661601680524239&wfr=spider&for=pc，2022-9-20.

②中国共产党第二十次全国代表大会开幕式文字实录，新华网 http：//www.news.cn/politics/cpc20/zb/xhwkmh1016/wzsl.htm，2022-10-16.

③习近平主席致首届全球媒体创新论坛的贺信，国际在线 https：//baijiahao.baidu.com/s?id=1723023667641043573&wfr=spider&for=pc，2022-9-20.

④习近平致《大公报》创刊120周年的贺信，新华网 http：//www.xinhuanet.com/politics/leaders/2022-06/12/c_1128734716.htm，2022-9-20.

⑤习近平向第五届中非媒体合作论坛致贺信，新华网 http：//www.xinhuanet.com/politics/leaders/2022-08/25/c_1128946814.htm?d=1661421801001，2022-9-20.

⑥黄坤明出席2022中国新媒体大会开幕式时强调：加快推进媒体深度融合 更好凝聚团结奋进强大力量，新华网 https：//baijiahao.baidu.com/s?id=1742551637186801458&wfr=spider&for=pc，2022-9-20.

⑦习近平致中国新闻社建社70周年的贺信，光明网 https：//m.gmw.cn/baijia/2022-09/23/36044925.html，2022-9-30.

第二节 县级融媒体中心深度发展的逻辑与节点

习近平总书记关于媒体融合发展的论述为中国传媒业的融合发展绘就了一幅详细的路线图，指明了媒体融合发展的正确方向，提供了切实有效的实施路径，是新时代马克思主义新闻观的新思想、新观点、新论断。对于县级融媒体中心而言，深度发展的根本前提是要把握好媒体融合发展的基本逻辑与行业社会生产总过程的关键节点。

一、县级融媒体中心深度发展的三个逻辑

总体而言，我们可以从下面三个逻辑来理解习近平总书记关于媒体融合发展论述的基本观点。

第一，从媒体角色与功能逻辑来看，媒体融合发展的根本宗旨是巩固马克思主义在意识形态领域的指导地位，巩固全党全国人民团结奋斗的共同思想基础，为实现中华民族伟大复兴的中国梦提供强大精神力量和舆论支持。习近平总书记强调，“经济建设是党的中心工作，意识形态工作是党的一项极端重要的工作”①；“中国特色社会主义进入新时代，必须把统一思想、凝聚力量作为宣传思想工作的中心环节”；“做好新形势下宣传思想工作，必须自觉承担起举旗帜、聚民心、育新人、兴文化、展形象的使命任务”。宣传思想工作是做人的工作的，精神力量和舆论支持的实施主体最终是人。要做好人的思想工作，让受众的议题设置和媒体及政府的议题设置保持一致，就需要媒体具有强大的传播力、引导力、影响力与公信力，成为人们须臾不可或缺的信息获得、意见参考和行动决策的主要依靠。在数字技术、网络技术、移动技术与智能技术日新月异变革的背景下，传播生态发生根本变化，在新媒体的冲击下，传统媒体都面临救亡图存的威胁，融合发展战略就是通过推动传统媒体和新兴媒体融合发展，始终保持主流媒体的生命力和战斗力，扮演好党和人民耳目喉舌的

①习近平 . 论党的宣传思想工作 [M]. 北京：中央文献出版社，2016：14，338，15.

角色，履行好举旗帜、聚民心、育新人、兴文化、展形象的使命任务，建设具有强大凝聚力和引领力的社会主义意识形态，为新时代中国特色社会主义建设提供强大精神动力。

第二，从媒体传播主体地位逻辑来看，媒体融合发展的根本目的是占领舆论引导、思想引领、文化传承、服务人民的传播制高点。要实现巩固共同思想基础、提供强大精神动力和舆论支持的根本宗旨，需要融合发展后的新型主流媒体能够占领信息传播的制高点。早在 2013 年的全国宣传思想工作会议上，习近平总书记就强调，要“积极探索有利于破解工作难题的新举措新办法，特别是要适应社会信息化持续推进的新情况，加快传统媒体和新兴媒体融合发展，充分运用新技术新应用创新媒体传播方式，占领信息传播制高点”[①]。在 2020 年 6 月的中央深改委第十四次会议上，习近平总书记进一步强调，推动媒体向纵深发展的目的是要“牢牢占据舆论引导、思想引领、文化传承、服务人民的传播制高点”。传播制高点的占领不是去靠行政手段实现的，而是要真刀真枪靠本事说话的。主流媒体守土有责，更要守土尽责，及时提供更多真实客观、观点鲜明的信息内容，牢牢掌握舆论场主动权和主导权，为其他合规的媒体提供新闻信息来源。在市场竞争中，如果主流媒体总能成为人民群众的信息管家、意见领袖与生活顾问，总能成为社会舆论的干预者和引导者，总能成为其他社会媒体信息来源与社会行动的中心，那么它就成为了货真价实的传播领袖，是真正的主流媒体，才能稳居传播制高点，很好地完成党和人民赋予的职责使命。

第三，从媒体社会生产总过程逻辑来看，媒体融合的根本任务是建立以内容建设为根本、先进技术为支撑、创新管理为保障的全媒体传播体系。传播制高点的占领，不是靠行政命令，也不是靠垄断资源，而是靠主流媒体能够提供人民群众喜闻乐见的产品和服务，以强大的市场竞争能力说话。媒体作为一种精神性行业，具有精神与物质双重属性，受众在接受其物质性产品后，主要是消费其精神性产品。根据马克思的社会生产总过程理论，任何社会生产都包括生产、分配、交换和消费四个环节。媒体产品只有在其精神性内容被受众接受后，才有可能进行再生产，实现循环往复的生产消费。要使媒体社会生产总过程得以顺利进行，就必须提供为人民群众所喜闻乐见的产品和服务，就必须建立科

① 中共中央文献研究室．习近平关于全面建成小康社会论述摘编 [M]. 北京：中央文献出版社，2016：106.

学有效的全媒体传播体系。习近平总书记关于媒体融合发展的相关论述，为全媒体传播体系的构建指明了方向。

二、县级融媒体中心社会生产总过程的八个节点

县级融媒体中心社会生产总过程的根本任务是为社会提供丰富多元的精神文化产品，满足当地人民美好精神生活需要，因此，作为法人主体的融媒体中心，要深刻认识生产、分配、交换、消费社会生产总过程八个节点的极端重要性，科学配置和发挥生产要素效率，确保融媒体社会再生产的健康有效运行。

1.从融合技术上来看，主流媒体要以先进技术为支撑

先进技术是融合发展的基础，正是因为数字技术、网络技术、移动技术与智能技术的不断革新，才为媒体融合发展提供了可能。在印刷技术、电子技术、模拟技术等媒介技术单一递进发展的几千年间，图书、报纸、期刊、电影、广播、电视等媒体有鲜明的技术界限，各自形成独立的行业，在行业政策的保护下，相安无事地并行发展。新媒体技术的出现，可以打通原子媒体、电子媒体与数字媒体的介质障碍，使得同一内容在不同介质上的发布成为可能，传播媒介资源与信息资源不再具有垄断性，微信、微博、抖音等社交媒体的出现，传播获得权与传播发布权无限扩大，全民记者也就成为可能。传媒生态发生如此巨大的变化，传统媒体如果还恪守原有的生产和传播模式，必将为受众所淘汰。目前在融合发展道路上做得较好的媒体，几乎都是主动利用新媒体技术进行融合发展的媒体，他们具备互联网思维，不断强化用户意识、技术意识和互动意识，在遵循新闻传播规律和新兴媒体发展规律的基础上，以5G、人工智能、云计算、物联网、大数据、区块链等先进技术为支撑，坚持走一体化发展道路，成为有强大影响力和竞争力的市场主体。这方面的成功例子有人民日报社、上海报业集团、四川日报报业集团、重庆日报报业集团等，安吉、长兴、尤溪等做得较好的县级融媒体中心也是先进技术的率先使用者。

2.从融合主体来看，要深化体制机制改革，推动媒体市场主体深度融合，打造一批具有强大影响力竞争力的新型主流媒体

融合的关键是主体融合，如果只是把各种媒体像把小舢板捆在一起一样，那是永远不能造成航空母舰的，那是物理融合，没有化学融合是无法做成新型主流媒体的。为此，首先，要深化体制机制改革，在主体性质、人事编制、绩

效考核、薪酬制度上要全部统一，不管之前是什么性质的主体，融合后只能按同一套劳动、人事、分配制度进行运营；其次，要进行媒体生产流程再造，建设融媒体中心或中央厨房，实现一体策划、一次采集、多种生成、多端发布，使报纸、期刊、图书、广播电视等不同形态的内容生产能够在同一个流程体系内完成；最后，要融合多元传播渠道与终端，建设全媒体矩阵，每一个新型主流媒体都是一个全媒体或融媒体中心，全媒体实际上就是融媒体中心，他们不是新的媒介形态，而是一个个媒体组织，在这一个个媒体组织的运作下，不同形态的媒介（如报纸、期刊、图书、广播电视、门户网站、微博、微信、客户端等）真正实现优势互补，各自牢牢黏附住不同需求的细分受众，实现个性化、精准化与互动化传播，获得“笙歌归院落，灯火下楼台”的结构化传播效果。新华社、中央广播电视总台等都是成功的新型主流媒体。

3. 从融合生产来看，要推动内容与技术深度契合，必须以内容建设为根本

媒体生产流程再造必然是内容与技术深度契合的结果，这也是供给侧改革的有效落实。媒体融合发展不论进阶到哪个层次，都脱离不了技术、人才和规制三种力量的博弈框架。因为这三种力量都会对内容产生决定性的影响，这也从另一方面说明了内容建设的根本地位。新媒体技术下的传播生态改革，也使得内容生产主体发生了变化，传统意义上的由记者编辑为主的机构生产依然为主体，但机器内容生产、用户内容生产也越来越占据重要地位。传统意义上的资讯性内容扩容到除此之外的关系型内容和媒体功能性内容，媒体为社会提供的内容更多元更丰富，价值作用也更多维，这也给了媒体以新的社会角色和机会，得以在先进技术的支撑下稳保重要的社会地位。当然，不论内容的功能和作用怎么变化，但其本质不会变，依然是精神性产品与服务，必须为一定的意识形态服务，必然受国家政策的规制。作为新型主流媒体，在清楚认识到内容类型变化的基础上，需要清楚认识到自己的市场主体身份，只有提供适销对路的内容产品，才能为受众所接受，才能有效引导舆论，才能实现巩固共同思想基础、提供精神动力的目的。为此，需要在具体的战术上下功夫，通过理念、内容、形式、方法、手段等创新提高内容生产质量，尤其要推进网上宣传理念、内容、形式、方法、手段等创新，把握好时度效，构建网上网下同心圆，更好凝聚社会共识。

4. 从融合创新来看，要实现内容、渠道、平台、经营和管理等方面的持续创新

融合创新是指因追求传统媒体和新兴媒体融合发展而导致的创新，与其他原因所导致的创新有根本不同。2015年，习近平总书记在视察解放军报时指出，"对新闻媒体来说，内容创新、形式创新、手段创新都重要，但内容创新是根本的。要顺应互联网发展大势，勇于创新、勇于变革，利用互联网特点和优势，推进理念、内容、手段、体制机制等全方位创新"。习近平同志在中央全面深化改革领导小组第四次会议上指出，要牢固树立一体化发展观念，推动传统媒体和新兴媒体在内容、渠道、平台、经营、管理等方面的深度融合。实际上，内容、渠道、平台、经营、管理等方面的深度融合，是要靠不断创新来实现的。融合是一个历史性过程，是一个阶段性动作，不可能总是永无止境地去逼近融合，融合的目的是降低社会成本，提高生产率和竞争力，给人民群众带来福利。创新是一个永恒性追求，是永无止境地无极限地逼近目标。媒体即使实现了化学融合，但如果不去创新，也必然是一个没有生命力的组织，依然不能提供为人们喜闻乐见的产品和服务，依然不能占领传播制高点，依然不能有效引导舆论，更谈不上去实现宣传思想工作的目标了。所以，在融合过程中或者化学融合之后，媒体在内容、渠道、平台、经营、管理上的创新，就是其保持影响力和竞争力的动力源泉了。尤其是管理创新，更是重中之重，这是建设全媒体传播体系的保障。必须在管理上进行不断创新，充分调动人的积极性、主动性、能动性，与技术和内容形成三驾马车，确保全媒体传播体系的有效运转。

5. 从融合政策来看，各级党委和政府要加大对媒体融合发展的支持力度

习近平总书记在2019年中央政治局第十二次集体学习讲话中指出："媒体融合发展是一篇大文章。面对全球一张网，需要全国一盘棋。各级党委和政府要从政策、资金、人才等方面加大对媒体融合发展的支持力度。各级宣传管理部门要改革创新管理机制，配套落实政策措施，推动媒体融合朝着正确方向发展。"[①] 在推动媒体融合发展建设全媒体传播体系的过程中，中国新闻传媒业面临思想、体制机制、技术与人才、资金、税收政策、媒体资质、自媒体监管、版权、新媒体盈利模式等诸多问题，这就需要各级党委和政府及时推出各种政

①习近平在中共中央政治局第十二次集体学习时强调：推动媒体融合向纵深发展　巩固全党全国人民共同思想基础，人民网 http://politics.people.com.cn/n1/2019/0126/c1024-30591056.html，2021-6-23.

策，加大对媒体融合发展的支持力度。党的十八大以来，中央和国务院各部委推出了许多切实有效的配套措施，媒体融合发展政策体系初具规模。一是文化企业可享受的一般优惠政策，如：财税〔2013〕87号文件规定的享受出版行业先征后退增值税政策，财税〔2014〕84号文件“经营性文化事业单位转制为企业，自转制注册之日起免征企业所得税”，财税〔2014〕84号文件“党报、党刊将其发行、印刷业务及相应的经营性资产剥离组建的文化企业，自注册之日起所取得的党报、党刊发行收入和印刷收入免征增值税”，财政部、税务总局《关于延续宣传文化增值税优惠政策的通知》（财税〔2018〕53号），财政部、国家税务总局、中央宣传部《关于继续实施文化体制改革中经营性文化事业单位转制为企业若干税收政策的通知》（财税〔2019〕16号）。二是媒体融合发展专项政策，如：中央全面深化改革领导小组第四次会议审议通过的《关于推动传统媒体和新兴媒体融合发展的指导意见》，中央全面深化改革委员会第五次会议通过的《关于加强县级融媒体中心建设的意见》，国务院印发的《关于积极推进“互联网+”行动的指导意见》，中央全面深化改革委员会第十四次会议审议通过的《关于加快推进媒体深度融合发展的指导意见》。除了中央层面的政策，各省区根据自己实际情况也推出了不同的融合发展支持政策，主要是在资金、财税、技术、人才、版权等方面给予了重点支持，为全媒体传播体系建设保驾护航。

6．从融合人才来看，要加大力度培养全媒体人才

习近平总书记对新闻人才十分重视，多次谈到媒体融合人才培养问题。在2013年的全国宣传思想工作会议上，习近平总书记指出：宣传思想部门工作要强起来，首先是领导干部要强起来，班子要强起来。各级宣传部门领导同志要加强学习、加强实践，真正成为让人信服的行家里手。在2016年党的新闻舆论工作座谈会上，习近平总书记强调：媒体竞争关键是人才竞争，媒体优势核心是人才优势。要加快培养造就一支政治坚定、业务精湛、作风优良、党和人民放心的新闻舆论工作队伍。要提高业务能力，勤学习、多锻炼，努力成为全媒型、专家型人才。在2020年中央全面深化改革委员会第十四次会议上，习近平总书记强调：要加大全媒体人才培养力度。全媒体人才是指确保全媒体组织机构有效运作的一专多能性人才，并非是指对所有媒体内容生产总过程都通晓的人才，这既不必要，也无可能。全媒体（融媒体中心）虽然是媒体深度融

后的产物，但并不否定其内部生产总过程各个环节的专业分工，全媒体人才只不过在专的基础上熟悉其他业务罢了。当下，全媒体建设需要懂技术、会策划、善写作、统筹协调强的人才，需要具有互联网思维和实践能力的复合型人才，当然，技术研发人才、经营管理人才也是较为欠缺的。对于大多数媒体而言，针对社长、总编辑的高端培训相对多些，但针对普通采编人员的中央级培训非常少，针对全媒体人才的中央级培训则更是寥寥无几。中宣部应牵头成立全国全媒体人才培训中心，有计划地组织各种高层次培训班，对普通采编人员进行分阶段分批次培训。同时，在培训培养人才时，要坚决摒弃全能型人才观念，没有哪个人可以精通所有媒介业态的所有新闻业务。

7. 从融合消费场域来看，要融通线上线下，构建网络空间命运共同体

习近平总书记指出：读者在哪里，受众在哪里，宣传报道的触角就要伸向哪里，宣传思想工作的着力点和落脚点就要放在哪里。网民来自老百姓，老百姓上了网，民意也就上了网。要适应人民期待和需求，加快信息化服务普及，降低应用成本，为老百姓提供用得上、用得起、用得好的信息服务，让亿万人民在共享互联网发展成果上有更多获得感。这些论述明确了两个事实：一是媒体受众场域发生了变化，消费者已经在网上了，民意也在网上了；二是网络空间已经是老百姓的新的生存空间，要像线下实体空间一样为线上虚拟空间提供信息服务，让亿万人民在共享网络发展成果上有更多获得感。这就为媒体融合发展指明了方向：全媒体用户的消费场域是在网络，一定要融通线上线下，着力构建网络空间命运共同体。布迪厄的场域理论认为，场域并没有物理意义上的边界，它指的是这么一个空间，里面存在着有生气、有潜力的内含力量。新闻出版历来被认为是充满着激烈斗争的场域，是以一个市场为纽带，将新闻出版象征性产品的生产者与消费者联结起来，如报社、出版社、读者、广告商、政府管理部门等。他们由于占有资本的不同，都在进行角力，以争取更有利于自己的资源。全球新闻出版网络场域是一种客观存在，这个全球性的网络场域中的角力者是各个民族国，竞争活动也必然不平等，统治力量与被统治力量对抗的结果往往不是此消彼长的零和博弈，而是国家利益的双输与全球利益的共损。在 2015 年 12 月 16 日的第二届世界互联网大会开幕式上，习近平总书记提出了网络空间命运共同体建设的中国方案。按照这个方案，在全球新闻出版场域中，中国可以利用自己的优势资本掌握场域竞争的话语权，使世界网络空

间命运共同体成为一个自主化强的场域。因为自主性强的场域遵循的是“是非”逻辑，自主性弱的场域遵循的是“敌友”逻辑。

8．从融合对外传播来看，把握国际传播领域移动化、社交化、可视化的趋势，构建对外传播话语体系

习近平总书记在《求是》发表的《加快推动媒体融合发展构建全媒体传播格局》一文中指出：”我们要把握国际传播领域移动化、社交化、可视化的趋势，在构建对外传播话语体系上下功夫，在乐于接受和易于理解上下功夫，让更多国外受众听得懂、听得进、听得明白，不断提升对外传播效果。我们走的是正路、行的是大道，这是主流媒体的历史机遇，必须增强底气、鼓起士气，坚持不懈讲好中国故事，形成同我国综合国力相适应的国际话语权。”①在国际政治舞台上，好的国家形象具有强大的品牌价值，是一种双重生产力，既可以提高国际受众对一国的友好度，也可以为一国吸引更多的投资和技术。国家形象的塑造需要有较强的国际传播能力与国际传播话语权。对于中国主流媒体来说，融合发展的目的不仅仅是实现对内传播占领传播制高点，有效引导国内舆论，确保稳定的国内发展环境；而且也指对外传播占领传播制高点，有效引导国外舆论，为国家发展赢得良好的外部环境。习近平总书记指出，“我们在国际上有理说不清的一个重要原因，是我们的对外传播话语体系没有完全建立起来”。对外话语体系的背后是思想，是“道”。习近平总书记为新闻媒体开出良方：“讲故事，是国际传播的最佳方式。要讲好中国特色社会主义的故事，讲好中国梦的故事，讲好中国人的故事，讲好中华优秀文化的故事，讲好中国和平发展的故事。”②对于全媒体而言，为了有效传播好故事，需要充分利用移动技术、社交媒体和短视频形式，拓展国际传播疆域，获得国际受众的有效接受，实现全媒体的再生产。这方面的成功例子如李子柒的短视频，2020 年 4 月 29 日，李子柒在 Youtube 上的粉丝突破 1000 万，成为首个在该平台粉丝破千万的中文创作者。李子柒的视频总播放量超 13.3 亿，海外粉丝有 1400 多万，微博粉丝数也超 2455 万，累计全球粉丝过亿。③再如福建尤溪县融媒体中心的《守摊人》

①习近平．加快推动媒体融合发展构建全媒体传播格局 [J]. 求是，2019（06）：2.

②中共中央文献研究室．习近平同志重要讲话文章选编 [M]. 北京：中央文献出版社，2016：432.

③李子柒成为首位海外粉丝破千万的中文创作者，视频总播放量超 13 亿 [EB/OL].https：//baijiahao.baidu.com/s?id=1665635950350512511&wfr=spider&for=pc.

《归来尤溪》、湖北夷陵区融媒体中心的《云端三峡》、江西景德镇浮梁县融媒体中心的《瓷源茶乡》《瑶里古镇》等纪录片，都是具有较强国际传播力和影响力的成功产品。

第三节　县级融媒体中心深度发展的相关问题和分析路径

我们要用问题导向思维，认识县级融媒体中心发展的相关问题，围绕这些问题梳理县级融媒体中心相关学术研究成果，并提出县级融媒体中心发展的分析路径，即政治、市场、技术"三维逻辑"，县级融媒体中心与国家、市场和社会的"三重关系"，由国家市场、中间市场、草根市场构成的"三层市场"结构。

一、县级融媒体中心发展的五个相关问题

中国当代哲学家邓晓芒在其新作《哲学起步》中提到，哲学的三大基本问题是"我是谁？""从哪里来？""到哪儿去？"这是人类思考问题的基本过程。他还在书中指出了解答这些问题的基本路径："我们要先知道我要去到哪里，我们才能知道我是怎么来的，也就有了我是谁。"

县级融媒体中心的发展，也需要回答三大基本问题：县级融媒体中心是什么？为什么要建设县级融媒体中心？未来县级融媒体中心如何发展？简单地说就是关于县级融媒体中心的三大基本问题：是什么？为什么？怎么做？

根据马克思主义哲学，发展是指事物的上升运动[①]，其实质是事物由小到大、由简到繁、由低级到高级、由旧质到新质的上升的变化过程[②]。

根据马克思主义发展观，发展可以从两方面来认识。首先，事物发展是有方向的，这需要从事物的功能和角色定位来认识。其次，事物发展是有阶段的，这需要理清事物的历史、现状与未来。

①陈先达，杨耕．马克思主义哲学原理（第3版）[M]. 北京：中国人民大学出版社，2010：100.

②陈至立，等．辞海．（第7版）[M]. 上海：上海辞书出版社，2022.

结合哲学的三大基本问题、事物发展的两个方面，县级融媒体中心发展的三大基本问题中的“怎么做”，可以细分出历史、现实和未来三个时间维度，从而把三个基本问题，扩展为五个主要问题：是什么？为什么？过去怎么做？现在怎么做？未来怎么做？

县级融媒体中心是什么？

为什么要发展县级融媒体中心？

怎么看待县级媒体发展的历史渊源？

现实中是怎么建设县级融媒体中心的？

县级融媒体中心未来发展的走向是什么？

二、县级融媒体中心深度发展部分学术研究

2018 年 8 月，习近平总书记明确提出“要扎实抓好县级融媒体中心建设”工作任务后，县级融媒体中心建设加快推进，相关研究也大量涌现。

2018 年至 2020 年两年间，是县级融媒体中心发展进程中狂飙突进的“上半场”，期间关于具体如何建设县级融媒体中心的研究较多。朱春阳①、宋建武②、陈国权③、赵子忠④、谢新洲⑤等研究团队，从县级融媒体中心建设所涉主要方面，包括功能定位、组织机构整合、技术平台搭建、业务组合、财政支持等方面，总结了所积累的经验和所面临的问题。

2020 年底基本建成后，县级融媒体中心的发展进入“下半场”，县级融媒

---

①朱春阳 . 县级融媒体中心建设：经验坐标、发展机遇与路径创新 [J]. 新闻界，2018(09)：21-27；朱春阳，曾培伦 .“单兵扩散”与“云端共联”：县级融媒体中心建设的基本路径比较分析 [J]. 新闻与写作，2018(12)：25-31.

②宋建武，乔羽 . 建设县级融媒体中心打造治国理政新平台 [J]. 新闻战线，2018(23)：67-70.

③陈国权，付莎莎 . 传播力建设的最后一公里——县级融媒体中心建设路径 [J]. 新闻与写作，2018(11)：24-27.

④赵子忠，周代平 . 县级融媒体中心建设模式与出路 [J]. 网络传播，2019(02)：72-73.

⑤谢新洲，朱垚颖，宋琢谢 . 县级媒体融合的现状、路径与问题研究——基于全国问卷调查和四县融媒体中心实地调研 [J]. 新闻记者，2019(03)：57.

体中心服务拓展、功能升级[①]、能力建设[②]、可持续发展[③]、高质量发展[④]，以及欠发达地区县级融媒体中心的发展[⑤]，逐渐成为研究者关注的焦点。

审视发展现实、展望发展前景，需要考察县级融媒体中心发展的历史脉络。陈国权[⑥]、周奎[⑦]、张守信[⑧]等人从较长的历史尺度，即中华人民共和国建立以来尤其是改革开放以来，梳理县域媒体、县域广电媒体发展的历程，由此考察驱动县级媒体发展变化的政治和经济动因，挑明“一放就滥、一管就困”的顽疾，揭示县级融媒体中心作为“传统媒体在新技术平台上的一种形式化嫁接”的“基因”缺陷，提出“治散治滥”，保障财政、技术、人才可持续性等新课题。现实问题（财政、技术、人才缺乏保障等）梳理得比较清楚，但是历史背景（四级办媒体）及路径依赖的分析仍欠透彻。

县级融媒体中心未来走向何方？本体界定与角色定位是最重要的，也是绕不过去的核心课题。现有研究与探索中，发展功能定位（新闻传播、信息服务、社会服务等）大体比较清晰。属性定位（是事业单位还是企业）理论上还有争议，实践中则有融媒体中心、融媒体公司以及“中心 + 公司”模式的探索[⑨]。

---

①黄楚新，许可 . 媒体转型新趋势：融合、智能、跨界 [J]. 青年记者，2020(36)：9–10；李文冰，吴莎琪 . 社会治理视阈下县级融媒体中心建设：功能定位与实践逻辑 [J]. 现代传播（中国传媒大学学报），2021，43(05)：42–45.

②自 2020 年起，中国新闻出版研究院《中国传媒融合创新研究报告》开设专题，反映县级融媒体中心的最新实践，聚焦于县级融媒体中心的能力建设问题。

③谭天 . 县级融媒体中心可持续发展探究 [J]. 媒体融合新观察，2022，No.216(06)：20–23.

④陈少华，毛鸿全 . 经济欠发达地区县级融媒体中心建设的思考 [J]. 科技传播，2019，11(08)：27–29；姚银松 . 县级融媒体中心突围“下半场”的路径与方法探析 [J]. 新闻研究导刊，2023，14(02)：154–157.

⑤吴占勇 . 民族地区县级融媒体中心建设路径探索——基于 44 个县级融媒体中心的调查 [J]. 中国出版，2020(21)：25–30.

⑥陈国权 . 县级融媒体中心建设的历史渊源考察 [J]. 新闻论坛，2019(02)：21–23.

⑦周逵，黄典林 . 从大喇叭、四级办台到县级融媒体中心——中国基层媒体制度建构的历史分析 [J]. 新闻记者，2020(06)：14–27.

⑧张守信 . 县级融媒体中心制度安排变迁路径与动力机制分析——基于历史制度主义的视角 [J]. 视听界，2020(02)：40–46.

⑨谭天 . 县级融媒体中心可持续发展探究 [J]. 媒体融合新观察，2022(06)：20–23；杨光，郭峰 .“中心 + 公司”模式：助力县级融媒“出圈”[J]. 西部广播电视，2022，43(24)：198–200；崔忠芳 . 马宪颖：加快推进“融媒中心 + 国有公司”运行模式 [J]. 中国广播影视，2022(Z1)：184–187.

目标定位也有分歧，存在“自主可控平台”[①②]和“价值媒体”[③]两种主张。或者，县级融媒体中心应该同时具备这两种角色？

面向未来，仅仅考察县级融媒体自身的发展是不够的，无论是从历史还是现实的视角，都需要站在全国媒体融合发展的大局，乃至国家政治、经济、文化与社会协同发展的全局进行分析。

三、县级融媒体中心深度发展的分析路径

制度、技术和市场分析方法，被国内经济学者称为现代经济分析的三维工具。[④]在进行产业分析时，国外学者则关注制度（institution）、技术（technology）和市场（market）三种逻辑之间的相互作用。[⑤]

传播学者则运用政治、市场、技术“三维逻辑”，分析媒体融合的走势[⑥]，解读习近平的媒体融合发展思想[⑦]，分析县级融媒体的发展目标[⑧]，等等。

研究者往往孤立地运用“三维逻辑”，就政治说政治，就市场说市场，就技术说技术，对它们之间的逻辑关联关注较少。

政治、市场、技术“三维逻辑”可以视为马克思主义哲学历史唯物主义关于社会发展的理论，即上层建筑、经济基础（生产关系）与生产力三者关系原理的简约版，其中政治是上层建筑的主导要素，市场是当代社会经济基础中的主流要素，技术是生产力中最活跃的要素。

---

①罗小布．“平台”才是县级融媒体中心的未来（下）[J]. 广播与电视技术，2018，45(11)：43-49.

②宋建武．没有自主可控的平台，就没有主流媒体的一切 [J]. 青年记者，2019，No.630(10)：4.

③喻国明．新型主流媒体：不做平台型媒体做什么？——关于媒体融合实践中一个顶级问题的探讨 [J]. 编辑之友，2021(05)：5-11.

④刘志彪．制度、技术与市场：落实科学发展观的三维结构 [J]. 南京大学学报（哲学．人文科学．社会科学版），2008(03)：22-29+142-143.

⑤Moilanen M. Institutions，Technology and Markets in Industry Evolution：Causal and Evolutionary Mechanisms in a Regulated Industry[J].teknillinen korkeakoulu，2009.

⑥郝建国．媒体融合的三重逻辑及其走向——以上海报业集团的组建实践为例 [J]. 理论探索，2014(06)：92-96.

⑦林如鹏，汤景泰．政治逻辑、技术逻辑与市场逻辑：论习近平的媒体融合发展思想 [J]. 新闻与传播研究，2016，23(11)：5-15+126.

⑧赖黎捷，颜春龙．政治、技术、市场三维逻辑下的县级融媒体建设——以重庆 32 区县实践为例 [J]. 中国广播电视学刊，2021(05)：22-26.

马克思主义政治经济学是历史唯物主义在社会经济领域生活领域的运用。[①]古典经济学时代，经济学还未从政治学、伦理学和历史学中分离出来，在包括马克思在内的古典经济学家那里，政治经济学并非从政治的角度去理解经济学，更不是政治问题的经济分析，他们所强调的是宏观的、整体的、与国家相关的经济问题，这既是经济的也是政治的。19 世纪中后期，经济学日益从历史学、政治学等人文社会科学中分离出来成为独立学科。[②]

郑永年认为中国的政治经济学模式是一种国家、市场和社会“三角关系”的均衡模式。在中国，市场服从于国家的规制，国家、市场和社会之间相对均衡，有利于预防危机，有利于建设大规模基础设施。[③]在郑永年看来，由国家规制的市场体制（他将之概念化为“制内市场”），由三个层次构成：顶层的国家市场，国家通过国有部门控制重要商品的生产、提供大规模基础设施；草根层的市场，这是自然、自发形成的地方市场网络；中间层的市场，由国家和私营部门合作建立，国家发起项目、私营部门完成，或私营部门发起项目、国家接管。[④]这种混合经济体中的“三层市场”，在近代分别被称为“官办”“官督商办”和“商办”。中国历史上除了四次国家主义的短暂尝试，自汉朝以来一直是三层资本的经济结构，三者相对均衡的时候，经济就稳定和可持续发展，一旦国家完全主导，或者完全由市场发挥作用，经济就会出现问题。[⑤]

第四节　县级融媒体中心深度发展的地方价值

县级融媒体中心是打通“传播最后一公里”的抓手与平台，县域分布着多元文化、多元经济、多元地貌、多元空间的广大乡村，县级融媒体中心是和老

①仰海峰．历史唯物主义的政治经济学解读 [J]. 学习与探索，2011(06)：11.

②蔡继明，王成伟．从古典到现代：政治经济学概念的演变——兼评新政治经济学的发展 [J]. 经济学家，2012(09)：5-12.

③郑永年．国家与发展：探索中国政治经济学模式 [J]. 文化纵横，2019(01)：30-37+142。郑永年后来在《制内市场：中国国家主导型政治经济学》一书中将这一经济结构称为“制内市场”。

④郑永年，黄彦杰．制内市场：中国国家主导型政治经济学 [M]. 杭州：浙江人民出版社，2021：105-118.

⑤郑永年．中国的经济制度比西方资本主导的经济制度更有效——中国已形成了“三层市场”的混合经济体 [N]. 北京日报，2021-06-07(13).

百姓实现零距离的新型主流媒体，与人们的生活生产融合无间，是人们网络生存方式的培养者和接入口，具有极为重要的地方价值。

一、县级融媒体中心是系牢网络诚信的第一粒纽扣

县级融媒体中心旨在打通传播“最后一公里”，更好引导群众服务群众，成为主流舆论阵地、综合服务平台与社区信息枢纽，一个强有力的融媒体中心将是基层老百姓生产生活与社会交往的第一平台，是县域广大群众的一种基础生存方式。

未来，每一个县域新生命甫一降生，就会得到县级融媒体中心的关注与记录，生、长、壮、老、亡全过程都能在融媒体中心这个平台中找到清晰的痕迹，形成每一个人的个体“史记”。从这个意义上而言，县级融媒体中心作为互联网主阵地中的主力军，对人的知识传播与品德培养定然发挥关键作用，如同家庭是孩子的第一所学校一样，县级融媒体中心是系牢网络诚信的第一粒纽扣，只有养成了网络诚信，才能为网络社会治理奠定强大的基石。

“诚信”是人类社会的伦理规范和道德标准，是立人之本、齐家之道、交友之基、为政之法、经商之魂和心灵良药。孔子极力强调“人无信而不立”，孟子更是告诫“诚者，天之道也；信之者，人之道也”。可以说，“诚信”既是个体生存发展的社会要求，也是人类共同发展的本质要求，它是一种通适性的价值观，能够为不同民族、不同国家、不同政治意识形态、不同时代的人们所高度认同。

“网络诚信”就是新时代网络空间的一种“根本制度”，是网络治理的基石。根本制度是起顶层决定性、全域覆盖性、全局指导性作用的制度。“网络诚信”作为一种不同空间、不同时间、不同文化价值观所高度认同的伦理规范与道德标准，在网络空间治理中即发挥了顶层决定性、全域覆盖性与全局指导性的作用，网络治理体系中的各种规则制度都是基于“网络诚信”这一根本制度的。

如何让诚信成为网络空间命运共同体的价值结晶？价值结晶需要经过扩大合意、形成共同体观念的阶段，在扩大合意、引导舆情主体形成共同体观念后，最后就是要引导公众舆论，把碎片的意见进行整合，凝固关键价值诉求点，形成某一方面认同的精神信仰，完成价值结晶。诚信要成为网络空间命运共同体

的价值结晶，需要政府、社会组织、行业协会和公众共同合力，经过较长时间的社会互动行为，在各方力量的博弈下，实现思想认可与共同行动选择。

首先，我们要发挥媒体的意识形态塑造与舆论引导功能，要通过全媒体传播体系做好诚信价值观的形塑工作。其次，要完善诚信制度体系建设，社会诚信体系是一种以社会诚信制度为核心的维护经济活动、社会生活正常秩序和促进诚信的社会机制，是一项政府推动下全社会参与的社会系统工程，这就需要政府管理者在信用法律体系、行政规章和行业自律规则等社会诚信制度、信用管理和服务系统、社会信用活动、监督与惩戒机制等方面下大力气。最后，要调动社会组织和广大公众参与诚信监督的积极性，充分利用社会组织的公益性、灵活性、能动性和广大公众的基层性、随机性、全覆盖性，对政府、企业与个体的诚信操守进行监督，让非诚信行为藏无可藏、遁无可遁，使其没有滋生的土壤。

二、县级融媒体中心承载乡村振兴产业融合发展的三重逻辑

2017 年 10 月，党的十九大提出乡村振兴战略，首次将“城乡融合发展”写入党的文献，标志着中国特色社会主义工农城乡关系进入新的历史时期。2022 年 10 月，习近平总书记在党的二十大强调要“全面推进乡村振兴”。2023 年 2 月 13 日，中共中央国务院发布了一号文件《关于做好乡村振兴重点工作的意见》。这说明了“三农”问题是全党工作中的重中之重，县级融媒体中心既是乡村振兴的重要组成部分，又是承载阐释传播乡村振兴产业融合发展三重逻辑的重要平台。

1. 乡村振兴产业融合发展的政治逻辑

中央密集出台有关乡村振兴的各种政策，科学有序推动乡村产业、人才、文化、生态和组织振兴，体现了习总书记对乡村发展前所未有的重视，乡村发展不仅仅是一个民生问题，更重要的是一个政治问题，而作为乡村振兴最关键的产业兴旺下的融合发展，则体现了强烈的政治逻辑，是治国安邦、民族复兴的重要抓手。

一是三农问题始终是我党关于社会主义建设发展的一个重大难题。21 世纪以来，已连续出台 18 个指导“三农”工作的中央一号文件。之前的一号文件基本上属于守的姿态，就是确保粮食安全与农民小康问题。为此也提出了新农

村建设、美丽乡村建设等不同发展方略，然而却总感觉没掐到要害。乡村振兴战略从系统性、战略性、科学性入手，全方面促进乡村发展，破解了乡村经济文化社会生态高质量发展的难题。二是产业融合发展是解决巩固精准脱贫全面进入小康社会的基础。精准脱贫最根本的办法是产业脱贫，任何资金财物上的补贴都只能是一时的脱贫，只有产业扶贫才能彻底解决农村的贫困问题。通过产业融合发展，让每家每户都嵌入农村农业融合产业链的各个环节，成为产业融合生态系统中的有效生产者，获得稳定的收入，实现真正脱贫，也才能真正全面实现小康。这是实现我国两个百年目标的最大的政治。三是产业融合发展是确保农村社会稳定实现民族复兴的有效保障。民族要复兴，乡村必振兴。全面建设社会主义现代化国家，实现中华民族伟大复兴，最艰巨最繁重的任务依然在农村，最广泛最深厚的基础依然在农村。解决好发展不平衡不充分问题，重点难点在“三农”迫切需要扩大农村需求，畅通城乡经济循环；应对国内外各种风险挑战，基础支撑在“三农”，迫切需要稳住农业基本盘，守好“三农”基础。党中央认为，要坚持把解决好“三农”问题作为全党工作重中之重，把全面推进乡村振兴作为实现中华民族伟大复兴的一项重大任务。而所有这些问题的解决，关键在于乡村产业的融合发展，产业兴旺了，乡村文化、生态、人才、组织也就相应振兴。

2. 乡村振兴产业融合发展的技术逻辑

技术是人类改造自然和社会的有力手段，每一次革命性的技术创新，都极大提高人类的社会生产力，改善人类的生存条件。在人类漫长的发展过程中，根本性的技术革新并不频繁，往往要几千年甚至上万年才碰上颠覆性的技术革命，人类的基本生存方式也才发生根本性变化。石器的制作，标志人类文明的开始，人再不会像其他动物一样靠天吃饭，而是用自己的主观能动性去改造自然，获得所需的生活资料。铜铁冶炼技术的出现，标志农耕文明时代的到来，人类社会得以大发展。工作机的出现，尤其是蒸汽机动能的出现，机器大工业时代来临，资本主义经济代替了封建经济和小商品经济。近十年来，数字技术、网络技术、移动技术与智能技术渗透到人们生产生活的方方面面，使产业融合成为可能，这四种技术构建的社会生态已成为人类的新的基本生存方式。这种新的生存方式将持续较长一段时间，本世纪甚至下几个世纪都是数字技术、网络技术、移动技术、智能技术的天下，未来的技术革新大体上也是这四种基础技术的延长与深化。

数字经济发展速度之快、辐射范围之广、影响程度之深前所未有，正在成为重组全球要素资源、重塑全球经济结构、改变全球竞争格局的关键力量。要充分发挥海量数据和丰富应用场景优势，促进数字技术与实体经济深度融合，赋能传统产业转型升级，催生新产业新业态新模式，不断做强做优做大我国数字经济。正是因为数字技术、网络技术、移动技术、智能技术的推动，乡村作为一个具有自然、社会、经济特征的地域综合体，兼具生产、生活、生态、文化、教育等多重功能，它所拥有的一二三产业真正实现了历史意义的化学融合，催生许多新产业新业态新模式，极大改变了农村的传统发展模式，朝着数字农村农业的发展方向迈进。新技术对传统产业的赋能，使得一二三产业在生产、流通、消费社会生产总过程中有机联动，合而为一，协力推动乡村社会的整体发展。譬如农村电商，在数字技术的赋能下，能够让消费者看到农产品种养全过程，既是一种农业生产，又是一种科普文化教育，而且也是一种观光旅游，一二三产业融合发展，新兴业态层出不穷，有力促进了农产品与乡村文化的消费，为乡村振兴夯实了基础。

3. 乡村振兴产业融合发展的文化逻辑

（1）传统乡村文化的融合特质。乡村文化是传统文化生民的家园，是乡民在农业生产与生活实践中逐步形成并发展起来的道德情感、社会心理、风俗习惯、是非标准、行为方式、理想追求等，表现为民俗民风、物质生活与行动章法等，以言传身教、潜移默化的方式影响人们，反映了乡民的处事原则、人生理想以及对社会的认知模式等，是乡民生活的主要组成部分，也是乡民赖以生存的精神依托和意义所在，传统乡村文化就是一种融合文化。

第一，自然环境的两面性决定了乡村文化的合一性。一方面，中国疆域广阔，动植物资源丰富，造就了灿烂的农耕文明；另一方面，神州大地高山林立，江河密布，村落各自为阵，分布四方，“老死不相往来”，决定了乡村文化的保守性和封闭性。这种文化的结果是乡村的生产、生活、交往、祭祀、习俗、规约等交错在一块，是一个自成系统的文化综合体。第二，生产力水平低下是乡民抱团取暖文化的重要原因。现代文明之前，在漫长的历史岁月中，乡村生产力水平极低，广大乡民的所有努力就是一个主题：自身的生存和家族的绵延。乡民不能积累足够的物质力量来突破原始群体遗留的家族文化。加上无法解释变化多端的自然现象与社会强暴，宗教自然成为融通万物的一种精神支撑，影响一代代乡民的心理活动。第三，自给自足的自然经济孕育融通生产生活的乡村文化。古代中国是一个农业社会，乡民既生产农产品，也生产手工业品，基本实现自给自足，每一个家庭就是一个生产单位，是小农之国，一个家庭、一个村落、一个集市，能够解决基本的生产和生活资料，养成万事不求人的文化心理，生产与生活融汇一体，形成独特的融合性乡土文化。第四，大传统文化的儒家伦理思想及其统摄下的政治结构造就了乡村文化的和融、求同与集体主义精神。古代中国的大传统文化和乡村文化都离不开士大夫的作用，士农是互通的，所谓“朝为田舍郎，暮登天子堂”“告老还乡”等讲的就是这个情况。儒家的“礼”所建立的乡村宗法政治结构，形成了农民文化的道德性人格，以和为贵，集体至上，互助精神，这些都体现了传统乡村文化的融通性。第五，乡村文化的具体形态也体现融汇合一的特征。语言文化、建筑文化、服饰文化、歌舞文化、宗教文化等，都带有强烈的乡土特征，大多是以一种自在性的状态存于乡民的生产生活当中，并在具体的融合实践中一代代传承。

（2）传统乡村文化的没落。第一，社会主义中国建立后，通过以“破四旧”为主的各种运动，把乡村文化的旧有精神灵魂加以销蚀。儒家思想的“三纲五常”被彻底摧毁，家庭中的父权与宗族中的宗法也就没有了生存的土壤。第二，马克思主义无神论风行中国，佛教、道教等有神论宗教难以自圆其说，乡民对神失去了敬畏感。第三，改革开放后，务工农民大量涌入都市，异地他乡失去了熟人监督的最后束缚，金钱至上等思想对农村的朴素道德产生了较大冲击。第四，城镇化的简单化，使乡村在基础设施和生活便利上具备市民的理论可能，但是在精神寄托与文化依从上却无所适从，无法找到一种适合城镇化后的新型乡村文化，人们思想基本呈原子状态，没有联通的文化纽带。第五，乡村流出的一代代民工，既难以在都市找到精神认同，又无法在乡愁社会里和村民融洽相处，成了无处泊岸的真正“无户籍”散民，是社会稳定的潜在隐患。第六，当下乡村基层组织的疲软，信仰的式微，农业机械化生产与新媒体快餐视频文化的夹击导致的乡村节庆与习俗文化内核的萎缩，一些地方殡葬改革的简单化使得传统丧葬文化支离破碎，乡村最后的传统文化，即对死亡的敬畏也荡然无存；阶层固化的趋势导致农村学子通过读书实现理想目标之路愈加艰难，乡贤难以在乡村社会发展中发挥作用，相反，单向度的宗法力量却在修家谱建宗祠的群体压力活动中抬头。

（3）文化在乡村振兴大潮中的再度融合。民族要复兴，乡村必振兴。乡村振兴事关党的两个“百年目标”的顺利实现。乡村振兴的关键是产业振兴，而产业振兴的基垫则是文化，乡村文化振兴是乡村产业融合发展的活力源泉。《乡村振兴规划》指出，坚持以社会主义核心价值观为引领，以传承发展中华优秀传统文化为核心，以乡村公共文化服务体系建设为载体，培育文明乡风、良好家风、淳朴民风，推动乡村文化振兴，建设邻里守望、诚信重礼、勤俭节约的文明乡村。为此，要加强农村思想道德建设，弘扬中华优秀传统文化，重点在于保护利用乡村传统文化、重塑乡村文化生态、发展乡村特色文化产业，同时要通过健全公共文化服务体系、增加公共产品和服务供给、开展群众文化活动等方式丰富乡村文化生活。加拿大传媒学者在20世纪60年代就充满智慧地指出，信息技术将使全球变成“地球村”，人们可以突破时空限制实现面对面的人际传播。当下，融媒体技术使这个预言变为现实。对于本身就是一个个自然村的乡村社会而言，新媒体能够广泛深入地挖掘其文化资源，重塑新的文化生态，构建新型乡村文化。这种新型乡村文化应该是在社会主义主流价值观的引领下，传统乡贤文化、节庆文化、民俗文化、宗亲文化、宗教文化、建筑文化、新媒体大众文化等均衡发展的融合文化，是一种能够让人魂牵梦绕的乡愁文化，是一种能够让产业融合发展的制度文化，是一种能够让乡村不再空心的物质文化。

第五节　县级融媒体中心深度发展的舆论引导

占领舆论引导制高点是县级融媒体中心能力建设和深度发展的一个重大任务，也是县级融媒体中心之所以是新闻媒体机构的安身立命之本，如果这个任务没有做好，县级融媒体中心也就很难有存在的价值。

纵观舆论引导能力做得较好的县级融媒体中心如尤溪、安吉、分宜、长兴、浏阳等，他们成功的共同之处为：一是在内容上立足本土，深挖特色。县级融媒体中心在覆盖面和传播力上，不能与上级媒体相比，只能牢牢把握本地新闻，发布当地各种政策，达到解疑释惑、凝聚共识的目的。二是切实做到扎根基层，为民服务。开设民生栏目，倾听百姓的声音，实实在在地为老百姓办事是县级融媒体中心连接群众的桥梁。三是坚持有效舆论引导，坚实履行职责使命。作为县级融媒体，就是要坚持正面宣传为主，大力弘扬正能量，把本县人民的思想统一起来，精神提振起来，力量凝聚起来。

对于当下的县级融媒体中心而言，舆论引导主要是要做好四个方面的工作：一是做好党的理论路线、方针政策的解释与传播，以老百姓喜闻乐见的方式传播出去。搭建好政府与老百姓之间的桥梁，不仅要将政策以便于接受的方式传达给人民，又要把老百姓的诉求与关切传达到政府管理者面前。二是要讲好本地老百姓生产生活故事，用心用情用力去挖掘报道宣传本区域本行业人们努力学习、奋发有为、乐观进取的多彩实践。三是做好重大危机事件舆情危机疏导工作，采取各种方略有效引导社会舆论，使不利舆情"消落"有利舆情"长起"，维护本区域社会心理稳定、社会关系稳定、社会生活稳定、经济稳定和政治稳定。四是通过外宣传播强化本区域公众认同，形成强大凝聚力和向心力，这个外宣就是本区域之外的媒体关于该区域的报道，既可以是本区域媒体的供稿，也可以是本区域之外媒体的自采稿和相互转载稿。这种外宣稿子可以更好增强本区域公众的认同感，发挥潜移默化的舆论引导作用。其机理如同沈从文的《边城》一样，在国外出名了，才为国内广泛接受，是一种"人家的月亮就是圆"效应。做好外宣工作是每个媒体打造影响力的重要武器，不管是区域还是行业媒体，都需要做好本区域、本行业的外宣工作，塑造本区域本行业的良好形象，有利于吸引各种优秀资源促进本区域本行业发展。

当然，全国县级融媒体中心舆论引导能力建设也面临一些共性问题。一是内容生产问题，目前，大多数县级融媒体中心内容生产能力较弱，无论新闻策划、采访、制作都存在能力不足的问题。无论是图文新闻还是短视频等媒体形式的精品力作较少，很多内容产品泛泛而谈，难以引发受众的共鸣和复利传播。二是社会观点多元问题，随着新媒体不断涌现，传播的信息也日益丰富，从传播形式到传播内容均呈现多元化的发展态势，所以大众舆论的焦点也在不断的变化。随着观点交锋的日益活跃、传播主体的变化、信息诉求的不同，受众的角色及受众的价值观也发生了转变。面对舆论声音向多元化转变的现实，县级融媒中心的单一传播会丧失原有受众，失去舆论引导能力。三是资金问题，全媒体生产与传播能力是增强舆论引导力的重要保障，基础设施的建设、技术设备的配备、人才队伍的培养、精品力作的生产、系统渠道的拓展、多元终端的打造，都需要大量而持续的资金投入，这对于体量本就不大的县级融媒体中心来说，不得不说是个严峻挑战。四是人才问题，人才问题在县级融媒体的发展中体现得尤为明显，各县媒体多年来不断引进高新技术人才和播音、主持、策划、编导等人才。由于编制不足和待遇不力等关键短板，人才吸引能力较弱，人才激励动力不足，人才流失相对严重，需要协调多方力量来缓解这个问题。五是方式方法问题，舆论引导方式方法较单一，创新性不足，影响力有限，县级融媒体中心在将新闻资源转化为社会影响力和竞争力的能力方面有欠缺，深度报道、典型宣传和创新性报道少，引领社会思潮、塑造核心价值的有较大舆论影响的报道少。不仅如此，县域内媒体竞争也很激烈，县级主流媒体的影响力有限，加上一些局委办政务媒体及社交媒体的竞争，县级融媒体中心尚需在舆论引导方式方法上寻求重大突破，从而把自己真正建成具有强大"四力"的新型主流媒体。

未来，县级融媒体中心要做好舆论引导，宏观层面的基本方略就是要掌握十八大以来习近平总书记关于新闻出版宣传工作的新思想新观点新论断，主要应掌握十大创新性成果。一是新闻出版本体论：以人民为中心的工作导向；二是新闻出版工作原则论：党性与人民性的统一；三是新闻出版功能论：新闻舆论"48"字方针（"高举旗帜、引领导向"规定了新闻出版的政治功能，"围绕中心、服务大局"规定了新闻出版的经济功能，"团结人民、鼓舞士气"规定了新闻出版的统战功能，"成风化人、凝心聚力"规定了新闻出版的文化功能，"澄清谬误、明辨是非"规定了新闻出版的教育功能，"联接中外、沟通世界"规定了新闻出版的外交功能）；四是新闻出版效益论：社会效益为首位的两个效益相统一；五是新闻出版宣传论：舆论监督与正面宣传的统一；六是新闻出版方法论：新闻出版"时效度"；七是新闻出版发展论：全媒体的融合发展；八是新闻出版场域论：网络空间命运共同体；九是新闻出版对外传播论："讲故事"的国际传播；十是新闻出版教育论："部校共建"新闻学院。

微观层面的基本方略主要为：一是深化顶层设计，出台相关支持政策。融媒体中心的建设，既有媒体传播功能和服务功能的融合，也有政府行政功能、群众服务功能的融合，是地方政府提升执政能力、巩固基层政权的有效措施。对于管理者而言，首先要破除部门壁垒，各职能部门自上而下要拧成一股绳，媒体融合是一把手工程，党委政府主要领导重视，部门齐心支持，这项改革工作才能做得好。县级融媒体中心不能“等、靠、要”，要明白“有为才有位”的道理，积极主动做好自己，积极为党委政府分忧解难，为部门创新线上工作，才能争取到领导真正重视，部门大力支持，从而破除部门壁垒。其次加快成立县级融媒体中心发展基金，有针对性地对县级融媒体中心建设项目进行扶持。最后，各级党委政府可以从政府购买服务角度入手，通过“输血”和“造血”的方式帮助融媒中心解决资金不足问题，将公共资源优先配置给县级融媒体中心。二是明确导向，树立用户意识。对于融媒体中心自身而言，要深切认识到正确舆论导向是媒体安身立命之本，必须把握正确的政治方向、舆论导向、价值取向，“贴牢党政、贴紧基层、贴近群众”。在推进媒体融合发展上，要坚持“党政满意、群众喜欢”的价值取向。在内容生产上，要树立用户意识，用户的兴趣在哪儿，舆论阵地就在哪儿，融媒体的产品就要跟进到哪儿，提升媒体的贴近性和用户的黏性。三是以客户端为抓手，新兴媒体与传统媒体协同作战。建立以移动客户端为核心，微博微信公号和传统媒体为两翼的舆论引导矩阵，新兴媒体和传统媒体协同进行舆论引导，使舆论引导力最大化。在新媒体时代，传统媒体通过新媒体可以与用户建立更深入的连接，拥有更多的手段和方式与用户互动，拥有更多的手段和方式引导受众舆论。通过与新媒体联动，发挥纸质媒体的深度、网络媒体的广度、社交媒体的热度。新媒体的优势在于可以汇聚各方观点和反馈，传统媒体可以对此将各方观点集纳式传播，体现权威性和导向性，增强互动性和吸引力，从而提升影响力。四是以人为本，加强队伍建设。首先加强对新闻舆论工作者政治教育和业务培训，为县级融媒体中心建设提供坚强的人才保障；其次将新闻舆论工作队伍建设作为干部队伍建设的重要任务；再次深化改革，改“身份管理”为“岗位管理”，将合理公平的绩效考核制度作为留住人才、吸引人才的根本；最后着力精神嘉奖，赋予新闻工作者更高社会位，通过组织传播、大众传播与人际传播等方式，塑造新时代的名记者名编辑名主持人，鼓励人才向县级融媒体中心流动。

第六节　县级融媒体中心深度发展的文化建设

2022年10月，习近平总书记在党的二十大报告中指出，“坚持和发展马克思主义，必须同中华优秀传统文化相结合”①。2023年6月2日，习近平在文化传承发展座谈会上强调，“在新的起点上继续推动文化繁荣、建设文化强国、建设中华民族现代文明，是我们在新时代新的文化使命”②。2023年10月7日召开的全国宣传思想文化工作会议首次提出了习近平文化思想，习近平总书记对宣传思想文化工作作出重要指示强调，“坚定文化自信秉持开放包容坚持守正创新，为全面建设社会主义现代化国家全面推进中华民族伟大复兴提供坚强思想保证强大精神力量有利文化条件”③。建设本区域文化体系是县级融媒体中心的又一个重大任务，这个任务完成得如何，关切到融媒体中心的长期永续发展。区域文化是传媒创意生产取之不尽用之不竭的源泉，是县级融媒体中心可能与中央省市级媒体鼎足互补的倚仗。在新闻加政务服务商务的发展路径上，融媒体中心在做好舆论引导工作的同时，着力进行本地文化传播、塑造本地文化强符号、构建本地文化体系、传播本地良好形象，在马克思主义与中华优秀传统文化相结合上稳定持续发力，建设当代区域文化，为建设中华民族现代文明助力。未来，县级融媒体中心在区域文化传播中应从以下三方面着力。

第一，在传播理念上，融媒体中心应肩负构建区域文化体系的历史责任。文化体系是文化各要素相互连接的整合系统，是文化特质和文化复合体的组合，是核心思想与基本行为的集合，具有文化模式化、文化整合、界线保持和体系自律四种属性。美国地理学家J.E. 斯潘塞等认为，文化的最小单元，即文化的某个项目，不论它是人的某一行为还是使用的某一工具，都是文化特质。文化

---

①习近平．高举中国特色社会主义伟大旗帜为全面建设社会主义现代化国家而团结奋斗[M]. 北京：人民出版社，2022：18，42–43.

②习近平出席文化传承发展座谈会并发表重要讲话[OL]. https：//www.gov.cn/yaowen/liebiao/202306/content_6884316.htm.

③习近平对宣传思想文化工作作出重要指示[OL]. https：//baijiahao.baidu.com/s?id=1779185774732365059&wfr=spider&for=pc，20231011.

体系是某个区域某个团体为自己的生存而设计，经过历史传承和沉淀形成的一种有明显辨识度的自给自足的体系，区域有自己的文化体系，民族有自己的文化体系，行业有自己的文化体系，不论是从空间时间而言，还是从人群或行业而言，都可以拥有属于自己的文化体系。当然，这些不同的文化体系具有相对性和历史性，它们存在包含交错的关系。从民族层面而言，中华民族有自己的文化体系，美英日韩民族也有自己的文化体系，中华民族所属的56个民族，又有自己的文化体系；从空间而言，中国、法国、德国因为政治和地理空间的间隔，有各国的文化体系，在一国之内，各省各市各县由于地理空间的间隔，有各区域的文化体系；就行业而言，由于行业的生产本质和规律不同，电力行业、石化行业、教育行业有自己的文化体系；就人群而言，由于人口统计特征与兴趣爱好不同，也有丰富多元的文化体系（文化圈子）。文化是人类发展进步的支撑力量，文化自信是一个国家和民族发展中最基本、最深沉、最持久的力量，文化体系对于所属的圈子、民族和国家而言，发挥着塑造共同思想基础、鼓舞群体士气的作用，能够推动经济社会永续强劲发展。

譬如夷陵区，由于地理空间与历史习惯的原因，夷陵在拥有所属民族国家文化体系之外，也拥有专属于本区域的文化体系，夷陵区人们在这片土地上千百年来的核心思想与基本行为，构成了夷陵文化体系。这种夷陵文化是为这个区域生活和生产的人们所熟悉的，它就像血液一样浇灌每个人的思想与行为，使这个土地上生存的人们拥有大体一致的世界观、价值观与人生观，令这个土地上的人们因夷陵而彼此关照、相互帮助、共同进步，不论走到哪里，夷陵会成为他们的牵挂、乡愁和骄傲。自古以来经久弥坚的“老乡情”其实就是区域文化体系的生动写照。尽管区域文化的存在是毋庸置疑的，但区域文化体系却并不一定都是一种成熟的存在。有些地方的文化可能是成体系的，有些地方的文化可能是零散的自然状态，有些地方作为行政区域的历史不长，文化土壤可能较为贫瘠，更谈不上文化体系了。因此，需要我们把自然、零散的文化特质，通过有组织有计划的行为，转化为自觉、系统的文化体系，融媒体中心因其传媒的天然优势，历史地成为区域（圈子或行业）文化体系的组织者和构建者。不论哪个级别哪个类型的媒体，都有自己的“一亩三分地”，如人民日报、光明日报是面向全国，江西日报、四川日报是面向全省，三峡融媒体中心、萍乡融媒体中心是面向全市，夷陵区融媒体中心、共青城市融媒体中心是面向全县

（区），全国、省、市、县都有不同于他国 / 省 / 市 / 县的区域文化，这就需要各自的媒体肩负起塑造区域文化体系的历史重任。媒体有充足的社会动员能力，能够整合各种人力、物力和财力，共同塑造一个区域的当代文化体系。如此顺延，一代代媒体及其从业者都在着力塑造当下的区域文化体系，百千年后，回头来看，该区域文化体系的内涵与外延将无比灿烂丰富，而且各具特色，有着无法替代的文化主体地位。夷陵区拥有丰富灿烂的地方文化，在夷陵区融媒体中心的持续努力下，必能构建既有历史文化传承又有现代化风格的当代夷陵文化体系，塑造夷陵现代文明，为建设中华民族现代文明添砖加瓦。

第二，在传播对象上，融媒体中心应发挥鉴别区域文化强符号的时代作用。我们经常会对文化、符号、媒介这三个概念的关系产生困惑，主要原因在于这些概念有着十分亲密的包含或重叠关系。文化是人类一切生活方式的总和，即只要打上人类印记的东西，都可以称之为文化。符号的本质是一种代表关系，即以“此”代表“彼”，有作为意义的所指和作为形式的能指，这个能指是丰富多彩的，也就决定了符号的多元性。媒介是信息的中介，是可以传达意义的人事物，按照现代的说法，一切皆媒介，自然世界和人文世界的各种元素都可以成为媒介。从时间顺序上而言，符号与媒介要早于文化。当人类还处在野蛮时期，风雨雷电声音动作都可以是符号，媒介借助符号来传达意义，符号本身也是一种媒介，文化则是随着人类文明的不断演进而理论化体系化符号化，精神文化、物质文化、制度文化构建了人们生存发展的意义世界。随着物质产品的繁荣发展，有些物质品牌具有了文化意义，反映出某些价值观和生活方式，也就成为象征符号，人们消费物质产品不仅仅是生活需要，更重要的是精神需要，品牌产品的文化符号所指，能够表达和传递某种意义和信息，体现消费者的地位、身份、个性、品位、情趣和认同，在满足人的基本需要之外，体验社会表现和社会交流。在符号学看来，有声语言、文字、实物、衣饰、人物、事件等都可以是符号，一切人事物都具有指代功能，因此都可以是符号，自然世界和人类世界是符号化的世界。文化是媒介传播的重要内容，是传媒机构进行创意生产取之不尽用之不竭的源泉。媒介要通过文字、图片、数据、声音、影像、动漫等各种符号来承载信息、传播意义，因此，文化强符号自然成为传媒机构的宠儿，可以用最低的社会成本产生最优的社会福利，实现社会效益和经济效益的双丰收。

然而，“符号的价值不在于数量，而在于表情达意的鲜明性、突出性、代表性、巧妙性、智慧性，在于被强调、被改变甚至被颠覆的过程，只有在这个过程中，强符号才能产生并发挥作用。强符号是社会共同体的价值认同、主流意识、社会关系，包括媒介、组织、群体的主观推动等因素的共同结晶”[①]。当区域文化资源与品牌产品具有很强的传播力和影响力的时候，实际上就是代表这个区域古往今来人事物的文化强符号，这些文化强符号反映了区域当代主流意识形态，传播富有持久性，能指形式独特，被大众传媒和人们广泛使用，体现出较为稳定的价值认同。长城、故宫、京剧、功夫、长江、黄山等就是中国著名的文化强符号，它们既有独特的呈现形式，又有通适的价值意义，可以为全世界人们所认可，有效传播了中国的良好形象，有利于可爱、可信、可敬的中国形象塑造。各地需要辨识、塑造和强化本地的文化强符号，融媒体中心恰逢其时地发挥了这一时代作用。物质品牌产品和历史文化资源都可以成为文化强符号的来源，包括儒家经典文化、历史名人、重大事件、自然风光、建筑服饰、物质产品、艺术歌舞、饮食等自然物质文化遗产和非物质文化遗产内容。譬如宜昌夷陵区，它的文化强符号包括：夷陵，一座来电的城市（指三峡大坝等大大小小的水电厂，是中国发电量最大的城市，号称世界水电之都）；桔都茶乡桃源酒城（夷陵柑橘产量位居全省前列，茶产业综合实力全省第一，是弥猴桃的发源地，稻花香酒厂所在地，这四种产品单论一项可能并不显眼，但四项合在一起发挥结构优势时，是全国其他区县不具备的，这就有了文化强符号的独特性与影响力）。再譬如，江西吉安吉州区的白鹭洲书院、钓源古村，吉安县的吉州窑；景德镇浮梁的瓷源茶乡、瑶里古镇；庐山县的白鹿洞书院、望庐山瀑布；鹰潭贵溪的象山书院、龙虎山天师文化；浙江安吉的“两山理论”发源地、安吉白茶；等等，都是地方宝贵的文化资源，所在地融媒体中心应聚焦这些文化符号，通过多种形式的宣传报道，逐步丰富其能指形式，强化其所指意义，使其成为区内外人们熟知的文化强符号，从而有力传播区域形象，获得人们的肯定和好感，引进更多更优的区外资源促进当地经济社会发展。

第三，在传播手段上，融媒体中心要致力全媒体生产与传播的当下实践。县级融媒体中心是新型主流媒体的主力军，是党的宣传思想工作的重要抓手，

①隋岩．符号中国 [M]. 北京：中国人民大学出版社，2014：215.

这些中心的基本要求就是应该具备全媒体生产和传播能力，县级融媒体中心与中央省市级媒体共同为社会主义意识形态塑造与主流价值观传播发挥作用，合力为党和人民服务，构建网上网下一体、内宣外宣联动的主流舆论格局，建立以内容建设为根本、先进技术为支撑、创新管理为保障的全媒体传播体系，牢牢占据舆论引导、思想引领、文化传承、服务人民的传播制高点。

全媒体生产与传播既是一种生产能力又是一种传播手段，要求融媒体中心生产出多形态与多介质的传媒产品，实现线上线下综合传播。"所谓多形态指的是利用新媒体技术，对文字、图片、音频、视频等几种表达元素进行无极限地组合；所谓多介质指的是报刊、图书、广播电视、互联网、微信微博等不同介质的媒介形态。"①当然，全媒体传播并不是指所有媒体机构所有时候对同一题材都得进行全媒体传播，全媒体传播只是一种理论要求和能力具备，要根据不同的报道题材和不同消费需求生产出或传统或新媒体或融合的传媒产品，以最低的社会成本实现最优的社会福利。对于夷陵区融媒体中心来说，在对六大文化强符号的梳理、挖掘与传播中，要根据他们的特质，从每个强符号独立的文化体系构建出发，对其历史源流、相关人物、类型文化、社会关系、实践影响等方面的文化特质进行深入描述与分析，用文字、图片、短视频、纪录片、影视等各种介质和形态的手段去表现其本质、规律、特征与价值意义，通过有计划的扎实推进，五年十年以后，各个符号所属的文化体系大厦必将建成。如此，"一座来电的城市""桔都茶乡桃源酒城""钓源古村""吉州窑""瓷源茶乡""瑶里古镇""白鹿洞书院""龙虎山天师文化""安吉白茶"等文化强符号定将成型，届时，它们对于夷陵、吉州、浮梁、庐山、安吉等县区人民的意义将如同长城、故宫、长江等对于中国人民的意义。

---

①刘建华．建成新型全媒体：中国传媒融合创新的六大机遇和入口 [J]. 出版发行研究，2022(07)：38.

第一章　县级融媒体中心的角色论

2020年9月，中办、国办印发《关于加快推进媒体深度融合发展的意见》，指出要把县级融媒体中心建成主流舆论阵地、社区信息枢纽和综合服务平台。明确了县级融媒体中心的角色定位。在县级融媒体中心建设纳入国家战略的宏观背景下，本文围绕县级融媒体中心建设目标，通过县级融媒体中心角色定义的内涵和外延，在界定县级融媒体中心是一种新闻机构这一本质属性的基础上，深入探讨每一重角色的价值和作用，并引用相关案例具体说明，探究县级融媒体中心的全新融合路径。本文试图以角色理论为视角，细化功能定位，进一步明确深化在基层参与式治理中，作为“主流舆论阵地、综合服务平台、社区信息枢纽”的县级融媒体中心，如何发挥积极参与基层治理角色的重要作用和功能。

第一节　县级融媒体中心的本质是一种新闻机构

2020年9月，中共中央办公厅、国务院办公厅印发的《关于加快推进媒体深度融合发展的意见》提出“新闻＋政务服务商务”的发展新模式，为县级媒体融合发展提供了切实有效的科学路径，这条路径的出发点和目的点都是以新闻为本，即不论怎么融合发展，新兴媒体和传统媒体一样，其本体都必须是新闻机构。县级融媒体中心是一种新型新闻机构，是在整合原有媒体资源的基础上，通过组织机构再造与生产流程再造，借助新媒体技术的优势，实现一体策划、一次采集、多种生成、多元发布，以政务与服务紧紧黏附受众，提供新闻信息服务，实现有效传播，达到传播主流价值观和塑造意识形态的目标，为本县经济社会发展助力，真正做到“不忘初心牢记使命”，切实为人民谋幸福、为民族谋复兴。

县级融媒体中心和其他媒体一样，其根本属性依然是进行反映客观事实的信息传播（包括新闻），这种信息借助网络技术、数字技术、移动技术和智能技术，可以与各色人等、各个阶层、各种时空、各行各业、各民族各国家进行融合赋能，重构新型数字传媒经济产业链。数字经济是指通过大数据（数字化的知识与信息）的识别、选择、过滤、存储、使用，引导实现资源的快速优化配置，实现经济高质量发展的经济形态。数字经济的本质是信息经济。数字传媒经济就是大数据成为传媒生产流通的新型基础设施，数字技术再造了传媒社会生产总过程，传媒资源得到有效配置，生产和流通成本极大降低，消费者个性化精神需要得到充分满足的经济形态。

对于数字传媒经济而言，我们需要把握几个关键。第一，数字传媒经济是天然的信息经济。传媒作为传播信息和知识的载体，本身就是一种信息产业，与数字技术的衔接最为自然也最为顺畅。第二，数字传媒经济全链条的改造基本完成，但要素生产率还有待于提高。“一体策划、一次采集、多种生成、多端发布”的生产流程基本建成，但是到具体的多元媒介产品生产上，协调性和集约性还不够，不能真正做到最大化发挥生产要素效能。第三，数字传媒经济是包括传统媒体产业在内的信息经济。理论上而言，凡是有数字技术赋能其生产环节和流通环节的传媒行业，都属于数字传媒经济，不管何种类型媒体，或者在内容生产上用到数字技术，或者在流通渠道上用到数字技术，这些经过数字技术赋能后的传媒都属于数字传媒经济。第四，数字传媒经济是区域协同发展的经济。媒体加其他产业可以跨越区域的物理界限，形成自成体系的产业价值链。当然，在区域协同上，融媒体机构应该是分主体、分阶段的均衡联动。所有媒体综合用力，形成生态效应，从而构建区域协同发展的数字传媒经济产业链。当然，需要强调的是，数字传媒经济产业链条上的所有媒体组织和媒介形态，依然要有自己的价值追求与责任担当，依然要严守新闻的基本规律和原则，如“铁肩担道义妙手著文章”，如真实性、客观性、公正性等，如既要正面宣传又要舆论监督，如公共利益的维护，如为弱势群体发声，如防止数字信息鸿沟等，要不断发挥社会监督、协调沟通、经济推动和娱乐润滑的作用，促进人类社会的不断进步。

从组织构成来看，县级融媒体中心的基本构成包括生产者构成、职能部门构成、渠道构成、产品构成、受众构成、社会构成等。生产者构成包括记者编辑、技术人员、经营人员和管理人员等。职能部门构成日益要求精干化、扁平化、板块化，尽量减少无谓的行政成本，如浙江安吉融媒体中心，在内部实行三条线管理，编委会抓新闻主业，经管会抓产业经营，行管会抓行政保障；福建尤溪融媒体中心职能部门主要包括融媒资讯中心、品牌传播中心、综合服务中心三大板块。传播渠道指的是传媒产品的流通问题，即传媒产品从生产者到达消费者所经过的线路。这条线路由各级中间商构成，渠道越长越多，产品市场的扩展可能性越大，但问题是生产者对产品的控制能力和信息反馈的清晰度也就越低，甚至生产者的获利和消费者的福利都会极大降低，大多生产者都选择零级渠道。县级融媒体中心既有线上渠道也有线下渠道，既有传统渠道也有新媒体渠道，既有自身渠道也有“借船出海”渠道，既有传媒渠道又有活动渠道。不过，县级融媒体中心主要选择零级渠道的移动优先传播，借助网络服务商、平台服务商、技术与应用服务商的力量，以最小的流通成本实现最大化的传播效果。对于县级融媒体中心而言，产品构成可以分为新闻产品和非新闻产品，非新闻产品可以分为纯信息产品和信息赋能产品。新闻产品的比重视融媒体中心体量规模而有不同，经济实力较弱的可以专注做新闻产品，经济实力较强的可以在新闻产品和非新闻产品领域平分秋色，信息社会允许融媒体中心放心大胆去拓展信息产品业务，而且可以利用媒体天然的信息集聚与撒播优势，使信息资源赋能第一、二、三各个产业各个行业，如安吉融媒体中心利用直播做“优品汇”，其竹林鸡、安吉白茶已拥有较大影响的全国性市场，通过做强做大数字传媒经济产业，形成有重要社会主体地位的县级融媒体中心行业。在受众构成方面，由于新闻加政务服务商务的目标追求与实践行动，在本区域生活生产的人们理论上都是其用户，而且每个人都能拥有自己的趣缘圈，有坚定的归属感。作为无远弗届的新媒体，县域之外乃至国际受众都可以是融媒体中心的用户，从这个意义上而言，县级融媒体中心实际上是具有强大国际传播能力的新型主流媒体，如尤溪融媒体中心做的尤溪形象宣传片及《守摊人》纪录片等产品，已走向国际市场，发挥强大的国家形象传播效应。从社会构成来看，县级融媒体中心作为一种公益性的新闻机构，充分发挥信息纽带作用，成为地方党委政府“治县理政”的抓手和平台，有力促进了乡村振兴和县域经济社会发展。

要之，县级融媒体中心作为一种新型新闻机构，不管其层级、类型、规模如何，根本要求是具备全媒体传播能力，协力建成全国性的全媒体传播体系。为此，我们应正确把握几个问题：第一，从整个传媒大行业来看，新型主力军要共同构筑综合性全媒体传播体系。要合力为党和人民服务，构建网上网下一体、内宣外宣联动的主流舆论格局，建立以内容建设为根本、先进技术为支撑、创新管理为保障的全媒体传播体系，牢牢占据舆论引导、思想引领、文化传承、服务人民的传播制高点。第二，从具体媒体组织机构来看，要生产出多形态与多介质传媒产品，实现线上线下综合传播。所谓多形态主要指的是利用新媒体技术，对文字、图片、音频、视频等几种表达元素进行无极限地组合，满足不同圈子消费者的需求；所谓多介质主要指的是报刊、图书、广播电视、互联网、微信微博等不同介质的媒介形态。融媒中心作为一个个新闻机构，深度融合的结果就像是太阳光一样，看起来是一种颜色，但实际上是由红、橙、黄、绿、蓝、靛、紫七种色光组成。在融媒体这个太阳光之中，涵括了文字、图片、音视频等不同形态和书报、广电、互联网等不同介质的各种色光，这些多元媒体既是一个结构整体，又有各自独立存在，真正实现融媒体社会生产全过程的一体策划、一次采集、多种生成、多端发布。如此，在移动优先的第一定律下，发挥报刊、图书、广播电视、新媒体等各自的传播优势，实现全媒体传播效果。第三，从内容传播业务来看，全媒体传播并不是指所有媒体机构所有时候对同一新闻题材都得进行全媒体传播。可以根据不同题材，进行或新媒体产品或传统媒体产品或全媒体产品传播。这样，我们可以灵活地进行新闻生产，最大化节约生产成本，最佳化达致传播效果。

第二节　县级融媒体中心角色形成的历史背景与现实要求

在社会生活中，我们每个人都扮演着不同的角色，每一种角色往往都意味着一种责任。同样在全媒体传播语境下的基层社会治理中，县级融媒体也扮演着几重重要角色。随着所处环境和场所的变化，人们会不断地变换自己的角色，调节角色行为，承担相应责任。县级融媒体中心的角色形成及变化也是如此。简单来说，在中国县域治理不断转型完善的过程中，县级融媒体中心角色的形成和发展有着一定的历史背景和现实需求，县级融媒体中心的内涵和外延也在不断与时俱进。

一、国家战略方针的重要环节

近年来，在党和国家一系列战略规划的推动下，县级融媒体中心围绕中心、服务大局，强化引导功能和服务功能，在基层社会治理、引导主流舆论、乡村文化振兴等方面的积极作用不断彰显，县级融媒体中心建设不仅成为县域内各媒体近年来的核心工作，也成为近年来中国媒体融合的核心命题之一。

2018 年 8 月，习近平总书记在全国宣传思想工作会议上指出，“要扎实抓好县级融媒体中心建设，更好引导群众、服务群众”；2020 年 9 月，中办、国办印发《关于加快推进媒体深度融合发展的意见》，指出要把县级融媒体中心建成主流舆论阵地、社区信息枢纽和综合服务平台。明确了县级融媒体中心的角色定位。

2020 年 10 月，党的十九届五中全会通过的《中共中央关于制定国民经济和社会发展第十四个五年规划和二〇三五年远景目标的建议》提出，“推进媒体深度融合，实施全媒体传播工程，做强新型主流媒体，建强用好县级融媒体中心”。至 2020 年底，全国各地县级融媒体中心已基本建立。2021 年，在国家政策引领和各省紧密部署之下，我国县级融媒体中心建设不断走稳落实，“新闻 +”模式成为新增长点。2022 年，中央网络安全和信息化委员会办公室、农业农村部、工业和信息化部、国家市场监督管理总局四部门印发了《数字乡村标准体系建设指南》。《指南》提出，至 2025 年，初步建成数字乡村标准体系。其中，乡村文化数字化标准值得关注。县级融媒体中心建设在内的三方面标准被纳入其中。

2022 年 8 月 18 日，中宣部宣布全国 2585 个县级融媒体中心建成运行。经过几年努力，县级融媒体经历了媒体建制重构和运行机制再造，逐步从数量增长期向提质增效期过渡。虽然单个体量小，但数量众多，覆盖面广，加强县级融媒体中心建设，是推动媒体融合向纵深发展的基础环节。发展至今，各地县级融媒体中心在融合与创新的同时不忘初心，因地制宜、大胆探索，不断强化“自我造血”的可持续发展模式，努力把县级融媒体中心建成主流舆论阵地、社区信息枢纽和综合服务平台。

2023 年是贯彻落实党的二十大精神元年，同其他行业一样，我国县级融媒体中心发展也有自己的理论逻辑与实践遵循。引导群众、服务群众是县级融媒体中心的核心功能，具体表现为主流舆论阵地、综合服务平台、社区信息枢纽三大角色。

二、基层县域治理的现实需要

郡县治，天下安。

两千多年来，在我国政权行政建制历史中，“县”一直是国家治理结构的基本单元。在中华人民共和国的政权组织体系中，县级政府是党和国家政策、方针、法规传递执行的“最后一公里”，也是了解舆情民意、制定经济规划、实施调控监测、提供公共服务最为敏锐的“神经末梢”。同时，县域也是基层治理中矛盾和困难最为集中的地方：既是利益冲突和社会矛盾滋生的“源头”，也是协调利益关系和疏导社会矛盾的“茬口”。[①]

十九届四中全会提出，到 2035 年，国家治理体系和治理能力现代化基本实现。因此，所有县级融媒体中心的核心定位都应是“当地治理能力提升的核心抓手”。现如今，各级政府及主管部门越来越深刻地意识到，县级融媒体中心建设是当下提升县域治理水平的一个契机，理应以县域治理创新的高度来审视县级融媒体中心建设，使其更好地助力县域治理的成功转型和能力升级；尤其从县域治理理念更新、治理体系优化与治理能力提升的三重维度来看，县级融媒体中心理应在其中担当更重要的角色。

首先在信息层面，县级融媒体中心作为基层主流舆论阵地，是群众获取政策信息、公共信息的来源，是信息公开的助推者、监督者。2019 年国务院《关于加强和改进乡村治理的指导意见》提出，完善党务、村务、财务“三公开”制度，支持建立“村民微信群”“乡村公众号”等，推进村级事务即时公开。2020 年《关于全面推进基层政务公开标准化规范化工作的指导意见》提出，推

①李骏 . 从社会治理看县级融媒体中心建设 [J]. 中国广播，2020(09)：80.

进基层政务公开平台规范化，充分发挥县级政府门户网站、政务新媒体、政务公开栏等平台作用，更多运用信息化手段做好政务公开工作。发展至今，县级融媒体一般整合了县域内的报刊、广播电视台、新闻中心、新媒体等媒体资源，本身就是政务公开平台。此外，县级融媒体中常见的基层政务公众号代管、吸引部门及乡镇单位开设 App 融媒号、建立基层单位通讯员队伍等做法，都为其助推基层政务公开提供了有利条件。

其次在渠道层面，县级融媒体中心是表达渠道的提供者、补充者。党的十九大报告明确提出，“扩大人民有序政治参与”，强调要“形成完整的制度程序和参与实践”。同时，我国政治协商制度要求“畅通和拓宽各界群众的利益诉求表达渠道，积极反映社情民意”。在社会治理中，尤其是在涉及争议的地方政策制定和公共事务管理中，公众迫切渴望拥有表达意见的渠道。传播学上的“媒介近用权”指个人接触大众媒体，并通过媒体保障和行使知情权、表达权、言论自由权的权利。作为最接近基层群众的媒体，县级融媒体具有可供性上的优势，有助于实现公民的媒介近用权。它是基层社情民意汇聚平台，不仅能在新闻生产过程中呈现公众表达，同时还能借助权威优势，设立专门的意见反馈通道，打通与政府部门的联系，将公众舆论表达衔接至利益组织化表达的渠道中，推动问题解决。可以说，自媒体平台拓展了公众发声渠道，但县级融媒体能放大公众声音，增强其话语权，将之引入治理的核心公共场域中，引起广泛的注意和支持。同时，与政府的衔接配合，使它成为制度化利益表达的渠道，有助于实现公民有序有效的公共参与。

最后在平台层面，县级融媒体中心可以提供广泛的互动交往平台。此处的“平台”既可以指一种线上线下的空间场所，也可以指作为交流展示平台的活动、赛事等。依托用户、粉丝资源，县级融媒体可以打造以社群为核心的移动数字社区，培养社群生态，实现社会、生活、文化等各类议题、服务、活动的在线分享、公共讨论和集体协作。尤其对于农村而言，中青年群体中外出求学、务工者多，数字社区可打破时空限制，将他们与家乡重新联结起来；甚至可以基于共享、互助等理念，打造特定类型产品，吸引本地居民使用，形成可沟通、可互动、黏性高的用户社群。此外，依托权威性强、资源充足、社会联系广等优势，县级融媒体还可以举办美食节、文化节、短视频大赛等各类活动，动员全民参与，在活动中凝聚人气，创造经济、社会价值，联络社区成员情感，增强社区归属感和集体认同。

三、媒体深度融合的必然趋势

县级基层治理的现代化是国家治理现代体系的基础板块，在新媒体已成为现代社会运行基础设施的大背景下，县级层面想要实现治理的现代化，就必然需要新媒体尤其是专门面向县级层面的发达媒体。

近年来，在国家宏观政策的引导下，媒体融合进程不断加快，融合程度持续加深。从 2014 年 8 月 18 日中央全面深化改革领导小组第四次会议审议通过《关于推动传统媒体和新兴媒体融合发展的指导意见》开始，我国媒体融合持续推进，中央、省市一级的媒体已经基本完成媒体融合建设。建设县级融媒体中心是深化推进媒体融合的必然过程，有助于实现从上至下各级媒体的全面融合转型。

《关于加快推进媒体深度融合发展的意见》中指出，“要按照资源集约、结构合理、差异发展、协同高效的原则，完善中央媒体、省级媒体、市级媒体和县级融媒体中心四级融合发展布局”。在全国一盘棋的媒体深度融合进程中，县级融媒体要想牢牢占据基层舆论引导、思想引领、文化传承、服务人民的传播制高点，仍需全面促进基层传播能力建设。

在全国宣传思想会议后，各地迅速响应，县级媒体融合进程显著提速、全面铺开。本地网络互动平台是听取民意最短路径。截至 2022 年 12 月，我国在线政务服务用户规模达 9.26 亿，较 2021 年 12 月增长 515 万，占网民整体的 86.7%。

目前的县级融媒体中心建设多借鉴人民日报“中央厨房”或其他省级媒体的融合路径。将广播电视台、网站、报刊、客户端、微信、微博等县域公共媒体资源整合起来，融合发展成为普遍的做法，“中央厨房”式的运行机制成为标配。但多数县级媒体规模小、实力弱，地区实际情况千差万别，因此不能照搬省级以上媒体的融合策略。在此基础上，很多地方结合自身实际和发展需求，融入了创新举措，走出了富有代表性的融合创新之路。

第三节　县级融媒体中心是主流舆论阵地

按照《关于加快推进媒体深度融合发展的意见》要求，县级融媒体中心首先承担着基层主流舆论阵地的重要角色，是群众获取政策信息、公共信息的来源。

新征程上，县级融媒体的基层主流舆论阵地这一角色在建设社会主义文化强国、推进文化自信自强的道路上发挥着不可替代的基石作用。

一、内涵和外延

新闻事业是党和人民的喉舌，是中国共产党密切联系群众的桥梁和纽带。主流舆论阵地这一角色的首要任务是传播信息，将党和政府的声音传递给人民群众。作为县级主流媒体，融媒体中心需坚持正确舆论导向，充分发挥主流媒体的作用，让主流声音占据新闻舆论的制高点。

1. 内　涵

县级融媒体中心将主流舆论的触角延伸至中国基层社会，是中国区县一级主流舆论的策源地，是中央有关精神传达、地方新闻资讯传播、基层民众舆论疏导、满足群众精神文化生活的重要渠道。

具体包括：围绕重大新闻、时政要点、主题报道等内容，增强新闻生产的可视性、可听性及互动性，积极传播党的路线方针政策；面对重大新闻事件、群众关切问题，敢于及时挖掘事件本身，还原事实真相，以权威、正确的价值导向，满足群众的信息需求，为其呈现高质量、有价值的内容。

2. 外　延

从外延来看，县级融媒体中心是整个媒体融合当中一个最大规模的板块，也是和老百姓接触最基层、最直接的主流舆论阵地，也是各个地方除央媒、省市媒体外的由县委直接领导的唯一主流媒体。因此在发展过程中，需要打开思路、扩大格局，跳出媒体发展媒体，跳出县域发展县域，充分发挥主力军作用。

创新媒体传播方式，让主旋律引领大流量，最根本的还在于内容创新。县级融媒体中心发展几年间，从“相加”到“相融”再到“深融”，不断发力内容建设，研发先进技术，改革创新管理，建强自有平台，拓展功能服务，建设全媒体传播体系，塑造了主流舆论新格局。

发展至今，县级融媒体在舆论引导方面取得了阶段性成效，逐步实现高质量发展。目前，全国已有 2585 个县级融媒体中心建成运行。一些优秀的县级融媒体中心不仅以优质内容与先进技术搭建起信息枢纽和治理平台，更形成了比较成熟的发展模式。

二、价值和作用

按照“媒体 + 政务”的理念，县级融媒体正在从单纯的新闻宣传向政务服务领域拓展，强化解读回应，推进政务公开，积极传播党和政府的声音。同时在舆论监督方面，县级融媒体是维护基层意识形态安全的主阵地，发挥着独特的作用。

首先，县级基层治理的现代化是国家治理现代体系的基础板块，在新媒体已成为现代社会运行基础设施的大背景下，县级层面想要实现治理的现代化，就必然需要新媒体尤其是专门面向县级层面的发达媒体。在具体功能上，县级融媒体不仅是从单纯的新闻宣传向政务服务领域拓展，同时在舆论监督方面，县级融媒体是维护基层意识形态安全的主阵地，发挥着独特的作用。

其次，逐步深化数据共享开放，推动更多事项“掌上办”。基层综合服务突出民生事项，用服务聚民心，及时呼应人民群众多层次、差异化、个性化的新需求、新期待，这是当前基层最大的政治。

最后，移动互联网时代，多家融媒体中心通过“融媒 + 政务”的运作方式，全力打造主流舆论阵地、综合服务平台和社区信息枢纽，推动融媒体可持续发展。

如今的县级融媒体中心既及时宣传和准确解读党的理论方针政策，又反映人民群众的意愿要求，上连天线、下接地气，实施乡村全覆盖，切实让基层宣传工作强起来，打通基层宣传思想工作“最后一公里”。尤其近年来，县级融媒体中心敢于“聚焦”，瞄准基层治理的痛点、难点，开展多角度、全方位的深入报道，在推动基层治理进步及改善群众生活方面发挥应有的作用，增强新闻舆论的影响力。其功能发挥的实际作用主要体现在以下三个方面。

1. 提升网络思维创新内容生产

首先在内容生产方面，通过创新内容形式，讲好市域治理好故事，传播市域治理好声音。内容生产是主流媒体的首要任务，主流媒体应不断创新产品生产的方式，宣传主流价值观。创新内容生产要发挥新闻专业主义精神，坚持新闻真实性的原则，即主流媒体从业人员要深入一线进行采访拍摄，做到不偏信、不轻信，通过文字、图片、视频、数据等多种方式即时、全方位地展现市域社会治理的风貌，积极设置“社会治理”议题，多层次、多角度地帮助市民了解市域社会治理的现状；要善于挖掘人民群众身边的社会治理故事，塑造典型人物，宣传社区、村镇基层治理的先进做法与成功经验，加大对地方“好故事”“好经验”的宣传力度，将市民的注意力引导在区域社会治理上来，鼓励他们参与到基层各类事务的决策与进程中去。

同时，创新内容生产还需具备互联网思维，结合地域特色利用短视频的形式生产优质内容，结合用户碎片化的收视习惯，用讲故事的方式诠释市域社会治理的相关政策，在有深度、有乐趣的内容中弘扬正能量，以权威声音答疑解惑，促进社会健康有序发展。比如为迎接党的二十大胜利召开，北京市东城区融媒体中心统筹开设“高质量发展看东城”“东城这十年”“强国复兴有我”“我见证”等专题专栏，通过主题报道、新闻故事、资讯动态、视频联播、实地探访等方式，采写老街新颜、生活新变、企业新貌等发生在群众身边的点滴变化，以不同视角全方位展现东城发展成就。

再比如邳州市融媒体中心坚持以习近平新时代中国特色社会主义思想为指导，始终把讲政治、讲党性摆在首位，深化广播电视媒体“头条”建设和网络视听平台“首页首屏首条”建设，常年推出“新时代新作为”“学习进行时”等专栏专题，上接天线、下接地气，创新传播手段和话语方式，让党委政府直通人民群众，让党的创新理论“飞入寻常百姓家”，切实将银杏融媒打造成新时代宣传思想工作的主阵地、党委政府和人民群众的连心桥。

2. 在互动与对话中引导舆论

在当下复杂的舆论环境中，主流媒体需要时刻关注社会舆情，用权威声音答疑解惑，牢牢把握话语权。面对自媒体和媒介平台的快速发展，县级融媒体要扎根基层，传播党和政府的声音。富有泥土气息和人性温度的专栏，是县级融媒体中心提升节目可看性和吸引力、增强本土用户黏性的制胜法宝。其中，中青年是当今社会网络传播的主导力量，他们对社会热点事件比较敏感，更愿意提出质疑、表达观点，是舆论的“主导性”群体，因而网络舆情成为社会舆情的重要内容。因此，抓住中青年的关注点，在对话中加强舆论引导，是县级融媒体发挥主流舆论阵地角色的关键之一。

如安吉县融媒体中心十多年来坚持开设《百姓连线》栏目，每周6期，每期10分钟，通过和乡镇部门合作，以及热线电话爆料等方式，挖掘百姓生活中的烦心事，通过新闻报道方式推动解决；开设《新闻观察》监督栏目，每周3期，每期5分钟，围绕企业消防安全集中整治百日攻坚、疫情防控措施落实、城市有机更新专项行动、污染防治攻坚等工作重点，与各项工作领导小组办公室或主要负责的成员单位密切联系，精准选题、跟踪督查，服务助推重点工作推进。如在2022年城市有机更新专项行动启动初期，报道组应领导小组办公室要求，走访芝里老区、老电影院区块等区域，从媒体监督的视角营造群众渴望城市有机更新的浓厚氛围。

又如邳州融媒体中心在内容上着力制作民生类、服务类、问政类、方言类等节目。开设话题性栏目《有融有度》，用老百姓听得懂的“邳普”解读社会热点和政策。《政风热线》直播问政节目既是媒体监督，又是政策解读，累计解决百姓各类问题3900多件。“有事您开口，我们搭把手”的《搭把手》栏目记者成了为百姓排忧解难的贴心人。全面落实“我为群众办实事”，特别策划“融媒记者社区行”活动，新闻工作者走村串巷、进社区，聚焦“强作风、抓项目、提质效、惠民生”，累计帮助群众解决实际问题150余件。同时，发挥社会纽带和桥梁作用，在社会治理、公共事务决策、智慧城市建设等方面提供更多优质服务。

3. 突发公共卫生事件的“试金石”

面对复杂多变的舆情，县级融媒体中心新闻工作者需要主动发声，以正视听，回应社会关切，揭露事实真相，消除民间疑惑，把舆论引导做到最关键处、最急需处；利用其“资源通融、内容兼融、宣传互融”的属性以及覆盖面广、传播速度快的优点，切实做好为民众服务工作，将事件的真实情况客观公正通过媒介载体第一时间传递出去，让群众及时获悉，坚持团结稳定、鼓舞士气、传播正能量为主，做好统一思想、凝聚力量的舆论引导工作，增强基层群众对各类不正确舆论的分辨能力。若主流媒体不能及时回复网民的提问，不能及时反馈问题解决的进度，就可能引发社会负面情绪，影响党和政府的公信力。

对于突发性公共卫生事件，县级融媒体中心要第一时间采制事实鲜活的高价值新闻，借用事实，因势利导，感染群众，引发同理心，通过良好的舆论引导助力融媒体工作的进步和滋养群众正向的价值观。同时对于负面新闻要直面问题。融媒体中心工作者要学会“负面事件正面做”，以负责任的态度、开放的心态，全流程做好应急预案，直面问题，及时辟谣，端正社会风气。

例如，库车市融媒体中心充分发挥自身优势和职能作用，以群众的呼声在哪里，我们的关注就在哪里为工作要求，通过记者调研、新闻热线、维汉语广播直播间、新媒体平台、微信听友群等渠道收集热点问题，经与相关部门沟通了解，针对群众关心关切问题，通过“阿东看库车”账号发布动态消息，以视频形式及时解读政府政策、回应社会关切、安抚民众情绪。2022 年关于库车市域内部分停车场设收费点停车收费问题，为给群众答疑解惑，库车市融媒体中心主动联系管理部门，就停车收费问题进行深入了解，专门制作《车辆有序停放市民出行方便》视频解答群众疑惑，因车辆乱停乱放，时常引起交通事故，为确保群众出行安全，管理部门规范停车场秩序，经视频解答，群众纷纷表示理解支持。“阿东看库车”充分发挥了媒体桥梁纽带作用，及时解读政策，加强政府与群众间的联系，引导社会舆论。

又如，在 2022 年 8 月以来贵溪疫情防控最严峻的时候，江西贵溪市融媒体中心运用视频、音频、图解、海报等多种形式，推出了一批接地气、有特色的防疫作品，取得了良好的宣传效果。第一时间发布疫情动态信息传播疫情防控一线正能量，尤其是在 8—9 月中心各平台累计收到粉丝留言百万余条。第一时间利用《掌上贵溪》客户端、《贵溪发布》《贵溪报》微信公众号、抖音号、视频号等新媒体平台优势，积极宣传疫情防控涌现的优秀人物和事迹，凝聚众志成城的决心和士气。此外，贵溪市每年春、秋季节短时强降雨带来的小流域地质灾害和城市内涝比较严重。贵溪市融媒体中心发挥媒体融合发展成效，在强降雨来临之前，第一时间发挥新闻传播优势，在电视、广播、掌上贵溪客户端、微信公众号等众多平台发布强降雨信息，告知百姓注意出行方面的安全。

这些声音都是“民意”的诉求。主流媒体只有切实关注到网民隐藏在意见表达中的需求，及时与他们进行对话，才能真正做到“问政于民”，切实提升引导舆论的水平。

第四节　县级融媒体中心是综合服务平台

一、内涵和外延

学者瓦戈和卢施（Vargo&Lusch）提出“服务生态系统”概念，指“一种自发感知和响应的时空结构，由大量松散耦合、倡导各自价值主张的社会性和经济性行动者通过制度、技术和共同语言，共同生产并相互提供服务，共创价值”。[①] 其中，所有参与者都是资源整合者。类似地，受众转变为兼具内容消费与创作产出行为特征的积极“产消者”。

1. 内　涵

县级融媒体作为综合服务平台，随着其服务体系的日益完善与用户的多样性增长，生态化将成为其服务的重要理念。因此，在连接多方参与主体的基础上，县级融媒体应致力于完善服务平台规则与制度，加强扮演调解、协调甚至裁决的角色，引导参与主体形成良性互动，助力基层社会形成内生性治理秩序。

2. 外　延

县级融媒体中心作为综合服务平台这一角色，其外延广义上来说是要对接城市建设的方方面面。其中，数字化、智慧化治理平台的应用是县级融媒体中心的突出亮点。目前，部分县级融媒体在以下方面成绩斐然。

一是既及时宣传和准确解读党的理论方针政策，又反映人民群众的意愿要求，实施乡村全覆盖，切实让基层宣传工作强起来。

二是利用 App 对接“智慧城市”建设和公共服务平台，聚合各类优质公共服务资源，打造一站式社区服务终端，开通便民查询、便民支付、同城生活、房产、招聘、医疗服务、明厨亮灶、教育培训等功能应用，成为市民在衣、食、住、行、娱、游、购等方面的贴心伴侣。

三是以移动互联网技术为依托，为合作单位提供新闻宣传、信息发布、数

①Vargo，StephenL.，&RobertF.Lusch，“From Repeat Patronage to Value Co-creation in Service Ecosystems: A Transcending Conceptualization of Relationship”，Journal of Business Market Management，vol.4，no.4，2010，pp.169-179.

据共享、新媒体托管、账号运维、技术研发等一对一精准服务。一些内容创制能力强的县级融媒体中心还拓展了出县跨省业务。

二、价值和作用

建成问题基本完成后，县级融媒体中心进一步提升“建强用好”的发展策略。在推进改革建设的过程中，县级融媒体不断采取新的传播手段来重构媒体的商业模式，实现新的产业拓展，建立起自我“造血”和“输血”的良性循环。跨界、跨域、跨层级、跨媒体的协同合作，有效提升了县级融媒体中心的融合传播效能和综合服务平台运营实力。在具体的实践过程中，不同的县级融媒体中心形成了各具特色的服务模式。

县级融媒体的作用，即在于向受众提供本地公共生活的各方面信息，提供参与所必要的知识与资讯，培育知情公众。主要体现在以下四方面。

1. 信息公共化

信息公共化可从三个层面进行着力。最基础的层面是公共生活信息。群众衣食住行、生产生活都需要大量信息，通过降低信息不确定性来提升日常行动的效能。在这方面，县级融媒体应成为本地信息库，集纳天气、交通、教育、医疗等各类信息。不仅要注重信息的全面性、易读性，还要注重其条目清晰性、检索便捷性、可查询性以及资讯的动态更新。中间的核心层面是公共事务信息，即社会治理中围绕特定议题或问题的信息。因此，县级融媒体应更多关注不同群体在各类问题上的协商讨论，设置公共议题，包括政治政策问题、经济发展问题、社会民生问题等。最高的层面是公共事件信息。风险社会中，公共事件处置考验着社会治理能力水平的高低。对此，县级融媒体应与当地政府一道，建立起涵盖信息发布、舆论回应、民意收集、谣言消除、动态跟踪等各环节在内的信息沟通机制。县级融媒体的信息公共化应与政府信息公开并行建设。

比如在疫情防控期间，重庆市巴南区融媒体中心第一时间发布官方公布消息，全力挖掘巴南区抗疫一线的具体行动和典型事迹，积极报道全区众志成城抗疫风貌。如创作《阳光总在风雨后》快板，以主播情景演绎疫情防控视频等形式，宣传疫情防控；制作《H5 防控疫情巴南在行动，我们承诺》，8 万多人次参与承诺；制作《H5 防控新冠病毒疫情，巴南在接力》，10 余万人参与接力。又如在巴南区界石“8·21”山火扑救中，巴南区融媒体中心勇担媒体职责，成立50余人全媒体采编组，第一时间投入到山火扑救第一线，全程为现场指挥部提供技术保障，出动4架无人机拍摄火情形势，采用5G信号传输实时画面到指挥调度大屏，做好科学、准确、快捷的信息支撑，为扑救决策提供有力参考。

以“灾害报道要快、事故报道要准、群体事件要稳、遇到事件提前研判”为原则，县级融媒体中心通过公开化的信息，主动作为、勇于发声，有效引导舆情。

2. 信息本土化

也就是讲本地老百姓生产生活故事。对于县级融媒体中心来说，要讲好“中国故事的地方篇章”，既生动、形象地展示本地的文明、发展、进步和群众生活，又在媒体语言上、形式上、表达角度上进行转变和创新。比如，涉及民生类的新闻，多采用百姓喜闻乐见的方式，让群众能随时感受到身边的变化，不断增强群众的幸福感和获得感。敏锐捕捉社会热点，吸引百姓广泛关注，成为网络时代主流媒体的“流量”担当。

此外，本地主流媒体是县级融媒体的媒体生态位竞争定位：它并非中央和省市媒体的脚注，也并非商业媒体、自媒体的补充。因此，县级融媒体应加强本地新闻采写，贴近受众，建立下沉至基层一线的记者与通讯员队伍。讲述本地故事，反映城镇社区和广阔乡村生动鲜活的前沿实践。注重乡村传播、社区传播，使县级融媒体成为县域本地信息进行纵横传播的关键节点。

比如邳州市融媒体中心始终坚持从百姓的关注和需求出发，在内容上着力制作民生类、服务类、问政类、方言类等节目。如开设话题性栏目《有融有度》，用老百姓听得懂的“邳普”解读社会热点和政策。《政风热线》直播问政节目既是媒体监督，又是政策解读，累计解决百姓各类问题3900多件。融媒记者走遍全市490个村，让村支书拿起自拍杆讲述《俺村振兴我担当》的故事，每一篇都带着泥土的芳香；“有事您开口，我们搭把手”《搭把手》栏目记者成了为百姓排忧解难的贴心人，全面落实“我为群众办实事”，特别策划“融媒记者社区行”活动，新闻工作者走村串巷、进社区，聚焦“强作风、抓项目、提质效、惠民生”，累计帮助群众解决实际问题150余件。同时，发挥社会纽带和桥梁作用，在社会治理、公共事务决策、智慧城市建设等方面提供更多优质服务。

3. 创造公共价值与商业服务

价值创造活动分为非商业与商业服务，前者包括政务服务、民生服务、文明实践等内容，创造公共价值；商业服务包括电商、会展、教育培训、媒体营销等内容。比如库车市融媒体中心通过策划丰收节、白杏节、塔里木原生态胡杨林旅游推介、沙世界冬春旅游文化活动等大型主题活动，引导全市各族群众参与其中，扩大库车知名度和影响力；又如安吉县融媒体中心不断拓宽“游视界”本地圈的运行能力，持续夯实平台，确保优质高效，使本地优质农产品从“田间地头”直通“自家灶头”。

依托本地资源创造商业价值。本地资源主要包括本地产业、本地旅游、本地文化等方面，县级融媒体中心尝试底层市场战略，与本地社会形成嵌入关系。如邳州融媒体中心依托本地博物馆及银杏资源，开发了“邳州礼物”系列文创产品，备受青睐；联合开发御品膏方“白果草本膏”，借势进入健康产业。

4. 适配新公共服务场景

根据使用与满足理论，县级融媒体想要吸引公众参与，应向其提供满足需求的各类服务。新公共服务理论强调政府的首要作用是帮助公民明确阐述并实现他们的共同利益，而非试图驾驭社会。[①]这对于县级融媒体而言同样适用：媒体融合的建设逻辑起点在于用户端而非传者端，它应围绕“人民群众向往美好生活”的现实出发点来提供服务，并帮助社会实现内生性自我发展。信息技术构建了大众新的生活方式，形塑了新的社会景观，同时也培育了在技术环境中生存、交往的各类主体。考虑到上述背景，县级融媒体构建公共服务应存在两个方向，场景化、生态化。场景既指空间环境，也指情境或氛围。彭兰认为，构成场景的基本要素包括空间与环境、用户实时状态、用户生活惯性、社交氛围。[②]

移动时代，服务落地的核心即在于场景适配：媒体融合应超越内部的技术融合、组织间的市场融合，在宏观层面上融入大众的社会生活空间、生活场景中。因此，县级融媒体应围绕百姓的工作、学习、休闲生活，搭建政务服务、文化服务、民生服务等方面的场景，聚合用户共同参与互动。

①罗伯特・B・丹哈特，珍妮特・V・丹哈特．新公共服务：服务而非掌舵 [J]. 刘俊生，译．中国行政管理，2002（10）：38-44.

②彭兰．场景：移动时代媒体的新要素 [J]. 新闻记者，2015（03）：21.

近年来，县级融媒体充分发挥“全媒调度、全网传输、全域覆盖”的优势，在县域资源推广、乡村数字信息共享、乡村文化繁荣等方面优势明显。

如安吉县融媒体中心开设《生态家园》《我的农货我吆喝》等栏目，报道县域农业农村农民的发展现状，为百姓的滞销农货宣传推广。

第五节　县级融媒体中心是社区信息枢纽

一、内涵和外延

枢纽一词出自《文心雕龙·序志》，是指重要的部分，事物相互联系的中心环节，也指重要的地点或事物关键之处。让社区动作起来，居民活跃起来，信息枢纽则是关键一环。因此县级融媒体中心的三个角色中，打造社区信息枢纽是引导群众、服务群众的最前沿。

1. 内　涵

县级融媒体中心需扎根社区，深度互动，把宣传触角延伸到最基层居民，让媒体、社区、群众三方实现全提升、都满意，媒体生态得以全面优化，走出一条打通宣传工作服务群众“最后一公里”的有效途径。随着时代发展变化，基层群众不光有了更多需求，同时也有了参政议政、实现自治的意愿。因此作为社区信息枢纽这一角色，县级融媒体中心要帮助基层群众实现信息及时传播，成为基层群众提供互相沟通、表达需求、反馈诉求的有效平台。

2. 外　延

从外延方面来看，这一角色功能主要抓手在于采用多元传播方式的信息融合。具体而言，需要在做优“两微一端一抖”新媒体信息平台外，持续整合区内各新媒体平台的力量，用“集约化”和“规模化”的传播方式，扩大信息的覆盖面和影响力，变信息“集散地”为“集中地”。具体而言，主要是完善客户端矩阵体系，整合镇区、街道、部门信息发布平台，将其统一纳入 App 和微信公众号等平台，下沉基层、服务群众；将融媒体功能拓展到政务、服务、商务等各个领域，覆盖到经济社会建设发展的方方面面。

二、价值和作用

目前我国县级融媒体中心在公共文化交流方面大都依据双向模式，就是一方面融媒体中心面向当地基层民众及时、准确地发布公共文化服务相关信息和咨询，另一方面融媒体中心开设受理民众、反馈平台、监督平台、信息回复平台等，融媒体中心依照这两个方面就可以协助基层社会治理，因此县级融媒体中心参与公共文化服务供给对建设服务型政府意义重大。

1. 发挥互联网党建示范点作用

以互联网思维优化资源配置，把优质内容、先进技术、专业人才等向移动端倾斜，打造自主可控、传播力强的新型网络传播平台，用高质量服务和个性化体验吸引更多用户，让主流媒体牢牢占据舆论引导制高点。

在组织形式上，如库车市融媒体中心党组织利用互联网党建示范点优势，在落实和“三会一课”制度、抓好“5+X”活动的基础上，充分发挥党建引领，严格落实意识形态工作责任制，对广播电视、新媒体平台刊发内容进行“三审三校”，建立审核专班，依托自治区石榴云平台，高位推动中心常态化创新发展，不断提升融媒产品生产质量和水平。

在内容传播上，如在中国共产党重庆市第六次代表大会宣传报道中，重庆市巴南区融媒体中心积极策划系列组合报道。围绕“牢记殷殷嘱托·谱写巴南新篇”，推出7个镇街新闻专题视频报道以及23个镇街巴南日报巡礼报道，反映巴南各镇街发展新貌；围绕“基层组织提升年”，推出以《党建激活基层治理“红色引擎”》为主的深度报道35篇，反映巴南党建引领基层治理成效；围绕“大美巴南就在家门口”，推出以《滨江公园景致如画》为首的20条稿件，充分展现巴南自然、人文之美。

2. 发挥电子政务平台作用

《2022联合国电子政务调查报告》显示，我国电子政务水平在193个联合国会员国中排名43位，是自报告发布以来的最高水平，也是全球增幅最高的国家之一。其中，作为衡量国家电子政务发展水平核心指标的在线服务指数为0.8876，继续保持“非常高”水平。

县级融媒体中心要充分发挥电子政务平台作用，为群众提供最便利的政务文化交流平台。例如嘉鱼县融媒体中心“云交流”、嘉兴融媒体中心“我有话说”等平台都是面向当地基层民众提供的信息交流和诉求反馈的有效文化交流平台。

又如邳州融媒体中心深化广播电视媒体“头条”建设和网络视听平台“首页首屏首条”建设，常年推出“新时代新作为”“学习进行时”等专栏专题，创新传播手段和话语方式。推动与新时代文明实践中心在平台、终端和渠道上的互联互通，创新打造“文明实践云平台”“文明实践直播间”等平台。其中，“文明实践云平台”设计“实践课堂”“实践直播”“榜样力量”等功能版块，将党和国家的方针政策、宣传教育活动、好人事迹等各类资源同步到线上，方便群众浏览学习；“文明实践直播间”辐射了全市 25 个镇级文明实践所、497 个村级文明实践站，通过“邳州银杏甲天下”App 以群众喜闻乐见的方式宣传党的声音，使党的创新理论以更接地气的形式接近群众、深入群众。其中，利用 H5 设计各类型的信息、服务产品，“@邳州人，书记喊你加入群聊，讨论这件事”在线征集基层民众的意见与诉求，吸引了十万多民众参与。长兴融媒体集团推出《直击问政》《小彤热线》等栏目，聚焦民众关注的社会热点问题，加入与基层民众的互动，更好地帮助当地民众排忧解难。

3. 拓展媒介功能丰富治理方式

县级融媒体中心作为县域基层治理的服务平台，需要不断创新形式、创新手段，拓展媒介功能，丰富基层治理方式。具体来说，县级融媒体中心不能简单地围绕新闻报道、传统模式开展业务，而应该围绕着大媒体的格局，与县域基层治理主体业务结合起来，通过更大的媒体视野展开业务，这样才会有更大的发展空间。

然而，当前县级融媒体中心新媒体策划创作能力偏弱，采制的作品缺少新媒体语境相匹配的“网感”，节目引导力、影响力仍待持续提升。究其原因，作为基层意识形态的宣传机构，部分县级融媒体中心却因受到经费、机制等各方面因素制约，传播形式和内容上与新时代融媒发展要求还有差距，宣传党和政府的政治方针、理论路线以及区内重大会议、重要活动等内容和形式相对单调冗长，导致基层群众，尤其是上网频率以及智能手机使用率高的年轻一代群体接受度不高，使得宣传效果打了折扣。

因此，县级融媒体中心要充分利用新兴技术，不断更新拓展媒介功能，构建智能化的社会治理服务平台，在设计上突出互动功能，推行“智能＋人工”的机制，增强综合服务的能力，吸引更多的市民使用新媒体平台参与社会协同治理。在智能化平台的基础上，还要充分利用大数据等技术，对平台用户的信息、反馈的问题等内容进行梳理，充分挖掘数据的价值，完善数据共享体系，丰富社会治理方式，为政府正确决策打造“媒体智库”；建立舆情监测、预警、处理机制，准确掌握用户的诉求与舆论热点，并定期进行研判，一旦发现涉及人民群众切身利益的、具有普遍性的焦点、难点问题，及时向政府职能部门反馈，并针对舆情分析的情况给予建设性的意见，帮助政府实现更精细化、更有针对性的治理。

此外，还要充分发挥服务功能，做好“媒体＋”大文章，打造高效多维融媒体矩阵。联合中央级媒体与市级媒体，利用大平台做好地区经济社会发展的宣传工作；联动周边区县级融媒体中心，加强融合发展交流，取长补短，扩大媒体影响力；聚合部门、镇街和社会媒体，统筹全区资源，激发媒体活力，不断扩大媒体服务半径，既唱响主旋律，又当好服务员。

例如安吉县融媒体中心整合全县数字资产，结合社会基层治理现代化需求，启动数字精细化运营，实现建设研发、安全运维、数字经营一体化新样式。

4. 加强监督与外宣影响力

在新时代背景下，县级融媒体中心不再囿于传统媒体，而是通过各种平台唱响地方好声音。立足本地资源，挖掘地方特色，主动与中央、市级媒体平台对接，积极在外宣媒体平台传递当地声音，是县级融媒体中心充分发挥信息枢纽功能的重要方面。

尤其是面对复杂多变的舆情，县级融媒体中心新闻工作者需要主动发声，以正视听，回应社会关切，揭露事实真相，消除民间疑惑，把舆论引导做到最关键处、最急需处。

一是加强党对新媒体、自媒体的领导。将自媒体平台、账号使用与监督相结合，建立健全机制。二是做好对突发事件的舆论引导。第一时间采制事实鲜活的高价值新闻，借用事实，因势利导，感染群众、引发同理心，通过良好的舆论引导助力融媒体工作的进步和滋养群众正向的价值观。三是对于负面新闻要直面问题。融媒体中心工作者要学会“负面事件正面做”，以负责任的态度、开放的心态，全流程做好应急预案，直面问题，及时辟谣，端正社会风气。

比如邳州市融媒体中心充分发挥舆论监督作用，在创文、违建、安全生产等领域持续曝光，做到现象追查属实、采写证据过硬，并透过现象看本质，为邳州营造摸实情、求实效、干实事的浓厚发展氛围贡献宣传力量。为进一步规范、提升城市管理，银杏融媒特别报道组策划推出《直击围挡背后乱象》，通过对全市 266 处施工围挡情况梳理，聚焦围挡背后存在的热点问题。节目一经推出，就带来极大反响：市民拍手称赞、相关部门工作作风得到极大改善，避免了舆情的产生。

又如前些年，贵溪市在婚丧嫁娶诸方面，还是沿用以前的旧风俗，出现彩礼过高、铺张浪费、厚葬薄养等陋习。2021 年，贵溪市被民政部列为全国婚俗改革示范区。经过两年来的改革，贵溪市移风易俗方面取得了一定成效。贵溪市融媒体中心紧紧抓住全国婚俗改革示范区这一招牌，精心策划，寻找亮点，组织骨干记者深入全市各个乡镇村庄采写婚俗改革方面的新闻报道，并及时将优秀稿件推送到央媒、省媒刊播。同时，邀请多批央媒、省媒记者来到贵溪，采写了一大批关于贵溪婚俗改革成效的报道。连续的多篇幅的重磅新闻不断推出，让当地百姓了解贵溪市婚俗改革取得的实际成效，逐步引导贵溪市民转变传统观念，倡导移风易俗新风尚。

对外传播方面，县级融媒体中心也积极探索，力求在新时代向世界讲好中国故事，通过各种平台唱响中国地方好声音。

比如巴南融媒体中心推出的作品《中国表达》，以巴南区委宣传部策划组织的老外学非遗活动为契机，以巴南非遗接龙吹打唢呐为核心，以外国友人詹姆斯拜师学艺为主线，将中国唢呐经典曲目与西方特色音乐巧妙融合，采用超高清 4K 技术拍摄，视频新颖活泼，画面风光奇秀，精彩“表达”了巴南非遗，倾情演绎出中国之韵。

第二章　县级融媒体中心的功能论

作为多功能新型信息传播平台，县级融媒体的功能实现以习近平“治国理政”理念作为理论前提，致力于为公众提供准确、权威、全面的信息，促进党的声音在全社会范围内传播和共鸣。同时，县级融媒体功能的实现以媒介融合的社会趋势作为重要条件，整合了传统媒体和新媒体，以更好地满足不同群体的需求。在此，县级融媒体的功能以主流舆论阵地、综合服务平台、社区信息枢纽等重要方面为其基本类型。作为主流媒体，县级融媒体拥有舆论引导的重要职责。它通过报道党的政策、社会热点和重大事件，塑造社会共识，维护社会稳定，提供公共舆论监督的平台。同时，县级融媒体不仅仅是信息传播的工具，还是为公众提供各种服务的平台。通过这些服务，县级融媒体可以更好地满足民众的实际需求。另外，县级融媒体还在社区中扮演着信息传递和互动的关键角色。它通过报道社区新闻、居民故事、社会问题等，促进社区内部和居民之间的交流，增进社区凝聚力，促进社会和谐。总的来说，县级融媒体的功能论强调在习近平“治国理政”理念的指导下，通过媒介融合和多功能的特点，充分发挥主流舆论、综合服务和社区信息的功能，为社会提供更多元、更广泛的信息传播和服务功能。

第一节　县级融媒体功能论的理论溯源

社会学的功能论是县级融媒体功能论的学术理论基础。更重要的是，县级融媒体功能论以习近平同志治国理政的新闻出版理论为原则指针，并在媒介融合的时代趋势下发展起来。

一、功能论的理论沿革

根据英国人类学家马林诺夫斯基的文化论观点，功能即满足需要的能力。即文化本身是为了满足人类自身需求而产生，文化中的各个要素都具有其功能。功能论的提出对整个社会学研究具有深远影响，并对社会学、教育学、文化学、传播学等研究提供了有力的理论支持。

1. 概念与内涵

功能主义学派是西方社会学领域的重要学术流派。从其发展历史来看，功能论是功能主义学派审视、评判与分析社会现象的方法论。早期功能主义学派主张社会的整体是由部分构成的，因此社会关系被视为整体与部分的有机关联，其结构包括家庭，到专门组织，再到城市与社区等。① 斯宾塞认为社会是一个由同质到异质的发展过程，在这一过程中各部分由于其各自的不同功能而相互依赖共存。部分与整体的分化与合作奠定了社会发展的体系结构基础。② 迪尔凯姆强调功能分析方法，认为任何社会组织机构的存在都对维护社会稳定起到其特定的功能基础。作为功能主义的集大成者，默顿细化了功能主义的社会学研究路径，强调社会文化事件对社会结构文化的结果和功能的经验功能主义分析。总体来看，功能学派强调部分之间的共识，即各部分对自身功能的承担和自身与其他功能之间的关联。

2. 功能论相关理论沿革

（1）社会学的结构功能论。在对早期社会学家的理论进行整合发展的基础上，帕森斯提出了结构功能理论，其包含“结构”与“功能”两个范畴。结构功能理论认为“经济”、“政治”、“社会交往”和“精神文化”③ 四个社会子系统分别承担满足社会运行需求的特定功能，并因此成为社会的四个基本结构要素，并决定着社会系统的运行状况。具体而言，经济承担社会“适应”功能，即系统通过某种方式控制环境状态，从外部获得资源并进行配置的功能；政治承担社会的“目标实现”功能，即系统有能力确定目标和通过动员来实现

①侯钧生．西方社会学理论教程 [M]. 天津：南开大学出版社，2006：137.

②侯钧生．西方社会学理论教程 [M]. 天津：南开大学出版社，2006：137.

③巴兰坦．教育社会学 [M]. 朱志勇，译．南京：江苏教育出版社，2011.

目标的功能；社会交往承担“整合”功能，即为使整体系统有效发挥功能所进行内部整合、协调，防止出现脱节、冲突和混乱；精神文化承担“维模”（即模式维护）功能，即维护行动者在系统中的价值体系，凝聚社会价值观，维护社会关系的功能。

（2）传播学的媒介功能说。20 世纪 40 年代始，媒介功能说由拉斯韦尔、拉扎斯菲尔德、默顿等学者提出。其中，拉斯韦尔的“三功能说”认为传播具有“环境监视”、“社会协调”和“社会遗产传承”的社会功能。环境监视功强调传播对社会的“瞭望哨”作用，指出只有通过传播及时了解自然与社会环境的变化，才能保证人类社会的健康发展。社会协调功能即传播在社会系统中的联络、沟通和协调功能。基于传播功能所达到的社会各部分之间的协调统一能够促进社会系统整体的分工合作和运行效率。传播的社会遗产传承功能是社会遗产传承的重要保证机制。前人智慧的继承与创新是人类社会发展的基础。在拉斯韦尔的“三功能说”的基础上，赖特提出了传播社会功能的“四功能说”：“环境监视”“解释与规定”“社会化功能”和“提供娱乐”。环境监视即传媒在应对外来威胁和满足社会需求方面收集和传达信息的功能。解释与规定功能则体现了大众传播在信息传递中对特定事件的解释，而非单纯的告知。其目的在于引导和协调社会行为。社会化功能又被称为教育功能，指传播对知识、价值和规范的传递。提供娱乐功能指传播对人们包括文学、艺术、游戏等在内的精神生活需求的满足。

（3）使用与满足理论。如果说媒介功能属于媒介功能论的宏观意指，“使用与满足”理论则体现了媒介功能在微观和个人层面的阐释。根据这一理论，用户是为了满足心理需求和社会需要来有目的性地消费和使用媒体。“使用与满足”理论 1959 年在卡茨的《大众传播调查和通俗文化研究》中首次提出，主要关注受众的个体行为，考察其动机与结果。20 世纪 60 年代后期，“使用与满足”理论转向对受众动机的考察，试图解释媒介使用、目标及效果之间的联系。传播效果是一种在受传者身上发生的变化，这种变化源于带有说服动机的传播行为，这些变化包括在受传者身上引起的心理、态度和行为的改变。同时，传播效果还包括传播活动尤其是报刊、广播、电视等大众传播媒介的活动对受传者和社会所产生的一切影响和结果的总体，而且这些影响更多的是潜移默化的，甚至是无意识的。传播效果依其发生的逻辑顺序划分为三个层面：第一个层面是认知层面，即外部信息作用于人们的知觉和记忆，会引起人们知识量的增加和知识构成的变化。第二个层面是心理和态度，这是由于认知的变化影响了受众的观念或者价值体系，进而发生了心理或者态度的改变。第三个层面是行为的变化，由于认知和态度的变化，受众会通过行为将这些变化表现出来。从认知到态度再到行为，这是一个效果的积累、深化和扩大的过程。基于对媒介使用及效果的复杂性的探究，使用与满足理论探讨了媒介使用对媒介效果产生的中介意义。1974 年，卡茨等人提出了“使用与满足”理论的基本模式：人们为了满足自身需求（包括社会条件和个人特性）而接触媒介，基于媒介接触和可能性与媒介印象而选择特定的媒介接触行为，人们根据今天的媒介接触效果，即需求是否得到满足来修正媒介印象并影响到未来的媒介接触行为。“使用与满足”理论将是否满足受众需求作为衡量传播效果的标准，开创了从受众角度考察传播过程的先河。

二、县级融媒体功能论的理论基础与形成背景

在新的时代，县级融媒体功能论的形成具有其理论和现实实践背景，习近平“治国理政”理念是其形成的理论前提，媒介融合的社会趋势是其发展的实现条件。

1. 习近平“治国理政”理念是县级融媒体功能论的理论前提

理念是社会发展中的信念和思想观念。理念的发展是在继承前面时代理念的基础上，用新的适应新的时代发展的思维模式来指导社会实践。中国共产党在多年的奋斗过程中，形成了许多理念性认识及成果，习近平执政理念是对马克思主义观点和方法的创新运用，生动体现了科学的思想方法、领导方法和工作方法。党的十八大以来，习近平同志在全国宣传思想工作会议、党的新闻舆论工作座谈会等重要会议中，提出了一系列新思想新观点新论断，这一系列论断创造性地丰富和发展了马克思新闻舆论理论宝库，成为其“治国理政”理论的重要组成部分①，并为确保我国新闻出版业有力融合发展、有力建成新型主流媒体和有力牢牢掌握舆论主动权提供了道路引领。在其有关融合发展的论述中，习近平指出，“阵地是意识形态工作的基本依托。人在哪里，新闻舆论阵

①林如鹏，支庭荣 . 习近平同志新闻思想的系统性、创新性与时代性 [N]. 光明日报，2017-06-09：006.

地就应该在哪里。对新媒体，我们不能停留在管控上，必须参与进去、深入进去、运用起来”[①]。基于此，加快推进传统主流媒体的改革发展便成为传媒发展的重中之重。在2016年2月19日党的新闻舆论工作座谈会上，习近平同志指出，“近年来，新闻媒体在融合发展方面做了大量工作，取得令人可喜的成绩，但总体上看，发展还很不平衡。融合发展关键在融为一体、合而为一。要尽快从相‘加’阶段迈向相‘融’阶段，从‘你是你、我是我’变成‘你中有我、我中有你’，进而变成‘你就是我、我就是你’，着力打造一批新型主流媒体”[②]。“你就是我、我就是你”这一闪烁着高超政治智慧与深远历史见识光芒的新型改革发展观，大大解放了传统主流媒体融合发展的思想包袱，加快了融合发展的步伐。这也为县级融媒体建设及各项功能的完善提供了光辉指针与科学指南。

2. 互联网环境下的媒介融合发展是县级融媒体功能论的实现条件

包括数字技术、网络与移动信息科技在内的媒介技术的快速发展带来了媒体形态的革新，并带来了人类生存方式的变革。在信息技术迅捷发展的影响下，作为人们生活的重要组成部分，新媒体便利的使用条件和智能产品的越加普及，使得移动互联网在社会发展中发挥着越来越重要的作用。互联网时代下科技的发展已经对社会生活造成了深刻的影响。新媒体的普及具有广泛性和信息传播便利性，操作简单快捷等特点，为主流媒体的创新力和舆论引导力提供了契机，也提出了挑战。媒介融合的深化促进了媒体工作模式的变化，融合内容生产与传播成为目标。中央厨房的管理模式打破了原有的传统媒体形态，加上融媒体工作室的个性化补充，推动了垂直化、细分化、个性化内容生产。同时，媒介融合技术引发了传统媒体的移动化、视频化转型。直播和短视频成为这一媒体融合移动化、社交化、视频化大趋势下的产物，成为传统媒体自身平台建设和推广策划抓手。除进驻抖音、快手等视频平台外，同时，自建自主可控的短视频平台也反映了传统媒体在媒体融合转型升级方面的探索。2013 年 8 月的全国宣传思想工作会议上，习近平总书记指出：要适应社会信息化持续推进的新情况，加快传统媒体和新兴媒体融合发展，充分运用新技术、新应用，创新媒体传播方式，占领信息传播制高点。2014 年 8 月发布的《关于推动传统媒体和新兴媒体融合发展的指导意见》强调指出要遵循新闻传播规律和新兴媒体发展规

①中共中央文献研究室．习近平同志重要讲话文章选编 [M]. 北京：中央文献出版社，2016：430.

②中共中央文献研究室．习近平同志重要讲话文章选编 [M]. 北京：中央文献出版社，2016：430.

律，形成立体多样、融合发展的现代传播体系。2020 年 9 月 26 日，中央《关于加快推进媒体深度融合发展的意见》，更是从体制、管理、人才、技术等方面对推动媒体融合并向纵深化发展提出具体要求。媒介融合发展的时代背景为县级融媒体提供了发展契机。县级融媒体中心建设成为自国家提出媒体融合战略以来的最新战略部署，可以视为国家媒体融合战略的第二赛段。在此基础上，县级融媒体功能论的提出为县级融媒体的创新发展提供了重要的原则支持。当前，移动互联网在新闻传播领域引发大变革，带领市场和消费者进入智能化、数字化、互动化的新媒体时代。县级融媒体在发展过程中要遵循新闻传播规律，强调传播过程的有效性，大力利用网络、社交媒体、移动媒体等新型信息技术手段，不断提高其创新能力，通过媒体联动，实现优势互补，构筑起多层次、立体化的主流舆论阵地、综合服务平台、社区信息枢纽。

第二节　县级融媒体功能论的基本类型和特征

作为在多种形态传播媒介基础上形成的多功能新型信息传播平台，县级融媒体功能具有主流舆论阵地、综合服务平台、社区信息枢纽等重要功能。

一、县级融媒体舆论阵地的功能类型和特征

县级融媒体中心在抢占舆论阵地制高点，筑牢舆论宣传阵地方面具有重要作用，其舆论阵地功能包含新闻服务功能，社会监督功能和协调沟通功能。

1. 县级融媒体新闻服务功能

在新闻出版的实际工作中，马克思主义和中国特色社会主义理论体系的旗帜就是业界的行动指针。新闻出版工作“必须把政治方向摆在第一位，牢牢坚持党性原则，牢牢坚持马克思主义新闻出版观，牢牢坚持正确舆论导向，牢牢坚持正面宣传为主”[①]。这一新闻出版工作的基本原则是县级融媒体媒体服务

①习近平在党的新闻舆论工作座谈会上强调：坚持正确导向创新方法手段提高新闻舆论传播力引导力（EB/OL）.http：//dangjian.people.com.cn/n1/2016/0222/c117092-28138907.html.

功能的根本指针。

做好新闻报道，为用户提供所需信息是县级融媒体中心舆论阵地建设中的一个重要的服务功能。在当前舆论主体多元性的社会背景下，传播渠道移动化，舆论生产机制复杂，基层舆论引导和共识达成的难度增加。信息服务功能的实现是县级融媒体舆论阵地建设的基础。媒体信息服务功能要求将县级融媒体打造成基层舆论场的主要传播载体，在选题策划，报道形态，表达方式等方面提高内容能力建设，并由此通过引导人们“思考什么”，进一步影响人们“如何思考”，并如何与现实相联系，提高公众对复杂的网络社会和舆论环境事物关联性的清晰认知，并引导人们从认知、到态度和行为层面的转变。这同时体现了县级融媒体对新形势下加强舆论引导，把握舆论引导的主动权、领导权、管理权、话语权的职责使命的贯彻。

县级融媒体信息服务功能体现在对党的理论方针政策进行及时宣传和准确解读，对人民群众意愿进行及时反馈，强化价值引领，凝聚共识民心，推进信息生产领域供给侧结构性改革，采用符合新闻规律的传播方式，从传播对象的不同需求出发，合理、合情、合意地提供所需信息，在做好党和国家“传声筒”的同时，利用地域优势，挖掘本地新闻与资源，注意体现与央媒、省媒等的差异化，提高信息传播效率，增强公信力，成为基层舆论引导体系的重要推动者。

2. 县级融媒体社会监督功能

舆论监督与正面宣传是有机统一的，包括目的效果的统一，本质属性的统一和认识规律的统一。坚持正面宣传与舆论监督的辩证统一，用全面、发展、辩证的观点来认识问题、分析问题，也是提高县级融媒体舆论阵地建设效果的重要原则。基于“媒体＋政务”的理念，县级融媒体中心是基层宣传工作和精神文明建设的主渠道，县级融媒体舆论阵地功能的视线体现在从新闻宣传向政务服务的拓展，政务公开、解读回应都应是舆论阵地建设的题中之意。在此，县级融媒体是维护基层意识形态安全的主阵地，在舆论监督上应当发挥其独有的作用。县级融媒体舆论阵地功能的实现需要县级融媒体对社会上存在的问题开展批评和监督，以激浊扬清、针砭时弊，起到“澄清谬误、明辨是非”的作用，面对群众关切和社会热点难点，对人民群众关心的问题、意见大反映多的问题，要积极关注报道，及时解疑释惑，推动改进工作，做到句句有回应，事事有落实，以人民为中心，着力解决人民群众操心事、烦心事、揪心事。在具体的新闻工作实践中，县级融媒体社会监督功能更是体现在选题的社会意义和现实依据，通过“用事实说话”达到求解、验证的目的。同时，针对基层问题解决的常态化服务平台建设，通过对接政府部门信息化平台，建立职能部门认领处置、纪检和组织部门督导问责的线下工作机制等，成为社会监督功能实现的重要方式。现场问政加直播的方式能够帮助群众将问题解决在一线，化解在基层，体现社会“减压阀”和“稳定器”的媒体功能，起到落实新闻监督与舆论引导，推动基层社会治理，解决社会问题，完善党和国家的方针政策在基层的真正落地的重要作用。

3. 县级融媒体协调沟通功能

信息沟通是人类社会重要的交流模式，媒体一直在这一交流模式中扮演关键角色。在传播模式发生重大变化的当下，官方与民间以及民众之间的沟通已经转向平等式的双向沟通模式。从这一角度出发，县级融媒体的舆论阵地功能体现在为基层用户提供沟通交流的空间，以此推动基层社会治理转型与治理能力提升的重要环节。基层治理是国家治理体系的基石，“基层强则国家强，基层安则天下安”。县级融媒体的协调沟通功能能够呼应人民群众多层次、差异化、个性化的需求，夯实基层治理的根基。更重要的是，通过协调沟通功能的发挥，县级融媒体能够通过运用社群中的各类圈层，强化县域民众之间的连接关系，并将信息疏导到相应出口，为民众提供信息交流的空间，形成社区信息枢纽，并利用其强弱连接关系，建立县域新型社交关系，利用人在社交媒体中的过滤机制来推动正面信息的传播，促进个体的自我修正。同时，县级融媒体各类互动平台的设置，能够通过在线收集群众、网民意见建议、问题反映，成为畅通民声民意的社会舆论“蓄水池”和社会情绪“拦河坝”，成为畅通和规范基层群众诉求表达、利益协调和权益保障的有效通道，体现有效化解社会矛盾，开启提升基层治理水平的“县级模式”。

二、县级融媒体的综合服务平台功能类型和特征

单向的信息服务模式已经不是县级融媒体建设的目标，而是通过社交移动平台为受众提供便捷的综合信息服务，包括党建信息、政务信息和各类文化、生活信息和服务的传递。

1. 县级融媒体党建服务功能

将基层党建工作纳入县级融媒体之中是其综合服务平台功能的重要体现。基层党建工作是舆论工作的重要环节，但是党建工作也面临教育资源分布不均衡，党员高层次培训工作难以覆盖到基层等问题。同时，党政类节目的影响力弱，关注度低，这些都给基层党建部门自身服务水平的提升带来挑战。在互联网技术发展的推动下，县级融媒体的综合服务平台建设为基层党建工作的服务提升提供了契机。党建服务功能体现在县级融媒体与基层党建部门的深入合作上。如县级融媒体平台的“党政版块”可以为基层党组织提供各类党建服务，如通知公告、基层培训信息、信息宣传等，从而建立有效的信息互联互动机制。利用融媒体拓展党建服务形式是县级融媒体综合服务平台党建功能的独特体现。县级融媒体互联网党建学习平台的搭建丰富了学习方式，方便党员干部多渠道学习。这种“新闻＋党建”的“党建融媒体”模式融合传统媒体与社交媒体多种传播渠道，通过在线直播、有声书等方式实现党建信息的共享。融媒体上的党建服务功能还体现在专家线上教学活动，并配合以学员的线上交流互动。这类模式能够打破时空与地域限制，提升传播效率，提高党建活动的灵活性，优化信息收发形式，更是对基层党员教育培训形式的创新拓展，极大解决了基层党建教育资源不均衡，不充分的问题。

2. 县级融媒体政务服务功能

立足本地化、区域化，为县域受众提供政务服务是县级融媒体综合平台功能建设的重要组成部分。近年来，为提升服务效率，行政机构在互联网技术的发展趋势下，通过政务公众号等新媒体形式在线办理行政业务。但不同的行政机构的政务系统通常是分别设立，关联度较低，并未得到有效整合，信息也无法共享，未能从根本上实现效率提升的目标。县级融媒体的政务服务功能则体现在对县域各个政府部门政务服务系统的有效布局整合，通过信息集约化建设为县域公众提供“一站式服务”的端口。这种布局能够打破各政府部门以往在政务服务提供方面的割裂状态，有效实现信息共享机制，提升政务工作效率化。基于县级融媒体的政务服务功能的提供，县域用户可通过县级融媒体平台一个端点链接到各类不同民生相关事宜的政务服务端口，包括医保、税务、公积金等，推动更多事项“掌上办”。同时，通过深耕“新闻＋政务＋服务”，县级融媒体将能有效实现政务服务中心、新媒体实践中心建设和融媒体中心贯通发展，使智慧城市等政务资源精准连接用户，形成城市运行和社会服务的大数据聚合平台，为社会治理提供有效的价值和服务，跨地区、跨层级的服务系统也将成为可能。县级融媒体政务服务功能强调政务信息公开制度的完善。尽管我国政府信息公开机制早已施行，但存在信息公开不及时、网络化程度不高、用户访问受限等各种问题。县级融媒体的互联网政务服务旨在丰富基层信息公开的形式，将线下公式、线上公告、意见收集、公众监督等纳入信息公开的全过程，通过政府与用户的交流互动创新基层治理方式。

3. 县级融媒体文化服务功能

在媒体深度融合进程中，牢牢占据基层舆论引导、思想引领、文化传承、服务人民的传播制高点是县级融媒体的目标指引。除了党建和政务服务功能之外，县级融媒体在教育、医疗等民生议题、土地政策、扶贫等政治议题，以及推动文化传承、促进乡村文化振兴方面的重要作用不容忽视。新时代精神文明建设中强调的中国特色社会主义文化与思想道德牢牢占据农村思想文化阵地，与县级融媒体的文化服务功能实现了完美的契合。县级融媒体作为“打通最后一公里”的重要手段，通过创新文化服务理念和形态，能够有效融入居民文化生活，成为有效的文化活动载体。县级融媒体能够协助盘活与转化我国县域经济中的众多潜在资源。以融媒体为载体，县级融媒体可以实现包括“媒体＋文化”“媒体＋文创”“媒体＋教育”在内的各类资源的整合与推广，及时呼应人民群众多层次、差异化、个性化的新需求、新期待，以实现乡村文化产业社会效益和经济效益双赢。另外，县级融媒体对乡村文化振兴的促进功能还体现在对农村基层治理方式的改进。开设县域“乡村专栏”打通县级融媒体与微信群聊等已有基层治理方式的连接，能够缓解信息流通中存在的问题，生动讲述乡村故事，链接各种文化活动信息，满足居民对精神文化生活的需求，不断提升人民群众获得感、幸福感、安全感，为乡村文化建设、经济发展提供便捷服务。

4. 县级融媒体增值服务功能

县级融媒体增值服务功能是其综合服务平台功能建设的一个重要方面。秉承互联网跨界思维，县级融媒体能够通过对传统媒体资源的利用来探索在不同区域和产业间的跨界盈利路径。具体来说，这一路径体现在包括省、地市、县（区）等不同层级媒体间的纵向联合，不同地区媒体间的横向联合。更重要的是，县级融媒体在利用商业化传播平台，探索适合本地特色的商业运营项目，探索多元化经营模式，拓展经济新业态上的独特优势。

县级融媒体增值服务功能建设首先体现在新媒体商业模式的创新。通过“融媒 + 服务”“融媒 + 活动”等形式，县级融媒体围绕县域经济发展重心，在聚合自身资源的基础上，紧扣消费需求，开展各种营销服务活动，为企业提供线上线下的策划、创意、推广、执行“一揽子”解决方案。县级融媒体在互动中利用当地的文化传统、民俗工艺等资源，通过互联网挖掘其潜在价值，为年轻群体创业创造机遇，提供平台，并极大激发公众对当地文化资源的热情，延伸县级融媒体的服务边界。同时，在线上购物普及化的今天，“融媒 + 商贸”是县级融媒体增值服务功能建设的另一重要组成部分，体现了社交媒体与电子商务的深度融合。设置电商服务专栏，将地方农产品销售与电商相结合，尝试全媒体销售、主持人带货等，是解决乡村农产品滞销问题，畅通乡村与社区商品供求，多样化社区消费选择的重要路径。更重要的是，在助力农副产品销售之外，县级融媒体的增值服务功能还体现在成功的县域品牌营销。直播带货与网民互动能够促进打造县域的全国知名度，塑造品牌知名度，激活本地名优产品和特色旅游，实现经济效益和社会效益的均衡发展，为县域经济发展添注动力。

三、县级融媒体社区信息枢纽的功能类型和特征

作为“四级融合”的最后一环，县级融媒体承担着社区信息枢纽的重要功能，其类型包含全媒体传播功能和内容生产功能。

1. 县级融媒体全媒体传播功能

随着信息技术的发展，尤其伴随互联网、云计算、人工智能、5G 等技术的出现及成熟，我国正在进入技术发展的快车道。在信息传播领域，信息生产、传播渠道、运营模式等由于技术的参与而产生了质的变革。县级融媒体平台是基于媒体融合技术打造的信息传播平台。县级融媒体社区信息枢纽功能的实现和新型媒体平台的打造离不开媒介技术的支持。县级融媒体中心多以县级宣传部及县级广播电视台为基础，依靠技术力量对包括外部的媒介形态建构及内部的生产流程等各方面进行更新和发展，向新型平台注入信息、用户及本土资源。新技术的参与使县级融媒体在信息传播中实现了全媒体传播的功能。具体而言，县级融媒体中心全媒体传播功能体现在基于大数据和智能化基础上的“一体策划、一次采集、多种生成、多元传播”管理系统平台建设，使平台具备线上线

下远程实时互动的智能化功能，并同时满足时政、访谈、娱乐等多类型节目制作要求。全媒体运作和全终端覆盖的平台建设能够提高采编效率，协调信息沟通，极大提高信息生产智能化效率。另外，县级融媒体全媒体传播功能带来了多工具、多手段联动传播，形成"直播+"的常态化，打造"沉浸式"直播，提高了沉浸感、参与度、永续性等传播体验。目前已被大量采用的5G+4K全媒体直播，3D建模、动漫等新技术，使县级融媒体平台具有了打造网络视听新技术集成应用平台和互动体验终端的能力，而这将进一步提升县级融媒体信息提供者的能力。县级融媒体平台这一资源节约和协同高效的全媒体传播平台功能建设，已成为推动媒体高质量融合发展，重构新时代媒体引导力、传播力和影响力的重要抓手。

2. 县级融媒体内容生产功能

除了新技术工具的使用和技术升级，县级融媒体社区信息枢纽建设还体现在媒体内容生产力的提升和媒体信息聚合的优质内容打造，具体体现在整合媒体信息资源，实现信息聚合，提高用户的满意度和体验感。县级融媒体内容生产功能的建设通过一站式新闻资讯本地服务平台的打造，实现对本地权威新闻和资讯内容的实时发布及集约高效的全媒体信息聚合，即电视、报纸、广播、网络直播、微电影等媒体信息"一端通览"。同时，县级融媒体内容生产功能还表现为互联网思维导向下对分众化、差异化传播趋势的适应，充分利用互联网的互动与参与性提升内容生产的吸引力。全民通讯员、人人皆是内容生产者等方式的运用，在讲好老百姓生产生活故事方面起了极大的作用，也成为以人民为中心发展思路的具体体现。同时，县级融媒体中心内容生产功能体现在对打通数字共享的"最后一公里"的使命和责任。记者走进农村、社区，了解基层需求，用报道、镜头、视频记录生活和实践，并对不同类型媒体产品进行赋能升级，如融媒产品赋能学习教育等，从根本上实现县级融媒体服务群众生活，助推全面脱贫攻坚，促进基层社会治理等的使命。另外，县级融媒体的内容生产功能依然秉持内容为王的原则，以打造全媒体精品新闻知名品牌，实施精品内容创作行动为要务，平台与用户需求连通，力求内容的亲民化，从聚容量向聚人心发展，注重用户体验，强化受众记忆度，提升品牌形象，提高信息传播的认同感。

第三节　县级融媒体功能实现的基本条件

县级融媒体功能论是推动县级融媒体发展的重要指引，其实现需要在以下基本条件上下功夫，要求力行体制机制改革，在推进改革创新中赢得主动；创新话语体系，加强舆论引导能力建设；发掘县域特征，利用本土资源引导服务群众；发展经济新业态，开拓多元创收渠道；精耕本土资源，打造品牌，助力乡村振兴；依托本地优势，全面推进社会治理。

一、力行体制机制改革在推进创新中赢得主动

制度是激发创新力的第一生产要素，体制机制创新是县级融媒体中心工作创新的重要支撑力。县级融媒体中心要用创新意识和创新的思维，在媒体运行机制上不断创新，这样才能促进县级融媒体中心事业的不断发展，开拓工作新局面。县级融媒体中心内部的体制问题表现在产品生产、用人及考核机制等方面，影响了县级融媒体影响力与传播力的发挥。在管理方面，完善县级融媒体中心工作体制机制建设，需要坚持发展、融合、管理并进，建立合理调整发展目标，进行科学和有效管理，大胆尝试、勇于突破，推动传播秩序的规范和媒体的进一步融合。在生产方面，县级融媒体中心需要把推动媒体融合发展与优化资源配置紧密结合起来，对资源和业务进行优化和统筹，建立立足自身定位，高效融通的信息融合平台，形成“报、台、网、端、微、抖、屏”的全媒体传播矩阵，实现新闻的一次采编、多次加工、多元传播。媒体竞争关键是人才竞争，媒体优势核心是人才优势。在人才队伍建设方面，县级融媒体中心需要将创新人才机制视为事业发展的重要基石，要着力破除束缚人才发展的思想观念，推进人才机制改革和管理政策创新，用好的体制机制留住人才，吸引人才，引进人才。总之，县级融媒体中心要完善媒体管理制度，提高科学化管理水平，在推进改革创新中赢得主动。

二、提高信息传播有效性推动舆论引导能力提升

舆论引导能力是党的执政能力的重要组成部分。在目前相对开放的舆论格局中，新闻媒体作为党和人民的喉舌，从根本上提高舆论引导能力是加强党的执政能力建设的题中应有之义。县级融媒体作为“四级融合”的最后一环，更是要深度融入基层舆论生态，加强导向把控，牢固树立创新意识，努力创新工作方法，不断丰富工作内容，成为基层舆论引导体系的重要推动者，切实把党管意识形态的要求落到实处。群众是信息产品服务的对象，是传播效果的检验者。为推动舆论引导能力的提升，县级融媒体中心要从信息传播有效性上下功夫，推进信息生产领域供给侧结构性改革，将遵循新闻传播规律，符合群众需求的信息产品提供给群众。同时，为打通基层宣传思想工作“最后一公里”，县级融媒体中心在信息传播中要始终坚持践行群众路线，贴近实际、贴近生活、贴近群众，既要注重对党的理论方针政策的宣传与解读，又要对人民群众的意愿的反映，上连天线、下接地气，细说发展故事，反映民情民意，切实提升基层宣传工作的可看性、公信力、引导力和传播力。为凝聚思想共识，县级融媒体中心在信息传播中要强化价值引领，积极回应社会关切，通过正能量的输出来凝聚百姓人心，提升群众的幸福感和安全感。总之，县级融媒体中心要切实增强信息传播的有效性和吸引力、感染力，扩大宣传效果，做好舆论引导工作，成为社会进步的先导。

三、利用全媒体技术实现内容产品优化

在当前移动互联网科技的影响下，人们的生产生活方式和经济发展方式的改变也推动着媒体的发展方式转变。要实现县级融媒体中心的功能，就要强化互联网思维，瞄准和利用最新技术，推动融媒体平台建设，提高内容与受众的匹配性，增强信息内容的核心竞争力和服务的发展创新。全媒体战略核心是以受众为中心、以内容为主导、以技术和商业为驱动，通过追求多样的媒介形态和传播渠道，用多元化、立体化的内容产品扩大受众覆盖面。这一战略的提出，是顺应科技进步和变革带来的文化生产方式变化而做出的应对之举。在人工智能、5G 等新兴技术的推动下，媒体融合已经进入快速发展的新阶段，县级融

媒体要利用好不断发展的现代传播技术，加大技术创新力度，创新融合发展的技术解决方案，建设支撑、驱动全媒体发展的技术力量体系，优化信息内容制作、存储、分发，并通过大数据技术，对当地广播电视台、党委政府网站、内部报刊、官方客户端、微博、微信公众号等进行整合，以“一次生成、多元传播”打造全媒体报道矩阵，推动全媒体传播新平台的建设。同时，县级融媒体要秉持内容为王的原则，有针对性地生产特色信息产品，加强信息处理与内容制作能力，将内容、创意和服务加以整合，根据用户需求，综合进行创意策划，定制内容、社交媒体平台话题营销，并利用新技术对报道内容进行个性化创新，将新媒体的灵动赋予传统媒体的深度，实现内容产品的动态，可视与多维的升级，满足受众多样性的媒介接触偏好，增加产品内容的吸引力。

四、打造特色文化品牌助力乡村经济振兴

作为党的一项重大战略，乡村振兴是新时代“三农”工作的重要环节。随着互联网的发展，信息技术已经成为推进乡村振兴的重要手段。县级融媒体在推广县域资源，引领和重塑地方文化，促进乡村文化繁荣，打造基层可持续发展的经济产业链方面具有先天优势。作为最贴近基层民众的主流媒体，县级融媒体承担着助力基层文化建设，推动乡村振兴的重要使命。县级融媒体应发掘利用地方特色的文化资源优势，注重乡村文化的深度开发，通过“媒体 + 文化传播”推动特色文化的对外推广，全方位展现县域文化底蕴，为乡村文化振兴提供有力后盾。另外，本地各类文化、旅游等资源是县级融媒体持续发展的重要因素，更是乡村发展的增长点。将本地特色资源与县级融媒体相结合，为县级融媒体附上专属的品牌标签，更是强化品牌战略意识，打造本地特色文化品牌形象，由品牌延伸媒体价值，媒体拓展品牌资源的有效策略。因此，县级融媒体的内容生产路径需要与地方文化、旅游等关联元素深度融合，深层次、螺旋式推进，为乡村品牌持续供能，成为乡村振兴有效的助推剂。

五、完善综合平台建设全面推进社会治理

根据 2022 年中央一号文件对县级融媒体在乡村治理方面的新要求，作为

打通媒体融合纵深发展的重要一环和“最后一公里”的县级融媒体，通过民主政治和生活实践的参与，成为社会治理体系的重要组成部分。根据2019年发布的《县级融媒体中心建设规范》，公共服务是县级融媒体的重要业务内容之一。在这一意义上，发展县级融媒体多元化基层社会治理功能，需要通过基层媒体融合信息平台的打造，助力基层政府公共服务能力提升。更进一步，县级融媒体要善于利用新技术进行服务功能的优化和整合升级，将包括媒体服务、党建服务、政务服务、公共服务、增值服务在内的各类服务予以整合，打造社会治理体系的综合平台和产业转型升级的推动平台。这是县级融媒体中心延伸价值和增强引导力的增长点，也是其社会治理责任体现的根基。同时，整合各类民生和文化服务的统一端口的数字化服务平台，不仅能提供便利统一的公共服务，更能实现群众诉求的顺畅传达，提升了政府服务的效率和公信力。更重要的是，各级媒体与县级融媒体中心在技术、平台和人才等方面的协同联动，可以实现各级媒体同时发声，同频共振，更好地体现基层舆论引导。

第四节　县级融媒体功能论的实证研究

为说明县级融媒体平台在主流舆论阵地、综合服务平台和社区信息枢纽等方面的重要作用，本节从全国各地区选取了五家有代表性的典型的县级融媒体中心，从综合功能发挥、舆论阵地功能、综合服务平台功能和社区信息枢纽功能等角度出发，分别对这些县级融媒体中心在基层社会治理、引导主流舆论、乡村文化振兴等方面的积极作用和功能发挥进行阐释。

一、综合功能发挥案例

案例：分宜县融媒体中心

分宜县认真贯彻落实习近平总书记关于媒体融合发展的重要指示精神，大胆探索、先行先试，于2016年7月率全省之先开展媒体融合改革试点工作。分宜县融媒体中心坚持守正创新、正面宣传为主，坚持内容为王、移动优先，通过整合资源、升级改造，补短板、强弱项，把县融媒体中心建设成更强更优的主流舆论阵地、综合服务平台和社区信息枢纽，为全县经济社会高质量发展提供强有力的思想引导、舆论支持和精神动力。

1. 在舆论阵地功能方面

新闻服务：分宜县融媒体中心推进信息生产领域供给侧结构性改革，用更贴近基层和群众、更符合传播规律的新闻作品和信息产品引导群众、服务群众。在此基础上，分宜县融媒体中心强化新闻服务，做好主题宣传策划，全媒体联动、专版专栏深度报道。如在“天南地北分宜人”主题宣传活动中，《分宜报》、县广播电视台、“分宜发布”微信公众号等县属媒体在重要版面、重要时段等统一开辟如“天南地北分宜人”“分宜有爱”等重要专题；同时，“分宜发布”微信、“分宜发布”微博、画屏分宜客户端、分宜县人民政府网等各平台纷纷开辟专栏，实时更新、深度报道分宜人故事；另外，县级融媒体中心及时转载推送中央、省直、市直主要媒体相关报道，县属媒体“两微一端”也同步推送相关报道。这些举措起到传播正能量、分宜好声音，积极发挥了促进老百姓向上、向善的导向作用。

社会监督功能：分宜县融媒体中心开设的民生栏目《问政》，已经成为政府和百姓直接沟通的桥梁，媒体影响力、公信力大幅提升；改版升级之后，通过栏目在线收集群众、网民意见建议、问题反映，对接“智慧城管”之类信息化平台，建立职能部门认领处置、纪检和组织部门督导问责的线下工作机制，使之成为畅通民声民意的社会舆论“蓄水池”和社会情绪“拦河坝”。在此基础上，建立和落实报料人后台实名制，对报料内容区分性质严格把关，对重要敏感问题及时上报请示。县委宣传部也加强业务指导，建立即时联审机制，防止报料不当引发舆情事件。

协调沟通：为了让政府相关政策更好地为群众所了解和接受，促进政策落地，畅通协调沟通渠道，分宜县融媒体中心打通乡镇村传播通道，将媒体记者下派到乡镇，担任乡村宣传员，推动基层宣传工作上台阶。2018 年，分宜县融媒体中心工作重心下移，派出记者担任乡村宣传员，布满全县 57 个乡村社区，宣传党的方针政策和创新理论，当好乡村新闻协调员、报道策划员、工作落实督察员和政策宣讲员，上连天线、下接地气，实现乡村全覆盖，切实让基层宣传工作强起来，切实为新闻宣传事业注入了新的生命力。画屏分宜客户端也向内向下融合，在打通县直单位、村社、乡镇通道的基础上，在客户端上设置各种各样的相关栏目。这些方式真正实践了打通基层宣传思想工作“最后一公里”，强化与受众的连接，从而使新闻宣传和舆论引导更加落地、更加深入人心。

2. 在综合服务平台功能方面

党建服务：分宜县融媒体中心不断探索拓展融媒体功能，用创新方式推动党建工作，充分利用平台进行党建服务，发布党的好声音、好政策和正能量的相关信息。中心创办了“奋斗百年路启航新征程·学党史、悟思想、办实事、开新局”“我为群众办实事”“落实党代会精神”等10余个专栏。并加强外宣对接，推出了诸如“优秀共产党员、中国好人袁金兰”和“忘了很多事、不忘唱红歌的90岁老党员钱淑英”等多篇有温度的报道作品。同时，中心借助微信、抖音等形式报道市、县党代会，推出了5个百万级浏览抖音产品和7个万人次阅览微信产品。通过这些努力，分宜县融媒体中心将党的声音传递到各处，弘扬了社会正气，凝聚了积极、健康、向上的正能量。

政务服务：分宜县融媒体中心坚持移动优先导向，推行“新闻+政务+服务”，遵循传播规律来提升舆论引导力。着力打造独立客户端“画屏分宜”，建立微信微博矩阵，充分凸显移动优先导向，激励更多人员、产品向新媒体、移动端聚集，努力做到“群众在哪里，宣传思想工作就在哪里”。在“新闻＋政务＋服务”的平台建设思路的引导下，分宜县融媒体中心不仅力求百姓方便快捷地浏览新闻信息，而且围绕解决百姓的“衣、食、住、行、玩、乐、购”等民生问题，陆续开发相应功能，最终实现群众掌上办事“不排队、不跑腿、不找人”，实现便民缴费、文化旅游、交通出行、教育培训、医疗服务、健康养生等服务内容，使客户端融入受众，服务生产生活。同时，在各种服务的过程中，潜移默化地践行舆论引导的职责。

文化服务：分宜的文化底蕴非常深厚，特别是文艺方面，分宜的少儿舞蹈是分宜也是江西的一张名片。分宜融媒体中心的品牌节目《百姓春晚》，如今已是一票难求，不仅为分宜百姓提供了文化大餐的服务，而且也在潜移默化中完成了文化宣传和舆论引导。2019年端午期间，分宜融媒体与中央、省、市媒体合作，“龙舟竞渡”和“端午民俗”的新闻连续在中央电视台《新闻直播间》《朝闻天下》《新闻30分》和《东方时空》等栏目现场直播和滚动播出，客户端直播点击观看数达到235万人次，是分宜人口总数的7倍。

增值服务：县级融媒体面向市场探索多元经营，为企业提供线上线下的策划、创意、推广、执行“一揽子”解决方案，间接带动或直接参与产品销售，助力客户树立品牌形象、打开更大市场。各类大型庆典、晚会、展览、展销会、旅游节，以及一些专业领域活动、颁奖典礼、成果展示汇演等，也是县级融媒体探索多渠道增收的市场蓝海。2018 年分宜县融媒体中心在此类经营项目中实现经营收入 1200 万元。同时，分宜县融媒体中心关注老百姓生产生活，积极拓展增值服务。如，有贫困户反映种植的冬瓜滞销，大家立即行动，通过现场采访、拍摄，在电视、微信、微博、客户端等各大平台发布，并通过粉丝转发，引起了巨大反响，市民纷纷伸出援手，自行前往购买冬瓜，并有企业一次性收购余下所有滞销冬瓜，只用 3 天时间，全部销售一空。类似的案例不胜枚举，再如辣椒滞销时，分宜融媒体中心采用三级联动，充分发挥宣传引导作用，几天时间就帮助将辣椒售罄。

3. 在社区信息枢纽功能方面

全媒体传播：依托江西省统一的媒体融合平台——江西日报社“赣鄱云”，分宜县融媒体中心建成了集移动采编、内容管理、终端分发、传播效果分析等多功能系统于一体的智能指挥调度工作平台，做到在一个平台上完成所有媒体新闻产品的内容加工、生产、发布，节约了资源，提升了生产力。这个通过与省级主流媒体对接建成的“中央厨房”、移动采编系统和舆情监控系统，投入较少，效果较好，适用于欠发达地区，可复制性很强。

依托“中央厨房”和职能部室，常态化运行融媒体指挥调度中心，分宜县融媒体中心建立起总编协调、值班调度、部门沟通、采前策划等制度，做到统一报道部署、统一策划主题、统一组织采访、统一编发稿件，形成采编发联动、人机无缝衔接机制，采编发人员“人人见面、统一策划、统一调度”，真正实现“一体策划、一次采集、多种生成、多元传播、全天滚动”。

分宜县融媒体中心一方面积极向上打通传播渠道，通过“中央厨房”与省、市媒体互联互通互动，形成连接省、市、县的新闻素材库和新闻生产链，主动向上级媒体“喂料”，让分宜新闻走出去；另一方面，向内与县、乡、村微信公众号等宣传平台融合，构建微信矩阵，实现同频共振、二次传播，放大传播效应，形成了省、市、县新闻宣传协同作战的“羊群效应”，提升了新闻生产力、传播力、影响力。

内容生产：融合改革极大地提升了传播能力和内容质量。目前，分宜县融媒体中心已拥有广播、电视、内刊、网站、移动客户端、微博、微信、手机报等八种媒介形态，粉丝总数突破80万，中央和省级媒体上稿的数量翻了一番，单条新闻直播点击量达350万人次，影响力和传播力大大增强。相比融合改革前，分宜县新媒体原创优质稿件增加三倍以上，2018年原创作品阅读量达800万人次；外宣工作上稿数量和质量翻倍增长。2018年的第25届江西新闻奖评选中，两件广播作品和两件电视作品分获江西新闻奖三等奖。2019年第26届江西新闻奖评选中，6件作品全部获奖，其中一件一等奖作品推荐参选中国新闻奖，连续两年成为江西省获奖最多的县级媒体。

二、舆论阵地功能案例

案例：双流区融媒体中心

2019年，双流区委、区政府对原成都市双流区广播电视台和原成都市双流新闻中心进行优化整合，组建成都市双流区融媒体中心。5月22日，成都市双流区融媒体中心正式挂牌成立。双流区融媒体中心不仅为全区民众提供了多种形式的信息传递和互动渠道，也为政府及各级组织提供了重要的宣传和服务平台，极大发挥了重要的舆论阵地功能。

1. 在新闻服务功能方面

双流区融媒体中心始终把中央、省、市、区最新方针政策和安排部署放在宣传第一位，及时向群众传递党的“好声音”。一是高举旗帜，持续推进习近平新时代中国特色社会主义思想深入人心。始终把真信真学真用放在第一位，在学思践悟上下足功夫，努力把各级党员干部和群众的思想统一到习近平新时代中国特色社会主义思想上来，切实把武装头脑、指导实践、推动工作统一起来，持续增强“四个意识”、坚定“四个自信”、做到“两个维护”。二是围绕中心，持续宣传省、市重要决策部署。围绕省、市重要会议、重要文件精神等，开设专题专栏，从不同阶段、不同视觉、不同表达方式、不同渠道、营造强势舆论氛围。三是服务大局，持续为建设中国航空经济之都凝聚意志力量。建设中国航空经济之都是区委和全区各界共同的奋斗目标。及时将区委想“干什么”、融媒体中心应该“讲什么”和群众想“听什么”贯通起来，将工作话语体系和大众话语体系融通起来，将线上和线下联动起来，将自身传播与借力借智结合起来，讲好新时代双流发展篇章。

2. 在社会监督功能方面

双流区融媒体中心关注本区、本镇街、本村社的新闻，关注群众最关心的事。如 2020 年 4 月 15 日，双流区融媒体中心各平台先后以《水压“力不从心”居民叫苦不迭》《改造施工已进场居民用水将不再难》报道了双流区东升街道永福社区新桥街 33 号小区居民反映自来水水压小的问题，岷江自来水厂东升分厂赓即前往该小区查看水压不足的问题；4 月 29 日，通过岷江自来水厂东升分厂的技术人员进行为期一周的努力，新桥街 33 号小区居民终于用上了压力十足的自来水。又如 2021 年 5 月 3 日，网友在“空港融媒”App 上反映迎港花园小区大门左手边垃圾场污水横流，恶臭扑鼻，中心将问题通过区行政审批局转至东升街道进行处理，后来，网友对这个问题进行了反馈说：“经过上次反映的迎港花园垃圾场问题，‘空港融媒’通知速度必须点个大大的赞，当晚回来就看到社区和小区的领导在垃圾场商量解决方案，第二天就开始大改造了，现在基本清理好了，期待美好的生活环境，点赞！”

3. 在协调沟通功能方面

双流区融媒体中心在本区域的信息传播途径中，一直扮演着主导者角色，特别是在重大危机事件中及时响亮发声，引导舆论向正确的方向发展，避免危机事件导致的危害性扩大。2020 年 8 月 17 日，成都暴雨致黄龙溪古镇受灾严重，景区暂停对外开放，受连续强降雨影响，千年古镇黄龙溪区域内街道大面积进水，所处府河和鹿溪河水位超出警戒水位，沿江商户损失惨重。双流区融媒体中心立刻启动舆情预警，组织媒体矩阵各平台以多种形式进行信息发布、宣传报道。在“空港融媒”App 上用视频和文图直播的形式《现场直接双流闻汛而动全力以赴》展现抗洪实况，让消息及时透明传播，让群众安心；在微信公众号和电视节目《双流新闻》《空港双流》内刊上对暴雨中正能量进行宣传；在“空港融媒”App 开设专题，让全区市民能全方位了解防汛抗洪情况。在汛后恢复阶段，全平台联动，多种形式进行报道，提振士气，展现成果。在报刊、电视、新媒体等多平台进行动态报道，另外在 App 开设话题“洪水退却后，这些身影真美”，让广大市民发图发文，分享身边抗洪清淤工作人员的奋战点滴，彰显社会正能量。除此之外，制作海报，在微信群和微信朋友圈进行传播，讴歌正面典型。

三、综合服务平台功能案例

案例：项城市融媒体中心

项城市融媒体中心成立于2016年10月，融合广播、电视、报纸、杂志、“两微一端一网”八大平台、80个融合号、上千个微信工作群，以及公交车站牌等户外宣传资源，形成了纵向与央视、新华社、河南卫视等主流媒体，横向与抖音、快手、微博等商业平台融合相通的全媒体传播矩阵，实现“一体策划、一次采集、多种生成、多元传播”，在综合服务平台建设中表现突出。

1. 党建服务功能方面

项城市融媒体中心开设了全媒体《一起来学习》《向总书记报告》等20多档栏目，用心用情制作有品质、有格调的作品。1059传习广播，全国首家，每天滚动播出习近平总书记原声音频。同时，项城市融媒体中心通过喜闻乐见的形式让全民参与。在党史学习教育和建党100周年宣传中，开办了百名党员讲初心、红色记忆、奋斗百年路、我家的革命故事等活动，多形式传播党的光辉历史，弘扬党的优良传统，抖音、快手、头条、视频号、梯影等多平台传播，向网民渗透、向楼宇延伸，一个个爆款时政微话题，更快、更广、更生动地使党的声音植根于百姓心间。

2. 在政务服务功能方面

项城融媒延伸“新闻+政务服务商务”，立足融媒体就要做党委政府的“店小二”，群众的“贴心人”。项城市融媒体中心把服务贯穿于宣传、发展之中，做强主流舆论，围绕中心，服务项城。项城市融媒体中心围绕群众柴米油盐、衣食住行，立足生活服务，开设群众喜闻乐见的节目，改变群众生活。93.6广播贴地飞行，及时播报交通路况信息，为群众出行提供方便，听众几乎覆盖了周边的县区，成了豫东南的一张名片。开展帮助菜农销售包菜、为困难群众筹集善款等公益活动，打造融媒体的影响力和公信力。微信公众号、微博、手机客户端每天就热点新闻发表看法，并根据受众反馈的微博线索再进行追踪互动，让受众在传播中互动和参与，并得到贴心服务。在项城云App上设置了多个贴近民生的便民服务板块，提供与用户生产生活息息相关的服务，开通网上水、电、气缴费，购买车票、网上挂号等生活服务项目，为群众提供了“掌上的便利”。

3. 在文化服务功能方面

项城融媒体中心和新时代文明实践中心深度融合，同频共振，举办了快乐星期天、乡约小康、讲习课堂、国旗下的宣讲、道德模范颁奖典礼、广场舞大赛等各类公益活动。同时，项城融媒体中心还举办各类文明实践活动、项城春晚、少儿春晚、集体婚礼，举办虫草消费节、海参消费节、净水机节等商业活动。2021 年举办的建党 100 周年晚会，大大提高了项城融媒的文化影响力。

4. 在增值服务方面

产业是融媒体实现可持续发展的关键，只有不断提高自身造血机能，才能推动媒体深度融合发展。项城融媒体中心以建立融创文化产业园为主要创收模式，致力于搭建房产、音频制作、视频制作、项目策划、活动会展、少儿培训、文化产品、直播电商等为一体的文化产业平台。项城融媒体中心拥有抖音、快手官方河南区域课程代理权，抖音、快手等官方认证的 MCN 机构，是抖音、快手、斗鱼、微视直播工会。目前团队人员 30 +，孵化主播 100 +。项城融媒把直播间搬进商超，搬进企业，搬到田间地头，形成了“直播电商 + 乡村振兴”“直播电商 + 大型商场”“直播电商 + 企业”等多种模式，打造了以莲花健康为主的调味品、庄吉服饰为主的职业装等直播经济新业态。

四、社区信息枢纽功能案例

案例：长兴传媒集团县级融媒体中心

早在 2011 年，长兴传媒集团便凭借着在人才、资本等方面的雄厚实力和灵敏的市场嗅觉，率先在全国整合成立了第一家县域全媒体集团。近年来，长兴传媒集团县级融媒体中心坚持融合发展、智慧发展、品牌发展、文化发展创新发展理念，全面提升核心竞争力和整体实力，加快打造现代智慧型区域融媒体集团，其在社区信息枢纽功能的发挥上获得了突出的成绩。

1. 在全媒体传播功能方面

长兴传媒集团融媒体中心先后投入 6000 多万元完成技术的升级改造，并付诸实际应用领域，尤其是采编播的高清化改造、调频频段数字音频广播（中央广播电视节目无线数字化覆盖工程）等项目建设，令集团的信息传播保障力大大增强。为了使内容实现从可读到可视、从静态到动态、从一维到多维的多媒体化展示，集团充分运用 4G 传输、流媒体传输、移动直播、无人机采集、全景拍摄等技术，改造主新闻、多功能两大演播室，定制高清演播车，积极探索全媒体融合式直播等传播新形态。同时，积极开发新的传播平台和移动终端，集团通过强化传统技术和新媒体技术力量，组建了技术委员会，并成立软件研发团队，开发了“掌心长兴”App、“易直播”平台。2019 年 4 月，长兴传媒集团着力打造的“新闻 + 政务 + 民生”的综合平台——“掌心长兴”App3.0 版本上线，下载量超过 14 万。此外，集团搭建了“融媒眼”智慧系统，实现集中指挥、采编调度、信息沟通、稿库资源共享、热点搜集、传播效果反馈等功能，成为融媒体中心名副其实的运行中枢神经。

2. 在内容生产功能方面

作为新闻媒体，内容永远是根本，长兴传媒集团始终坚守“内容为王”，以内容优势赢得发展优势。作为政府喉舌和引导舆论导向的长兴传媒，每年除报道县政府的中心工作外，不断探索适合宣传长兴形象的活动和报道模式。为营造良好的舆论氛围，利用热线和督导团设立《小彤热线》专栏；集团致力公益，打造“暖新闻”，开设《温暖》栏目，打造《为爱发声》等 4 个公益品牌活动；立足地域文化，依据当地民生特点采编新闻，平均每天在长兴新闻网以及长兴“两微一端”上即时推送 40 条以上本地新闻；积极拓展 H5 等新兴制作业务，推出《秸秆漫游记》《寻水的鱼》等作品，加大 VR、微电影、短音频、纪录纪实、短视频等各种形式的内容制作力度，可以说，集团在内容制作上已经形成了一套相对成熟的、适应市场需求的运行机制。

第三章　县级融媒体中心的生产论

“小媒体要有正能量，更要有大能量”，是县级融媒体中心生产论的中心论点。

县级融媒体中心站在距离基层群众最近的舆论第一线，它的存在，不仅仅是县委县政府的宣传“喉舌”，也关系到国家舆论环境的建构，是国家主流媒体体系的重要组成部分，在宣传思想工作大局中具有重要意义。

在新媒体时代要求下，县级融媒体中心必须主动适应现阶段的媒体环境，以媒体社会责任为第一要务，坚持“内容为王”，根据媒体融合的不断变化，在内容、理念、手法、形式等领域不断强化创新手段，提高整体新闻宣传水平，强化本地应用服务和社区枢纽建设和强社交互动，深化“引导群众、服务群众”职能，做强做实县域基层党的宣传思想工作新平台、新技术、新阵地，切实发挥基层新型媒体的重要作用。本文主要以长兴融媒体中心为主要研究对象，讨论融媒体中心生产的本质、规律和要求。

第一节　县级融媒体中心生产的界定与要求

对县级融媒体中心内容生产的界定与要求，取决于县级融媒体中心的属性、定位及价值。推动媒体融合发展、建设新型主流媒体是习近平总书记关于宣传思想工作系列论述的重要内容，这些重要论述明确了基本原则、基本方法和总体要求，揭示了新时代主流媒体发展规律。近年来，全国各地市县融媒体中心建设如火如荼，无论在思想观念上，还是在现实实践中，对习近平总书记重要讲话精神的领悟更加透彻，对县级融媒体中心建设重要意义的体会更加深刻。

2020 年 9 月，中共中央办公厅、国务院办公厅《关于加快推进媒体深度融合发展的意见》指出，要推进内容生产供给侧结构性改革，更加注重网络内容建设，始终保持内容定力，专注内容质量，扩大优质内容产能，创新内容表现形式，提升内容传播效果。2022 年 10 月，习近平总书记在党的二十大报告中提出“加强全媒体传播体系建设，塑造主流舆论新格局，健全网络综合治理体系，推动形成良好网络生态”要求。2023 年 3 月，“扎实推进媒体深度融合”被首次写入政府工作报告。

因此，无论媒体样态如何演变，要“扩大主流价值影响力版图”，必须坚持用优质内容去强信心、聚民心、暖人心、筑同心。

一、意识形态

面对当前意识形态斗争的新形势、思想文化交锋的新动向以及网络舆论阵地的新挑战，长兴县融媒体中心不断强化综合分析和研判能力，全力以赴打好意识形态“主动仗”。比如在党的二十大召开期间，中心提高政治站位，强化责任担当，通过融媒矩阵平台全面、深入、准确、生动地做好报道，高标准、高质量完成宣传任务。提前谋划《二十大时光》总栏目，推出《以奋斗之名——走进乡村看共富》《十年十变》《我们村来了年轻人》等系列报道；整合“老施来了”宣讲团、理论宣讲名师工作室、44 支青年学习小组等宣讲力量，定制创新、人才、法治、民生、文化、绿色、党建等主题，深入基层以脱口秀的形式开展宣讲，推动党的二十大精神走村入户、家喻户晓。在新媒体平台启动“首页首屏首条”工程，及时准确转载新华社、人民日报社论、评论、理论文章、融媒作品等；发布《一图速览党的二十大报告》《党的二十大报告金句》等稿件，深入浅出做好党的二十大报告解读；通过专访、实时报道、直播、图解、海报、长图等多种形式，全方位展示党的二十大盛况。

无论是在传统媒体时代还是在新兴媒体时代，县级融媒体中心立足的根基都是要筑牢宣传思想文化和舆论阵地。县级融媒体中心是新闻宣传战线中最贴近基层群众的触角，充分发挥着打通“最后一公里”的作用。因此，县级融媒体中心必须牢牢坚持党性原则、坚守价值担当，做党的政策主张的传播者、时代风云的记录者、社会进步的推动者和公平正义的守望者。

二、引导群众

习近平同志在 2018 年全国宣传思想工作会议上的讲话中提出："要扎实抓好县级融媒体中心建设，更好引导群众、服务群众。"中宣部在长兴召开的全国县级融媒体中心建设现场推进会上强调："努力把县级融媒体中心建成主流舆论阵地、综合服务平台和社区信息枢纽。"

从赋予县级融媒体中心的主要职责和具体要求来说，县级融媒体中心要练好基本功，掌握新闻舆论发展趋势，强化传播主题的针对性与及时性，自主创新报道方式，打造多元的媒体产品；要通过建设移动端传播渠道和平台来打通"最后一公里"，与基层用户之间快速建立起一个互动型的传播关系；更要积极践行群众路线，发挥好舆论监督功能，树立媒体权威形象，彰显舆论引导力，营造充满正能量的舆论氛围。

基于此，长兴县融媒体中心着重从内容创新上破题，建立起"提前设计、内外结合、高站位、小切口、有思想、重谋略"的新闻宣传报道机制，每年围绕县委、县政府中心工作推出重大主题报道 40 多个，制作主题类专题片 100 多部，举办各类大型活动 300 多场，开展各类移动端直播 600 多场。

2021 年，长兴县融媒体中心循着习近平总书记到南太湖调研 15 周年的足迹，认真梳理习近平总书记的殷殷嘱托，精心策划《你好，南太湖》网络文化宣传季大型活动，除了数据新闻、短视频、短音频等形式，还融入《融媒体直播：太湖不再倾斜》《慢直播：今日南太湖》《动漫专题：南太湖会说话》《创意互动：上新了，南太湖》等形式，其中动漫专题《南太湖会说话》，选取最能代表长兴的特色产业或标志性地点，以动漫的形式制作成新闻故事短剧。同时面向社会发起了《互动话题：家门口的那汪水》《影像大赛：遇见南太湖迈向共同富裕》《线下体验：奇妙南太湖——博物馆里看变迁》等子活动。其中，《影像大赛：你好，南太湖》以平凡人的视角，通过景观记录和人文故事反映南太湖 15 年巨变，累计收到投稿作品 650 多件。优质的内容以其表现力和感染力，让宣传思想工作更加生动活泼深入人心。

三、服务群众

互联网时代，得用户者得天下。对于本就扎根于基层的县级融媒体中心来说，用户的体验、用户的需求尤为重要。只有满足用户需求黏住用户，才能发挥宣传引导作用，才能寻找商机提升运营能力，才能让融媒转型发展进入良性循环。如何才能让用户在一片片喧嚣声和一场场争夺战中关注到我们的产品？这就需要让内容和服务产生足够的吸引力。

长兴县融媒体中心自组建以来，学习互联网思维的脚步一直没有停下，其中重点就是研究并运用用户思维。无论是内容、活动、服务、应用，无一不是从用户的角度出发进行创作或研发，并以此为路径，在深化融合的道路上不断前行。中心还先后发布《县级融媒体中心管理与服务规范》《未来乡村智慧广电建设与服务规范》《青年理论宣讲服务与规范》等市级地方标准，为打造“重要窗口”示范样本贡献媒体力量。

中心不断深化融媒矩阵“重要窗口”。以“掌心长兴”客户端为核心，借力抖音、快手、视频号等平台建设亿级移动端传播新平台，培育移动端宣传矩阵。融通建设“两中心一平台”（县级融媒体中心、新时代文明实践中心、“学习强国”学习平台），实现基层思想政治工作与“新闻＋政务＋服务”的无缝融合。

积极打造网络视听传播高地。策划落实弘扬主旋律、传递正能量的大型主题报道，坚持栏目本土化、新闻民生化、传播移动化。充分利用新兴媒体技术，在内容创作、呈现形式及传播手段上大力创新，突出移动化、可视化、互动化，以满足新时代媒体用户的多样视听需求。

因地制宜研发高频服务应用。自主研发“掌心长兴”客户端并快速优化迭代，成为浙里办同源发布唯一一家县级融媒体中心试点。在客户端服务板块，汇集了长兴本地各类政务和民生类智能服务，做优垂直社区，培育私域用户。不断研发满足区域需求的爆款应用，激活本地应用场景建设，培育用户向心力。“掌心长兴”客户端位居全国县级融媒体中心日活头部阵营。

四、教育群众

县级融媒体中心具有强大的生命力、辐射力和渗透力，影响着社会的发展和大众的生活，从某种意义上来说，县级融媒体中心不单纯是新闻宣传、传播信息、娱乐消遣的手段和工具，更是一种文化精神的引领，能够潜移默化地改变人们的思想观念、道德情操、生活方式、艺术修养等，是社会教育的第二课堂。县级融媒体中心用生动有趣的画面和多方位的视听感受，让人们在愉快轻松的氛围中自觉自愿地接受教育，从而达到寓教于乐的目的，在提高全民素质上具有不可替代的作用。与传统教育形式相比，人们更易接受媒体所带来的信息和知识，并从中汲取有益于自身的内容。

比如在公共事件的应对处理上，县级融媒体中心的教育引导作用就非常突出。新冠疫情期间，长兴县融媒体中心先后策划《疫情防控总动员》《疫情防控阻击战》《夺取双胜利》《奋战进行时》《复苏的力量》等系列主题报道，推出报道 3000 余篇，推送短视频、短音频、H5、直播、公益广告等新媒体产品 2000 余个，其中有许多既具有教育意义又接地气的融媒作品，获群众喜爱和转发，并获得中宣部《宣传工作》发文表扬。

在社会主义核心价值观的阐释和传播上，我们也有很好的案例。2021 年是中国共产党成立 100 周年，为更好传递红色精神，中心音频团队从树立青少年爱国主义理念的角度出发，查阅了人教版、语文版、苏教版、沪教版、冀教版、西师大版、统编版等大量中小学语文课本，从中精选出 100 个经典红色故事作为素材，用儿童化语言来编写红色故事，耗时 10 个月制作完成百集融媒广播课本剧《星火燎原》，以及有声海报、文字、视频等融媒体产品。该作品不仅入选国家广电总局中国梦主题原创百件优秀作品，上报国家广电总局优秀少儿栏目扶持项目，还获评浙江省广电少儿节目奖一等奖、学习平台浙江省融优秀作品，出版的同名实体书籍成了长兴中小校园的爱国读本。

第二节 县级融媒体中心生产能力提升的要素保障

近年来，各地全力推进媒体深度融合，实施全媒体传播工程，做强新型主流媒体，县级融媒体中心的建设运行已进入改革深水区，正在由建好融好向建强用好转变。但是在新媒体传播冲击下，仍普遍存在主题宣传跟进不到位、移动端内容原创能力不足等问题，因此亟须从要素保障角度进行改进和提升。

一、政治首位

习近平总书记从“五个事关”的高度，阐述了新闻舆论工作的重要地位和作用，认为这是“治国理政、定国安邦的大事”，从这样的高度来归纳总结党的新闻舆论工作的地位作用，是前所未有的。

新闻传播就是为党而生、为党而立，要始终保持坚如磐石的政治定力。随着各地县级融媒体中心的建成运行和转型发展，将传统媒体与新媒体平台集结成为新型融合传播矩阵后，生产推送的内容可以一息千里、一石千浪，在这种情况下要需牢牢把握正确政治方向、舆论导向、价值取向，承担起举旗帜、聚民心、育新人、兴文化、展形象的使命任务，始终保持政治高度和内容定力。每一个新闻媒体人，一个微信的小编，一个一线的采访记者，都不是简单的“新闻民工”，而是从事着政治性很强工作的“舆论引导者”。可以说，新闻人的政治站位能高到什么程度，新闻内容品质就能提升到什么高度。

长兴县融媒体中心始终“以一域谋全局”，切实把深入学习宣传阐释习近平新时代中国特色社会主义思想作为重中之重。比如策划推出的理论宣讲专题节目《老施来了》紧跟党中央的决策部署，在全国率先大胆创新探索“理论宣讲走亲”活动，把浙江长兴的好经验、好做法带到云贵、东北、新疆、甘肃、四川及浙江庆元等结对地区，不断激发结对地区解放思想、大胆创新的内生动力，共同探索建设共同富裕新路子，累计线下受益群众近3000人次，同时吸引30余批次近千人来长兴考察，线上全年浏览量突破100万。该栏目通过“主持人现场访谈+视频短片+现场连线+当事人讲述+现场互动+网络问答”的形式，宣讲理论知识、方针政策、决策部署及实用知识，在一问一答、互动聊天中拉近两地关系、支招两地发展，这种样态深受广大观众和粉丝喜欢。2021年10月13日，省委常委、宣传部部长朱国贤在信息专报《长兴县“理论宣讲走亲”讲好浙江故事》上批示：“长兴发挥‘老施来了’理论宣讲团优势，在新一轮东西部协作中大胆探索‘理论宣讲走亲’活动，以有深度，高频度的思想交流、人文走亲受到群众欢迎，值得肯定，希望不断深化，争取成为东西部协作中宣传领域的品牌项目。”同时，长兴做法也引起央视《新闻联播》《人民日报》《光明日报》《浙江新闻联播》《浙江日报》等主流媒体的广泛关注。该节目 2022 年获浙江省新闻奖重大主题报道理论宣传优秀作品二等奖。

二、新闻敏感

对于新闻敏感，笔者认为包含政治性和敏感性两个方面。新闻的政治性和敏感性是一个历久弥新的话题，是新闻界长期讨论的理论焦点，尤其新媒体时代新闻工作的政治性和敏感性问题更是备受关注。对市县媒体来说，随着新媒体传播带来的“跨域”“出圈”效应，机遇和考验成正比放大。

首先，新闻和政治密不可分，使得政治性成为新闻的重要属性。政治立场和政治观点或多或少地被新闻舆论所映射，从而潜移默化地影响着人们的日常生活。因此，新闻的政治性是新闻媒体在传播工作中应当坚守的总原则和总任务。近年来，疫情防控、学生减负、鼓励三胎等命题，长兴县融媒体中心始终表现出明确的政治立场，通过恰当的新闻话术以及对新闻传播时度效的把握，传递出正确的政治观点，维护社会的安稳和团结。此外在应对突发事件时，新闻媒体的反应能力和对政治导向的把控能力决定着新闻报道的质量和效率。比如，2019 年长兴某企业内部发生火灾，面对朋友圈广为流传的火灾视频及各式传闻，长兴县融媒体中心立即组织开展融媒体直播《直击火灾救援》，引导广大受众通过新闻现场了解事件真相，快速破解不实传闻，直播得到了省委网信办主要领导的批示肯定。

其次，新闻往往源自县级融媒体中心对新闻事实中的新闻信息的发现和辨识能力，这种发现和辨别就是新闻敏感性。它能先于新闻报道之前、准确又迅速地感知新闻事实所具有的新闻价值，是新闻记者必备的新闻素质。在新闻实践中，很多新闻报道空洞无物或者鲜活题材没有吃透，都是新闻敏感钝化的表现。长兴县融媒体中心始终将新闻的敏感性作为新闻记者业务素质和职业素养的重要指标，做好本地素材与重大主题的关联，做好重大主题的县域本土第一落地。

三、紧抓热点

从媒体内容生产的角度来看，某一特定时间或领域中受到广泛关注的事件、话题或人物所形成的热点，有许多是可以为我所用的。有了新媒体之后，热点线索就更丰富了。

抓住热点并进行媒体内容生产是一个需要不断探索和创新的过程，其中有几个关键点值得注意。一是关注热点事件的发展动态，深入了解事件的背景、原因、影响和发展趋势，并预测其发展方向和结果。二是准确挖掘热点话题的本质和意义，了解事件中的矛盾、冲突和争议点，分析其对社会和个人的影响，展现新闻背后的意义，给受众以启迪。三是选择有价值的热点进行内容的策划生产，此时应注意目标受众的需求，避免报道过于主观和片面。四是学会运用多种传播手段、样态来进行宣传，在热点还没消散时推出，快速提高相关内容的传播力和影响力。

社会热点的种类也有很多，其中环境保护、医疗技术、科技创新以及社会公正和平等几个方面的热点事件占据了很大比重。

2007 年，长兴县融媒体中心关注到当时严重的太湖蓝藻问题引起社会强烈反响，策划制作了广播专题《疯狂的蓝藻》，获得了国家广电总局政府奖二等奖、浙江省政府奖一等奖。

2003 年习近平同志任浙江省委书记期间提出“八八战略”，长兴县就开始了对河长制的探索，当时长兴县融媒体中心紧紧抓住这个热点主题，深入开展宣传报道，让长兴成了河长制的发源地。在之后 20 年中，还跟随着河湖长机制的创新，不断创造新的内容热点：建成全国首个河长制展示馆并入选第四批国家水情教育基地；入选全省首批“幸福河湖”试点县；设立全国首个以法定形式确定的“河长日”；“河长在线”应用上线运行，并获评全省水利数字化改革“最佳应用”。可以说不仅将社会热点转化为内容产品，还持续做深吃透，并延伸至管理机制、数字建设等多个领域。2023 年 3 月 22 日，在第 31 届世界水日当天，长兴县融媒体中心联合央媒、省媒、市媒以及长三角县级融媒体中心联盟共同策划庆祝河长制实施 20 周年暨《河湖有声》大型新闻采风行动全面启动，同时三集广播剧《河湖有声》、纪录片《苕溪》、创意互动《寻水的鱼》也宣布启动。

再如，2015 年，网络上一位老师的辞职信忽然全网爆火，长兴县融媒体中心抓住这一热点事件，立即策划拍摄《浙江知性女县长隔空喊话河南任性女教师》短视频，以回应和邀请那名女教师的形式，在全国人民面前秀一把长兴的开放姿态，视频播出后 3 天内阅读量突破了 1000 万。2022 年，主动挖掘具有热点效应和爆款潜力的视频素材，《历了个史》《龙之梦打工豹》等短视频屡屡登上微博热搜，其中《历了个史》以3.6亿话题阅读量荣登微博榜首。

四、本土表达

在新闻报道中，为什么我们一直强调本土表达？

“时代的一粒灰尘，落到个人头上就是一座山。”因此，大到世界格局、国家政策，小到交通道路、信息资讯，都会产生蝴蝶效应，世界是个地球村，整个世界是相互联系的统一整体，每一种事物都是世界普遍联系中的一个成分或环节。

有了这样的关联，使用本土化的表达方式可以让用户更好地理解所报道的内容，更清晰地接收到对自己可能产生影响的那部分信息；或者是出于同样的文化和社会背景，对报道内容中呈现的地域特色和文化底蕴产生共情。

本土表达首先应当深刻领会党和国家方针政策，再结合本土找准切入口、结合点，运用本土化表达、可视化方式等，把政策语言变得活泼、通俗易懂，通过语言体系的转换，把受众理解和接受的门槛降到最低。比如，2022年各地深入学习贯彻习近平生态文明思想研讨会精神，推动建设人与自然和谐共生的现代化。在长兴，人与自然和谐共生的经验和成果屡见不鲜，此次的切入口我们选择说一说长兴与矿坑的故事，长兴矿山有悠久的历史来源，具有生动的故事性，从经济产业支柱到关停整合再到生态修复，具有直观的变化性。为此，我们策划融合报道《重生吧矿坑》，从长兴本地老百姓耳熟能详的故事、举目可见的变化入手，充分诠释播绿色发展理念。

本土化表达还可以强调本地特色和文化元素，通过描述本地的自然风光、建筑特色、历史文化和风土人情等，强调本土特色和文化元素，对内可以调动本地受众的共鸣，对外可以宣传本地特色风俗。还可以使用方言、俗语等生动形象的本地词汇，使用本地传统习惯的表达方式等，让媒体内容更加生动、亲近和易懂，开设方言类节目、在新闻报道标题中灵活应用本土词汇等，都能快速拉近与受众的距离。我们在传统节日报道中，就坚持深挖本土民俗文化，“紫笋茶”“百叶龙”“上泗安古村落”“五黄宴”“花龙舟”“旱龙船”等专题上了央视《传奇中国节》栏目。

再如我们成功地将文创产品与本土表达相融合，推出掌心绿豆糕、掌心月饼等文创产品，其中绿豆糕的包装选取了长兴东鱼坊尚书坊、钟楼、寿圣寺塔、陈武帝故宫、大成殿等 8 大建筑以及长兴 12 大古桥设计了多个系列；月饼包装选取了“雅静（可爱）”“噶英（漂亮）”“来飒（能干）”“卡维（快活）”等 9 个长兴地道方言，讨巧的本土表达受到县内外消费者的一致认可，相关产品迅速销售一空。

五、善于策划

千篇一律的重复只会引发麻木和厌烦，独具一格的立意和表达才能打动人心、深入人心。媒体内容的策划创新不仅仅是简单地改变内容形式，还需要创新主题立意和表现方式，增强内容的可看性、可视性、互动性和传播效果，每一次创新策划就是一次小小的媒体改革。

做好媒体内容的策划创新需要综合考虑多个因素，包括受众需求、技术手段、内容形式和表现方式等方面。只有不断地学习和探索，进一步深入实践和生活，扎实钻研，用创新引领发展，以精品力作“黏住”受众、感染受众、影响受众，才能够提高媒体内容的质量和价值，增强媒体的竞争力和影响力。

随着科技的不断发展，新技术和新媒体、新平台已经成了媒体内容策划创新的重要手段。可以通过运用虚拟现实技术、增强现实技术、人工智能等新技术，制作更加生动、形象、具体的媒体内容，吸引读者的关注和兴趣；也可以通过设计独特的页面布局、编写易于理解和记忆的文字描述、采用多样化的语言风格等方式，提高媒体内容的吸引力和感染力。

长兴县融媒体中心始终倡导创新精神，深入探索内容的生产传播运营，积累了许多实践经验。

一是以“正、深、新、广”做好重大主题报道策划。正是主题立意有高度，深是素材挖掘有深度，新是内容呈现有新意，广是联合平台有影响。中心推出的“红旗美如画”“永远跟党走”“将改革开放进行到底”“奋斗者之歌”等多个重大活动中，都呈现出了厚重的史诗质感、宏大的叙事结构、生动的形象塑造、扣人心弦的细节表达、以小见大的叙事手法，展现了深厚的内容策划实力。

二是以“互动打头”做优递进式传播全程策划。在开展大型活动前，制作具有高互动性的小游戏，通过新媒体平台提前推出，吸引流量，为即将开展的大型活动营造声势。比如为吕山乡策划“湖羊美食文化节”时，提前一个月推出“顺手牵羊”创意互动，吸引了省内外用户每天登录客户端参与互动，为后期活动创造了热度。再如《寻水的鱼》通过互动游戏的形式吸引大家进行“网络治水”，浏览量突破50万，互动人数达15万；《警花君君的朋友圈》作为县公安局表彰大会暖场作品，阅读量一举突破5万+。互动作品创作能力还得到了省委组织部的高度认可，指定代为制作主旋律作品《秸秆的一带一路》。

三是以“借船出海”思维做大热点话题策划。主动同大平台合作，借力提升话题热度。如2017年东鱼坊文化街区项目刚启动时，与新浪微博合作开展《东鱼坊悬赏令》征集吉祥物活动，长兴新闻网微博的单条阅读量2.2亿，粉丝增长1.5万，征集作品189条。同年多次与“看看新闻”合作推出农事节庆的直播，其中龙山杨梅节两场直播合计观看人数近30万，销售量达5000斤；画溪葡萄节直播观看人数10万多，有效地把长兴县域农事节庆活动推向全国。

第三节 县级融媒体中心生产能力提升的全媒体系

县级融媒体中心在多年的融合实践中，不断创新理念、内容、体裁、形式、方式、手段、业态，媒体内容产品百花齐放，已经逐步形成内容产品的全媒体系和多样态化。比如以主题报道提升卓越视野，旗帜鲜明地传播权威新闻；以大型活动聚焦人气，并为用户打造高沉浸感、高互动性的极致活动体验；以融媒产品营造“年轻态”“青春范”，在00后用户中树立起新的文化标杆；以舆论监督聚焦基层社情民意，及时反映群众意愿呼声……全媒体、多样态、立体化的内容生产能力，切切实实地提高了新闻舆论工作的能力和水平。

一、重大主题

无论是“各偿喜悲”的传统媒体岁月，还是“群雄逐鹿”的新媒体时代，重大主题报道始终稳坐“钓鱼台”，不可或缺，也无可替代。开展重大主题报道既是传达党的声音、形成舆论强势、凝聚社会共识、推动实际工作的重要途径，也是主流媒体提升权威性、思想性和影响力的重要途径。做好主题报道，需要新闻工作者认真研究和遵循新闻传播规律，充分发扬创新精神，用心用情用力，将宏大主题转化为真正吸引人的新闻议题和打动人的新闻作品。

但时至今日，中规中矩是绝大部分县级融媒体中心在时政新闻上的报道准则，很少有人敢于跨出创新这一步。那么在同场竞争中，如何才能出奇制胜，让重大主题报道获得良好的传播效果？笔者认为要循序渐进地做好以下三个方面。

一是坚持策划思路，让主题报道守“正”立“新”，既要正能量也要大流量。

在重大主题报道中，要根据主题的时政属性，选择恰当的新媒体表现形式，既要让作品“正”起来，确保立意高远；也要让作品“潮”起来，吸引更多受众。

因此，重大主题报道离不开精心策划、精准策划和创新策划，对于意义重大、影响深远、新闻价值含量高的题材，在聚焦主题的基础上以新媒体传播思路进行策划创新，往往能够让印象中刻板生硬的主题报道实现生动可读、润物无声，加深读者对新闻事件的印象，甚至能够比新闻事件本身更吸引人，从而收到意想不到的效果。运用好这一思路，在同题竞赛、同台竞技中，市县级媒体的重大主题报道同样能做得权威而亲民，为弘扬主旋律注入新活力。

如2022年两会期间，长兴县融媒体中心推出的县长专访短视频《何以长兴》，运用真人秀手法进行拍摄，通过现场式的转场特效、口语化的起承转合以及分屏快切的剪辑手法，呈现了全程多个场景，传递出亲民亲和的基调，既保留恰到好处的严肃性，又增添引人入胜的趣味性。短视频推出后阅读量迅速突破10万，点赞过千，获多家媒体同行关注及效仿。

二是做好宏大与落地之间的有效转化，让新媒体时代的表达形式，引发更多的互动共鸣。

重大主题报道需要紧扣时代脉搏，中央精神吃透，核心内容嚼烂，既要聚焦国家大事，又关注民生冷暖，发挥正确引导舆论的作用，因此在重大选题之下找到巧妙的本地报道落点，是做好重大主题报道的关键，将宏大叙事转换为个体叙事，通过小切口讲大故事，更易于突破受众情感壁垒，获得情绪共情和认知共情，为传播效果加分。

多元化的媒体形态一边让我们应接不暇，另一边也让我们茅塞顿开。重大主题报道要应用媒体融合的艺术，不断丰富融合形态，移动直播、现场报道、记者连线、嘉宾访谈、录音报道、文字消息、图片新闻、新闻评论、短视频、短音频、H5、漫画、沙画、VR、航拍等手段要丰富多元，并通过精细化的编排让多种类型的新闻素材相辅相成、相得益彰。

三是要注重以细节成就主题报道的质量，以高要求的多元运营策略来确保主题报道的圆满完成。

重大主题报道的策划执行，涉及许多方面的细节。完美的细节能够成就主体，并且落地开花，成为其中闪耀的亮点。

比如把握好“时”“度”“质”的关系。时效性是新闻报道最基本的特征之一，如何以最快的速度在有限的时长内输出尽可能多的有效信息，把新闻现场的魅力最大化地凸显出来，需要考察我们对新闻的精准识别力、快速反应力和策划组织力，速度与质量兼备的作品总是能脱颖而出。如 2022 年 1 月 10 日上午，长兴县融媒体中心得知新疆阿拉尔市通火车了，首趟货运列车目的地是长兴这个消息后，立即和新疆阿拉尔市电视台取得联系，请他们拍摄货列开车现场画面，同时又联系了长兴购买方取得背景资料，在下午 2: 15 收到发车视频后立即完成新媒体首发，报道效果非常好。此外还要注意切忌为了抢占新闻报道时效或一味追究传播效应而忽略了对新闻尺度的把控，引起负面影响。

再如选择合适的背景音乐。我们创作的防疫短视频系列中，《人间》体现的是人民群众在抗疫过程中表现出的坚毅、乐观的精神，采用了王菲的《人间》抗疫版作为背景音乐，《有我》体现的是青年人的逆境突破，采用了共青团成立一百周年的主题歌曲作为背景音乐。音乐与创作是可以互为启发、互相成就的，但在选取主题报道背景音乐时也要注意音乐的来历，避免出现与主题不相符合的情况。

又如营造好传播节奏。如今各家媒体手上都拥有多个媒体传播平台，简单粗暴的一键转发是不可取的，运用好各媒体传播平台的独有特色，并让各平台的同题传播之间形成有节奏、有张力的呼应关系，才是我们要研究的规律，并将其转化成为我们的传播运营轨迹。

二、大型活动

一场策划充分、编排合理、内容丰富的大型活动在主题宣传中发挥的作用不容小觑，既可以通过深度表达来诠释主题，又可以通过与群众的互动达成深度交流，让群众从“旁观者”变成“参与者”甚至“主力军”，为扩大媒体影响力、传播力作出贡献。

一是大型活动能让重大主题走进基层触达民众，更具亲和力与贴近性。比如，长兴县融媒体中心自2008年开始全面启动“乡村梦想秀”计划，先后融入“乡村振兴”“共同富裕”“中国丰收节”等重大主题，创作了许多优秀的大型对农活动，在做强三农产业道路上发挥了典型引路作用。例如，习近平总书记曾对传承优秀传统文化作出系列重要指示，我们采用融媒传播和线上线下联动形式，策划开展“了不起的乡村匠人”评选活动，把手工艺品变成了高附加值的旅游商品。2020年全国两会期间，习近平总书记讲了一个“金扁担”的故事，并把“金扁担”理解为农业现代化，我们策划《寻找金扁担》长兴县大型乡村农业现代化项目评选活动。同类型的还有《寻找金种子》《加油，乡村合伙人》《进击吧，乡村造梦师》等。经过20多年的坚持与创新，中心共获得省级对农奖项36件，其中一等奖18件。如今，“乡村梦想秀”仍在不断升级，并以“文化旅游+媒体传播+IP孵化+乡村振兴”为产媒联动模式，用更贴近、更生动的对农作品营造良好舆论氛围，用宣传策划两手抓培育本土特色IP，为长兴乡村产业体系建设贡献宣传思想文化力量。

二是大型活动能够为区域范围内的节点工作、重点工作烘托氛围。比如长兴县融媒体中心承接县委县政府全年重点抓的七一、八一、春节等节点型大型活动，完成长兴县庆祝中国共产党成立100周年文艺演出《百年正风华》、庆祝中国人民解放军93周年表彰大会《铁军红流》、长兴县庆祝中华人民共和国成立70周年大型文艺活动《奋斗者之歌》等；承接招商引资、清廉建设等重点工作的活动策划，完成“了不起的招商员”颁奖典礼、长兴县清廉晚会《永远在路上》、长兴县“最美退役军人”发布仪式《闪亮的你》、一起过大年携手奔共富《我们的村晚》等。此外还多次承接湖州市、南浔区等周边市县的大型综艺晚会，反响强烈。

三是大型活动能让特色转化为品牌、让口号变成行动，真正出成效、出结果。比如长兴县融媒体中心以“文化搭台、经济唱戏”为宗旨，立足长兴生态特色、乡村特色，依托丰富山水和物产资源，持续策划举办吕山湖羊节、林城镇梅花节和小浦古银杏节等各类农事节庆活动，形成一乡一节、一月一节、一品一节，有效提高了本土农事节庆的知名度和市场竞争力，加快推动乡村振兴，促进共同富裕。比如从无到有打造“吕山湖羊”品牌，从挖掘出的“晋国时期，蒙古绵羊随移民南下进入吕山一带饲养繁衍”这一信息，为吕山量身打造“吕山湖羊美食文化节”，让湖羊品牌一炮而红，吕山乡顺势发展壮大湖羊产业，建设吕蒙商业广场，打造“湖羊特色一条街”，2015 年吕山湖羊获得全国“十大魅力农产品”称号，吕山乡也被授予“浙江湖羊之乡”。

四是大型活动能快速地锻炼队伍，打响媒体品牌。长兴县融媒体中心大型活动的策划执行源起于 2000 年，从刚开始的每年 10 多场，到现在的每年 300 多场，创造了县级台活动的数量之最。大型活动，不仅让社会效益和经济效益实现了双丰收，活动团队也得到了快速成长，从创意策划的定制化，到执行落地的一体化，再到营销服务的全程化，团队人员分工明确，业务日益精熟，大型活动已摆脱简单重复的低端样态，发展到量身打造的高定模式，逐步形成了高效有序的运作机制，打响了中心活动策划执行的金字招牌。

三、舆论监督

新媒体环境下的舆论出现了传播媒介多元化、舆情传播碎片化、舆论焦点敏感化的特点，舆论监督面临着新的变化与问题。县级融媒体中心在开展舆论监督时，应当主动学习上级媒体舆论监督类栏目的经验和做法，加大从业人员的舆论引导及舆情应对培训，不断提升媒体舆论监督及引导的综合能力；应当畅通民情直达渠道，建立类似《突发新闻应急预案》《舆论监督报道审核流程》等工作制度，逐步规范媒体舆论监督工作。

同时，县级融媒体中心负载着巩固基层舆论阵地和推进国家治理体系现代化的重大使命，应当尽可能地集成贯通部门服务功能，建立多跨协同机制，打通基层民意与整改治理的对接通道，一键式解决民众诉求，将简单传统的媒体舆论监督递进为更深层次的社会有效治理。

一是利用媒体舆论监督功能，把群众的“操心事、烦心事、揪心事”摆在台面上，推动政策措施落地见效。

长兴县融媒体中心于2017年开始，连续推出季播型融媒体舆论监督节目《直击问政》，直面治水治气、重大项目建设、最多跑一次改革等涉及当地经济发展领域的焦点难点，邀请了中胜、余逊达等专家进行犀利点评，推动问题的快速解决。媒体问政搭建起了百姓参与、干群互动的“考场”，掀起了一股以“诺”

践“行”的热潮，收视率屡创新高，如 2019 年《直击问政》之《聚焦项目现场》当晚收视率增幅达 324.4%，成了当时影响力最大的节目，为推动中心工作起到了很好的舆论监督作用。此外，曾获评浙江省新闻名专栏的《小彤热线》，利用全平台爆料通道及市民督导团，发挥热线和督导两大功能，舆论监督类新闻占新闻总量 50%。广播类舆论监督类栏目《每日第一张罚单》以鲜明的特色、清晰的定位同样收获听众广泛好评。

二是利用新媒体阵地及时收集民意，健全媒体与受众的对话机制，快速办结民生利益诉求。

舆论引导必须以新媒体为主要阵地，加强媒体和受众之间的沟通，才能实现网络舆论监督和引导水平的稳步提高。

长兴县融媒体中心以“掌心长兴”客户端为平台，常态化开设《曝光台》《红黑榜》等栏目，在聚焦服务民生、开展舆论监督方面越来越发挥出移动端平台的优势。

2021 年 10 月 31 日，长兴出现了一起“停水事件”引发的舆情爆点，中心第一时间跟进采访，先后通过微信公众号、客户端新闻版块、社区版块等多个新媒体平台的有序联动，以消息、通告、现场视频以及社区评论等多种形式，一天内连推 7 条新闻报道，主动应对化解舆情，充分发挥了媒体的宣传报道及正确引导作用。当日，客户端总日活达 26 万多，评论量、点赞量均为当月最高。

三是利用研发力量，建设数字化应用场景，将媒体舆论监督功能上升媒体精准服务社会治理功能。

无论是从舆论监督引导还是从提升媒体服务的角度来说，媒体在参与基层社会治理中一定能发挥出强大功能。

长兴县融媒体中心组建了一支 40 余人的“数智”团队，聚焦部门多跨服务场景打造、社会基层治理提升，大力推进各类数改项目建设，全面打造数字化改革新高地。研发 CIG 信息栅格平台并升级成县域一体化智能化公共数据平台，构建起“城市大脑”中枢系统；建成县域视频一张网，覆盖县域所有村（居）社区，延伸“城市大脑”神经感知末梢。

为切实提高政务服务效能，为长兴县政府办、大数据局、信访局等职能部门研发“政民通”平台，与 12345 阳光热线、长兴县政府网平台等平台打通数据接口，不仅为基层工作人员减负，还将原本分散的资源集纳整合，同时将

PC 端的政务信息一键平移至移动端；该平台还是重要的政民互动渠道，用户可通过平台进行爆料投诉，平台会对投诉件进行跟踪、下派、解决。此外，研发的“长兴文明诚信码”成为县域空间治理数字化应用典型案例，入选浙江省“观星台”优秀应用。

四、公益宣传

在大部分人的印象中，媒体只是公益的观察者、报道者和传播者，实际上，媒体还可以在发挥线下公益服务性的同时，充分利用媒体资源和网络交互特性，建立效率最优化、效能最大化、损耗最小化的公益平台，同时公益活动与内容精品还可以做到“鱼和熊掌”兼得。

多年来，长兴县融媒体中心从国家大政方针、舆情热点、本土需求等多角度出发，开启了“媒体公益”创新实践之路，既发挥了媒体公益功能，创立的“送给亲人”公益品牌先后获评浙江省网络视听年度视听公益项目；创作了大量内容精品，其中“帮扶在行动”直播获得了浙江省新闻奖新媒体服务奖一等奖。

一是围绕中央三大攻坚任务，结合公益帮扶形式营造本地声势。作为县域主流媒体，长兴县融媒体中心坚决贯彻落实中央决策部署，聚焦重点、强化担当。其中，针对中央三大攻坚战中的“精准脱贫”攻坚战，中心连续多年开展宣传活动。2020 年初，一场突如其来的疫情，打乱了各地各行业的生产生活节奏。一方面农产品因销售通道阻塞出现严重滞销，另一方面市民因居家隔离、菜场超市营业时间减半等原因难以买到新鲜的蔬果。中心启动“帮扶在行动”公益活动，努力搭建起市民与菜农之间信息对接的桥梁，第一季帮扶活动累计助农销售额达 260 万元，有效解决了农户的燃眉之急。同时，在开展“帮扶在行动”公益活动中，连续创作《帮扶在行动》战役助农特别节目，每期节目时长 8 分钟，分为演播室和外景拍摄两大版块，形式新颖，内容饱满。推出《云帮扶》战“疫”助农公益活动融媒体直播，整场直播历时 120 分钟，以九屏分路连线样态，设置云种草、云抢购、云美食等八个版块，总观看量超 101 万，互动点赞超 1 万。

二是巧用舆情爆点事件，创立“送给亲人”公益品牌。2020 年疫情期间，中心微信推文《医生外卖订餐被拒！》引发全城热议，抖音阅读量迅速突破 1 亿。中心立即策划《送给亲人》第一季公益活动，组织爱心志愿者到县内的医院、卡点、社区和村居卡点等地慰问，活动连续开展 75 天，累计慰问执勤点 1500

多个，慰问一线执勤人员超 5000 人，参与的爱心商家达 100 多家，爱心志愿活动达 1000 多人次，累计送出爱心商品 2 万件以上，金额达 60 多万元。该活动将一次舆情爆点事件顺势转化成了一场社会各界凝心聚力的爱心行动，随后又策划了“爱心捐衣”“杯水之心”“冬日暖阳”等活动，目前已持续开展到第十季，自此打响了“送给亲人”公益品牌，在商家、志愿者、老百姓三者中形成良性生态，推动媒体公益向阳生长。如今，《送给亲人》公益活动已经成为长兴传媒集团的品牌社会活动，荣获浙江省优秀网络公益活动，是全省唯一获此殊荣的媒体单位。

三是坚持深化媒体公益，不断拓展公益活动和公益内容的外延。中心通过多年来持续打造的“温暖”“星星公益”“帮扶在行动”“送给亲人”“和美之声、声声有情”等公益活动，常态化开展各类公益救助、公益行动，有效聚集和传播了社会正能量。同时借助融媒体传播矩阵，运用移动直播、H5 等“媒体 + 公益”模式，立体化宣推公益活动，充分调动群众参与的积极性、主动性，用爱心和善举，给城市带来温暖与感动。链入“文明实践云平台”，整合 180 多项服务“菜单”，连通“文明诚信系统”，丰富公益积分应用场景，通过研发本地热点应用提供各类民生服务、志愿服务。在“掌心长兴”客户端上开设“求助平台”，利用媒体力量解决群众在生产生活中的“急难愁盼”。通过公益活动，进一步夯实了县融宣传引导的基础，从另一侧面更好地助力服务县域工作大局。同时，中心荣获总局 2013—2014 年度广播电视公益广告优秀传播机构三类扶持项目，创作的公益广告《谁是你的亲》获得国家广电总局广电公益广告扶持项目，《廉政》《关爱鸟类从我开始》《手机里的最近通话》《陪陪孩子》等多件作品荣获浙江省政府奖公益广告奖和扶持项目。

五、融媒产品

新媒体发展态势迅速，传统媒体受众以一去不复返的姿态快速奔向新媒体。当下，媒体宣传报道阵地正在不断地扩容，内容生产的重心也逐渐从传统媒体端转向了新媒体端。丰富多样的融媒产品，能够以更生动、更直观、更有趣的优势吸引受众，已成为媒体和受众之间达成无障碍、零距离互动的最佳纽带，因此，所有媒体都必须不断提升自身的融媒内容生产能力。

做优融媒产品，不仅要保证内容的深度，还必须结合新的融媒样态和技术载体进行策划创作，并借鉴新媒体的运作思路来扩大传播效应。优质的融媒产品能够赋予受众超强的代入感，从而实现快速圈粉和几何式传播。

一是重大主题同题多变，通过多元融媒产品构建强大氛围。长兴县融媒体中心在历年两会报道中，设置贯穿全程的全媒体总栏目，同时创新融媒报道手法，如对人大、政协两场开幕式进行现场直播，2022 年打出“直播 + 短视频”的组合拳，通过“猫头鹰直播机器人”“全景 VR”等黑科技对两场开幕式进行全程直播，观众可在线观看 360 度立体全景。在两微一端一网开设“两会”融媒专题，设置“两会”开幕式、“两会”现场、“两会”声音、“两会”影集等十大版块，集纳式呈现“两会”信息。转换视角推出《记者跑两会》《代表委员 Vlog》《两会评说》《两会面对面》《两会连连看》等特色子栏目，其中《融媒聚焦》栏目充分运用先进的数字影像技术，通过三维动画沉浸式场景，对热点话题进行实时渲染。数据新闻《@ 长兴人，你的专属政府报告已经生成，请查收》、H5《数读 2020 任务清单》，让市民用户看到一份融合图表、图形、数字等的精读报告。深入研究短视频平台用户特征，在抖音平台推出“主播说两会”系列报道，并根据留言评论及时优化内容，持续扩大两会报道影响力。

二是重点选题精磨细琢，以工匠精神打造融媒内容精品。为强化制作符合当下受众需求的融媒新产品，中心制定了“万有引力”融媒产品推进方案，强化内部创新，以创作移动化、社交化、视频化、智能化融媒产品为发展方向，不断拓展内容领域更广阔的发展空间。2012 年试水短音视频内容生产而策划制作的《真心话芯片》荣获当年度中国微广播大赛金奖（全国才三家，长兴传媒集团是唯一获一等奖的地方媒体），2018 年推出掌心视、音频平台，研发 H5、Vlog、全景 VR 等新型融媒体产品，打造“小而美”的移动精品，2019 年 11 月广播全新改版，打造真正意义的可视化广播。

在庆祝建党一百周年主题报道中，长兴县融媒体中心结合本地红色资源，深入挖掘 1921—2021 年这一百年间长兴的 30 个红色代表人物和典型事件，推出系列微纪录片《人间正道》，充分展现建党百年的长兴足迹，该系列被学习强国全国平台和浙江平台选用，获得全国学习强国平台双月赛专题类一等奖，并被省委组织部作为党员电教片优秀作品上送中组部。此外，长兴县融媒体中心制作的《寻水的鱼》《秸杆漫游记》《中秋画月》《我是党员我先上》等融媒作品都成了全网刷屏的互动爆款；系列微纪录片《第 101 次求变》获得学习强国总平台二等奖、纪录片《跨越五千公里的爱》获得中组部党教片二等奖。

三是内容技术无缝对接，以创新形态吸引融媒时代用户。如今，互联网、物联网、人工智能、云计算、大数据等不再是一项项抽象的技术，而是在媒体融合过程中必须用到的手段，并且需要紧随时代步伐不断进阶。

每年4月26日长兴解放日这一天，长兴县融媒体中心都会开展大型革命主义融媒体直播《红旗美如画》，直播内容、技术及形式持续不断创新，比如第二季在新媒体端开设多个主题板块，通过“10路视频直播+广播音频+广播融媒演播室”，以大时段移动直播形态呈现，当天新媒体观看量达25万多；第三季推出10小时融媒体大直播，融合现场直播、短片回顾、大型活动，并通过丰富多样的新媒体产品和线上活动获互动留言2000多条次，该作品获浙江省重大主题报道新媒体优秀作品一等奖。此外，《以奋斗之名》收官活动采用“户外+演播厅+云端”的互通联动模式，构建了立体多维的访谈场景。《了不起的招商员》以“演播室演说融合1+N对话”形式，融入综艺元素，创新访谈节目形态，搭建了主次错落的多元思想广场，这些新颖的融媒产品往往能让人眼前一亮，从而获得了良好的传播效果。

再如2020年9月6日，太湖迎来十年“禁捕”期前的最后一个捕捞期，此后太湖渔民将用十年“无渔”换年年有鱼。为此，中心联合环太湖地区多家媒体，策划推出时长达16小时的移动直播，在“渔光序曲”“捕捞收网”“渔船返港”等多维度的直播中，记录了十年“禁捕”期前最后一曲太湖渔歌。

六、对外传播

长期以来，对外传播工作是各级媒体宣传工作的重要组成部分，当下县级融媒体中心的外宣工作也越做越强，在“讲好本土故事、唱响本土声音”方面充分发挥了媒体功能。

要做好对外传播工作，必须先具备外宣优先的报道理念、构建科学有效的精准策略、建立高效有序的协作机制。要顺应新媒体时代的发展需求，快速提升新媒体外宣能力，抓住外宣工作的核心需求和广大受众的兴趣点、关注点、共情点，以点及面、生动叙事，讲“好懂好看”“具有地方特色”的本土故事。

一是确立外宣核心地位，建立外宣优先级保障机制。为了更加合理充分地利用媒体资源，应当建立内外宣联动机制。在人员配置上，要配强外宣通联岗位，尽量确保团队的稳定性，并适时选派骨干记者到央级省级媒体进行上挂学习，让通联人员在工作实践中积累起丰富的经验及良好的人脉。在选题策划上，要以外宣带内宣，借助外宣选题的采制，历练记者业务能力。在协同机制上，可以协调中心其他一切资源为外宣服务，除了特殊岗位如跟领导记者不能随意抽调，其他记者原则上都要优先满足外宣需求。在奖励机制上，每月及时发布外宣奖励，对重量级的报道进行点赞表扬，不断提升记者外宣采制的积极性。

同时，既要上接天线也要下接地气，吃透一线两头。上接天线就是要吃透北京的精神，遇到重要选题，提前与上级媒体记者沟通，找准方向；下接地气就是定期到乡镇部门召开选题策划会，建立重点选题库，及时掌握乡镇部门的鲜活案例，做到心中有数。

二是重磅出击，做强“大头单专”工程。“大头单专”工程，指央级媒体的大平台、头版头条、单条、专题专版。在长兴县融媒体中心对外运营部每年的 KPI 考核中，都有明确的指标任务，要求通过重量级的报道，提升外宣工作的影响力。比如，如 2020 年，中宣部要求各中央媒体开设《走向我们的小康生活》特别报道，中心由主要负责人带队策划，8 月 17 日央视新闻联播以 4 分钟的篇幅报道《走向我们的小康生活：新川村的巨变》，创造了长兴央视联播单条的最长篇幅记录。8 月 11 日中国之声《新闻报纸摘要》单条播出《走向我们的小康生活：蜂情小镇里的甜蜜事业》，实现了央广报摘自采单条零突破。2021 年，数字化是浙江各个领域的高频词，中心积极挖掘本土素材，两上央视《新闻联播》，3 月 14 日头条播出《浙江：用数字化改革为抓手全面推进乡村振兴》，介绍了全国人大代表张天任参加全国两会后，回到煤山镇新川村推动数字化改造的情况；10 月 24 日，播出《工业互联网发展提速释放倍增效应》，介绍了长兴“羊倌”变身数据分析师的故事。2022 年，央视《新闻联播》头条报道《建设人水和谐共生的美丽中国》大篇幅关注长兴治水成效；央视《新闻联播》主题报道《奋斗者正青春》中单条播出《王云峰：美丽乡村闪亮青春》，时长达 144 秒。

三是抓大不放小，坚持全年无休、一鱼多吃的精神。我们要求，在全力推送“大头单专”的同时，也不能放弃汇编、综合、快讯等“小鱼”。这既是因为汇编是外宣拿分的利器之一，也因为上级媒体的协作关系需要在平时积累和维护。各位通联每天必须 24 小时关注上级媒体动态，一有约稿，立即牵头召集骨干记者参与策划。同时强化节假日工程，凡遇节假日，必有提前策划，全力抓住假日上稿好时机。此外，积极整合新闻资源，一次采集多平台分发，做到“一鱼多吃”。如在疫情防控期间，中国之声《新闻与报纸摘要》头条报道了长兴县雉城街道党员志愿者加强防控的情况；央视新闻频道《新闻直播间》栏目也播出了《启用应急广播传达防控知识》；浙江卫视《新闻联播》以《长兴：医务夫妻并肩作战坚守一线》为题，介绍长兴抗疫一线的医务工作者的典型事迹；浙江之声浙江新闻联播单条报道《最美战疫人》，就是“一鱼多吃”的典型案例。

七、专题制作

专题片、纪录片都是非常重要的媒体作品。经过长期的发展，专题片、纪录片都形成了主题日益广泛、类型多样、技术手段也日益丰富的多元共生格局，反映生活、传播知识、记录历史，具有社会、文化及艺术等多重价值。

在纪录片和专题片的创作中，角度的选择、结构的安排、再现的方式、表现的样态、细节的捕捉、节奏的把握、意境的营造等，无不体现在创作者对人物和事件的讲述中，无不浸透着摄制者对拍摄对象的深邃了解和研究。纪录片强调创作者的独立创作、个人解读和精心打磨，借助镜头来完成对人和事物的记录，也完成情感的表达和寓意的升华。

一是高站位策划选题，坚持舆论服务大局的首位意识。在专题、纪录片的主题选择上，不断培养敏锐的政治嗅觉和新闻敏感，同样坚持紧贴大政方针趋势，做新时代需要的优质内容。

比如 2022 年初，长兴县新四军后方医院遗址发现了 12 具无名烈士遗骸，中心制作团队迅速出动，查阅了大量的历史素材、影音资料，走访了仍健在的亲历者，其中包括现年 97 岁居住在上海某疗养院的原新四军后方医院工作人员、久居国外的后方医院院长后代等，建立起完整的故事链，完成了 5 集系列短纪录片《无名的你》，成为年度重磅佳作之一。

中心还立足自有团队，在擅长的专题片领域服务县委县政府中心工作，每年长兴召开工业经济大会等重要会议，由一部专题片拉开序幕已成为不成文的惯例，先后创作出了《工业的力量》《长洽会的力量》《逆风飞翔》《嗨长洽会》《老兵无悔》《摆脱贫困》《长风破浪》《我们的村干部》等一批优秀作品。

二是寻求结合本地小切口破题。深挖高匹配度的本土鲜活素材，用老百姓熟悉的事实细节展示思想导向，用有血有肉的故事和生动的表达来烘托基本面，有效展现专题片和纪录片的社会价值。中心坚持“头脑风暴”“一月一主题”等创作机制，策划创作优质纪录片、专题片和广播剧。

2021 年 9 月，策划推出短视频专题《跨越 5000 公里的爱》，以顾海林为代表的长兴职教中心新疆部老师们为主角，采用纪录片拍摄手法，跟踪拍摄时间长达两年，记录了新疆学生真实可感的异地学习生活，集纳了多个暖心小故事。片子还引起了湖州市援疆指挥部（驻阿克苏地区柯坪县）的注意，湖州市援疆指挥部特意为两地牵线搭桥，促成长兴县吕山乡的湖羊圈养技术培训班的开办，也促成新疆阿克苏地区柯坪县的年轻牧民们来到了长兴职教中心新疆部求学。该片获评 2022 年浙江省融合创新二等奖，2022 年中组部全国党员电视教育专题片二等奖。

在疫情防控宣传中，创作 9 集系列微纪录片《第 101 次求变》，记录了疫情之下长兴中小市场主体如何主动求变的创新之举，在全国县级融媒体中心优秀作品夏赛中获得二等奖。创作的《我们的新时代之我们村里的年轻人》，选定充满朝气活力的新时代农二代为主人公，讲述他们如何在共同富裕的征程上奋力奔跑。

三是做强融媒体专题系列，打响品牌。抖音、快手以及各类视频号平台的火爆，为短视频的创作和传播提供了最好的“黄金时代”，选择有质量的内容，进行有创新的呈现，是短视频高质量传播的关键。

2020 年疫情防控期间，策划融媒体音频产品《战疫声音日历》记录 1 月至 4 月间的抗疫故事共 75 篇，作品以有声日记的形式，由拍摄者自述工作日常，侧重内心展示和情感记录，有细节、有情感，捕捉“战疫”最前线的点滴感动。纪录片《瞰长兴》以天空视角，将长兴崛起的标志性地点与事件串点成线、串线成面，点面结合展示崛起中的长兴面貌。

此外，纪录片可以多角度多侧面，对中华民族的文化、自然、历史、社会进行深入的考察、深刻的思考，以历史见证者的角度，表现历史的发展与变迁，表达对拍摄对象的深层次人文关怀。比如长兴县融媒体中心推出的《寻宝记》系列，以见证者的视角，聚焦老手艺的代际传承后继乏人的故事，对边缘状态下的个体和人群进行原生态和客观的记录，成为人类文化形象档案。再如创作的季播短视频作品《早餐长兴》打破传统横屏制作的方式，首推竖屏拍摄、竖屏剪辑、竖屏成篇，已为长兴市民喜闻乐见的短视频季播品牌，荣获新华社评选的“最佳视觉奖”。

八、区域合作

充分发挥区域联动策略，采用合纵连横的方式来做大宣传。借助县域媒体联盟组织或是区域范围内兄弟单位的传播力量，以及更为常态化地加深媒体与本地乡镇部门、上级媒体之间的联动协作，同步策划开展重大主题报道，变“单兵作战”为“整体协作”，形成县域同盟、媒体联盟“异频共振”的合力，往往能够实现新闻宣传的区域集聚效应，让主题报道进入高光时刻，扩大传播效果。

一是开展跨区域跨平台的联合新闻行动，形成万马奔腾的生动局面。以长兴县融媒体中心为例，不仅积极参与县融单位的共建交流活动，包括参加中记协全国县级融媒体中心东西协作交流、省内共建合作等，还主动牵头，策划开展市县级融媒体大型联合新闻行动，力求紧扣时代脉搏确立重大主题报道，找准最佳切入口放大策划创意的优势，同时突破地域限制，通过纵向联动、横向结盟策划大型新闻行动，致力做大传播声量。如 2020 年长兴传媒集团策划举办《你好，长三角》“县级融媒体中心助力长三角一体化国家战略网络文化宣传季”活动，共有上海、江苏、浙江、安徽一市三省的 110 家县级融媒体中心积极参与，此次活动直播总时长超 70 小时，线上浏览量总计突破 3000 万，微博互动量突破 700 万，在线留言互动超万条，达到了很好的宣传长三角一体化的积极效果。该活动获 2021 年浙江省新闻奖重大主题报道一等奖。更为可贵的是，让长三角地区内的融媒体中心首次开展了协作练兵。2022 年，中心第一时间跟进宣传贯彻省党代会精神，联动浙江省 58 个市县媒体策划推出“山海情”助力山区 26 县跨越式高质量发展浙江县级融媒体中心联合新闻行动，掀起全面开展“践行八八战略投身两个先行”的宣传宣讲热潮。

二是集结优势挖掘亮点，形成乡镇部门协作的合力。县级媒体是最接近基层人民群众的媒体，乡镇部门则掌握着镇村基层和行业领域的最新情况及各类数据，两者深层次的协作能深化优质资源共享，激发更多灵感，实现共赢。县融可以在重点乡镇部门建立微融媒体中心，变“被动接招”为“主动出招”，形成“媒体+基层部门”的创作合力。

长兴县融媒体中心推出的大型对农活动《寻找金种子》《寻找金扁担》《乡村的礼物》《共富村巡游记》《进击吧乡村造梦师》《加油，乡村合伙人》等，在创作过程中都充分发挥了协作力量，这些作品也都获得了省政府对农活动的大奖。

三是主动提炼选题亮点，形成上下媒体联动的合力。充分发挥外宣通联作用，时刻关注上级媒体素材征集，深入提炼选题亮点，积极爆料主动推送；同时要优化协同机制，实现外宣指令一键传达一体落实，达成与上级主流媒体的密集传递和有效互动，努力放大基层声音。

如长兴传媒集团持续深入采访长兴户籍民警沈云如为33户无户口人员办理户口的事迹，引起上级主流媒体关注，成功推动了这一全国文明优秀案例的选树。最后形成的H5作品《为了33个兄弟姐妹》和电视访谈《为无户口人员找回身份是良心工程——对话户籍民警沈云如》都获得了浙江省新闻奖大奖。

第四节　县级融媒体中心生产能力提升的传播运营

当代媒体人有两个核心工作，一是内容生产，二是内容运营。内容产品打造出来后，并不代表会有用户接收或使用，这时内容运营就会成为内容产品与用户之间的纽带，让两者产生联系，并通过用户的转发或购买行为产生运营价值。

万物皆可运营。一切能够进行推广、促进用户接收、提高用户认知的手段都是运营。根据产品类型的不同，运营的方式也不尽相同。有人说，“互联网产品是一项贯穿用户整个生命周期的设计行为。它根据用户的需求而变化，最终完成对用户需求的实现与用户体验的完善”。同样的道理，媒体内容运营的核心目的就是为了让内容产品传得更远、更广，让内容产品的价值得到更好的转化。因此内容运营必须贯穿内容产品的整个生命周期，并且将保持动态的调整，一是根据产品的变化而调整运营方式，二是为了实现不同阶段的目标而优化产品。

一、全科室运营

在县级融媒体中心的融合转型过程中，必然会遇到以下几个阶段：一是媒体整合阶段，媒体组织结构发生变化，一般整合初期传统媒体和新媒体的关系会呈现共存共生、各自为政的状态；二是媒体联动阶段，传统媒体与新媒体之间开始探索更深入的内容互动合作，以形成紧密的联动矩阵关系；三是媒体深度融合阶段，需要进一步加快移动创新，推进主力军挺进主战场，打造更具传播力、影响力的媒体新型融合平台。

很多县级融媒体中心都采用了建立类似新媒体部的科室，专门负责新媒体端阵地建设和内容生产。但来到第三阶段，我们会发现，仅一个科室新媒体化是远远不够的，当媒体融合进入纵深时，对整个团队的新媒体化思维、生产及运营都提出了更高要求。因此，当我们还没有进入第三阶段时，就应当加快推进全科室新媒体化以及全科室运营化，不断统一整个团队的前进步调。

2019 年，长兴县融媒体中心就提出了全科室新媒体化，在组织架构上，我们改广播部为音频部、改活动部为视频部，增设运营部、研发部，在目标锚定上，我们明确每个科室都有新媒体生产及运营的任务。在采编流程上，我们构建起符合新媒体要求的内容采编、审核把关、分发推广、互动运营体系，按照移动优先原则进行全流程再造，做到即采即审、即审即发，从机制上确保正确政治方向和舆论导向，从流程上确保了新媒体第一落地。

2022 年，我们持续深化供给侧结构性改革，并于 2023 年初完成对编委会内部架构的全新设置，提出全科室运营化。新媒体队伍力量占比 60% 以上，进一步增加了各科室的新媒体资源要素配置，明确了各科室的新媒体运营职责。同时优化移动优先机制，一方面由移动运营部打头，突出新媒体先锋军作用，另一方面针对新媒体重点内容的创作生产和运营落地，建立项目专班制，打破科室之间的管理壁垒和岗位之间的协作屏障，提升融合精兵的整体新媒体战斗力，并在考核上更加突出移动端导向，以点击量、转发量、评论量论英雄。

二、全员化运营

全员化运营，是鼓励抱有打工心态的员工都具有主人公意识，像主人一样去思考，让追求集体的可持续发展成为一种内生动力、一种刚性需求。对于县级融媒体中心来说，全员化运营的作用可以释放在任一层面，比如新媒体内容的生产、新媒体矩阵的运营以及优质媒体内容、媒体产品的价值转化等。

目前媒体的生存发展面临很多困境，用户需求越来越多且变化越来越快，市场竞争越来越大，成本越来越高，体制机制的束缚、优质人才的流失、经营效益的下滑等一系列问题，都要求媒体谋求内在的裂变，除了机制、技术，人就是最大的变量，全员化运营就是让员工与媒体单位一起攻坚破难。

用好全员化运营，存在许多难点，最重要的是对权责利进行合理分配，能够最大化地激发内部活力，适当的放权有利于赋予员工主人公意识，科学的考核可以确保集体目标的分级实现，合理的利益能够强化全员化运营的可持续性。

长兴县融媒体中心在意识到运营的重要性后，通过两年的运营实践，提出了全员化运营概念，目前无论是在采编条线还是在创收条线上，都已大大增强了运营职责。

在采编条线上，着力推进全员新媒体化，不断提高移动端融媒产品生产能力，尤其以短视频为培育重点，成立了一批融媒工作室，常态化生产短视音频、海报、动漫、VR、H5、数据新闻等多元化产品，同时不断探索对精品内容的运营，引导用户的持续关注，促进用户传播内容、消费内容，并形成一个良性循环。其中在运营新媒体平台时，通过最具有贴近性也最容易产生爆点的社区版块，不仅明确内部版块负责人，同时邀请本地网红入驻为版主，以全员化运营为驱动模式，设计各类机制留住他们，共同负责 PGC、UGC 全系列产品运营和流量导入。

在经营创收条线上，一直致力于全员经营工作体系的构建和完善，深化“市场导向、精益运营、价值增长”的核心经营理念。通过小组制、专班化，推进一线员工组织化联动机制的形成，让员工能够充分理解自己的职责和价值，能够自发且自律地开展行动，让每个员工的智慧得到充分的激发和运用，形成一个高于组织成员能力总和的组织形态，实现汇聚全员众智的经营活动。

三、栏目化运营

众所周知，在拥挤的新媒体时代，好的内容未必能够脱颖而出像过去那样轻松就获得关注，但差的内容一定会死掉。靠量取胜已丧失意义，重点做好特色内容才是必要的。持续、稳定地输出有价值的垂直优质内容，是我们做强内容运营的核心，栏目化以其特定风格成为了其中一种非常好的方式。

栏目化对受众而言，定位非常清晰，栏目内容更符合自己某方面的需求，可以节省在新媒体信息里大海捞针的时间精力，栏目化的内容还能够形成叠加效应，在一定程度上补足了新媒体信息过于碎片化的劣势，给用户的持续感更强。

做好栏目化运营，必须抓住几个关键点：清晰的内容定位、细分的目标人群、内容产品的运营思维等，确定了这些，才能形成栏目运作规范、产生传播或转化价值。

比如长兴县融媒体中心紧扣“三农”工作，策划的对农栏目《乡村节节高》《走乡村》等栏目，围绕大力实施乡村产业提质、美丽乡村提标、强村富民提速、基层治理提升、农村改革提效、要素保障提优等六大工程，扎实做好对农服务内容，栏目效果长期看好，先后获得了多项浙江省政府大奖，并且从中延伸出“帮扶在行动”的公益助农品牌活动、长兴鲜农产品产销平台等，形成了多效叠加的社会效应。

再如，中心推出的《解密吧真相》栏目，定位为亲子类科普栏目，以小朋友的第一视角，开展各类解密实验活动，起到了春风化雨、寓教于乐的作用，两次获得国家广电总局少儿节目精品发展专项资金扶持项目。同时，以此栏目群体为基础，发起传媒小记者项目，时至今日，小记者团队总人数已突破2000，成功实现了栏目化运营。

又如，中心持续多年打造的《早餐长兴》季播栏目，并以其创新的竖屏拍摄、竖屏剪辑、竖屏成篇，更适宜新媒体端的广泛传播，荣获了新华社“最佳视觉奖”，该栏目在本地形成一呼百应的品牌效应后，已能够承载商业化运营，直接将栏目化内容转化为经营性创收，这就是以产品思维的打法去做开放式的运营，用优质的栏目内容创造真金白银的效益。

四、主播化运营

传统媒体受到新媒体冲击，不少媒体人希望通过微信公众号来锁住受众群，但有时候往往做得很辛苦却没有多少粉丝。而在抖音、快手这些新媒体头部平台上，短短十几秒的视频就可以迅速吸引上百万计的粉丝、浏览量和点赞量。

因此主播的IP化是一种很好的创新方式，可以打造全新的自带流量团队。

早在2017年，一条男主播向女主播在节目直播结束后的调侃短视频在网上走红，网友点赞达105万个，留言超过2.5万条，视频的上传者“Miss兔”是视频中的女主播，也是长兴县融媒体中心的首席主播。当时，“Miss兔”在抖音发布了20条作品，粉丝超74万，收获近200万个点赞，她的另一条带领全体电视节目主持人在演播厅拍手舞视频点赞量达65万。主播的抖音视频爆火，不仅为其个人抖音号及绑定的微博号增加了粉丝，还带动网友因此而认识了浙江长兴，很多网友说，正因为追看他们的短视频，拿起了好久不拿的遥控器打开了电视；一些本地的部门企业在拍宣传片时，也指明要抖音出圈的主播出镜。

此类视频放在前几年，大家有可能很难接受，觉得有损主持人形象。但在当今多元化的社会，大家更认可主持人可以有多方面的表现，抖音视频可以瞬间拉近主持人与受众的距离，让受众更自然地接受主播，并留下鲜明深刻的印象。

再如，音频因其传播特殊性，同样可以顺应媒体融合的趋势，提升综合能力，塑造多元形象，积极融入新媒体生态。在形象塑造上，一方面需要借助新媒体手段强化和凸显自身在专业性、权威性的形象优势，传播正能量；另一方面也要勇于突破传统的思维限制，树立个性化形象，提升亲和力和吸引力，拉近受众距离。比如长兴县融媒体中心推出的《主播陪你去旅行》《重生吧古道》等活动中，音频主播带队走出电波、走近受众，引发受众的高黏性、高关注度。为了深耕节目内容和培养主持人的个人魅力，主播甜甜成功树立少儿主播IP，主播阿力成功树立为车、交通主播IP；此外还与交警大队、文明办合作，音频主播成为县交通文明形象大使，形象覆盖主打线路公交车。

五、监督型运营

在权力监督机制建设中，媒体监督是构建权力监督机制的重要一环，实质上是通过媒体的渠道，反映了群众监督的力量。从现实实践来看，紧紧依靠人民群众，强化群众监督，发挥媒体监督的积极作用，对于发展社会主义民主政治、增强广大人民群众参与意识等都具有重要意义。

与其他监督形式特别是法律监督相比，媒体监督具有非直接强制性，但新闻记者通过摄影、摄像等，可以对被监督者的言行举止、被监督事件的真情实景进行现场记录，将实况客观、形象地再现于大众面前，形成“铁证”，因而在被监督对象中具有强大的震慑力。

长兴县融媒体中心长期以来坚持做好媒体监督。比如通过记者暗访，揭露私营医院乱诊治乱收费的现象、曝光小发廊涉黄经营等，对于不适宜公开刊播的内容，形成文字或影像内参上报。同时，媒体监督还可以转化为其他监督形式，如通过暴露违法犯罪问题，转化为法律监督，转化为监督机关的监督，由个别监督转化为普遍监督，等等。比如中心配合法院对老赖的突击执法行动开展直播，在社会面上引发了强烈反响。媒体监督同样可以通过运营转化为媒体影响力，增强媒体的权威性和互动性。

目前，中心常态化开设舆论监督栏目《直击一线》，配合全国文明创建等重要工作，聚焦群众焦点，直击梗阻问题，促使相关部门以更精准的举措抓好政策落实、难题破解。如疫情期间，对于群众反映卡口查车不查人等问题，组织记者对各检查口进行了暗访调查，并对相关违规行为进行了曝光。该栏目在"掌心长兴"客户端社区版块同步设置，每年刊播 80 期左右。

六、社区化运营

社区化运营主要着眼于两大群体，一类是因地域而集聚的社区型群体，属于线下规模类；一类是因偏好而集聚的垂直型用户，属于线上标签化。

随着新媒体技术日新月异的变革、居民家庭设施的越来越高智能化，媒体的社区化运营也许将是媒体发展的重要趋势之一，媒体内容、媒体产品极有可能会发展成为根植于社区场景的媒体类型，在加载数字化之后，与具有相当规模的社区用户发生最为近距离的接触，并且因为它的高到达率、高稳定性以及高接触频次，将在媒体内容传播和媒体产品推广中发挥不容小觑的作用。

除了社区用户的规模化，垂直用户的标签化也同样重要，根据用户的不同偏好、特征，进行类如"母婴偏好""汽车偏好""美食偏好"等标签分类，针对不同需求有效组合内容生产、产品拓展，可以为实现人群的精准化触达做好充足的准备。

着力培育以上两大类用户的私域流量，提升线上运营能力，同时也联动线下资源，形成规模化效应，可以作为媒体社区化运营发展的重要方向之一。

近年来，长兴县融媒体中心越来越重视社区化运营，通过开展定向调研，设定运营规划和目标，集中发扬优势的部分，同时也快速培育运营团队，不断摸索具有可行性和持续性的运营模式，对运营项目进行及时的复盘优化，通过以上措施，率先在“客户端”上看到了社区化运营的成果。

比如围绕用户发帖、社交互动、爆料求助、服务应用等功能为主要需求，在客户端社区板块上设置“求助爆料、吃喝玩乐、八卦吐槽、招聘求职、楼市家装、车友会、优惠种草、亲子教育、舞文弄墨”等子板块。由 UP 主分别负责各自板块的运维和用户关系建设，形成以用户兴趣偏好为轴心的社群聚合。同时组建各类私域群，比如长兴楼市观察，专门生产长兴楼市深度文章、评论，提供楼市资讯服务和组团看盘服务；长兴恰饭团，通过“恰饭姐组团去恰饭”、合作商家定期发福利等高黏性活动，获取和运维本地吃客私域社群，持续提升商户美誉度与产品合作衍生力。长兴拍客，通过与摄影师、摄影机构、民宿等商家合作，做好本地摄影领域的深耕运营等。同时出台优质创作者奖励政策，通过策划热点话题、开展版主见面会等方式，让更多用户参与进来。每年推出热点话题 50 多个，单个话题最高阅读量达 413 万多。

七、商业化运营

媒体的商业化运营是县级融媒体中心一直在积极探索的重要工作。在互联网时代，不仅仅是传统意义上的产品可以商业化，媒体的精品内容、媒体的发展经验、媒体的团队智慧、媒体的执行能力，都可以通过科学合理的运营方式，进行组织、设计、评价和改进，提炼转化成为媒体产品，最终实现商业化变现。

创新商业化运营，要不断开拓经营思路。比如借流行文化之势，近年来“国潮”之风日上，已成为备受社会关注与追捧的流行文化符号，媒体可以利用自身厚积薄发的内容策划和制作能力，打造各类文创产品，既能促进商业发展，又能彰显年轻时尚态度。长兴县融媒体中心结合县域特色及传统风俗，策划制作带有本土文化标签的创意产品“端午绿豆端”和“中秋月饼”被一抢而空，首次试水获得成功。

创新商业化运营，要善于整合区域资源，设计项目商业模式，并通过新媒体端落地，实现流量变现、模式变现。比如长兴县融媒体中心从县域本土餐费补贴政策入手，整合全县机关部门、事业单位餐费发放、银行联动支付等关键资源，研发上线指尖饭卡，后期又将指尖饭卡升级成“指尖”生活项目，以支付为基础，不断拓建应用场景，成为商城运营的坚实基础。再如，在客户端商城板块广泛联结外地供应链、本地商户及指尖商户，策划特价秒杀、新品推荐、金币兑换、优惠券发放等多种运营方式，打造“尖叫每周三　只要九块九”、电动车、文旅产品等垂直行业品类专场营销，以爆品引流及培育用户习惯，助力实体经济转化销售新路径，实现媒企双赢。

创新商业化运营，要敢于做跨区域拓展，通过对外输出或跨区域合作实现内容精品或者媒体产品的变现。作为全国县级融合样板，长兴县融媒体中心于2019年开设融媒学院，将自身在融媒发展中摸索总结出来的完善高效的组织架构、内容创作、人资管理、融媒流程、产业运营、机制保障等实践经验提炼为融媒课程，面向全国县级融媒体中心传授“长兴经验”，共同推动全国县级融媒体中心发展。至今，融媒学院已累计接待来访团队2000多批次，累计举办培训班60余场次，培训人次3000多。

未来，商业化运营的新模式还将不断涌现，比如融合AR、VR和MR等新技术，助力媒体内容以数字化新样态跨界破圈，为用户带来全新的审美体验和消费场景。

八、技术型运营

对县级融媒体中心来说，技术型运营以其强技术背景大大提升了准入门槛，目前在县域层面，技术型运营还只是刚起步的阶段，运营的力量及成果仍较为薄弱。技术型运营既包括为技术产品带来品牌、销售量等方面的价值，也包括采用技术产品在其应用领域构建具体的解决方案。

技术在很大程度上决定了运营，并且在运营中，必须要有技术本身的参与。观察IT巨头的成功案例可以发现，很多老板本身就是做技术出身，也因此将会更加理解技术团队的重要性。在技术型项目的研发及运营中，只有资深的技术人员了解行业规律，能提供重要的参考意见及参考数据，能把握技术研发项目的风险和成本。此外，技术型项目的创新本质上就是技术上的创新，技术的运维和改良又是运营的基础，没有技术支撑的技术型项目是不存在的。

长兴县融媒体中心推进技术型运营的第一步，是从组建一支具有研发能力的技研团队开始的。在此之前，中心与杭州、南京、成都等地的多家第三方技术公司有过合作，从中意识到如果运营中的任何运维和改良都离不开对方的技术支持，那么是不具备自主性和可持续性的。

自建技研团队后，长兴融媒集团自主开发了第三代客户端，实现全自主运维后的迅速迭代；研发了“易直播”设备，取得专利权，常态化投入新闻传播实战。积极参与长兴智慧城市建设，承建长兴县云数据中心，以信息化项目建设为抓手，以资源共享为前提，以统一运维为保障，以数据运营为突破，形成政府投资信息化项目集中组织建设、运维、运营新模式，推动数据从“资源”向“资产”转变；研发河长制智慧平台、党员分类管理平台等 30 多个综合性信息化服务平台，其中基层治理综合信息平台入选省城市大脑应用优秀典型案例；党员分类管理智慧平台、干部综合信息管理平台入选全国党员管理九大试点。以项目化形式进军数字产业市场，“浙科贷”“未来社区”等多个项目被列为省级试点，“能源碳效码”获全国推广。目前，数智团队已拥有 16 项软件著作权、1 项发明专利以及 8 项商标注册，并荣获浙江省级数字化改革创新团队，团队所在的浙江慧源数字经济发展有限公司获评全国高新技术企业。如今，长兴县融媒体中心已经承接了来自全国各地的客户端和指尖支付系统等模式输出，不断产生良好的社会效益和经济效益。

九、议题化运营

议题化运营，在传统媒体时代就有了，只是在网络环境中，议题化的速度和效应得到了几何倍数的放大。在网络环境下，一个事件从原始事件向网络事件的转化就是一个网络议题的建构过程，它并不是对原始事件的简单复制和再现，而是网络受众基于原始事件的可辨特征所进行的一种归因想象。

媒体在策划建构此类网络议题时，在特定地域或者是特定群体中，往往能发挥出网络意见领袖的作用，能让网络受众将共同关切集中到同一个焦点上，而且为普罗大众提供了一种理解原始事件社会含义的认知框架，对网络受众具有一种“认知赋能”的作用。通过这样的议题化运营，原始事件就会得到强有力的转化和引导。如果是时政类主题，那么将会有更强的贴近性，让百姓更易于关注和接受；如果是网络热点事件，那么将通过对原始事件背后的社会含义进行揭示、分析、定性和评论，成为网络受众表达情绪的载体，并对主流舆论的形成起到正向引导的作用。

对于县融来说，想要做到全员挺进主战场、把握主阵地话语权，就要学会主动策划网络议题这个本领。

长兴县融媒体中心始终按照党委所需、融媒所能、群众所盼、未来所向，结合国家大政方针主动策划议题，坚守正能量，突破大流量，推动舆论场形成“以主流引领百舸争流”的生动局面。比如在两会、全会等重大会议以及建党100周年等重要时期，充分发挥议题化运营的思维，既有全景呈现主题思想的大部头作品，也有精心策划的单个议题式话题。比如在疫情期间，中心在推出疫情防控总栏目的同时，就策划了诸如“我是党员我先上”的议题式作品，得到了广泛响应。再如抓住热点趁势转化议题也是一种事半功倍的做法，中心在引导“停水事件”舆论走向时，为了转移受众的注意力，在客户端社区版块发起了“如何解决洗漱和早餐”“哪些饭店还可以正常提供午餐”“论一瓶水的用法”等多个具有实用性和趣味性的延展话题，引发用户的共鸣，满足用户的倾诉欲望，议题化运营由此获得成功。

十、闭环式运营

闭环既是一种思维模式又是一种指导思想，能指导业务布局、管理提升。闭环式运营在实践中至少具有以下三个意义，一是建立端到端流程，以用户需求为起点到以满足客户需求为终点；二是建立共同认知，让各环节之间信息流实现无缝循环和流动；三是易于判断出哪个流程环节相对弱，可以查找出自身短板进行补足。

在县级融媒体中心，闭环思维可以应用在融合目标、条线管理、内容生产、拓展用户及产业发展等多个层面。在内容生产这个层面上，从了解用户需求到生产媒体内容，再到分析内容传播轨迹及传播数据，最后通过分析结果再来指导内容生产，这就是一个完整的闭环。

想要找到优质的选题，除了借势热点选题之外，使用数据分析也可以找到方向。通过对内容阅读、分享、评论及转发情况进行分析，可以确认用户对内容的认可度，找到高分享量的内容，确立正确的方向重复做，我们就可以获得高黏性用户。因此做好数据分析意义重大，它能够帮助我们更好地把握内容发展的方向，及时地进行优化和调整，掌握优秀的传播数据分析能力，这就是闭环式运营下对媒体提出的新要求。

长兴县融媒体中心从 2020 年开始，就着手自主研究新媒体平台传播数据分析。

首先，是不断完善移动端平台用户活跃度体系，根据行为痕迹，建立用户画像，生成用户模型，强化精准推送，提供平台个性化服务。对于高活跃度用户，进行积分奖励；对于长时间未登录用户，进行 App 消息或短信提醒，主动邀请登录。

其次，设立了专门的数据分析岗位，对用户留存率、新闻内容传播、平台活动效果等数据，以及结合浙江省融合传播指数对客户端、抖音、微信三大平台考核指标的变化进行分析，并且按照“数据收集—数据分析—数据结果可视化”的步骤形成数据分析报告，帮助内容及运营团队不断调整重心和焦点。

目前，长兴县融媒中心每天推送“新媒体传播数据报告”，对“平台基础数据”“客户端版块表现”“平台亮点”“直播数据”“重要指标TOP10”等进行一日一报，实时掌握新媒体端内容传播情况和变化。每月推送“月度传播数据分析报告”，通过自建数据模型，对月度汇集数据进行分类分向进行对比分析，盘点月度亮点内容，并根据数据分析结果提出内容及运营方面的意见建议。对《两会》《防疫新媒体作品》《早餐长兴》等单项重点内容，或者社区重要话题和运营活动，还会出具专题分析报告，通过数据分析来判断内容的影响力及运营的有效性。

新媒体数据分析与应用，需要综合运用新闻传播学科知识和网络新媒体数据分析技术，形成解决新媒体传播领域问题的能力，这将是当下媒体从业者需要的重要技能。

第五节　县级融媒体中心生产能力提升的方略

工欲善其事，必先利其器。想要以生产能力提升为重心，必须先要推进生产体系的建设。

县级融媒体中心是新时代的产物，没有既有模式可以借鉴参考，只能主动迎接新技术发展变化和互联网对传播规律的挑战，重新建立起科学高效、满足新闻传播准确性及时性、推动传统媒体和新兴媒体融合发展的内容生产机制；必须适应媒体融合发展的需要，快速占领新媒体传播阵地，用新颖时尚、生动活泼的新媒体方式，讲好中国故事、传播中国声音；必须敢于突破旧式体制机制的束缚，建立科学良好的管理机制、人才机制、外部支持机制，完善媒体出人才、出精品的长效机制，通过优化要素配置，实现新型媒体的造势而起，推进生产能力的可持续提升。

一、体制机制

自从建设县级融媒体中心上升为国家战略后，有关部门纷纷出台一系列政策文件支持县级融媒体中心建设，为县级融媒体中心建设提供了一个良好的发展环境。各地融媒体中心持续推进内部体制机制的深化改革，很快就出现了多种融合模式，灵活机变的运作模式赋予了媒体更加蓬勃强劲的生命力。

时至今日，面对新时代对新型主流媒体的更高要求，我们面临着又一次破题。

一是要敢于改革体制推陈出新。中心借全面深化文化体制改革之势，在破壁体制机制中赋权增能，明确以“事业单位企业化运作”为导向，树立媒体融合发展目标，对培育新兴媒体、改造传统媒体、加强区域媒体融合等提出全面、系统的规划引导，使中心建设得到快速发展。2014 年，中心入选《浙江省新闻媒体融合发展对策研究》创新案例。2015 年，媒体融合做法被国家新闻出版广电总局列为全国 2016 年推广的 17 个典型案例之一。2018 年，中央宣传部主办的县级融媒体中心现场推进会在长兴县召开，将“长兴模式”作为示范样板在全国推广。

2022 年，针对体制机制与发展需求之间出现越来越多不相适应的问题，中心刀刃向内发出“传媒十问”，进一步明确总任务，聚焦大方向，打破固化思维进行体制重构，探索建立按一类国企运作的新体系，着力解决难点痛点，力推媒体融合二次改革、二次创业；同时坚定实施供给侧改革，以改革创新作为融合发展的命脉，以攻坚破难作为接续奋斗的动力，打造有力有效的基层新型媒体。

2023 年 3 月，中心完成两年一届的全员竞聘上岗，并同步实施“薪酬改革 + 人事改革”双轨机制，坚定“按岗取酬、按技取酬、按绩取酬”的分配导向，彻底消弭在编与非在编人员之间的待遇差距。落聘人员首次面临“在编人员剔除编制、非在编人员降档降薪”的可能性；优秀员工则更加坚定了干事创业的信心。

二是善用激励机制革故鼎新。中心在组建之初，就全盘统筹考虑，全新制订融合机制，是最早提出融合媒体框架设计的县级媒体。基本思路是不断完善党委会领导下的事业法人治理结构，分设管理委员会、编辑委员会、经营管理委员会三大条线，实行绩效管理，形成责、权、利清晰的运行机制，以扁平化管理的组织形态，强化目标导向。同时创新实施“双聘 + 五档薪酬”双轮驱动，彻底打通在编与非在编人员待遇；推行“管理 + 首席”双轨运行，使员工获得最大化提升空间，有效稳定了人才队伍。2011 年以来，中心 11 次获得县级机关部门综合考评一等奖。

三是建立培育机制激发潜力。建立一体化评估机制，如“媒体融合整合发展”量化评估标准、“积分制考核办法”“档位升降机制”等，定期开展动态监测和成效评估。在此基础上，也建立培育和容错机制。多年来，中心每年举办“创新创业大赛”，鼓励员工主动策划内容或运营项目，通过路演比赛的形式评出项目十佳，并为他们创立“如梦令”工作室、提供项目启动资金，及时跟进做好评估总结及去弱留强等工作。目前中心“世相”“智行”“973 声音社”“新视觉”“CMG 形象包装”等多个优秀的融媒体工作室就是这样培育发展起来的，对于这些项目，我们给予充分的生长空间。

二、组织架构

在媒体融合环境下，传统媒体的组织结构无法适应新的需求。有学者认为，我国主流媒体的组织架构以纵向分权、横向分工的科层制组织架构为主，这种职能型组织架构存在决策缓慢、延误战机、协调困难、协同合作不够、整体责任划分不清、频道和部门间无法形成协调机制，因此导致组织与战略变革进程缓慢以及官僚主义等问题。

而市县级媒体在媒体融合之前一直都是以主流媒体为标杆，在组建县级融媒体中心之后，突然发现失去了可参照对象，旧式组织架构的弊端在媒体融合转型初期就显现出来，县级融媒体中心必须通过对融合目标的清晰认知和对基层实践的深入了解，独立找出更适应融合发展的内部架构。事实上，即使已发展多年，当前的组织结构模式中仍然存在着信息流通不畅、管理效率不高、权责利不对等，以及固定的架构、流程和考核与转型阶段性战略目标不匹配、不兼容的问题。

以长兴县融媒体中心为例，在组建之初探索建立了党委会负责制，按照采编、经营双分离原则，在党委会的领导下分设三大条线，分别负责重大决策、新闻制作、经营创收工作，并将集团班子成员的收入与全年绩效以及县委宣传部、政府办、国资办联合出台的目标责任制考核挂钩。

其中，在编委会条线上，根据不同阶段的融合需求，曾先后多次调整内部组织架构。2011 年成立全媒体采访部，2013 年组建全媒体新闻中心，2016 年升级融媒体平台，2017 年设立内部的融媒体中心，不断完善“一次采集、多种产品、多媒体传播”的运作流程；2020 年打造大采访、大编发中心，并将原本游离在编委会条线外的技术部门纳入条线，2023 年对内容及创收队伍进行分离，组建移动运营部，同时提出“全员移动化 + 全员运营化”，明确了各部门新媒体内容生产及产品运营的职责。建立项目专班制，打破部门之间的管理壁垒和岗位之间的协作屏障，提升融合精兵的整体新媒体战斗力。

对于这样的变化，长兴融媒人应当具备一个认知：媒体战略转型是持久性行为，因此所有的架构重组和流程再造都是出于一个目的，就是更好地促进融合共生发展，更快地提升主流媒体的传播力、影响力和话语权。单一媒体到全媒体，架构重组是为了促进管理扁平化、功能集成化、产品全媒化融合发展，确保重大选题统一规划、采编指挥统一调度、稿件资源统筹协调，在把握“准”的导向之下，还能发挥“新”“微”“快”的优势，构建分众化、差异化的全新传播格局。而从全媒体到融媒体，架构重组是整合优质内容生产的主力军力量，赋予其新的要求和能力，并将其转移到互联网“主阵地”上去，真实实现“深度融合，整体转型”。同时，还要兼顾新闻事业与产业经营的同步发展，媒体内容的专业人才、策划能力为产业经营提供执行保障，经营创收的稳定增长则为新闻事业的持续发展提供资金支撑。

三、人才支撑

人才是媒体竞争的核心要素，拥有一批热爱且擅长新闻事业的专业人才，是媒体融合发展取得成功的关键。当前的全媒体业态，需要一支稳定的全媒型、专家型、复合型、创新型的“四型”融媒体人才队伍。从人才结构和人才种类方面来说，县级融媒体中心目前最紧缺的就是既有政治素质和新闻素养，又懂新媒体传播运营，还具有一定互联网思维和实践能力的复合型人才。

自组建以来，长兴县融媒体中心始终做足“引”“培”“育”“留”四字文章。坚持引导传统媒体存量人才转型，持续引进新媒体高级增量人才充实，注重加强全媒体人才培养，有意识地优化融媒体中心的人才结构，加快实现“主力军进入主阵地”，为资源互融、宣传互通奠定了基础。

一是对上争取人才政策，对内出台人才机制。结合长兴县人才政策，充分用足人才引进享受政府购房优惠等多种利好政策，落实高端人才一人一议政策，将融媒体中心高层次人才纳入《长兴县名师名家培养行动目录》。出台“年薪制”“年金制”等配套机制，通过薪酬待遇、福利待遇、长期发展等条件吸引全国高层次人才，累计引进中高端人才 50 余人。设立“万物生长”“潜龙腾渊”等内部培养计划，分批次推选近 20 名骨干员工长期上挂央级省级媒体。

二是积极配置人才要素，全程融合人才资源。在基础薪酬上，实行以岗定薪、岗变薪变、动态管理的分配机制，充分发挥工作绩效考评的“指挥棒”作用。在增量激励上，出台首席制、设立“嘉奖令”，不拘一格激励人才，让劳动价值得以更好地体现。在人才使用上，明确“重品德、重才干、重担当、重实绩”

的选人用人导向，健全干部选拔任用、考核评价、监督管理和保障激励机制。以制度、技术、产能三方面为切入口，把年轻人挺在前面，建立年轻干部后备队伍，85后干部占比36.5%，保证人才梯队建设持续性，每年人员优化率达到5%以上，优秀人才离职容悔，近三年已有6名年轻人离职复归。通过一系列办法，形成科学规范的人才要素系统配置。

三是高度关注人才需求，努力发挥人才效应。随着新媒体技术的快速变革以及媒体融合的不断深入，传媒业涉及的知识领域越来越广泛，逐渐呈现横跨学科、纵分层次的特点。比如在制作新媒体内容时，我们需要在新闻内容、新媒体语言、新媒体技术以及传播运营等方面都具备一定知识储备的人员，相关学科知识的有机交织，更能促进内容的创新生产。同时，由于县级融媒体中心往往人力资源成本有限，不可以完全做到细分岗位，很多工作需要同岗兼职来完成，因此，引进或培育复合型人才，对于县融媒体而言，已成为当前发展中面临的重要问题。

四、技术引领

伴随互联网技术的快速发展，传播方式和媒体形态也发生了改变，随着媒体融合纵深发展，县级融媒体中心也越来越意识到技术尤其是新媒体技术在媒体领域中能够发挥巨大的乘数效应。一方面，5G传输、流媒体传输、移动直播、无人机采集、全景拍摄等技术越来越常态化地被运用于内容制作，实现内容从可读到可视、从静态到动态、从一维到多维的多媒体化展示。另一方面，各类媒体技术平台从无到有、从有到优不断进化升级，包括全媒体流程技术平台的建成、业务系统的版权升级、智能化模块的个性订制以及与省级平台的连接贯通等，紧跟主流媒体数字化的脚步。

目前县级融媒体中心的技术平台主要还是两大类，一类是自建，比如2018年，长兴县融媒体中心整合技术研发力量，建成一支40余人的“数智团队”，根据实际需求自主搭建起融媒体中心运行中枢神经——“融媒眼”智慧平台，通过该平台实现了对电视、广播、报纸、网站以及“两微一端”业务的有机融合，汇集集中指挥、采编调度、信息沟通、稿库资源共享、热点搜集、传播效果反馈等功能，重塑全媒体内容管理全流程，从而帮助中心快速构建起“一次采集、多种生成、多元传播”的融媒体立体化传播体系，获评中国应用新闻传播十大创新案例之一。再如，中心为了破解技术服务瓶颈，全自主研发运维“掌心长兴”客户端，目前下载量达 160 万，年平均日活 6 万以上，已成为长兴本土老百姓的掌上服务首选平台。与委托第三方代研发运维相比，自主研发带来了充分的自主权，获得了在技术性迭代完善、互动性用户运营等方面能够第一时间响应的技术自由，这一点对客户端的生存发展来说非常重要。

当前，中心技术要素仍在持续优化。2023 年 2 月 14 日，长兴县融媒体中心正式宣布成为百度“文心一言”首批先行体验官，是全国首个接入“文心一言”的市县媒体，并于 3 月 17 日开始内测应用，将通过客户端率先体验“文心一言”的全面能力，引领对话式语言模型技术在县级融媒体中心场景的首次着陆。

此外，中心“数智团队”全面助力县域基层治理，运维云数据中心，建长兴智慧大脑，其中的“未来景区·安心玩”“文明诚信码”，均入选全省重点数改项目清单。启用运营数字大厦，建设长兴数字展厅，全年接待 100 多批 1500 人次。以数智引领，开拓融媒产业新布局。

我们认为，在大数据、云计算、人工智能等信息技术不断成熟的大背景下，县融在未来不仅仅是一个融媒体中心，而且将会成为县级智慧城市生态圈的“枢纽”，为用户提供政务、生活等涉及群众生活的各方面服务。

五、智库建设

县级融媒体中心在县域发展中，应当是当地党委政府的发布和管理平台，是基层用户的发声平台，同时也是各种本地特色化功能接入和聚集的端口。

在长期的双向信息交互中，县级融媒体中心可以更为深入地感知区域范围内社会、经济、文化发展的走向，可以更为灵敏地捕获在区域发展中存在的焦点和难点问题，可以更为直观地认识到观念认知和创新举措为社会发展带来了怎样的助力。

由此，县级融媒体中心完全能够通过深入调研，探索地方社会经济既好又快发展背后的奥秘，从而增强媒体对区域社会发展的智媒服务能力，为本地政府经济发展、社会治理等方面的各项决策提供参考依据，以媒体智库的角色成为基层治国理政新平台，完成推进国家治理体系现代化的新的重大使命。

以长兴县融媒体中心为例，结合供给侧改革和新媒体转型来做此项工作。

2022 年 12 月 20 日起，长兴县融媒体中心对传统媒体平台再次做“减法”，率先正式停刊报纸。这份报纸创刊于 1996 年 10 月，在 2011 年前后曾拥有属于它的高光时刻。巅峰时，专供报刊的采编人员多达 40 余人，旗下还包括都市类《太湖晨报》、杂志《画溪》《财智》等多份刊物。尽管《长兴新闻》没有正式发行刊号，仅以赠阅形式出刊，但一年报刊营收仍有 1200 余万左右。对于此次的报纸停刊，本地用户群众表现波澜不惊，以至于让中心提前准备的一系列解释说明工作几乎无用武之地，这也再次证明改革势在必行。

随后，中心又对电视频道、广播频率进行整合改版，痛下决心去除“僵而不死”的低效存量。同时，进一步增加重要阵地上的资源配比、要素配置，新媒体队伍力量占比 60% 以上。

传统平台的一再减缩，不是“乱山孤骑入寒云”，而是“精锐暗藏四路出”。即使改革存在千难万险、千忧万虑，但仍抵不过“全面推动主力军挺进主战场”的改革信念。

为此，长兴县融媒体中心酝酿了一整套前后连贯的变招。为了关停报纸不会削弱深度报道内容，全力强化媒体智囊作用，已提前一年组建智库报道组，打出“浙北新观察”新媒体品牌。2022 年累计推出深度研究类智库报道 42 篇，其中《溧阳桐乡发展启示录》《年中经济观察》等系列智库报道成了党委政府的资政参考，并对中心深化智库建设给予了充分肯定。

六、学习提升

长兴县融媒体中心在组建之初就树立起“一专多能一尖”的培养目标，连续 8 年实施“万物生长”融媒人才、“潜龙腾渊”技术人才以及“生财有道”运营人才等内部培养机制，

其中，“万物生长”融媒人才养成计划设置有“高校提升”“周一夜校”“专家讲堂”“万物学堂”“佳作分享”“技能实战”等多个子板块，“高校提升”先后与复旦大学、浙江大学联合开办融媒高级培训班，来自中心领导、中层及骨干的 60 名学员参加了跨时 5 年的两期实训。“专家讲堂”邀请央媒、省媒以及中传、浙传等多所高等院校的 50 多位专家教授前来讲课或驻长指导。“万

物生长”融媒人才养成计划获评浙江省2016—2017年度媒体融合创新案例二等奖。

“潜龙腾渊”技术人员培养计划是与华为达成战略合作计划，借鉴华为人才管理实践，从业务转型和运作转型的需求出发，规划设计人才转型工作部署，解决业务转型“需要什么样的人才”和“如何发展人才”的总体框架问题。整个培训按照“尖刀连”“重装旅”“王牌师”三个步骤磨炼人才梯队，在“分接入网、数据网、云数据中心、数据运营、5G方案”等ICT网络平台运维方面，培养一批含领域专家、骨干、核心员工的成熟金字塔梯队式专业人才队伍，构建成作战型组织，打造内部人才价值循环，实现人才资本的增值。

目前中心获评中宣部文化名家暨“四个一批”优秀人才、全国广播电视和网络视听行业领导领军人才、省万人计划人文社科领军人才1人，浙江省飘萍奖，省市级人才10余人。

在长期的培训实践中，我们也总结出了一些经验和启发。根据宣传引导管理岗位的工作需求来看，媒体培训内容应做到点面结合，一方面是对总体宣传引导方向做出解释和指引，另一方面是针对具体的宣传主题进行深入分析指导。

在省、市、县主管部门举办的业务培训中，时长为1—3天或3—5天的短期脱产培训最为灵活有效，既便于协调工作与学习在时间上的冲突，又能够让受训人员集中精力投入培训不受干扰。在师资方面，最好能够邀请上级主流媒体具有实践经验的专家，不仅有理论知识，更有实践经验，能够深刻理解媒体在宣传引导中面临的难点和痛点，也能够深入挖掘基层媒体的鲜活素材和案例。在培训内容上，现阶段新媒体业务、新媒体技术以及新媒体运营等方面内容将更受欢迎，尤其是以上三类的交叉学科或是边际应用的实际案例。在培训形式上，可采用大课集中培训与小组分组学习的形式，并以实例操作的形式进行考核反馈，着重考察受训人员对所学主题的理解是否到位、对具体宣传内容的分析是否精准，对宣传形式的应用是否灵活有效，对宣传力度的掌控是否恰到好处等。

七、经营创收

面对传统媒体广告业务严重下滑和数字电视用户大量流失的趋势和压力，

各地县级融媒体中心都在创收的路径和方向上不断努力创新。县融的市场原本就很小，作为地方性的基层媒体，县融的市场空间受到上级媒体，如中央级、省级、市级媒体的覆盖和冲击，在本地还要受到自媒体和同类型集团的挑战。而当今用户越来越多样化、自主化的选择，对县融的传播平台、运作模式都提出了更高要求。此外，政务类用户还没有完全建立起购买媒体服务的意识，更多是把县融当作一种公共资源。但实际上，县融的发展在增进社会效益与助推经济高质量发展中，处于衔接上下的关键坐标位置，能够通过通达社情民意、传递主流声音、实现党心民意同频共振等提升和优化治理效能，同时为增强人民群众在全媒体时代的获得感幸福感安全感开辟新空间，县融的内容产品与服务应当得到价值转化。

如长兴县融媒体中心一直在“变革”中求“突破”，经过对自有资源及产业基础的分类分析，在不同的产业平台采用了不一样的方法。

在传统产业方面，不断探索市场化运作模式，从“营销”向“运营”转变，打破原有平台制经营，对营销资源进行了改革重组，从广告营销中心转为融媒体资源运营平台，再升级为文创产业平台，不断强化内容资源的运营变现能力。

在新兴产业方面，分离出优质潜力资源，组建科技公司和慧源公司，打造智慧信息产业运营平台，逐步组建起一支具备方案设计、产品研发、项目集成、运行维护等综合业务能力的产业团队，积极拥抱互联网、大数据、智慧城市等项目，不仅年度创收能力从 1650 万迅速提升至 1.45 亿元，成为中心产业经营创收的半壁江山，更是在县域数字化发展中发挥了重要的推动作用。

当前，数字化改革是浙江省全面深化改革的总抓手，是中央部署的一项政治性、战略性、全局性的重大任务，对长兴县融媒来说，这是一个非常好的机遇，而且前期已经打下了智慧信息建设的良好基础。接下来，他们将借助数字化改革推进中心整个产业结构的持续优化，全面参与全县数字化改革各个专班，加速推进长兴数智产业大楼建设，重点发展数字技术、数字经济产业，形成应用软件、电子商务、移动互联网等产业集群，促进网络经济和实体经济的高度融合，致力打造浙北地区最大的数字综合产业园。目前已成功引进 32 家数字型企业入驻。

在坚持党媒姓党的前提下，县级融媒体中心应当突破传统经营范畴，对未来产业发展作出更细致的规划，不断提升自身发展实力，从而确保媒体融合的可持续发展，更好地完成建设一个高标准的县级融媒体中心的任务。

第四章　县级融媒体中心的经营论

郡县治，天下安，县域是国家治理的基本单元。在县域中，县级媒体作为四级媒体中最贴近基层基础、相对了解百姓需求，同时能快速提供解决方案的媒体单位，也应当为县域治理和发展提供媒体支持。然而在新媒体时代，县级媒体客观上“薄弱无助”，无法应对新媒体冲击，改变势在必行。

2014 年，中央全面深化改革领导小组第四次会议审议通过《关于推动传统媒体和新兴媒体融合发展的指导意见》，媒体融合成为国家战略；2018 年，中宣部召开县级融媒体中心建设现场推进会，县级媒体正式进入融合改革，各地纷纷启动县级媒体的融合发展，到 2021 年底，全国各地县级媒体已经完成融合。

县级融媒体中心融合发展更加贴近市场，更加需要根据市场化规则来进行经营管理，然而由于媒体行业的特殊性以及县级融媒体中心对人才吸引力较差等多方面因素，县级融媒体中心的经营管理水平制约着县级媒体的融合发展。从某种意义上说，县级融媒体中心融合发展是载体，经营管理是手段，在“主流舆论阵地、综合服务平台和社区信息枢纽”[①] 载体已经建好的基础上，只有进行有效的经营管理，才能实现县级融媒体中心的可持续发展，才能实现基层意识形态阵地扎实有效的建设，才能实现更好地为人民服务的目的。

①宋建武，黄淼，陈璐颖．中国媒体融合转型 [M]. 北京：中国人民大学出版社，2022：126.

第一节　县级融媒体经营管理的本质

一、县级融媒体经营管理的背景、路径探究

1. 县媒经营与管理密不可分

经营与管理，既有联系又有区别，尤其是对媒体行业来说，有管理不一定有经营，有经营则必然有管理。

管理活动出现得很早，但管理学作为一门学科却是非常“年轻”的，有的学者将“管理”区分为广义和狭义，在管理学上，通常使用狭义定义，即“管理”指的是为了保证一个单位的全部业务活动正常开展而实施的一系列程序化的计划、组织、指挥、协调和控制活动。

《现代汉语词典》对“经营”的解释是“筹划、组织并管理（企业）等”，具体来说，“经营”就是指一个单位为了生存发展需要、战略目标实现等，进行一系列决策并为实现这种决策而做出的各种努力。

其实，在现代化经济活动中，经营与管理早已密不可分，甚至可以说，经营能力就是管理能力的外在体现。尤其是在县级媒体深度融合改革的当下，县级融媒体中心要“建成主流舆论阵地、综合服务平台和社区信息枢纽”，必须兼顾社会效益和经济效益，使两者协调发展。失去了社会效益，县级融媒体中心就失去了存在的意义；而没有经济效益，县级融媒体中心融合发展则难以为继。因此，县级融媒体中心的经营与管理，就是指新闻生产的规范与效率问题，以及媒介市场的经营效益最大化问题。具体而言，县级融媒体中心经营管理就是指县级融媒体中心的经营与管理者，借助县级融媒体中心在县域的公信力、影响力以及媒体的特质等，将媒体职责和经营策略有机结合起来，以实现县级融媒体中心的社会效益、经济效益双丰收。

2. 县媒经营管理的阶段性发展

在新媒体兴起前的很长一段时间，县级报社、电视、广播等传统媒介机构由于掌握着新闻发布平台，是百姓获取信息的最主要渠道，各类广告纷至沓来。

在这一时期，县级媒体的经营管理非常简单，只需要单独成立一个广告部，就能实现受众和广告双边市场的价值变现。

进入2000年，互联网经济兴起，门户网站、即时通信、电子游戏、电子商务、微博等新产品、新服务、新业态纷纷涌现，对媒体行业经营管理产生深远影响，县级媒体也纷纷开办自己的网站，将报纸电视新闻搬到网络。互联网虽然已经影响到县级媒体传统广告经营，但除了极少数县级媒体探索互联网时代的经营管理，绝大多数县级媒体在经营管理上基本延续了之前的模式，以传统广告业务为主。

2014年，中央全面深化改革领导小组第四次会议审议通过《关于推动传统媒体和新兴媒体融合发展的指导意见》，文件指出："推动媒体融合发展……形成立体多样、融合发展的现代传播体系。"以此为标志，媒体融合上升为国家战略，并成为此后一段时期内我国主流媒体转型改革的核心指引。[①]2018年9月，中宣部在县级融媒体中心建设现场推进会上提出"要努力把县级融媒体中心建成主流舆论阵地、综合服务平台和社区信息枢纽"。县级媒体先后进行了报社、电视台、广播的合并，同时在体制机制、人员激励、经营管理上纷纷做出变革。在媒体融合发展过程中，部分县级融媒体中心努力践行该目标，在体制创新、经营管理、产业发展上开拓进取，取得了较好的成绩。截至2022年底，全国已有近2600家县级媒体完成融合改革。

3. 县媒经营管理的目标

县级融媒体中心的经营管理必须按照党中央对县级媒体融合发展的要求进行，县级媒体良好有序的经营管理既是为县级媒体融合发展提供助力，也是县级媒体融合发展成果的体现。

对照中宣部"建设主流舆论阵地、综合服务平台和社区信息枢纽"要求，县级融媒体中心经营管理要在四个方面体现作为：一是提供优质的信息服务，县级融媒体中心需要通过包括新闻报道、专题报道、社论评论、时政动态等形式，为读者提供及时、准确、客观的咨询和服务，满足读者的信息需求；二是增强社会责任感，县级融媒体中心是地区新闻宣传的重要渠道和服务载体，具有很强的社会责任感，需要为县域经济发展、社会稳定、民生保障等发挥积极作用；

①宋建武，黄淼，陈璐颖．中国媒体融合转型[M].北京：中国人民大学出版社，2022：1.

三是优化商业模式，县级融媒体中心需要拥有创新的商业模式，发挥媒体在广告传递、产品推广、生产销售等方面的作用，保持财务健康和经济效益，并适应数字化时代的发展；四是提升媒体形象，县级融媒体中心需要树立良好的媒体形象，建立全面、客观、真实、立体的新闻报道体系，维护公众利益和社会秩序，树立媒体品牌形象，提高知名度和公信力。

二、经营管理是县级融媒体发展的必由之路

1. 经营管理是县媒与生俱来的天赋秉性

传统媒体时代，在以一对多的大众传播模式中，县级媒体获得利润的前提条件就是获得大量的受众注意力，甚至可以说，在当时的情况下，商业客户想要获得消费者关注，只有通过报纸、电视、广播等媒体平台。而拥有传播平台的传统媒体，天生就带有经营管理的基因，据《人民日报》广告部资料显示，1951—1955 年 5 年间，《人民日报》广告收入 165 万元，年平均 33 万元。[①]

进入到互联网时代，门户网站、搜索引擎、社交网络等可以提供的服务远超媒体功能。当其中一些服务主体发展为可以提供多种服务的互联网平台时，媒体功能只是其中之一。互联网平台最初所扮演的是信息提供商的角色，它打破了传统媒体的传播渠道垄断，将受众注意力和媒体广告费吸引到自己的平台上。之后，平台进一步将各类垂直应用联结在一起，发展成为生态级平台，形成多种服务优势互补的综合性优势，满足了互联网用户的多样化需求，达到了强效黏合用户的作用，从而促成平台运营的整体价值变现。总而言之，进入互联网时代，传统媒体的广告业务被门户网站、搜索引擎、社交网络等分流，媒体经营日渐困难，逼迫媒体单位进行各种改革改进管理方式，促使经营业务再度吸引用户。

其实，媒体天然应该成为平台，因为它是社会信息的中枢和传播活动的中介。而随着县级媒体融合发展下的传统商业模式重构，县级融媒体中心的经营管理必须也必定会再创一个新局面。

2. 经营管理是深化县媒融合的终南捷径

2023 年 2 月 18 日，时任浙江省委常委、宣传部部长王纲在重大新闻传播

①楚明钦 . 媒介经营与管理 [M]. 北京：中国传媒大学出版社，2020：155.

平台启动暨潮新闻客户端上线仪式上说道："对于传统媒体转型而言，我不知道怎么做是对的，但我知道不去做、不去改变一定是错的；我不知道什么样的路径是正确的，但我知道坐而论道、不起而行之一定是不正确的……"①

确实如此，县级媒体融合发展应该怎么做、走什么样的路径，自 2014 年党中央提出媒体融合发展以来，全国县级媒体都在纷纷探索，有些取得了巨大成功，有些却流于形式，有些步履蹒跚。县级融媒体从"物理相加"到"化学相融"，到底需要什么样的催化剂？纵观取得成功的县级融媒体中心，基本上都做好了"经营管理"的文章，可以说，经营管理就是深化县级媒体融合的催化剂，是促进县级媒体融合发展的终南捷径。

为什么经营管理这么重要？媒体的首要目标，就是在党的领导下，站在人民的立场上，做好新闻信息传播工作，满足社会需要。除此之外，它还有另外一个重要目标，就是和其他企业一样，通过市场交换去谋求生存与发展。经营管理能够有效提升媒体的社会效益和经济效益，是媒体融合发展的经济来源和物质保证。没有了经营管理，媒体的美好前景只能是镜花水月。

此外，当前"受者第一"而非"传者第一"的局面，导致媒体之间的竞争越来越激烈，任何一家县级媒体，都不可能不参与经营管理，游离于市场之外，对市场规律和价值规律熟视无睹，县级媒体单位必须研究媒介产品的适销对路问题、受众的喜好问题等以适应激烈的竞争，为保障媒体融合发展获取充足的资金支持，这一资金不可能全部来自于政府，必须由县级媒体从市场经营中去获取。

3. 经营管理是服务人民群众的实效举措

我们党的宗旨是是全心全意为人民服务，县级媒体融合发展的根本目的也在于此。

县级融媒体中心经营管理是为了和企业一样获得更好的社会效益和经济效益，这和媒体服务人民群众的根本目的并不是背道而驰的，在媒体融合发展的大背景下，只有更好地开展经营管理，县级融媒体中心才能更好地服务人民群众。

中宣部要求"努力把县级融媒体中心建成主流舆论阵地、综合服务平台和

①浙江省委宣传部部长王纲：重大新闻传播平台是什么"新物种"[EB/OL].（2023-02-19）[2023-04-21] https://m.thepaper.cn/newsDetail_forward_21956671.

社区信息枢纽”，主流舆论阵地是现代全媒体传播体系最核心的功能定位，就是要以正确的舆论导向做好新时代的新闻传播工作，在服务群众中引导群众，这是县级媒体的天职本分。

然而在新兴媒体兴起的情况下，如何让广大群众仍然关注本土新闻？只有通过在建设“综合服务平台和社区信息枢纽”过程中，将平台用户导流到新闻平台上变成新闻受众，即通过“智慧+”来扩大新闻的传播面。

建成“综合服务平台和社区信息枢纽”则必须通过各类群众生产、生活需要的智慧化平台来实现，这些平台无论是自行研发、社会化合作还是单纯购买，所需要的大量资金只能由县级融媒体中心在市场经营中获取，形成良性循环，否则很难达到“建成主流舆论阵地、综合服务平台和社区信息枢纽”的要求。

三、县级融媒体经营管理的方式

1. 深耕本土扎根县域

2019 年 1 月 25 日，中共中央政治局举行第十二次集体学习时提出“全媒体传播体系”，并指出：“要形成资源集约、结构合理、差异发展、协同高效的全媒体传播体系。”① 党的二十大报告指出，要“加强全媒体传播体系建设，塑造主流舆论新格局。健全网络综合治理体系，推动形成良好网络生态”②。

县级融媒体中心是全媒体传播体系的基础，和央省级媒体相比，县级媒体的优势就在于离群众最近，在服务群众和引导群众方面更容易直接发挥作用，如县级融媒体中心的新闻报道基本围绕本地群众的生活展开，从群众身边事入手，以小见大引发大家对社会问题的思考，更容易实现对群众的引导。其次，县级融媒体中心应做好本地化发展，注重市场需求，更好地服务于受众。③ 县级融媒体中心在日常工作中，和县域内的部门和百姓经济生活行业有较多接触，使其在聚合地方政务服务、本地生活服务上有了充分的条件，有利于实现服务群众的目标，可以说，县级融媒体中心是最扎根县域、最了解百姓需求，同时也是最能提供相应服务的单位。在深入基层的基础上，县级融媒体中心可以建

---

①宋建武，黄淼，陈璐颖 . 中国媒体融合转型 [M]. 北京：中国人民大学出版社，2022：1.

②本书编写组 . 党的二十大报告学习辅导百问 [D]. 北京：党建读物出版社，学习出版社，2022：33.

③常湘萍 . 均衡联动促可持续发展 [N]. 中国新闻出版广电报，2021-09-07（005）.DOI：10.28907/n.cnki.nxwcb.2021.003577.

成“综合服务平台和社区信息枢纽”，广泛聚集本地用户，由此强化自身的网络传播能力，进而在服务群众中提升引导群众的能力。

例如，山东省宁津县融媒体中心依托当地电梯制造业优势，在全县范围内以“新建+整合”方式进行楼宇电梯屏的智慧化建设，有效发挥了“智慧化党媒”的影响力、传播力和生产力；河南项城市融媒体中心通过建设各类智慧化平台统揽本市“智慧+”服务，对解决基层社会治理起到了至关重要的作用，黏合住广大用户。

2. 好用实用新闻赋能

县级融媒体中心经营管理和社会化公司相比，优势在哪儿？最主要的优势就在于媒体单位具有传播思维，能够用新闻赋能扩大产品的知晓率，并能在推广过程中及时反馈用户意见加以改进，提升产品质量。

县级融媒体中心本身就掌握着传播平台，用自己的平台传播自己的产品，从本质上说，宣传成本比社会化公司要低廉。更重要的是县级融媒体中心可以在宣传中使用新闻赋能。所谓新闻赋能，并非指像传统广告那样模式僵硬地推广，而是通过对产品使用功能、应用场景等深度挖掘，在产品投入使用前以及使用中持续以新闻方式进行宣传，契合上级媒体报道要求的还可以推送到央省级媒体，进一步扩大影响力。

媒体新闻报道的公信力可以快速帮助产品树立品牌口碑，提升知名度和美誉度。新闻赋能可以说是媒体单位独有的技能，但在使用中必须谨守新闻报道的原则和规范，确保新闻的真实性和准确性。

例如，安吉县融媒体中心通过加强媒体资源库管理，已是当地视频宣传片制作和演艺活动承办的最主要选择。有新闻主旨立意的宣传片，往往更加生动鲜活，更具感染力，同时借助新闻内外宣传的强大实力，让视频宣传和文化展演等活动得到更广泛传播，吸引了更多的关注，客户预期远胜从前，安吉县融媒体中心的文创市场由此形成了健康循环。

3. 找准赛道面向全国

作为一个县级媒体，如果经营只限于县域范围，无论如何开源节流、挖潜增效，始终都会有“县域人口数量”这一瓶颈限制住它的经营增长，只有面向全国开展经营，将自己的独特产品推广到全国，才能让自己的经营事业持续进步。

媒体行业是没有边界的，县级融媒体中心也是如此，不应画个圈圈把自己的经营管理固定在县域之内。同时，由于媒体深谙传播特点，更能够在产品的全国推广上做出成绩。

2022 年，安吉县融媒体中心开展了一项新业务，研发运营官方指定的区域公用品牌自主平台“安吉优品汇”。在此之前，全国各地已推出许多区域公用品牌，但大多数成效不显著，安吉县融媒体中心如何运营推广？

传播的理念是一致的，关键还是媒体赋能。

安吉县融媒体中心以新闻视角阐释产品的历史文化、风土人情、产品内在等，为广大用户带来美好享受；以融合的观念，将“怡享、怡用、怡游、怡居”等第一第二第三产业概念和产品融合在一起，提高了产品的吸引力和用户的满意度；同时还通过安吉县融媒体中心融合发展先行一步的效应，吸引各地政界、媒界、企界前来考察合作；通过积极参加各类媒体行业、农业行业等各大展会展示推广。

再加上安吉气净、水净、土净“三净之地”本身孕育的优质好物，以及结合安吉本地文化打造产品卖点，“安吉优品汇”自 2022 年 7 月 9 日正式在上海启动全国配送以来，到 2023 年 10 月份，就发展会员 7000 余名，营收超过 4.7 亿元，为安吉县融媒体中心经营创收继续有序增进夯实了基础。

第二节　县级融媒体经营状况及问题分析

一、县级融媒体经营管理现状

1. 县媒经营管理的传统保守状况

虽然目前全国县级媒体基本完成了融合改革，但大多数仍停留在新闻主业的融合阶段，即报纸、电视、广播组合在一起，统筹和调度内部采编资源，生产适合不同终端刊播的多样态内容，进行全平台、全流程的内容生产。

这种“一体策划、一次采集、多种生成、多元传播”的融媒体新闻生产方式无疑是种进步，在管理上也有一定提升，但部分县级媒体囿于体制机制原因，不能将改革成果体现在经营提升上，仍然保持着传统广告的经营模式。

然而，在新兴媒体兴起背景下，县级媒体面临着受众锐减、外部市场缩减、新媒体抢占市场份额等多重挑战，如果县级融媒体中心只依靠传统广告经营收入，不仅会让自身进一步发展受到制约，更重要的是，社会化的新媒体平台突破了传统媒体的种种束缚和界限，以更加灵动活泼的传播方式赢得受众，在一个县域内，受众有限，如果县级融媒体中心不争取，自然会被其他社会化平台吸引，县级融媒体中心如果困守传统广告，不在“新闻＋政务服务商务”模式上开拓进取，会使得初步融合后获取的受众再一次流失，主流舆论阵地建设受阻。

2. 县媒经营管理的有效开拓状况

文创产业尤其是宣传片等视频创作，是媒体行业的看家本领，也是除了传统广告外，县级融媒体中心最容易开展经营的产业。其实这也很容易理解，毕竟宣传片制作所需要的设备、人才等，县级融媒体中心都拥有，从新闻生产跨越一步到宣传片制作是顺理成章的事情。

但部分县级融媒体中心在文创产业发展上还是存在一些问题，比如新闻素材流失导致社会化公司和县级媒体在宣传片制作上形成竞争。其实，县级媒体拥有的各类照片、视频等素材资料，是媒体的核心资源，只要对新闻素材进行有效管理，充分发挥新闻素材在文创市场的关键作用，再借助县级融媒体中心新闻内外宣传的强大实力，就可以在县级文创市场形成强大的口碑和影响力。

福建省尤溪县融媒体中心近年来就深耕文创产业，在融媒产品创意研发上发力，组织创作各类宣传片、微电影、微纪录片等作品，以纪录片《守摊人》为代表的 60 多部作品荣获了全国各类影视作品评选大奖。除本地业务外，尤溪县融媒体中心还突破地域限制，跨省承接业务，承接了 20 多个省开展了 100 多个宣传片、纪录片、微电影的拍摄制作任务，每年创收达到 1000 余万元，其凭借成熟完备的创作团队与良好的业界口碑，使得自身实现经营创收的同时，更能在业务实践中实现内容生产能力的提升，形成良性“造血”机制。

3. 县媒经营管理的无限扩张状况

中宣部提出县级媒体要“努力建成主流舆论阵地、综合服务平台和社区信息枢纽”，就是要求县级媒体在做好新闻主业的同时，深入群众生产生活的方方面面，为群众提供细致服务。

如前文“经营管理是服务人民群众的实效举措”中所述：“在媒体融合发

展的大背景下，只有更好地开展经营管理，县级融媒体中心才能更好地服务人民群众”，而这种“更好地开展经营管理”，就是涵盖群众衣食住行等各方面行业。

县级融媒体中心有这方面的先天优势，县媒扎根基层，熟知群众生产生活中的痛点堵点，不仅可以通过新闻进行跟踪报道，联系相关部门乡镇加以解决，还可以通过自身掌握的技术人才，研发相关产品为群众提供便利。如针对基层治理，安吉县融媒体中心近年来研发了涵盖公共资源管理、田园综合体服务、基层乡村智治的众多平台应用；湖南浏阳市融媒体中心开展电商助农，其“羊淘商城”集媒体、内容、电商于一体，精准对接“供”“需”双重市场，构建传播、导购、交易闭环，定向购销本地特色产品，拉动本地消费，合作企业（商家）达 1000 多家，上架产品达 3000 多款，销售金额超过 3000 万元；云南文山市融媒体中心针对信息化建设，创办的文山融媒英才网、百事通等系列小程序年访问量超过 50 万，入驻企业 1000 余家。①

二、县级融媒体经营管理特点

1. 自主性：以我为主

县级融媒体中心在县域文创、数字化建设、农业发展等方面均有广阔的发展前景，而且不必做“绿叶”，要当先锋、当主力，是以我为主、凝聚各方力量共同发展的阵地。

以我为主不是“宁为鸡头不为凤尾”的浅薄之见，而是综合考量县域特点和县级媒体融合特质的深刻认知。媒体融合就是要求县级融媒体中心深入县域百姓生产生活的方方面面，运用“新闻 +”助推社会发展，在各种场景中，县级融媒体中心“以我为主”的自觉作为，体现了县级媒体融合发展强有力的信心，也是县级媒体融合发展成效的展现。

如在县域中，数字化建设是县级媒体的分内之事。县级融媒体中心在县域技术领域具有一定的话语权，同时因新闻特性对基层社会事务有足够的研究了解和基本把握，因此在应用场景开发上，县级融媒体中心的主导和县级融媒体中心人才的参与，是相得益彰的事情。只有在一些 AI 算法和行业中独有技术

---

①陈国权 . 扶持体系下县级融媒体中心市场机制构建 [J]. 传媒，2023（04）：32-36.

等方面，需要国内先进的科技型公司参与合作。安吉县融媒体中心在数字化建设过程中，成立“两山”数字研究院，组建包括华为技术有限公司、新华三技术有限公司、阿里云计算有限公司等在内的生态圈合作伙伴，同时柔性引进高端人才，保证了研发实力，又防止了在打破行政壁垒后形成的企业数据壁垒，确保了数字安全。疫情期间，安吉县融媒体中心相继研发“安居码”“安畅码”“余药共享”等多个应用，为疫情防控提供智慧支撑，为百姓切实解难，展现了“以我为主”的成效。

2. 契合性：非我不可

为什么县级媒体融合经营发展可以深入方方面面，以我为主又非我不可？从体制上看，县级其他部门都有条线管理，纵向上有分管县领导指导管理，再往上有市局、省厅等业务主管部门；但在横向上，除了有相关业务交集，各部门基本上交流很少。

在这一点上，县级融媒体中心正好相反，由于媒体特性，县级融媒体中心需要和乡镇部门、村（社区）、企业、社会群体、百姓等打好交道，是所有人熟悉、认可的县级部门，在助力县域社会经济发展中具有亲和力和权威性，从这一角度来说，县级融媒体中心天然具有黏合各部门乡镇、为百姓提供综合服务的能力。

从另一方面来说，县级融媒体中心在新闻制作传播、广电网络建设以及传统广告经营中培养了在县域内比较杰出的技术人才和经营人才，因此在县域文创、数字化建设、农业发展以及其他方面经营中，有能力主导相关建设。综合以上两方面，县级融媒体中心在县域开展各方面经营，具有高度的契合性。

湖南省浏阳市融媒体中心依托“掌上浏阳”App，打造“党建＋微网格”智慧管理平台，形成了由近5万个“微网格长”和矛盾调解员组成的网络社区，同时建有评价体系，网格长为老百姓办完事后，老百姓可以进行相应打分评价；浏阳市融媒体中心还联合其他众多部门，主导开发了“智慧教育”“智慧环保”“天天学习”等平台，有效发挥媒体优势，真正做到了非我不可。

3. 革新性：自我优化

革新性其实已经体现在县级媒体的融合改革中，全国县级媒体基本完成融合改革后，下一阶段的工作重点就是“建强用好”主流舆论阵地、综合服务平台和社区信息枢纽。在县级媒体融合改革中，最大的革新性就体现在体制机制改革上，无论是报纸、电视、广播的合并，还是人员绩效考核体系的改革，或者是自身造血能力的提升，都体现了县级媒体革新性的快速、易实施。

更广泛的革新性还体现在县级融媒体中心尝试进入各行各业经营的过程中。在县级媒体融合改革中，后起者固然可以对照先进取长补短，但先发者却只能根据党中央相关要求，各自探索实践，其中有成功有失败，成功固然可喜，但失败也没有造成县级融媒体中心一蹶不振。究其原因，县级融媒体中心体量小，对市场反应比较敏感，抽身快，继续寻找市场契机的机动性足。如安吉县融媒体中心在2020年新冠疫情发生后开发了“游视界”本地圈平台，起初是为了助力滞销的县域农产品能够直达不便购物的市民手中，自2020年至2022年虽然在服务百姓中起到了有效作用，但运营中其实是需要中心贴补的，如何在“游视界”本地圈平台较好服务广大群众的同时还能产生经济效益，是安吉县融媒体中心一直探索的问题。2022年下半年，游视界本地圈、ANG本地圈和最安吉平台联动打造“果蔬预约”便民服务体系，通过“基地（合作社）+平台+社区提货点+社区团长”的农产品进城体系成熟运营，减少农产品产销过程中的损耗，提高了经济效益。

三、县级融媒体经营管理存在的问题

1. 和商业平台的竞争合作

商业平台指的是社会化公司运营的用户平台，虽然县级融媒体中心的体量和商业平台无法相提并论，而且县级融媒体中心生产的内容还要借助商业平台在互联网上分发，以此扩大主流舆论的影响力，同时还要借力商业平台开展多元经营。而商业平台也需要主流媒体进行宣传报道，并且其分发的权威消息、优质内容也需要主流媒体提供，从这个意义上来说，包括县级融媒体中心在内的主流媒体和商业平台之间是合作共赢。

然而，县级融媒体中心要建设“主流舆论阵地”，必须要建设自主可控的平台，这和商业平台就形成了竞争关系。中国新闻出版研究院传媒研究所执行所长刘建华表示，近年来地方自媒体内容矩阵公司快速崛起，大型互联网公司也执行流量下沉策略，将会分食县域体制内媒体的内容流量和广告资源。[①] 如何看待这种竞争？首先，包括县级融媒体中心在内的主流媒体平台和商业平台都是我国互联网生态的重要组成部分，对推动社会经济发展都具有十分重要的作用，都需要一视同仁；其次，主流媒体平台建设比商业平台晚，在运营的灵活机制上也比商业平台弱，但运用“新闻＋政务服务商务”模式比商业平台要强，尤其是县级融媒体中心平台，由于县级融媒体中心能够提供更符合本地群众需求的各项服务，因此在有效推广的情况下可以成为县域的一枝独秀，成为百姓日常生产生活中离不开的帮手。如浙江安吉县融媒体中心“爱安吉”App、江苏江阴市融媒体中心“最江阴”App、四川仁寿县融媒体中心“大美仁寿”App等，都成为本地“主流舆论阵地、综合服务平台和社区信息枢纽”的主要平台。

2. 自有平台黏合作用不明显

“有人此有土，有土此有财”，县级融媒体中心平台只有牢牢将用户吸引住，不断黏合用户，才能形成良性循环，让平台成为县级融媒体中心新闻舆论的新高地、持续发展的根据地、联系群众的好阵地。

对于已经拥有自有平台的县级融媒体中心来说，如何黏合用户是关键，但由于部分县级融媒体中心自有平台还有部分问题有待解决，导致黏合作用不明显。比如平台重生产、强调报道形式创新，但轻分发，在服务上还需进一步提升；将大量资金投入到硬件提升中，但各种软件应用却非常薄弱，吸引力较差；多元服务功能聚合的不足，吸引用户、留住用户的手段仍然相对有限，导致平台用户活跃度不高；等等。

县级融媒体中心黏合用户，应该要构建三种不同的用户聚合路径，即对照“主流舆论阵地、综合服务平台和社区信息枢纽”要求构建内容入口、政务服务入口、本地服务入口，以开放聚合的模式整合多样化的内容，为用户提供互动服务，并考虑跨界整合，以“新闻＋政务服务商务”形式黏合用户。

3. 专业运营人才长期处于短缺状态

县级融媒体中心缺乏吸引人才的薪酬待遇，同时因为地理区位原因也难以吸引高端人才，但是经营管理却需要优秀的媒介经营与管理人才，尽管目前县级融媒体中心的领导管理人员具有较高的专业素质，但对媒体和市场的结合普

①中国传媒年会．在广袤县域讲好“我们的小康故事”[EB/OL].（2020-09-10）[2023-04-21]http：//news.china.com.cn/live/2020-09/10/content_958312.htm.

遍缺乏实际操作经验。媒体经营与管理人才相对匮乏，导致媒体很难应对日益激烈的市场竞争，制约着县级融媒体中心经营管理的持续发展。

新闻媒体是一个创新的行业，需要好的激励机制，以共享通融的交流机制打破传统限制，以组织再造的内部创业激发人才活力，同时开放培养新兴职业规范人才体系。[①] 具体来说，县级融媒体中心可以从三个方向发力，一是“请”进来，通过导师帮带制、邀请专家授课指导等办法，提升员工能力；二是“送”出去，选派员工到央省级媒体生产经营单位挂职锻炼，学习大台大报的新闻生产传播样态和各类市场营销理念；三是“育”起来，打造各种工作室，通过工作室模式让团队成员快速成长，建立星级员工制、高校合作制等激活人才潜力、提高人才能力。

另外，县级融媒体中心发展还需要加强领导班子经营能力建设，纵观全国经营管理状况良好的县级融媒体中心，都有一副富有理想、充满激情的领导班子，能够打破传统观念、清理体制障碍，带领全体员工向着共同目标努力奋斗。

第三节　县级融媒体经营管理相关建议及措施

一、争取当地党委政府最大程度支持

1. 体制上有突破

县级媒体融合发展的最大难点就在于体制机制上的突破。长久以来，政府基本上是县级媒体的出资者、经营者和消费者，对于县级融媒体中心来说，服务好县委县政府就是最大的成绩，对于市场化缺乏动力。

中宣部要求县级媒体“努力建成主流舆论阵地、综合服务平台和社区信息枢纽”，促使县级媒体朝市场化发展，市场经济体制的最大特征就是公平竞争，优胜劣汰，这对政企不分、政事不分的县级媒体来说如同天堑，只有打破体制机制上的障碍，县级融媒体中心才能海阔凭鱼跃。

①刘梦晓．黄楚新：媒体融合要进行差异化布局 [N]. 海南日报，2021-10-16（A04）.DOI：10.28356/n.cnki.nhlrb.2021.007204.

具体来说，大部分县级融媒体中心还在享受着财政拨款，在体制上属于公益一类性质，这束缚着县级融媒体中心开展经营，有条件的县级融媒体中心可以尝试改为公益二类性质，为自身经营解绑，同时也可以解决县级融媒体中心不同身份“同工不同酬”的现象。如 2017 年 12 月，四川仁寿县政府常务会议便讨论通过本县融媒体中心可组建经营性企业的决议，在政府财政拨款之外，能将自主经营收入用于编外员工的薪酬发放以及中心员工的奖励等。同时在相关政策支持下，仁寿县融媒体中心于 2018 年 5 月组建了国有独资公司——四川龙悦文化传媒有限公司，主要承接广告宣传方面的业务。在技术需求缺口较大的情况下，中心又与第三方技术公司合股成立新公司，更好地参与到本地“智慧城市”建设中。

2. 政策上有倾斜

无论是体制机制上的改革，还是经营管理上的发展，或者是人才人员上的培养，党委政府的支持才是县级媒体融合发展的最大底气。相较于财政拨款，党委政府政策上的支持更有价值，也让县级媒体融合发展更有活力。

如安吉是中国美丽乡村发源地，在美丽乡村建设中，安吉县委县政府将美丽乡村智慧建设纳入总体考核，促使各村在美丽乡村建设中主动开展“村村通”数据光网、“村村用”信息平台、“村村响”音频广播、“村村看”视频监控等建设，安吉县融媒体中心由此承接了大量智慧建设项目。

人才是县级媒体融合发展的迫切需求，但县级融媒体中心对优秀人才的吸引力相对过低，也需要当地党委政府在人才安家、租房、就业等方面提供优惠政策。

政策支持是县级媒体融合发展的助力，但县级融媒体中心绝对不能对其形成依赖，成为甩不掉的“拐杖”，而是应该在不断发展壮大的过程中，通过经营范围外拓、服务功能外延，不断闯荡市场，逐步降低政策支持在营收中的比例，让自身成为市场经济中的“弄潮儿”。

3. 业务上有取舍

县级融媒体中心在经营中可以参与到县域经济发展的方方面面，但并不是说县级媒体必须要进入各个方面，而是应该有取舍，需要结合当地情况和经济环境，考虑业务上的风险和回报，以及资源的分配和利用情况。对于有限的资源，县级融媒体中心需要权衡利益，选择符合自身实际情况和市场需求的业务模式和发展战略，避免盲目跟风和过度扩张。

业务的广泛开展，可以为县级融媒体中心融合发展经营探索多种途径、积累相关经验，而业务的专精发展，则可以让县级融媒体中心成为该项业务领域的专家。对于县级融媒体中心来说，各方面条件有限，所以还是要在传统业务和新业务板块上有所取舍。随着新媒体的发展，传统广告业务经营越来越难，效益也越来越低，在有新业务开展和有条件割舍的情况下，县级媒体应该权衡取舍，建立起以新媒体为主、传统媒体为辅的业务体系，提高自身参与市场竞争的能力。

二、赢得人民群众的最大程度参与

1. 新闻主业是第一需求

全媒体传播体系建设意味着中央媒体到省、市、县等各级媒体要纵横连通，在内容、用户、功能方面实现共通共享，随着县级媒体融合发展的落实，各级媒体新闻生产将全面互联网化。作为全媒体传播体系的重要组成部分，县级融媒体中心在新闻主业上必须贴近群众生活，这样才有可能真正引导用户，掌握互联网新闻报道和舆论引导的主动权，实现全媒体传播体系的主流舆论阵地功能。

县级融媒体中心如何做好新闻主业？在新闻传播网络化的情况下，只有做到本地化、差异化、服务化，才能尽可能地吸引广大用户。本地化即县级媒体要关注本地新闻，差异化和服务化即县级媒体在做新闻报道时从用户角度思考，生产来自一线代入感强的沉浸式主题报道，这才是用户喜闻乐见的。另外，监督类报道是县级融媒体中心的一项重要抓手，但往往因为种种原因被忽略，只有从人民群众最关心的问题入手，通过报道，引导公众对问题进行关注和监督，推动问题解决，才能建立口碑扩大影响。县级融媒体中心在进行监督类报道时尤其要注意监督报道的真实性、准确性、可信性，做到“事事有回馈”，不能报而了之，否则对县级媒体口碑会造成负面影响。

安吉县融媒体中心始终坚持做强做精新闻主业，在新闻生产传播上以融合共生打造传播矩阵，坚持“受众在哪里，党的声音就要传递到哪里，新闻就要送达到哪里”，构建跨屏、跨网、跨业态的互动传播格局，全力做好安吉发布微信公众号、最安吉抖音号、爱安吉新闻客户端等传统媒体和新媒体平台，满足县域用户不同需求。中心目前旗下各平台用户数达到 220 万，是全县总户籍人口数（58万）的3.8倍；以主题报道对内凝聚合力，依托中心自主研发的融媒体新闻生产系统，实行新闻报道“统一策划、统一采集、分类编辑、分类推送”，每年推出近百个主题报道，引导群众广泛分享，牢牢掌握新闻舆论工作主动权；以重大外宣对外展示形象，主动对接中央、省级主流媒体，充分挖掘新亮点、新故事、新典型，实现每年在省媒以上对外传播条数1000以上。

2. 黏合用户是最大效果

为人民服务是党的基本宗旨，通过互联网服务群众、为百姓生活提供便利，县级融媒体中心建设“综合服务平台”，就是要通过平台汇聚多元用户，形成服务用户的能力，在服务用户的基础上，更好地引导用户。

综合服务平台建设是县级融媒体中心的分内之事，因为县级融媒体中心作为连接政府和人民沟通的纽带，为基层社会治理提供协商和参与的平台，推动多元主体参与基层治理实践。[①] 同时政务服务、公共服务中包含大量关系国计民生的重要数据，需要考虑数据安全，过多企业参与，因为利益诸因素，会产生二次技术壁垒，将导致重新分割、重组、应用有一定困难，造成重复建设和资源浪费。因此，由县级融媒体中心开展各类平台建设，是符合群众利益、节约社会资源的最佳选择。

其次，综合服务平台建设也是县级融媒体中心有效黏合用户的手段。县级融媒体中心最贴近百姓生活、了解百姓需求，且与当地民营企业联系密切，在建设本地生活服务体系方面较互联网商业平台来说更具优势，在县级媒体融合发展形势下，打造综合服务平台可以说是所有县级融媒体中心都想做而且正在努力将其做好的事情，只是由于缺少推广的方式方法，难以促进平台成为本地百姓离不开的帮手。只有向本地人民群众提供以政务服务为核心的，包括各种本土性服务，如公用事业服务和生活服务的平台，才容易获得群众的青睐，如果将这种青睐转化为长期性的行为，就可以为县级融媒体中心收获一大批忠实用户。

3. 信息交互是最活动能

“社区信息枢纽”的功能定位，有利于强化媒体平台的社交功能，通过为人民群众提供本地化的信息交流平台，可以方便同城、同村甚至同一社区的用

①崔忠芳．黄楚新：逐步探索县级融媒体中心“建强用好”新出路[J]. 中国广播影视，2021（Z1）：44–46.

户讨论日常生活中的问题。

安吉县融媒体中心在全国较早推出了县级媒体的新闻客户端“爱安吉”，以“新闻＋政务服务商务”理念为指导，在“爱安吉”新闻客户端上线了涵盖群众吃穿住行的30余个应用，让群众在应用的同时还可以相互交流，实现了“社区信息枢纽”的功能定位。如“瞰安吉”应用板块，通过遍布县域的3万余个高清摄像头，群众可以实时观看安吉各地情况，并可以留言交流；“安吉美食”板块聚集了全县600余家商户，通过用户点评反馈，对商家服务质量进行排序，给予用户消费提示。在2022年底疫情放开初期，“爱安吉”新闻客户端还及时上线“余药共享”应用，为全县群众搭建药物共享的信息交流平台；针对疫情带来的消费市场低落情况，联合商家推出可以抵扣消费的“美好生活券”领取应用，活跃县域消费市场。

三、不断总结经验更好推广外延

1. 深耕本土行之有效

打铁还需自身硬。县级媒体融合发展要在“努力建成主流舆论阵地、综合服务平台和社区信息枢纽”目标指引下，结合县域社会经济特点，走出自己的新路子。因为县级媒体融合发展中遇到的困难既有共性也有差异，有些问题是系统性的，仅靠自身确实难以解决，但有些问题能否解决很大程度上取决于县级融媒体中心自身的思路与行动，即和本地实际相结合，在体制机制、人才培养、“新闻＋政务服务商务”等方面做出改变。如北京朝阳区融媒体中心在朝阳区54个乡镇街道成立了融媒体中心的分中心，负责新闻宣传、活动策划、信息上报等功能，以此与各个委办局街道乡镇建立密切的联系与购买服务合作；淄博市临淄区融媒体中心与新时代文明实践中心、“学习强国”指导中心、81890民生热线、志愿服务促进中心等合作，集资讯、服务于一体，整合了全区政务、商务资源，有50多个部门、100多家企业为市民常用的500多个政务、商务项目服务，扎实为群众办实事，为群众提供便利；江西分宜县通过成立融美文化传媒公司，负责分宜县融媒体中心经营创收，2018年公司经济效益由改革前的55万元，增创到900万元；江西南城县融媒体中心成立运营公司，负责融媒体中心整体运营，政府通过购买服务方式，运营政府各类线下活动，2022年第一季度创收超过 100 万。[①]

2. 推广复制共享共赢

“发展才是硬道理”。县级融媒体中心建设务求以实用为主，不需要硬着头皮把原创性放在第一位，因此在融合发展中，如果看到其他单位有现成有效、可以复制的经验，尽管学来就用，可以避免走弯路，加快发展步伐。走在融合发展前列的县级融媒体中心，总结梳理出的先进经验，也不必“敝帚自珍”，多交流、多推广，将融媒经验推广出去，为全国县级融媒体建设和中国式现代化发展贡献智慧力量。[②] 如安吉县融媒体中心已经在全国 24 个省 400 余区县推广落地智慧产品，大部分实现了正向的经营创收。

媒体融合发展的先行者要有先行者的担当，后发者要有后发者的追赶。县级融媒体中心之间由于具有相对固定的地理区域的显性特征，没有过多竞争，却存在太多合作和大量共赢空间，“一枝独放不是春”，只有互相携手、共同前进，才能“百花齐放春满园”。

①陈国权．扶持体系下县级融媒体中心市场机制构建 [J]. 传媒，2023（04）：32–36.

②祝青，王特，丁峰．问计于才借力于智——县级媒体智库建设的目标和路径 [J]. 新闻战线，2023（02）：40–43.

第五章　县级融媒体中心的发展论

本章从中华人民共和国建立以来尤其是改革开放以来县级媒体的兴衰和治乱循环，分析影响县级媒体发展的因素，总结县级融媒体中心在新历史条件下的实践经验，提出了未来县级融媒体中心平台化，县级媒体形成国家市场、中间市场、草根市场三层市场结构的发展方向。县级融媒体中心发展的关键，在于能否充分且平衡地满足国家、市场、社会三方的需求，在于“全党办报”和“群众办报”是否真正落实。正如洪佳士在回忆县级报兴衰转型历程时所说的，“办与不办，都是为了农民”[①]。

第一节　县级融媒体中心发展的三维逻辑

为什么要发展县级融媒体中心？按照问题导向思维运用政治、市场、技术“三维逻辑”，从问题产生的路径看县级融媒体中心发展，信息网络技术是“导火索”，引发、暴露了县域主流媒体的经济（市场）问题，进而导致基层社会治理的政治问题。而问题的解决，路径正好相反，国家在觉察到基层社会治理问题后，对县级融媒体中心的发展作出了政治决策，并进行媒体经济体制安排，推动先进技术的运用，促进县域主流媒体融合发展。

①洪佳士．县市报发展四十年 [M]// 张建星．中国报业 40 年．人民日报出版社，2018.

一、县级融媒体中心发展的政治逻辑

政治逻辑体现了国家意志，决定着建设县级融媒体中心的顶层设计。

梳理县级融媒体中心发展的政治逻辑，有两条线索：一是县域治理在国家治理中的定位；二是县级融媒体中心在国家媒体格局中的定位；三是“新闻执政”党报理论对县级融媒体中心的要求。

“郡县治，天下安。”自秦朝推行郡县制以来，历代国家政权一直努力维持对县域的控制。虽然农业经济学家温铁军关于古代中国“皇权不下县”“乡村自治”①之说影响很大，也引起很多质疑，当前更多观点认为“官不下县”，但“皇权下县”②。民国至中华人民共和国初期，政权（官）逐渐延伸到了县以下的乡镇和城市的街道。在乡以下的村落，则实行村民自治。③

当下国家领导人十分重视县域治理。

早在 1990 年 3 月习近平任福建宁德地委书记时，就曾撰文指出县域在国家政局中的意义。他把国家喻为一张网，把当时全国三千多个县④比作这张网上的“纽结”。国家政令、法令通过这些“纽结”具体贯彻落实。“纽结”的松动或牢靠，影响着国家政局的动荡或稳定；县一级工作好坏，关系国家的兴衰安危。⑤

2015 年在会见全国优秀县委书记时，习近平总书记强调县域在国家发展稳定中的基础地位。他指出在“我们党的组织结构和国家政权结构”中，县一级处在承上启下的关键环节，是“发展经济、保障民生、维护稳定的重要基础”⑥。

国家领导人也十分重视县域媒体及县域媒体的融合发展。

早在 20 世纪 80 年代初习近平任河北省正定县县委书记时，就非常重视运用媒体。他提议办的《正定快报》，主要刊登全县的大事、领导活动、新的动态等，

---

①温铁军 . 半个世纪的农村制度变迁 [J]. 战略与管理，1999（06）：81.

②高寿仙 .“官不下县”还是“权不下县”?——对基层治理中“皇权不下县”的一点思考 [J]. 史学理论研究，2020（05）：59-67+158-159.

③兰小欢 . 置身事内：中国政府与经济发展 [M]. 上海人民出版社，2021：11.

④按照民政部网站数据，2022 年我国有 2843 个县级行政区划单位，其中有 977 个市辖区、394 个县级市、1301 个县、117 个自治县、49 个旗、3 个自治旗、1 个特区、1 个林区。

⑤习近平 . 从政杂谈 [M]// 习近平 . 摆脱贫困 . 福建人民出版社，1992：27.

⑥习近平 . 在会见全国优秀县委书记时的讲话 [N]. 人民日报，2015-09-01（002）.

让全县人民能随时了解正定的情况。他重视通讯工作，曾与县委宣传部通讯组的同志提到通讯报道有几个作用：第一，造好舆论，为改革的新生事物撑腰杆；第二，搞好调研，为改革当中发生的问题找答案；第三，总结经验，使改革中产生的诸多新生事物日趋完善。①

中共十八大以后，媒体融合逐渐提上国家日程。2013 年 8 月 19 日全国宣传思想工作会议上，习总书记首次公开提到“媒体融合发展”。当年 11 月 12 日中国共产党第十八届中央委员会第三次全体会议审议通过《中共中央关于全面深化改革若干重大问题的决定》，要求“推动传统媒体与新兴媒体融合发展”。2014 年 8 月 18 日，中央全面深化改革领导小组第四次会议审议通过《关于推动传统媒体和新兴媒体融合发展的指导意见》，提出打造“新型主流媒体”、建成“新型传媒集团”、形成“现代传播体系”的“深度融合发展”目标。

2018 年后，国家媒体融合政策的重点转向县级融媒体。8 月 21 日，习总书记在全国宣传思想工作会议上，要求扎实抓好县级融媒体中心建设。9 月 20 日至 21 日，中宣部在浙江省长兴县召开县级融媒体中心建设现场推进会上，要求 2020 年底基本实现在全国覆盖。11 月 14 日，中央全面深化改革委员会第五次会议通过《关于加强县级融媒体中心建设的意见》，强调组建县级融媒体中心有利于整合县级媒体资源、巩固壮大主流思想舆论。受中共中央宣传部委托，国家广播电视总局组织编制并于 2019 年 1 月 15 日和 4 月 11 日先后发布《县级融媒体中心省级技术平台规范要求》《县级融媒体中心建设规范》《县级融媒体中心网络安全规范》《县级融媒体中心运行维护规范》《县级融媒体中心监测监管规范》5 项标准，规范县级融媒体中心的建设与运维。2019 年、2021 年、2022 年、2023 年中央“一号文件”，持续列明对县级融媒体中心工作的要求。2020 年 10 月 29 日中国共产党第十九届中央委员会第五次全体会议通过《中共中央关于制定国民经济和社会发展第十四个五年规划和二〇三五年远景目标的建议》要求“推进媒体深度融合，实施全媒体传播工程，做强新型主流媒体，建强用好县级融媒体中心”，首次把县级融媒体中心和“全媒体传播工程”联系起来。

政治逻辑在媒体发展领域的鲜明体现，就是媒体融合上升为国家战略：形

①中央党校采访实录编辑室．习近平在正定 [M]. 北京：中共中央党校出版社，2019：186，278.

成中央、省、市、县四级媒体的融合发展格局。[①] 我国未来有极大可能出现“以县级融媒体中心为基础，以区域性的融媒体平台为骨架，以全国性的媒体平台为主导的全媒体传播体系”[②]。正如习近平总书记把全国县域看作“一张网”，四级媒体融合发展战略的目标是编织一张融媒体之网，县级融媒体中心就是国家四级媒体融合发展格局中的“纽结”。

科层组织内部的信息沟通是区县媒体建设的重要政治逻辑。传统上，区县媒体由于受限于台、报和网的条块分割，因此在内部协调上需要消耗大量的沟通成本。融媒体中心另一个重要的新增功能是改造了科层体制对于社情民意的信息获取能力，使得多部门、多层级的协调能力得以提升。[③] 这实际上是县级媒体目标定位的重要转变，县级融媒体需要改变长期以来县级媒体“喉舌”功能偏重、“耳目”功能偏弱的局面，全面、充分、有效地发挥“耳目喉舌”功能。

新闻媒体不仅是国家进行社会治理的工具，还是中国共产党执政的基础。“新闻执政”虽然概念上源于 20 世纪末的美国[④]，但共产党却是最好的实践者。媒体长期承担着党的“耳目喉舌”的功能。近年来随着网络媒体兴起，党报党刊党台影响力受到侵蚀，舆论引导、应急事件处置等执政活动中所发挥的作用受到弱化。国家急需在互联网环境下长出新的“耳目喉舌”，重建国家与社会（人民群众）的联系。

2023 年 3 月，中共中央、国务院印发了《党和国家机构改革方案》，组建中央社会工作部，这是中央加强社会治理和基层政权建设、城乡社区建设等社会工作的重要信号，表明在国家、市场、社会“三角关系”中，社会得到了国家前所未有的重视。这与国家推动县级融媒体中心、重建国家和社会联系的逻辑是一致的。

在中华人民共和国历史上，曾出现过“报纸下乡”“广播下乡”“电视下乡”“家电下乡”“汽车下乡”“村官下乡”等现象。曾经，电视在农村的普及为国家介入乡村治理、整合乡村社会提供了经济有效的策略，“电视下乡”改变了乡

---

①黄楚新，许可 . 深度融合中主流媒体内容建设的多重逻辑与发展转向 [J]. 武汉科技大学学报（社会科学版），2022，24（03）：293–298.

②宋建武 . 构建全媒体传播体系的实践路径 [J]. 传媒评论，2021，No.328（02）：13–16.

③周逵，黄典林 . 从大喇叭、四级办台到县级融媒体中心——中国基层媒体制度建构的历史分析 [J]. 新闻记者，2020（06）：23.

④李希光 . 新闻执政：现代政府的媒体战略 [J]. 上海师范大学学报（哲学社会科学版），2006（01）：71–77.

村政治生态，在乡村社会形成了国家、基层政府与农民三种力量相互制衡的动态均衡。[①]当前的县级融媒体中心建设，其实是“融媒体下乡”，与各类“下乡”有一个共同点，那就是“国家下乡”，是国家介入乡村治理的一种方式。

二、县级融媒体中心发展的市场逻辑

县级融媒体中心开始发展时，面临着这样的市场格局：已存在强大的互联网平台。这与先前国家一直全面把控媒介技术、媒体市场的状况完全不同。

梳理县级融媒体中心发展的市场逻辑，有三条线索：一是经济社会发展及乡村振兴对县域媒体发展的需求；二是全国媒体格局（市场结构）对县级融媒体中心发展的影响；三是市场机制对县级融媒体中心发展的影响。

十九大报告（2017 年 10 月）首次提出我国的社会主要矛盾，已经从“人民日益增长的物质文化需要同落后的社会生产之间的矛盾”转化为“人民日益增长的美好生活需要和不平衡不充分的发展之间的矛盾”。其中的主要不平衡不充分，就包括了城乡区域发展和收入分配差距。因此十九大报告首次提出实施乡村振兴战略。此后《关于实施乡村振兴战略的意见》（2018 年 1 月 2 日）、《乡村振兴促进法》（2021 年 6 月 1 日）、《乡村振兴责任制实施办法》（2022 年 11 月 28）等法律和政策相继出台。2018 年开启的县级融媒体中心建设大幕，正是在乡村振兴的大背景下展开的，服务乡村振兴，也是县级融媒体中心发展的难得机遇。

目前在媒体市场中，全国媒体格局尤其是县域媒体格局发生了巨大的变化。

徽投资本公司董事长蔡伟有一个判断：百度、阿里巴巴、腾讯等互联网平台正在成为传统主流媒体之外的政权拱卫力量，国家正在寻求行业监管和产业促进的平衡。传统国有主流媒体正在失去内容采集、传播渠道、用户入口的垄断权，面临严重的经济危机：一线媒体生存问题不大；二线媒体能维持生存，但需仰赖政府；三线媒体可能走向财政供养模式。一些主流媒体投入很少的资金就想做流量入口，是跑偏了。他建议主流媒体应该利用最核心资源即执政党和政府所赋予的隐性权力：一是维持与执政党之间的对价关系；二是加速许可证、资本、不对称管制等传媒隐性权力的变现，加快外部融资；三是有经济实

---

①费爱华．“电视下乡”：新时期国家整合乡村社会的逻辑 [J]. 学海，2012（05）：97-102.

力的传媒集团加速走向金融控股，同时推进混改。[①②] 他所说“混改”的目标，即国有资本和社会资本的合作，也就是在媒体领域内形成郑永年所称的“中间市场”。[③]

喻国明认为，互联网平台的出现是传播发展史上一个重大变故。连同新增的中间层——互联网平台，形成了由三个基本传播（连接）层次构成的传播生态系统：其一，电信层，基础技术架构，包括互联网交换中心，电缆、无线通信系统等信息传输系统，以及域名、IP 地址等信息交换规则系统；其二，平台层，基础功能架构，包括社交媒体、生活服务、资讯分发、游戏娱乐、操作系统等平台，如国外的脸书、亚马逊、谷歌、推特、苹果，国内的百度、阿里、微信、抖音、今日头条、滴滴、微博等；其三，应用层，价值变现架构，包括对接生产和贸易、经济和社会发展、新闻和媒体、公共部门和税收、物联网、娱乐、教育、金融、医疗、安全等的具体应用服务。这三个层次分别提供传播（连接）技术、传播（连接）实现功能、传播（连接）变现价值的可供性。[④]

显然，在全国互联网传播生态系统中，已然形成中国特色的“三层市场”：由国家资本控制的电信基础设施市场，基于互联网平台、由多种所有制主体投资经营、提供多元化服务的应用服务市场，以及居于基础设施和应用服务之间，主要由商业资本投资但受国家“防止资本无序扩张”规制的大型互联网平台。

新媒体正在成为县级舆论格局最大变量：从电子版、手机报到“两微一端”、短视频等，所有的新媒体形态，县级媒体都有所涉及；县级舆论格局的最大变量是地方自媒体，县级移动、电信、联通，局以上部门，社会团体，企业，个体，都利用新媒体平台搭建自己的自媒体，一些县甚至出现了地方自媒体内容矩阵公司，分食了县域体制内媒体的内容流量与广告资源；另外，大型互联网公司近几年的流量下沉策略，给县级媒体传播格局带来巨大影响。[⑤]

互联网平台走强、地方自媒体繁盛、县域传统媒体走弱的县域媒体市场格

---

①蔡伟：传统媒体集团在资本时代的战略抉择 [EB/OL]. http：//media.people.com.cn/n/2015/1104/c40606-27775471.html.

②蔡伟：互联网治理战略下的传媒权力版图重构 [EB/OL]. https：//36kr.com/p/ 1721013944321.

③郑永年，黄彦杰 . 制内市场：中国国家主导型政治经济学 [M]. 杭州：浙江人民出版社，2021：105-118.

④喻国明 . 新型主流媒体：不做平台型媒体做什么 ?——关于媒体融合实践中一个顶级问题的探讨 [J]. 编辑之友，2021（05）：5-11.

⑤陈国权 . 中国县级融媒体中心改革发展报告 [J]. 现代传播（中国传媒大学学报），2019，41（04）：16.

局中，县级融媒体中心的角色定位和发展思路将受到显著影响，将不得不在“三层市场”大格局中寻找自身的位置。

人、财、物等资源的配置方式，强烈影响着县级融媒体中心所提供服务的效率和效果。我国已经告别了计划经济体制，实行社会主义市场经济体制，媒体领域也不例外。虽然县级融媒体中心建设由地方党政机关主导，但仍需要市场机制发挥作用。自主经营需求隐性存在于县级融媒体的发展建设中。例如贵州关岭县融媒体中心 24 名编制全满，因业务需要需从社会购买劳务派遣 20 名，此批人员薪酬由县财政支付 3 年，其后由融媒体中心自行承担，这在客观上催动中心开展必要的市场经营。①

三、县级融媒体中心发展的技术逻辑

梳理县级融媒体中心发展的技术逻辑，有信息网络技术背景下的三条线索：一是县域基础设施尤其是信息网络基础设施的变化；二是县域社会的媒介化；三是县域媒体的融合。

县域基础设施的面貌，可以用“村村通”来概括。当然“村村通”的内涵在不断变化和丰富。传统县域内乡村的典型特征是交通不便、信息闭塞。由于国家的强力推动，乡村内外的连接渠道不断延展。先通广播、电视和公路，后来通互联网、高速公路和高铁。以笔者老家所在的广西西北部山区农村为例，2019 年时主要依靠不太稳定的移动通信网络，2021 年已经实现光纤通信网络②，2022 年底高速公路已通到村旁。

新媒体在准入门槛、信息生产和传播的成本上大大降低，改变了媒介制度的费用结构，行动主体中的一方进行媒介制度创新的收益可能增加，成本可能降低，而另一方则可能相反，这将改变已有的制度均衡结构。③

农村路网、通信网形成了新的生产力，推动了县域生产关系的变革。

首先，“村村通”推动了县域社会的“媒介化”，导致了传统县级媒体的影响力的消解。

---

①吴占勇．民族地区县级融媒体中心建设路径探索——基于 44 个县级融媒体中心的调查 [J]. 中国出版，2020（21）：25–30.

②按工信部发布的信息，2021 年 11 月底，我国现有行政村已全面实现村村通宽带。

③潘祥辉．中国媒介制度变迁的演化机制研究 [D]. 杭州：浙江大学，2008：179.

媒体的逻辑从内容传播逻辑转变为关系连接逻辑。数字媒介从连接信息、连接人到连接万物，开放连接、共享与协同，更多社会资源被发现得到利用，社会资源的稀缺性降低，个体对组织的依附程度降低，社会基本单位由组织转变为个体。权力和垄断资源从国家行为体向非国家行为体转移。①

传统县级媒体如报社、广播台、电视台，垄断了县域新闻和信息的生产和传播。而在基于互联网的媒体格局下，传统媒体的全产业链控制已经不复存在。传统媒体从内容的生产者、传播者，转变为新媒体的生产者之一，新媒体成为传统媒体的传播中介。

其次，“村村通”推动了县域媒介的“宽融合”，大大拓展了媒介融合的含义。

县级融媒体中心的建设，如果主要关注产品融合、媒介融合、机构融合，比如报纸、广播电视媒体的融合，如果仅关注内容和传播服务，那么这只是“窄融合”，不可持续，路会越走越窄。

而如果县级融媒体中心超越内容和传播逻辑，跨领域、跨行业发展，努力成为服务于人民群众日常生活需求（交水电费、物业服务、投诉报警、订餐取货等）的平台，那它在人们生活中的不可或缺性就得以确立，具有激活、整合“宽融合”所需资源的集成能力与优势，拥有自我造血的经济能力，其传播能力和影响力也会由此而得到提升和保障。② 从而实现国家需要的基层舆论阵地功能。

在县域这个场景中，信息网络技术改变了人与信息、人与人、人与组织、人与万物连接的深度和广度。县级融媒体中心能否通过连接国家、市场和社会，成为构建稳定“三重关系”的媒体平台，是一项大挑战。

按照“三个代表”重要思想，中国共产党始终代表中国先进生产力的发展要求、始终代表中国先进文化的前进方向、始终代表中国最广大人民的根本利益。因此，建设县级融媒体中心，是国家驾驭和运用信息网络这一生产力，建设先进文化、保障人民利益的努力。

媒体发展总处于这样的循环中：技术进步—设备升级—媒体自我积累投入/财政供给—散滥/社会服务不足—技术进步。县级融媒体中心的建设，就是在

---

①喻国明，马慧．互联网时代的新权力范式：“关系赋权”——“连接一切”场景下的社会关系的重组与权力格局的变迁 [J]. 国际新闻界，2016，38（10）：6-27.

②喻国明．今天的媒介融合应当怎么做——从互联网时代的常识到新传播格局的大势 [J]. 教育传媒研究，2019（04）：7-9.

新技术导致新的不平衡的背景下，重建县级媒体与国家、市场和社会“三重关系”的平衡。

第二节　县级融媒体中心发展的目标定位

县级融媒体中心发展的目标定位，是对“县级融媒体中心是什么”问题的回答。外部需求是县级融媒体中心发展的逻辑起点。县级融媒体中心发展的目标定位，主要取决于国家的政治需求，但也受市场需求、社会需求影响。本节从全国传播格局定位、组织机构定位、县域市场定位三个方面分析县级融媒体中心的目标定位。

一、县级融媒体中心的传播格局定位

在国家领导眼里，县级融媒体中心是媒体融合时代贯彻群众路线、引导和服务群众的平台。2018 年 8 月 21 日，习总书记在全国宣传思想工作会议上，要求扎实抓好县级融媒体中心建设，更好“引导群众、服务群众”。

在国家政策中，县级融媒体中心被视为四级全媒体传播体系的重要组成部分。2020 年 9 月，中共中央办公厅、国务院办公厅印发《关于加快推进媒体深度融合发展的意见》，要求构建新型主流媒体、主流舆论格局、全媒体传播体系，完善“中央媒体、省级媒体、市级媒体和县级融媒体中心”四级融合发展布局。10 月 29 日中国共产党第十九届中央委员会第五次全体会议通过《中共中央关于制定国民经济和社会发展第十四个五年规划和二〇三五年远景目标的建议》明确提出“建强用好县级融媒体中心”，突出了县级融媒体中心在建设全媒体传播体系、塑造主流舆论新格局中的重要性。

近年来，县级媒体在社会治理中的作用日益受到重视。改革开放以来，中国乡村社会从费孝通所描述的“熟人社会”转型为高度流动、陌生、分化的多元重构的新社区，带来基层社会的结构性紧张，从而为县级融媒体发挥“平台

化”“组织化”作用以重建基层社会提供了可能。①

作为媒体融合的深化，县级融媒体中心建设是党和政府将以主流媒体自主可控的新型互联网传播平台为核心的现代传播体系，打造成为新时代治国理政新平台的基础性战略措施。②

2018 年 9 月，中宣部在部署县级融媒体中心建设工作时，要求把县级融媒体中心建设成主流舆论阵地（新闻传播）、综合服务平台（信息服务）、社区信息枢纽（基层治理），这一布局反映了国家、市场和社会三方与县级融媒体中心的“三重关系”及三方对县级融媒体中心的需求。

二、县级融媒体中心的组织机构定位

媒体中心发展的组织机构定位，指其组织机构的体制属性定位。

探讨县级融媒体中心体制属性的研究并不多。在国家官方定义发布之前，有人对“县级融媒体中心”进行了界定：“县域所有媒体资源（包括新闻资源、平台资源、人才资源、财政资源等）加以整合，指挥调度新闻报道工作和舆情监管工作，促进党的声音在基层传播的统一管理部门。”③ 这是较为模糊的说法。“管理部门”是行政机关、事业单位还是传媒企业集团，并不清晰。

官方政策并未对县级融媒体中心的体制属性加以规定或限定。可以从我国媒体体制属性变革的历史去理解县级融媒体中心。

改革开放以后，尤其是我国开始建设社会主义市场经济体制之后，在国家和传媒业层面已经形成这样的共识：传媒业具有双重属性，也就是既作为上层建筑一部分具有意识形态、公共事业属性，又作为经济基础一部分具有产业属性。④

在计划经济体制下，我国的传媒体制是一元体制，即以国有制为唯一所有制形式、以政治宣传为核心功能、以纯粹事业单位属性为特征的体制，主导传

①沙垚．重建基层：县级融媒体中心实践的平台化和组织化 [J]. 当代传播，2020（01）：30–33.

②宋建武，乔羽．建设县级融媒体中心打造治国理政新平台 [J]. 新闻战线，2018（23）：68.

③谢新洲，朱垚颖，宋琢谢．县级媒体融合的现状、路径与问题研究——基于全国问卷调查和四县融媒体中心实地调研 [J]. 新闻记者，2019（03）：57.

④刘洋，刘江．地方广电媒体事业和产业属性的探讨——对“地方广播电视媒体产业化”新概念的理解 [J]. 广播电视信息（上半月刊），2008（06）：47–49. 文中对“事业”“产业”概念做了辨析。

媒发展的是国家。[①]

改革开放后，开始形成了“事业单位，企业化管理”的混合体制，包括“采编经营两分开”的制度安排，确认了传媒的事业和产业双重属性，这时制约传媒发展的主要是国家与市场。在与传媒发展相关的社会、市场、国家三要素中，社会最为弱势，传媒的市场利润和政府控制传媒保障意识形态安全的目标都得到实现，但社会公众利益的保障和实现则出现了系统性缺失。

2003 年国家推进文化体制改革，明确将文化单位分为公益性文化事业和经营性文化企业两类，传媒从原来的混合型双轨体制中部分剥离，直至整体改制。传媒体制改革的应然目标，是从“两分开”向“三分开”发展，即国家传媒（履行国家政治意识形态目标和功能的传媒）、公共传媒和商业传媒分开。[②]

县级融媒体中心属性的实际情况是：多为事业单位，也有少数企业单位。

2011 年 3 月 23 日发布的《中共中央国务院关于分类推进事业单位改革的指导意见》，根据职责任务、服务对象和资源配置方式等情况，将从事公益服务的事业单位细分为两类：承担基本公益服务、不能或不宜由市场配置资源的，划入公益一类。承担公益服务、可部分由市场配置资源的，划入公益二类。并明确由各地结合实际研究确定。

根据 2018 年 2 月 28 日中国共产党第十九届中央委员会第三次全体会议通过的《中共中央关于深化党和国家机构改革的决定》，面向社会提供公益服务的事业单位要“强化公益属性，破除逐利机制”。

2016 年《国务院关于推进中央与地方财政事权和支出责任划分改革的指导意见》，要求适度加强中央的财政事权、保障地方履行财政事权、减少并规范中央与地方共同财政事权，将“公共文化”之类“体现中央战略意图，跨省（区、市）且具有地域管理信息优势的基本公共服务确定为中央与地方共同财政事权，并明确各承担主体责任”。对受益范围较广、信息相对复杂的公共文化等财政事权，根据财政事权外溢程度，由中央和地方按比例或中央给予适当补助方式承担支出责任。县级融媒体中心处于中央和地方共同提供财政保障的范围。

县级融媒体中心的属性，应该是事业单位还是企业？这要结合各县的社会

①李杉，阮毅 . 传媒体制“两分开”的制度安排逻辑 [J]. 武汉科技大学学报（社会科学版），2014，16（03）：336-340.

②钱广贵 . 中国传媒体制改革研究：从两分开到三分开 [D]. 武汉大学，2010.

经济发展状况、政府财政保障实力以及对融媒体中心的目标定位等情况，因地制宜。

三、县级融媒体中心的县域市场定位

县级融媒体中心的市场定位，即其在县域传播市场中的定位。

国家将主流价值影响力作为新型主流媒体建设的基本诉求。习近平总书记2019年1月25日在十九届中央政治局第十二次集体学习时的讲话中指出要打造“具有强大影响力、竞争力的新型主流媒体”，扩大“主流价值影响力版图”。①

什么是“主流媒体”？这是个有争议的话题。资深报人范以锦将其分为两类:一类是从政治地位角度思考、接受党政机关直接管控的媒体，另一类是从市场影响力角度出发、受众面广受主流人群认可的媒体。也有合二者于一身的。②

主流价值的弘扬，在基层社会尤显必要。基层宣传部门反映，流量下沉自媒体中的谣言、软文、色情、暴力等负面内容严重干扰了舆论良性格局的建构。避免这些不良影响，成为县级融媒体中心建设的重要价值与意义所在。③

喻国明认为主流媒体是“价值媒体”，是关注社会发展中的主流问题、影响社会中的主流人群、以主流意识形态进行价值引领的媒体，它更在乎的是政治价值、文化价值及社会价值，而不是商业价值。④

因此喻国明主张，在新的平台媒介的影响力日益扩张的背景下，作为价值媒介的传统媒介，与平台媒介之间不应是零和博弈，而应该是合作。平台媒介要在开放中努力获取规模化和多元化的资源，以服务成就商业价值。价值媒介则发挥主流价值观的引领作用，通过带动周边资源力量，形成规模性和影响力。⑤

本章第一节提到，在全国互联网传播生态系统中，已然形成“三层市场”格局，参照郑永年总结的“官办”“商办”“官督商办”三层市场结构，这一格局即为“官办”的电信层、多元主体的“应用层”和以“官督商办”为主的

①习近平．加快推动媒体融合发展构建全媒体传播格局 [J]. 求是，2019（06）：4-8.

②范以锦．财政扶持主流媒体之我见 [J]. 传媒，2014（07）：20-21.

③陈国权．中国县级融媒体中心改革发展报告 [J]. 现代传播（中国传媒大学学报），2019，41（04）：16.

④喻国明．新型主流媒体：不做平台型媒体做什么？——关于媒体融合实践中一个顶级问题的探讨 [J]. 编辑之友，2021（05）：5-11.

⑤喻国明，苏芳．媒介有效建构社会信任的全新模式——想象可供性视角下价值媒介、平台媒介与用户的连接与协同 [J]. 视听理论与实践，2021，No.3（03）：3-9+16.

平台层。①

显然，“官办”的县级融媒体中心发展成全域的大“平台”是不切实际的，它可以是已有平台上众多应用服务中的一个，也可以发展成为县域的小平台和价值媒介。

第三节　县级融媒体中心发展的历史渊源

历史上，县域媒体常常陷入“一管就死，一放就乱”的循环。为了在县级融媒体中心建设中避免这一恶性循环，需要梳理总结县域媒体变革的经验和教训。

新国家宣传、“反右”“大跃进”等，作为“集体的组织者”发挥基层宣传与动员网络技术下沉作用的大喇叭，可以说是最早的县级媒体网络，为后来的广电网络奠定了基础。20 世纪 80 年代初为何不是四级报刊而是四级广电，有历史的路径依赖因素。而从运用媒体实现政治目标的意义上看，对县级融媒体的溯源还要追溯至新民主主义革命时期。

一、中国共产党早期的融媒体发展取向

在环境严峻的革命战争年代，中共为了获取革命的胜利，尽可能动员一切技术、经济及政治力量。中共的早期媒体实践具有新媒体、融媒体、基层传播的特征。

新民主主义革命时期，中共中央党媒的演进，呈现了从报刊未分到报刊分野，从以刊为主到以报为主的转变轨迹：具体看来，开本从书本样式变为报纸样式，刊期从不定期缩短为日报，主要内容从理论文章、政论文章、文件转为新闻和时评，报纸从地方报、政府报升格为中央机关报并位居党媒体系核心。这种转变导致党媒的功能、组织形式和党管方式发生变化，对中共意识形态工

①郑永年．中国的经济制度比西方资本主导的经济制度更有效——中国已形成了“三层市场”的混合经济体 [N]．北京日报，2021-06-07（13）．

作产生四个重要影响：意识形态传播的主要对象从知识精英转向广大群众；党媒的组织传播属性增强，传播效率大为提高；宣传话语趋于“新闻化”和“在地化”；传播话语从显性转向隐性，推动马克思主义大众化。① 从刊到报的转向，也体现了中共优先发展、有效运用“新”媒体的价值取向。

在艰苦的革命战争条件下，为节约人力物力，提高宣传效力，依托统一领导，早期中共党媒曾实践过通讯社、报刊合一乃至通讯社、报刊、广播电台合一的制度。建党初期，一些地方党组织办报刊的同时，也办通讯社，实际上是一个机构、两块牌子。在江西苏区，在最早开展工作的红中社这种做法也有所体现。抗日战争时期，延安三大中央级媒体新华社、《解放日报》和延安新华广播电台形成了集通讯社、报刊、广播电台于一体的“融媒体”，几大媒体组织机构上紧密关联，具体业务上呈现出新闻内容的“流水作业”共享和多“平台”分发特征。新华社抄收国内外电讯和分社来稿，供《新中华报》《解放日报》采用；《解放日报》所载重要文章，由新华社对外广播；新华社广播科选摘国内外重要新闻、汇总《解放日报》的重要消息，编成口播的稿交由延安新华广播电台播发。这种模式开启了共产党人媒体融合实践的先例。②

新民主主义革命时期，报纸还是主流媒介，广播雏形初显。中共党媒演进的历程，一方面，是党报理论形成的过程，“党报”概念、“全党办报”“群众办报”观念逐渐成形。另一方面，从办刊、办报到办广播电台，乃至融通讯社、报刊、广播电台于一体，是中共根据宣传党的意识形态、组织群众参加革命事业实践的需要，运用当时的先进生产力、不断革新媒体组织形态的范例。

中共早期的党报理论、党报体制以及“融媒体”实践，仍然具有启发意义。因此，当下的县级融媒体中心建设，有深远的前路可循。

二、七十年来县级媒体的治乱循环

从 1949 年新中国成立到 2018 年县级融媒体中心建设，70 年间，县级融媒体中，从报纸、广播、电视到数字媒体的兴衰，可以说是国家、市场与社会变革的镜像。

---

①胡雪莲，杜贺．中共中央党媒从刊到报的转变及意义（1921—1949）[J]. 安徽大学学报（哲学社会科学版），2023，47（01）：47-57.

②艾红红，李艳梅．百年大党的早期媒体融合实践 [J]. 中国出版，2021，No.506（09）：13-18.

县级报经过两波发展高潮，21 世纪初在经受治散治滥后走向式微。基于社会和政治动员需要，县级报曾在 20 世纪 50 年代中后期进入第一次发展高潮。1959 年到 1962 年的三年困难时期，县报陆续停刊。改革开放后，1979 年 11 月 8 日，中共中央宣传部新闻局为推进农村历史性改革，发出关于恢复县报的通知，各县陆续根据自身情况，恢复县委机关报、创办农村科技报或创办县域经济报。1992 年邓小平南方谈话、我国开启社会主义市场经济体制改革后，县级报进入第二次发展高潮，县报增刊扩版、办子报，一些条件比较好的县报创办《内部参考》……这是“社会经济基础对上层建筑提出的新要求”。在为基层和农民减负、省市党报集团化改革的背景下，2003 年 7 月，中共中央办公厅和国务院办公厅、新闻出版总署办公厅先后发文，部署落实治理党政部门报刊散滥和利用职权发行，全国 1000 余家县报整顿后仅保留 48 家，其中 38 家由省级党报集团或者地区党报兼并。①

县级广播电视走过了和县报类似的兴衰轨迹。改革开放前 29 年，广播电视一直受到党和政府的高度重视，广播处于优先发展的地位。② 中华人民共和国成立至 1956 年社会主义改造完成期间，以乡村大喇叭的安装为标志，农村广播网建设开始起步。1957 年至 1976 年，伴随着政治运动，农村有线广播迎来发展的“黄金时代”。③ 到 1978 年，有线广播成了农村群众接收外界信息的“第一媒体”。面对低识字率的农村受众，广播覆盖率和有效性高；而和普通广播相比，大喇叭建设灵活、成本低。因此，国家宣传网络借助广播迅速下沉到广阔的乡村。

国家实施改革开放政策后，在“以经济建设为中心”的背景下，广播的优先发展地位逐渐被电视取代。1980 年 10 月 7 日至 18 日，第十次全国广播工作会议首次提出“把加速发展电视放在优先地位”。1983 年第十一次全国广播电视工作会议提出“四级办广播、四级办电视、四级混合覆盖”的事业建设方针和“以新闻改革为突破口，开展多种经营”的产业发展方针。同年 10 月，中央批准实施“四级办”建设方针。地方政府办电视台热情高涨，不到三年时间，不仅全国电视台数量猛增，电视人口覆盖率也首次超过广播。1992 年的一项社

①洪佳士 . 县市报发展四十年 [M]// 张建星 . 中国报业 40 年 . 人民日报出版社，2018.

②张君昌，张文静 . 新中国 70 年广播电视发展成就与经验启示 [J]. 传媒，2019（20）：9–14.

③潘祥辉 .“广播下乡”：新中国农村广播 70 年 [J]. 浙江学刊，2019（06）：6.

会调查显示，电视取代广播成了国人获知新闻的第一媒体。[①]

实施10年后，“四级办台”因“重、散、乱、弱、僵、旧”[②]及由市场竞争激烈生存环境严峻带来的侵犯版权[③]等失范问题逐渐暴露而遭受整顿。在中国即将加入世贸组织、传媒业集团化发展的背景下，1996年、1999年、2001年，中办、国办、国家广播电影电视总局陆续发文，政策要点是解决擅自建台、重复设台和乱播滥放问题，要求县广播电视台、电台、有线电视台三台合一，撤销县级电视台自办频道，用省级电视公共频道取代，主要转播中央、省和市级电视台节目，广告收入锐减甚至消失。为了生存，县台中有些超出自办节目延长播出时间，有些则在转播省、市节目时以插播广告和滚动字幕广告的方式开展经营活动。到2003年夏，县级电视台纷纷开始恢复自有频道；这一年，县级报受治散治滥整顿大部分被关闭，县级媒体便形成了以县广播电视台为主体的格局。[④]

2006年国家“十一五”规划纲要提出积极推进“三网融合”。2010年，广电总局要求各省年底基本实现广电网络“一省一网”整合。网台分离与广电网络整合，对县级广播电视是一次重大调整，造成两大效果。一方面，在传统媒体时代，中央与省市县级媒体间的层级分离关系被打破，跨层级的融合开始了。另一方面，作为收入支柱的网络收视费被剥离后，原本就广告收入大幅下降、以网养台的县级广播电视台雪上加霜，发展愈加艰难。

回顾县级媒体发展历程，可以看出县级媒体的发展深受国家政治经济政策的强烈影响。

改革开放前，在社会主义改造及其他政治运动、计划经济大背景下，县级报纸尤其是广播作为新闻宣传、社会动员的工具，得到重视与发展。

改革开放初期，国家的中心工作，从政治转移到经济，在“放权让利”“预算包干”“事业单位，企业化管理”的背景下，县级报纸、电视迎来了发展高潮。

---

①艾红红．“下乡”“离场”与“返乡”——新中国农村有线广播发展“三部曲”[J]. 福建师范大学学报（哲学社会科学版），2020（04）：95-103+172.

②杨新磊，王东林．从“四级办电视”到“四级办融媒”[J]. 新闻战线，2019（15）：106-107.

③杨俊伦，王向前，郑妍．自主创新四级办再造生态融未来——中国广电70年发展初探[J]. 电视研究，2019（03）：40-42.

④周逵，黄典林．从大喇叭、四级办台到县级融媒体中心——中国基层媒体制度建构的历史分析[J]. 新闻记者，2020（06）：14-27.

1992 年后，国内外政治经济环境发生了重大变化。国家加快从计划经济到市场经济转变，经济发展重心从农村、乡镇转移到了城市；1994 年国家实施分税制改革，加强中央集权；2001 年加入世贸组织前后，国家推动传媒集团化、文化体制改革，“造大船”以加强媒体抗风险能力。在一片“做大做强”和“治散治滥”的声浪中，县级报被大规模取缔与整合，县级广播电视台遭受弱化，其新闻舆论功能被中央、省市媒体所取代。

21 世纪的第二个十年，互联网、新媒体进入爆发式发展期，县级媒体也迎来发展的新时代。2010 年国务院印发《推进三网融合的总体方案》，推动电信网、广播电视网、互联网“三网融合”。2014 年《关于推动传统媒体和新兴媒体融合发展的指导意见》发布，国家出场推动“媒体融合”。2018 年 8 月，习近平总书记在全国宣传思想工作会议上的重要讲话中，提出了“县级融媒体中心”建设的要求。

建国 70 年来，国家侧重政治建设与经济建设，相对忽视社会建设；重点发展城市经济，相对忽视农村经济、农村社会的发展。县级媒体的发展状况，是国家这一现实的缩影。

县级融媒体中心能否走出治乱循环，在于能否克服基层媒体的旧弊，发扬基层媒体的本地化优势。

三、四级办融媒体与基层传播的重建

建国后，新的媒体布局是中央规制的结果。媒体布局与行政区划一致，媒体是同级党委的喉舌，主要功能是宣传与动员。在浙江省，建国初期，省级、县级党报，省级、地市级电台，总体上形成了一个三层科层体制；改革开放后，传媒业的结构布局，从“三级报纸、三级电视、三级广播”发展到“媒介集团”。[①]在全国范围内，加上中央一级，即为四级媒体格局。四级格局一定程度上限制了跨层级、跨地区的资源整合。

在“中央—地方”分权的政治经济背景下，1983 年开启的“四级办台”方针改变了以往的“行业集中”格局，推动权力下放，开始向分散发展，逐步走向“条

①潘祥辉 . 中国区域媒介转型的制度经济学分析——浙江传媒业 60 年转轨为例 [C]// 复旦大学信息与传播研究中心，复旦大学新闻学院 .“传播与中国・复旦论坛”（2009）——1949—2009：共和国的媒介、媒介中的共和国论文集 .[出版者不详]，2009：48.

块分割，以块为主”的新格局，激发了基层主流媒体的积极性。

有学者超脱出通常的媒体视野观察基层传播，指出中国新闻传播制度高度基层化，小到黑板报、宣传栏、标语、口号，大到广播站、县级广播电视台，再到基层联欢会、运动会等群众文艺活动，这些基层媒体积极参与到基层事务的管理、协调中，是基层单位公共化、社会化的平台。这种传播经验被称为“基层传播”（PeopleCommunication）。[①]

但是，县报撤销及县级广电失去新闻功能，大众媒体集中于大众化覆盖及同质化竞争严重脱离县区、社区空间，传统主流媒体将与区域社会联系的通道让给了互联网。政务机构为了实施群众路线寻找联系和服务群众的新渠道，不得不开展“自救运动”，绕开传统媒体走进网络空间，直接入驻微博、微信、抖音空间，力图与社会公众形成面对面的沟通关系和服务关系。因此，县级融媒体中心的建设，需要在社区媒体和媒介融合的双重经验坐标下寻找新的方向。[②]

基层社会对媒体的需求始终存在，而且一直未得到充分满足。经过多轮治乱循环，县级媒体虽然一度被削弱，但是与国家行政网络同构的四级媒体格局尚在，县级广电网络犹存。县级融媒体建设实际上是在四级办台的广电体制下，对县级广播电视机构的一次组织改造和技术升级。

乡村广播的延续体现了乡村始终如一的媒体需求。电视兴起后，广播一度“离场”、萎缩。1995 年后，随着有线电视的普及，乡镇广播站撤并，大多数村广播室撤销，大喇叭废弃。为贯彻十五届三中全会和中央经济工作会议关于农业和农村工作的精神，1998 年国家广电总局推出了“村村通”广播电视工程，要求在 2000 年实现村村通广播电视，重点依旧是电视，基层广播站还在持续减少。直到 2005 年 10 月十六届五中全会提出建设社会主义新农村，按照中央的统一部署，“村村响”广播工程于次年启动。1992 年之后，大量青壮年劳动力进城打工、学习，农村存在大量留守老人、妇女与儿童，其中有的人识字不多，无法融入现代生活。农村广播“村村响”工程正好弥补了这一市场空白点。近几年中央猛抓基层党建，派出干部下乡驻点扶贫，在地化的有线广播还成了下乡村干部扶贫济困的辅助工具。

---

①张慧瑜．基层传播的中国经验 [J]. 现代视听，2022（01）：1.

②朱春阳．县级融媒体中心建设：经验坐标、发展机遇与路径创新 [J]. 新闻界，2018（09）：21–27.

即使在2003年严厉的治散治滥之后，县报也没有完全消失。有的县报转型为县级新闻传媒中心，建设新闻网站，办内部资料性出版物性质、免费赠阅的《今日XX》。2003年夏，被撤销的县级电视台自有频道又纷纷恢复。

中央的县级融媒体中心顶层设计，实际上基于大量的基层探索与试点，也可以说是对基层媒体需求的回应。县委领导、宣传部主管的新闻中心，是县级融媒体中心前身。县级媒体合并也早有先例。贵州瓮安县在2008年，浙江长兴县在2011年，江西宁都、寻乌、崇义三县在2016年，均已先行实施机构合并与媒体融合。2018年开始，关于县级融媒体中心的基层试点开始在浙江青田、河南安阳、湖南浏阳、陕西富县、北京海淀区、内蒙古东胜区推开。①

从“四级办报”“四级办台”到“四级办融媒体”，国家对基层媒体的重新重视，遏止了大众主流媒体忽视基层受众个性化信息与服务需求的趋势。20世纪80年代广播电视事业蹒跚学步时，要突破性发展困难重重，于是国家出台“四级办台，混合覆盖”政策。②而今天网络媒体崛起，传统主流媒体面临公信力和影响力不断下滑的困境，于是国家支持“四级办融媒体”。这些政策的目标，都是要激发主流媒体的积极性。

第四节　县级融媒体中心发展的基础构建

国家2014年起推进媒体融合。继中央媒体融合、省级媒体融合之后，2018年县级融媒体中心开始了大规模建设，到2020年底，全国县级融媒体中心已经初步完成了基础构建：组织机构塑造、技术平台搭建、业务结构重组与流程再造，形成了一中心多平台的基本格局，在内容创作和分发上采用一次采集、多次生产、多渠道传播的理念，在运营上采取事企结合、绩效考核的方式。③

---

①陈国权.县级融媒体中心建设的历史渊源考察[J].新闻论坛，2019（02）：21-23.DOI：10.19425/j.cnki.cn15-1019/g2.2019.02.006.

②章波.关于“四级办台、混合覆盖”方针的思考[J].中国广播电视学刊，1988（06）：71-73.

③舒敏，杨宾.县级融媒体中心2.0时代：发展模式、方向与路径[J].中国出版，2022，No.531（10）：10-15.

一、县级融媒体中心组织机构三种模式

中宣部和国家广播电视总局制定的关于县级融媒体中心的系列标准，对“县级融媒体中心”下了官方定义：整合县级广播电视、报刊、新媒体等资源，开展媒体服务、党建服务、政务服务、公共服务、增值服务等业务的融合媒体平台。

在实践中，县级融媒体中心的组织机构班底，通常做“加法”，由县委宣传部新闻报道组、县政府新闻中心、县广播电视台、县级报社及所办新媒体构成，应融尽融。县级广播电视台由于建制较为完整，往往成为县级融媒体中心主干。也因为如此，县级融媒体中心建设相关的标准，是由国家广播电视总局具体组织制定的。

多数县级融媒体中心由县委宣传部统筹建设与管理。[①] 由县委宣传部负责统筹主要有两个好处：一是政治站位高，能更好贯彻党管媒体原则，按照党报思想来建设基层媒体；二是协调能力强，能统筹县级媒体各类主体、各类新闻资源，避免部门壁垒。

在县级融媒体中心筹建的过程中，机构属性是一个中心问题，它事关机构的体制和机制塑造。在实践中，存在三类属性的县级融媒体中心：公益一类事业单位、公益二类事业单位和企业。这三类机构可能是独立的，也可能是混合的。

全国有 2000 多个县，资源禀赋差异大。各县级融媒体中心采取什么组织形式，需要因地制宜。重庆市 38 个区县的融媒体中心提供了因地制宜创新组织机构形式的样本。主要存在三种模式：媒体独立发展模式、媒体与集团分离模式、媒体附带公司模式。还有“媒体 + 集团”创新模式。[②]

媒体独立发展模式下，由传统媒体与新媒体组建而成的县级融媒体中心，采用财政全额拨款的事业单位运行方式，像政府机构一样，不经营企业，员工工资有保障，职责是做好全县的新闻舆论工作。綦江、奉节、璧山等县级融媒体中心采用了这种模式。

①2018 年 10 月至 12 月，即在习总书记“8・21”讲话后不久，谢新洲团队对全国 600 家县级融媒体中心展开抽样问卷调查，县级融媒体中心的实际管理部门，有县委宣传部（78.60%）、县级电视台（12.50%）、县级新闻传媒集团（5.40%）、县级广播电台（1.75%）、网信办（1.75%）。

②李红秀，王钰涵 . 媒体 + 集团：县级融媒体中心建设的新模式 [J]. 当代电视，2021，No.396（04）：78–82.

媒体与集团分离模式下，融媒体中心与县级传媒集团完全分开，各自独立经营，前者采用事业单位全额拨款的运营模式，传媒集团采用企业化的经营模式。其典型代表是重庆市万州区，重庆三峡融媒体中心和重庆三峡传媒集团完全分离。

媒体附带公司模式下，县级融媒体中心成立后，为了保留原来媒体的广告收益，内设公司对外经营。如武隆区融媒体中心，机构类别为公益一类，全心全意做好宣传报道，所成立传媒公司继续从事经营活动。

潼南区融媒体中心开创的“媒体＋集团”模式，将融媒体中心和传媒集团融合起来。两者均为事业单位。为了理顺两者之间管理体制关系，两者的领导都由区委任命，融媒体中心主任兼任传媒集团党委书记。

原来，多数县级媒体是财政全额或差额拨款的事业单位，由财政供养。但自 2011 年国家对事业单位进行分类改革后，县级媒体改为自收自支，失去财政支撑。由于网台分离政策、网络媒体冲击，县级媒体收入来源急剧减少，在欠发达地区尤其如此。而融媒体中心建设非常耗费资金，面临着巨大资金压力。[①]

因此，地方政府的直接财政支持力度、间接业务支持力度、主管部门的管理尺度，都直接影响着县级融媒体中心的属性定位和业务拓展的边界。主要属于公益一类和属于公益二类但政策支持力度较弱的县级融媒体中心，市场化运作的空间受到体制局限、造血能力不强，对财政资金的依赖愈加严重，阻碍其可持续发展。[②]

鉴于县级融媒中心缺乏经济来源，有学者认为应将其定位为“公益事业单位”、党的舆论宣传工作“基石”，通过到达渠道保障、直接补贴、购买服务、减免税费、资源支持、项目扶持等六种扶持路径进行政策支持。[③] 还有学者对比了上海区级融媒体中心和浙江长兴县融媒体中心后指出，青浦、嘉定以及上海其他的区级融媒体中心目前的定位都是公益二类事业单位，可以看作青浦和嘉定的新闻发言人，它们更多是政府机构而不是媒体机构。而长兴传媒集团很大程度上已经转型成为一家互联网公司，500 多名员工中只有 100 余人有事业

---

①胡宸豪 . 欠发达地区县级融媒体中心建设的困境与出路 [J]. 传媒，2019（05）：74.

②黄楚新，李一凡 . 县级融媒体中心建设要行稳致远 [J]. 北方传媒研究，2023（01）：4–7+13.DOI：10.19544/j.cnki.bmyj.2023.0012.

③陈国权，付莎莎 . 传播力建设的最后一公里——县级融媒体中心建设路径 [J]. 新闻与写作，2018（11）：24–27.

编制。相比之下，长兴传媒集团具有标杆意义，而青浦、嘉定融媒体中心更具有推广价值。①

二、县级融媒体中心平台建设三种路径

2019 年 1 月中宣部和国家广播电视总局联合发布的《县级融媒体中心省级技术平台规范要求》，规定了对县级融媒体中心提供业务和技术支撑的省级技术平台的规范要求。

县级融媒体中心建设初期，在人、财、技三个关键因素中，技术因素往往是最大的制约因素。因为自身往往不具备技术能力而需要借助外部力量。因此很多研究者在探索县级融媒体中心建设路径时，多以技术为首要因素来分析。典型的分类法是分为三种，如纵向联动的“云端共联”模式、横向合作的“技术购买”模式和自主探索的“自主技术”路径。②可以从自身人、财、技条件，上级的政策导向去理解这三种路径。

第一种，“云端共联”路径。资金、技术、人才资源相对较弱的县域，将县级融媒体中心嵌入省市级或中央级媒体搭建的云端，形成了“强带弱”“省带县”“云端共联”“搭船出海”的路径。可“搭船”的云平台有甘肃日报社的“新甘肃云”、安徽广播电视台“海豚云”、江西日报社的“赣鄱云”、浙报集团的“浙江媒体云”、郑报集团“中央厨房·新闻超市”、人民日报“全国党媒公共平台”等。“搭船”的县级媒体，可以“复制”中央或省市级融媒体的技术资源、内容资源和业务模式，打通内容对外传播和对内引入的通道，省去大笔技术研发费用。因此，“云端共联”路径被广泛采用。弊端是难以满足个性化和敏捷部署需求。2018 年底谢新洲等人的调查表明，省级媒体单位开发的技术平台，在早期呈现出快速建设和上下联通的优势，但在后期发展过程中，逐渐呈现出发展滞后、个性化程度不高等现实问题。③

第二种，“技术购买”路径。资金、技术、人才资源相对较弱的县域，有的“搭船出海”，还有的将平台开发、运维由第三方新媒体平台托管。新华智

①窦锋昌 . 县级融媒体中心是不是媒体 [J]. 青年记者，2022，No.740（24）：127.

②刘永坚，王子欣 . 县级融媒体中心技术平台建设的模式及发展建议 [J]. 传媒，2022（11）：32–35.

③谢新洲，朱垚颖，宋琢谢 . 县级媒体融合的现状、路径与问题研究——基于全国问卷调查和四县融媒体中心实地调研 [J]. 新闻记者，2019（03）：63.

云科技有限公司、成都华栖云科技有限公司、北京中科大洋信息技术有限公司、成都索贝数码科技股份有限公司等第三方科技公司提供这样的技术服务。通过技术外包，县级融媒体中心可专注于内容生产。县级新媒体中心初创阶段，需求个性化，而且需求变化快，相对于省级技术平台，第三方公司往往对需求的响应速度更快、服务更灵活。弊端是需要常年支出技术开发及运维费用，且难以实现与上级平台内容资源的交换。

第三种，“自主技术”路径。资金、技术、人才实力雄厚的县域，基于自身技术积累、业务积累和上级行政支持，搭建自主融媒体平台。浙江长兴传媒集团、安吉县级融媒体中心为典型代表。这一路径的优点在于，能够根据自身特点整合县域媒体资源，能根据市场需要快速进行个性化技术研发，节省运营维护费用。弊端在于人才、技术门槛较高，初始投入大，如果无法快速形成规模经济效应，会消耗大量的日常维护费用。

无论采用哪种平台建设路径，都需要自身的技术团队。技术团队除了本地技术系统、基础设施、辅助设施的维护之外，还要对接自身的需求与外部技术合作伙伴，承担需求、技术双向“翻译”与沟通职能。为了有效行使这些职能，技术团队需要具备较高的技术水平与合作伙伴管理能力，也需要消耗大量的人员成本。

从全国范围看，存在多种平台建设路径，一方面有利于各个县结合自身的资金、技术、人才情况因地制宜；另一方面有利于各类技术提供商通过竞争，不断提高技术水平和服务能力。

从长远看，三种平台建设路径，均需让县级融媒体中心融入“四级融媒体”传播体系中，实现上下联动。

三、县级融媒体中心业务发展的加减法

通过复制中央和省市级融媒体发展的技术和业务经验，县级融媒体中心正在试图构建“五脏俱全”的产品和服务体系。

业务技术系统建设上，通过云端共联、购买技术或自主技术，县级融媒体中心基本建立起符合《县级融媒体中心建设规范》要求的软件和硬件系统，具备采集和汇聚、策划指挥、内容生产、综合服务、内容审核、融合发布、数

据分析功能的技术系统，掌握了精编生产、快编生产、网络直播、数据分析、App 定制、稿件生产、微博微信生产、图片生产、H5 编辑、生产协同、报刊排版、音频生产、网络点播、内容运营等技术工具。

业务模式建设上，借助机构整合机会，基于技术平台支撑，做“减法”，简化流程，减少重复产能，进行业务流程和框架重构：在内容的生产方面，搭建“中央厨房”，实现文字、图片、动画、音频、视频等多模态内容的生产；在内容发布方面，实现客户端、报刊、广播、电视、网站、微信、微博、应急广播大喇叭、户外大屏、手机报等传播矩阵融合发布；在服务方面，着手开发媒体服务、党建服务、政务服务、公共服务、增值服务等多样化服务。

但实际情况和理想目标还存在较大差距。

在新闻产品供给方面，从媒体平台看，仍然在电视频道与报纸版面上花费大量人力物力；从报道手段来看，板板正正、规规矩矩的行文与镜头仍是主流，短视频、现场视频直播、H5 页面等方式的应用极其缺乏。而各类服务，尤其是与市民切身利益有关的衣食住行、各类证照的审批、各种生活缴费服务、各类信息的查询服务等，县级融媒体中心还不多见。[①]

县级融媒体中心业务技术系统正常运行与维护，内容产品和服务的落地，均受县域的经济社会环境和自身资金、技术、人才条件的强烈制约。

县级融媒体中心建设过程中，体现多模态内容生产和发布一体化的“中央厨房”建设，体现一种内容、多渠道发布的传播矩阵建设，体现移动优先的 App 客户端运营，对市场规模大且资金、技术、人才储备得好的县，可谓水到渠成；而对于市场规模小且缺乏资金、技术、人才的县，则可能存在贪大求全、利用率低、运行成本高等问题。

有的学者则主张“中央厨房”模式不应作为标配常态化推广。[②]是否建设嵌入新媒体平台的传播矩阵、是否开发运营独立 App，也存在类似的争议。总之，县级融媒体中心需要基于县域的政治、市场、技术条件，因地制宜，不可盲目贪大求全。

---

①姚银松．县级融媒体中心突围“下半场”的路径与方法探析 [J]. 新闻研究导刊，2023，14（02）：157.

②陈国权．中国媒体“中央厨房”发展报告 [J]. 新闻记者，2018（01）：50-62.

第五节　县级融媒体中心未来的高质量发展

全国县级融媒体中心“全覆盖”基本完成，“上半场”已经结束，进入“高质量发展”的“下半场”。[①]

高质量发展的积极目标，既要发挥主流舆论阵地（新闻传播）、综合服务平台（信息服务）、社区信息枢纽（基层治理）作用，还要避免再度陷入基层媒体的治乱循环，以实现长远可持续发展。

如何解决治乱循环问题？有学者认为“中央厨房”可规避“四级办台”带来的层层嵌套导致的资源浪费以及盲目争夺受众导致的无序竞争。[②]本文认为，需要跨界构建平台化的县级融媒体中心，并形成国家市场、中间市场、草根市场均衡发展的“三层市场”结构，才能从根本上避免县级媒体的治乱循环。为此，还需要复归“全党办报”“群众办报”的党报传统。

一、县级融媒体中心发展的第三个阶段

虽然县级融媒体中心在2020年底基本实现全国覆盖，但不同的县级融媒体中心差异大，可能处于不同的发展阶段。而有的县级融媒体中心，则已经跨越了若干发展阶段。

很多学者关注今后融媒体服务功能、基层社会治理功能的发挥，注意到县级融媒体中心已经从机构重组、平台搭建的基础建设1.0版过渡到服务拓展、社会治理的迭代升级2.0版。[③]

还有学者基于“信息传播、基层治理与公共服务”这三大功能定位，分析县级融媒体中心建设发展的“四种模式”和“三个版本（阶段）”。[④]

①姚银松．县级融媒体中心突围“下半场”的路径与方法探析[J].新闻研究导刊，2023，14（02）：154-157.

②王峥．从“四级办台”看“四级办融媒”的潜力与挑战[J].新闻研究导刊，2020，11（23）：212-213.

③黄楚新，许可．媒体转型新趋势：融合、智能、跨界[J].青年记者，2020（36）：9-10.

④李文冰，吴莎琪．社会治理视阈下县级融媒体中心建设：功能定位与实践逻辑[J].现代传播（中国传媒大学学报），2021，43（05）：42-45.

融媒体中心建设的四种模式为“机制改革主导型”（江西省分宜县）、“内容创新主导型”（四川省江油市）、“服务主导型”（安徽枞阳县）和“复合型”（浙江省安吉新闻集团）。

其中，前三种为整体框架搭建（“体的融合”），属初具雏形的 1.0 版；“复合型”模式已经具备完整功能（“媒融合”），属“信息传播、基层治理与公共服务”这三大基本功能完备的 2.0 版。今后发展方向是功能拓展的 3.0 版，功能进一步实现域内各部门定位联动，跨级、跨域、跨行、跨界（“四跨”）联动发挥作用。

对照上述阶段，县级融媒体中心建设可因地制宜，按“由初级向高级、分级进阶”的进路发展。1.0 版适用于经济欠发达地区及刚开始进行县级融媒体中心建设的地区；2.0 版适用于已完成初阶建设且拥有较好经济实力和技术支撑的地区或以省域、市域统筹为依托协同发展的地区；3.0 版适用于已完成中阶建设且拥有政府和政策支持、可实现“四跨”联动合作的地区，使县级媒体中心成为具有持久发展活力的融“信息传播、基层治理与公共服务”于一体的治国理政新平台。

江西省分宜县融媒体中心就经历了 3 个发展版本。投入小、见效快的“分宜模式”，2017 年建成 1.0 版，将组织机构、技术平台、管理机制、内容生产等“融为一体，合而为一”，上线独点式“中央厨房”和“画屏分宜”客户端，改革了薪酬分配制度和产业经营模式；2019 年升级到 2.0 版，重点优化升级平台赋能、技术支撑、融创生产、经营实体化等，实现了融媒体中心、新时代文明实践中心与志愿服务中心“三中心”有机融合；目前正在打造的 3.0 版，突出产业融合，融入大数据和智慧城市建设、数字经济、乡村振兴。① 而按照前述标准，分宜县融媒体中心仍处于三大基本功能完备的 2.0 阶段，还未达到功能拓展的 3.0 阶段。

此外，需要重新审视上述 3.0 标准。对真正的 3.0 阶段，县级融媒体中心不仅应该“四跨”，实现从“中央厨房”到本地化平台的跨越，还要居于“三层市场”均衡结构，奠定长远可持续发展的基础。

---

①李建艳 . 深层破冰深耕品牌——江西分宜县融媒体中心的三轮改革 [J]. 中国记者，2022（10）：127–128.

二、县级融媒体中心的未来在于平台化

县级融媒体中心要不要平台化，要不要嵌入互联网平台做传播矩阵，要不要建“中央厨房”，要不要做客户端 App，这些问题争议颇多。

本章认同罗小布的观点：“平台”才是县级融媒体中心的未来，“平台”才能使县级融媒体中心持续经营。[①]

当前的县级融媒体中心建设，多数还是传统线性价值链模式或“媒体工厂”思路，通过媒体“中央厨房”，实施内部报刊、广电、网站资源整合，然后通过各类渠道分发内容。

而“平台”的思路，则是构建信息消费的生态系统，突破传统媒体边界，内容从新闻拓展到信息和数据，连接信息生产者和消费者，促成信息生产者和消费者相互之间实现价值交易或交换。例如，北京朝阳大妈作为信息生产者举报乱丢垃圾行为，“平台”受理并创立与环卫局的连接（将信息分发给环卫局），环卫局作为信息消费者清理垃圾，政府或环卫局给大妈发放 5 元奖励，完成“平台”一项核心交易。

“平台”不仅是党的“喉舌”“耳目”，也是百姓的“麦克风”。平台与基层百姓零距离，便于收集网络社区涌现的民生信息，投诉、维权等舆情信息，有助于职能部门知晓并协调相关部门快速回复和解决问题，从而成为国家治理的参与者与服务商。

虽然“县级融媒体中心平台”基础设施建设需要不菲的投资，但是在达到网络效应的规模临界点后，边际成本几乎为零。适当动用行政手段，可以让“县级融媒体中心平台”达到“临界规模”，例如要求公务员使用该平台，要求水、电、煤气、医疗、教育等公共服务单位接入相关数据。

除了维系传统平台、用好第三方平台之外，平台化运营的重要措施就是建设自主可控平台——超级客户端（App）。[②] 运营良好的县级融媒体中心如浙江安吉县、长兴县，四川仁寿县、古蔺县的融媒体中心。

为有效建设平台化的县级融媒体中心，需要运用“全党办报”“群众办报”

---

①罗小布．“平台”才是县级融媒体中心的未来（上）[J]. 广播与电视技术，2018，45（10）：26–31.

②宋建武．我们为什么要建设超级移动客户端？ [J]. 南方传媒研究，2023（03）：1–2.

的党报理论，整合地方传媒资源、文化资源和数据资源。

在革命战争年代，毛泽东谋划党报的创办，推动形成“全党办报”“群众办报”的党报理论。其中的标志性事件，是1948年4月毛泽东和《晋绥日报》编辑人员谈话，较为系统地阐释了党的报刊要宣传党的政策，要发挥动员和联系群众的作用，要靠全体人民群众、全党来办的理论。[①]

在当前的新时代，习总书记从国家顶层，自2014年以来推动媒体融合发展，2018年以来推动县级融媒体中心建设，要求“扎实抓好县级融媒体中心建设”。县委书记也应当发挥应有作用。《乡村振兴责任制实施办法》（2022年11月28日）提出了“五级书记抓乡村振兴”的要求。“五级书记”对县级融媒体中心建设的责任，虽然中央没有直接提要求，但属应尽责任，这是“全党办报”的应有之义。

党和国家进行顶层设计，推进机构改革推行大部制，成立大数据管理机构，升级电子政务系统，推动县级融媒体中心、新时代文明实践中心与志愿服务中心整合，这些改革发展政策正在为县级融媒体中心的平台化发展创造条件。如北京大兴App在全市率先实现了融媒体中心、新时代文明实践中心、政务服务中心和城市管理指挥中心四个中心贯通。

实践已充分证明，县级融媒体中心建设要取得实质性进展，必须以当地主政领导和传统媒体一把手这两个一把手为前提。其中，主政领导要懂媒体融合，愿意投入巨大的资金、人力和资源，至关重要的是选派年轻能干的优秀干部去领导县级融媒体中心。但在具体实践中，主政领导多把注意力放在经济建设、扶贫等领域，对媒体融合的重大意义缺乏足够的理解和重视，对县级融媒体中心建设的重视程度不够、推进力度偏弱、成效也相对较小。[②]

实践还充分证明，县级融媒体中心建设成效明显的地方，一把手推动是重要经验。如分宜县融媒体中心建设，被列入省市县三级重点改革项目和“县委书记工程”。江阴市为推进融媒体中心建设，成立了由市委书记、市长为组长的媒体建设工作领导小组。

贯彻“群众办报”理论，就要重建新时代的通讯员制度。中共党报通讯员

①牛新凯．常芝青回忆毛主席和《晋绥日报》编辑人员的谈话[J]. 党史博采（上），2021，No.645（05）：39–42.

②郭全中．县级融媒体中心建设的进展、难点与对策[J]. 新闻爱好者，2019（07）：14–19.

制度萌芽于20世纪20年代，正式确立于延安《解放日报》改版后，一直活跃到70年代。随着媒体的市场化改革，以及县域基层媒体的"关停并转"，通讯员制度逐渐衰落。①

实际上，通讯员制度正在成为县级媒体重建与社会连接的重要制度。宁夏银川贺兰县融媒体中心建立"三圈层"（核心层、专业层、社会层）人才团队运营机制，其中"社会层"包括通讯员450人、摄影家26人、作家11人、画家协会25人、老年大学75人，每个月提供的信息和产品超过2000条（件）。②

实践中，通讯员制度已经成为县级融媒体中心平台化发展的法宝。2020年，四川省古蔺融媒着手建立"全民通讯员"队伍，建立稿费和积分激励制度，组织街镇、县级部门、企业、村社区等注册融媒号。结果稿源大增，日均发稿量从30余篇升至134篇，最多一天达720篇，良好的日活率盘活了App的用户量。③这一制度实现了新闻的"全民生产"，使主流媒体也能实现UGC（用户生成内容），成了县域百姓信息生产和消费的平台。

只有从中央到地方认识到基层传播的意义，贯彻"全党办报""群众办报"理念，坚持"五级书记抓融媒体中心建设"，发挥"引导群众，服务群众"的作用，形成可持续发展能力，才能真正走出历史上县级媒体的治乱循环。

三、形成县级媒体市场的三层结构

我国已经告别计划经济。党的十九大报告（2017年10月）强调，使市场在资源配置中起决定性作用，更好发挥政府作用。2020年9月中办、国办印发的《关于加快推进媒体深度融合发展的意见》，要求要发挥市场机制作用，增强主流媒体的市场竞争意识和能力，增强自我造血机能。

按照郑永年的"制内市场"理论，由国家市场、中间市场和草根市场构成的市场是理想的市场结构，有利于国家、市场、社会"三重关系"的平衡。

在县级媒体市场中，国家市场，其中有事业单位性质的县级融媒体中心和国有传媒公司；中间市场，其中有国家市场嵌入的互联网平台，合作的技术开

①张志华．县级融媒体中心建设亟须上行乡村故事[N]．中国社会科学报，2019-01-10（03）．

②姚银松．县级融媒体中心突围"下半场"的路径与方法探析[J]．新闻研究导刊，2023，14（02）：157．

③川南经济网．厚植全民共建共享理念古蔺融媒书写隽永初心[EB/OL]．（2023-03-08）．https：//mp.weixin.qq.com/s/Xn_vnvk57P-M6QUZrwepmg．

发和运维服务公司；草根市场，其中有基于互联网平台的县域自媒体和个人。

很大比例的县级融媒体中心体制机制改革不彻底。一是尚未成立面向市场的企业，普遍缺乏市场化机制；二是普遍存在事业编制和企业编制的鸿沟，同工不同酬现象突出；三是缺乏有效的薪酬激励约束机制，难以充分激活员工的积极性、主动性和创造性。①

大部分县级融媒体中心为公益二类事业单位，可以获得财政扶持，但是一方面无法获得公益一类事业单位的财政资源，另一方面产业经营空间受限。②因此，很多已经建成的县级融媒体中心处于“只投入不产出”的状态，过度依赖国家和地方财政支持来解决资金不足问题。

如本章第四节所述，也有一些县级融媒体中心组建公司，引入市场机制，探索多元发展道路，提升自身造血功能。

县级融媒体中心组建公司，多数为“中心＋国有公司”的模式。比如新郑市融媒体中心实行“融媒体中心”和“融媒体公司”“两驾马车”协同运行的模式。“融媒体中心”是事业体制，财政全额供养，任务是做好新闻宣传和舆论引导。“融媒体公司”实行企业化管理，做好“新闻政务服务电商”，用融媒体新闻宣传主业引领融媒体多元副业，形成用多元副业反哺新闻宣传主业的良性循环，推动县级融媒体中心可持续发展。③

发展县级融媒体市场，县级融媒体中心仅仅发挥自身的力量、依靠党政机关的力量是不够的，还要动员社会力量，形成合作共荣发展格局。

云南省文山融媒创造了“平行合作”模式，这是用媒体资源撬动社会资本的范例。融媒体中心不直接出人、出钱、出物，而以媒体品牌无形资产和传播资源入股，与外部公司合署办公，建立资源互通、人才共用、收益共享、兼职工作室等机制，合作经营融媒体中心可以市场化运行的业务。这种模式有效破解了“一无启动资金、二无经营人才、三无力承担盈亏风险”的难题，盘活了自己无力经营、适合市场化运作的媒体资源，形成了广告、活动、电视片摄制、

①郭全中．江阴融媒体中心：基于区域资源垄断的“三智化”转型[M]//黄晓新，刘建华，卢剑锋．中国传媒融合创新研究报告（2021—2022）．中国书籍出版社，2022.

②陈国权．扶持体系下县级融媒体中心市场机制构建[J]．传媒，2023，No.393（04）：32-36.

③王海燕．县级融媒体中心建设的策略研究——基于河南省16个试点县（市）的实地调研[J]．新闻爱好者，2021（02）：64-66.

电商、政务合作 5 大创收产业。①

县级甚至市级媒体往往存在技术能力缺乏的短板，常常受制于人。已经有坚持自主研发，同时利用市场机制，与拥有先进技术和灵活机制的公司合作破解技术难题的案例。四川仁寿县融媒体中心一开始就选择第三方技术公司和自己的技术合作研发系统平台，后来与第三方技术公司合股成立新的技术公司，中心出资源、出需求、出思路，技术公司负责研发，参与全县智慧城市建设，而且化解了中心后期平台升级运维的技术和资金难题。②

对于县级融媒体中心的发展来说，如果说技术平台为其提供了业务基础框架，那么驱动资源配置的市场机制，以及兼顾国家、市场和社会需求的“三重关系”结构，国家市场、中间市场和草根市场均衡发展的市场结构，则是维持其长远可持续发展、高质量发展的血液。

---

①行动领导小组办公室 . 创新“媒体融”思路锻造融媒体三力——文山市融媒体中心建设走在全省前列 [EB/OL].（2023-03-08）.http：//www.ynws.gov.cn/info/1122/284486.htm.

②汪俊灵 . 四川省仁寿县融媒体中心舆论引导能力建设研究报告 [M]// 黄晓新，刘建华，卢剑锋 . 中国传媒融合创新研究报告（2021—2022）. 中国书籍出版社，2022.

第六章　县级融媒体中心的传播效果论

从2018年全国宣传思想工作会议提出“要扎实抓好县级融媒体中心建设，更好引导群众、服务群众”到现在，已经过去了四年。四年来，县级融媒体的建设和发展突飞猛进，政策、资金和资源的投入效果到底如何？阶段性的验收和评估已经陆续展开。2020年7月，学习强国平台上线县级融媒专区，已经开始推广山东东阿县、河北武强县等全国县级融媒优秀案例；云南、四川、广西、河南等省份陆续依据县级融媒体中心建设和验收实施细则对本省县区级融媒体中心进行验收，同时综合评估软硬件建设、传播能力及体制机制等。开展县级融媒体中心传播效果论的研究已经迫在眉睫，且极具开拓性和创新性。

第一节　县级融媒体中心传播效果的理想目标

一、县级融媒体传播效果的重要意义

县级融媒体中心已经上升为国家战略，成为主流媒体抢占主流舆论阵地和话语权的重要抓手。“郡县治，天下安”，县级融媒体中心必然要在社会治理、乡村振兴、文化建设等诸多领域发挥其应有的作用，这也是时代赋予其的使命和责任。如今，县级融媒体中心基本完成创新体制机制、重塑组织架构、构建融合矩阵、优化生产流程等基础建设，县级融媒体中心逐步开始由“量”的飞跃到“质”的变化、从数量增长到质量并重、从井喷式增长到提质增优的转变，助力基层社会治理、推动乡村振兴、参与智慧城镇和美丽乡村建设，不断提升党建、政务、商务、公益等服务水平，扎根县域并积极探索社会效益和经济效

益相结合的融合模式，实现全省宣传工作和融合传播一张网、一盘棋。2020 年 9 月 26 日，中央《关于加快推进媒体深度融合发展的意见》提出从体制、管理、人才、技术等方面推动媒体融合并向纵深化发展的要求；2020 年 10 月 29 日，“十四五”规划强调推进媒体深度融合，实施全媒体传播并建强用好县级融媒体中心。为了打通媒体融合纵深发展的重要一环和“最后一公里”，党中央不断加强县级融媒体中心顶层设计和战略规划，出台一系列文件政策规范县级融媒体中心及省级平台建设的标准及细则，各省份在中央顶层设计基础上制定本省县级融媒工作计划表，确定工作进度及具体战略并逐步落实。政策、资金和资源的投入需要科学准确的效果评估，因此，对县级融媒体中心建设进行效果研究迫在眉睫，这是开拓性和创新性的研究，也是深具前瞻性和迫切性的研究。

目前，县级融媒体传播效果评估尚缺乏研究，没有一套科学、系统、可操作的评估指标体系。结合县级融媒体建设实际，应用传播学等理论，研究县级融媒体传播效果指标体系设计、指标选取、指标权重赋值、评价模型构建等能够填补县级融媒体效果评估研究的空白，拓展县级融媒体效果评估方法，丰富县级融媒体效果评估理论，为政府部门和相关媒体提供决策参考。通过对县级融媒体效果进行综合评估，可以发现县级融媒体建设发展的薄弱环节，一方面，为政府部门进一步优化战略布局、调整政策措施、完善扶持方式、精准配置资源等提供决策参考；另一方面，为县级融媒体完善运作机制、调整创新方向、着力改进短板，推动县级融媒体更加注重建设和发展的质量，真正在提升效果上下功夫，只有这样，才能真正提升县级融媒体的传播力、引导力、影响力和公信力。

二、县级融媒体中心传播效果的应有之义

2019 年 1 月，中宣部和广电总局联合发布《县级融媒体中心建设规范》《县级融媒体中心省级技术平台规范要求》；4 月，又相继发布《县级融媒体中心网络安全规范》《县级融媒体中心运行维护规范》《县级融媒体中心监测监管规范》，这些政策标准都为全国县级融媒体中心的建设提供了发展依据。《县级融媒体中心建设规范》强调了对传播效果的重视，指出开发报道指挥平台，支持报道方向同向、同步、同声，报道形式百花齐放，报道过程可管可控，报道效果可测可视；建设传播效果分析平台、提供管理决策支撑；构建用户分析

平台、支撑精准传播，明确提出了运用大数据资源研究舆情热点、进行传播分析和用户分析来了解传播效果，及时调整业务方向，并为政府决策提供依据。根据《县级融媒体中心建设规范》对县级融媒体中心所做定义，县级融媒体中心是整合县级广播电视、报刊、新媒体等资源，开展媒体服务、党建服务、政务服务、公共服务、增值服务等业务的融合媒体平台。根据顶层设计中对县级融媒体中心的定义和要求可以将县级融媒体中心的传播效果分成三个层面。

第一个层面，从宏观层面来看，县级融媒体中心所要达到的建设效果是县级融媒体中心建设规范 21 条所指出的，县级融媒体中心建设目标是围绕党政中心工作和群众生产生活，牢牢占据舆论引导、思想引领、文化传承、服务人民的传播制高点，一是建成主流舆论阵地，宣传党中央决策部署、思想理论、核心价值观；二是建成综合服务平台，为地方群众干部提供政务服务、生活服务、传播服务、培训服务、社交服务等，增强党和百姓思想黏度；三是建成社区信息枢纽，提供生活资讯。统筹县域资源、提供综合服务。对接智慧社区、智慧政务、智慧城市。提供政务申报审批、注册办证、办理社保、投诉受理、网上党建、党员培训、政务公开等政务服务；提供网络电商、水电燃气缴费、百姓就医、环境监测、税务办税、旅游购物、停车等便民服务；提供舆情监测、民意收集、建言资政等公共决策服务。

第二个层面，从中观层面来看，是县级融媒体中心所要达到的业务效果。按照《县级融媒体中心建设规范》的业务要求，包括但不限于以下几点。媒体服务：广播业务、电视业务、报刊业务、新媒体业务、应急广播等；党建服务：党建新闻、党建管理、党务管理、在线培训考核、效果评估、党内沟通等；政务服务：新闻发布、政务公开、政务办理、建言资政、服务评价等；公共服务：民生服务、文化服务、教育服务等；增值服务：广告运营、区域运营、电子商城等。其中，对不同的业务效果也做出了细致具体的要求，如媒体服务上，实现饱和宣传、分众传播；探索“标准＋特色”的客户端建设路径、突出本县特色；坚持正面宣传，让正能量更强劲、主旋律更高昂；用主流价值导向驾驭算法，提高舆论引导能力；等等。

第三个层面，从微观层面来看，是县级融媒体中心的受众使用度和满意度。对媒体所提供的内容和服务，受众的使用频率、使用意愿、使用方式、互动参与度等都直接影响着作为“舆论宣传最后一公里”的县级融媒体中心“引导群众、服务群众”的最终效果。运用数据资源和收集用户反馈等方式，了解受众活跃度（发文数、作品数、原创篇数），互动度（评论数、点赞数），传播度（阅读数、下载量、转发数、粉丝数），以及对各种服务的使用频率、使用满意度等，应该成为县级融媒体效果评估的重要指标。

以上三个层面的效果都属于县级融媒体中心社会效益的范畴，县级融媒体中心是党的喉舌，是事业单位，党性和事业性要求县级融媒体中心必然要将社会效益放在首位。需要强调和补充的是，追求盈利和创收，实现经济效益也是县级融媒体中心传播效果的应有之义，县级融媒体中心要在把社会效益放在首位的同时追求经济效益，这样不仅能提升县级融媒体自身造血能力，加大人才和技术投入，促进自身长足发展；同时，也可以反哺社会，促进地方经济发展。

第二节　县级融媒体中心传播效果的制约因素

自 2018 年提出县级融媒体中心建设到如今，整体来说，我国县级融媒体中心虽然从机构上实现了全覆盖，但离真正做到“引导群众、服务群众”的“最后一公里”的建设目标和传播效果还有一定的距离，且存在很多制约因素，主要体现在以下方面。

一是体制机制和运营管理融合深度不够。在行政力量的推动下，为了响应政策，很多县级融媒体迅速挂牌，并投入资金建设“中央厨房”等融媒体的“标配”。而实际上，在很多县，机构、人员等的融合在体制机制和运营管理上并没有捋顺，在这样的情况下，管理体制和用人机制都明显不畅，并没有实现有效的深入的融合。真正的融媒体需要统一流畅的管理体制、机构设置、用人机制，并有科学合理的业务流程和奖惩机制，实现资源合理分配，内容生产高效，薪酬分配调动员工积极性，县级融媒体生产力得到极大的提升。

二是产业培育难，运行资金紧张。县级媒体普遍资金积累不足，而建设县级融媒体中心需要大量前期投入，仅靠自身无法解决。目前，县级媒体主要收入来源都是财政补贴。对于经济欠发达地区来说，财政经费短缺，县级融媒中心建设的资金严重不足，财政保障难以完全覆盖运行成本，产业范围过于局限，导致很多县级融媒体中心成立公司设想仍在探索初期，发展运营乏力，对人才、技术、设备的投入都很困难，导致持续发展后劲不足。

三是人才匮乏，缺乏全媒体人才和新媒体技术人才。由于发展需要，县级融媒体中心亟需采取公开招考的方式，引进高新技术人才和新媒体产品开发和运营管理等人才，实行企业化用工管理，同岗同酬。但由于编制受到严格控制，基本上编制只减不加，很难为优秀聘用人员解决身份编制问题；同时，作为县级媒体也无法提供较高的薪酬保障，因此，很难吸引来优秀人才，即便来了人才，也很难留住人才。很多优秀人才将县级媒体作为“实习基地”和“跳板”，人才流失严重。特别是在融媒体中心高速发展的现在，更加需要素质高、技术强、综合能力全的优秀人才支撑，但县级媒体平台相对狭小，自我造血功能不足，如果没有有力度的人才激励政策和资金支持，无法更好激发员工创作力和积极性，很难吸引人才和留住人才。

四是经营能力短板突出，自身造血能力低下。目前，不少县级融媒体中心成立了走市场化道路的从事多元化经营的公司，积极提升内容营销和多种经营的能力，提升服务水平，创新盈利模式。但是，县级融媒体中心依赖财政拨款的“等靠要”的意识仍存在，普遍缺乏创新性经营的思路和能力，也吸引不了或是留不住有能力、善创新的经营人才，同时也缺乏激励经营创新的体制机制。

五是技术瓶颈问题导致内容和服务融合进度慢。各媒体平台互融存在技术瓶颈、交互融合难度大，有的地方重复建设资源浪费大，有些单位受内部管理制约，服务端口不对外开放，不能为群众提供有效服务。融媒体矩阵中的客户端、微信号、视频号、各种第三方平台上的公众号，都需要内容和技术的双重维护和持续开发运营。而县级融媒体中心技术能力普遍较弱，大多依赖省级技术层面，有很大局限性，而且还要付出较大的财力。目前，融媒体中心的基础平台基本搭建完成，但在日常维护、平台管理、系统操作等方面，还存在技术支撑力量不足、技术保障体系不完善等问题，个别新闻采编人员对新设备和新系统掌握不全面、使用不熟练，工作效率有待进一步提高。

六是融媒体矩阵形式大于实效，影响力有限。目前，县级融媒体中心建立的融媒体矩阵，涉及平台形式较为全面，但是自建的客户端吸粉难、下载量少、活跃度低，各类平台粉丝数、日活量还需进一步提高，用户黏性还需强化。数量庞杂的新媒体平台建立后内容不精，运行乏力，传播效果没能达到预期。大多数的平台用户数或粉丝数只有几十人，影响力极为有限。

七是舆论引导方式方法较单一，创新性不足。县级融媒体中心，作为主流媒体占据新闻资源优势，但在将其转化为社会影响力和竞争力方面有欠缺，把握新闻时机挖掘的有较大舆论影响力或极具创新性的报道少。从整体上看，县级融媒体中心受人力、技术、设备等因素制约，新闻策划、采编的能力较弱，原创新闻量较小，有思想、有深度、有温度、接地气的产品少，基层故事的构建较为薄弱，无论是新闻生产能力还是服务群众能力都还有很多不足，导致舆论引导能力不足。

八是农村老龄化严重，且受众媒介素养较低。很多农村甚至连县城多是留守老人和孩子，他们很少使用新媒体也不太会使用新媒体获取信息和服务，如何利用他们比较关注的媒体如电视来提供内容和服务，如何创作作品使他们爱听爱看，还能引导他们，如何让他们在外的亲人关注本县本地的新闻和其他信息，如何吸引本地的年轻人回家乡创业，这些都是制约县级融媒体传播效果的亟待探索和突破的课题。

第三节　县级融媒体中心传播效果的评估体系

县级融媒体建设已经上升为国家战略，是抢占新的宣传舆论阵地、牢牢把握主流意识形态话语权、引导群众、服务群众的最后一公里。自中央提出县级融媒体以来，我国县级融媒体迅速挂牌并建设发展起来，极大地提升了县级融媒体的传播力、引导力、影响力、公信力，在新闻宣传、信息服务、社会治理、传播社会主义核心价值观、新时代文明实践等方面取得了显著成效。随着深度融合、提质增效成为县级融媒体的新目标，随着国家对县级融媒体在社会治理和乡村振兴等方面提出的新的任务和产生的期望，构建一套科学合理准确的县级融媒体传播效果评估体系，以检验县级融媒体建设的模式和效果是否与提出其的战略目标相契合，是十分必要的。

一、县级融媒体传播效果评估体系构建理论依据

本文以技术接受理论、传播效果、使用与满足理论、利益相关者理论作为县级融媒体传播效果评估的理论依据。

1. 技术接受理论

1975 年 Fishbein 和 Ajzen 提出理性行为理论，目的是在使用的系统性方面预测和了解人类的行为。1989 年，在这一理论的基础上，Davis 在研究用户对信息系统接受时提出了技术接受模型（Technology Acceptance Model，简称 TAM），在此基础上考察在使用新技术方面使用者的内部因素：信念、态度、意图与外部因素之间的影响关系，从而寻找内部因素进一步影响科技使用的情形（Davis，1986：Davis，Bagozii&Warsaw，1989）。技术接受模型中提出了两个主要的决定因素：知觉有用性（perceived usefulness）和知觉易用性（perceived ease of use）。知觉有用性反映使用者认为使用一个具体系统对他的工作业绩提高的可能性。对新科技的采用程度和使用者采用新科技的态度呈正比，反之呈反比。知觉易用性指的是使用者对于新科技使用难易程度的评价，新科技采用的简便程度和使用者的态度成正比，反之呈反比（如图 6-1）。

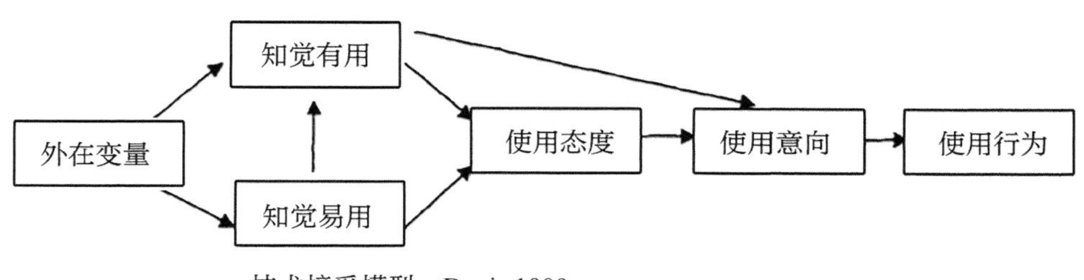

技术接受模型：Davis,1989

图 6-1　Davis 提出的技术接受模型

资料来源：金可，《二维码消费者使用行为研究》，2013

外在变量（External Variables），指其他可能影响到使用者对于科技产品知觉有用性和知觉易用性的因素，这些外在变量会通过作用于使用者的态度和意向最终对使用行为造成影响。Kang（1998）指出了外在变量的重要性，如使用者自身的特性、使用者以往的科技接受行为以及对于信息的处理能力等，都会

对知觉有用和知觉易用产生影响。

使用态度（Attitude Toward Using），指使用者对于使用科技的态度，知觉有用和知觉易用同时作用于消费者的态度，使用者认为科技的有用性和使用的便宜性越高，则对于科技产品的态度越积极。

使用意向（Behavioral Intention to Use），指使用者未来对于新科技使用的主观意愿。技术接受模型中指出，使用者的意向同时受到使用者态度和使用者对于科技产品的知觉有用性两方面因素的影响。

以上因素层层递进，“使用态度”和“使用意向”并非静止不变，单次的科技使用行为可能对使用者日后的整体科技使用行为产生影响。

2001 年，Moom 和 Kim 在原有的 TAM 模型基础上增加了“认知娱乐性”（Perceived Playfulness）一项，用以考察“认知娱乐性”对于因特网接受度的影响，从而构建出了延伸式技术模型（ExtendTAM）。[①]“认知娱乐性”概念的引入非常适用于新技术背景下产生的新的媒介接触行为，“娱乐”日益成为人们选择一个媒介的一个重要因素，而“娱乐”本身也是受众进行媒介选择和媒介接触的重要原因，延伸式技术模型如图 6–2。

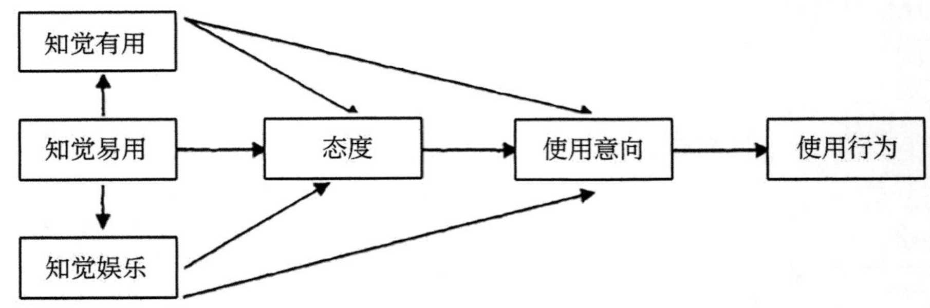

图 6–2　延伸性技术接受模型

资料来源：金可，二维码消费者使用行为研究，2013

Moom 和 Kim 的研究结果说明，“知觉娱乐”在互联网中作为自变量对使用行为产生影响，因此，“知觉娱乐”可以作为使用行为研究的考察因素。

技术接受模型被广泛应用于新科技与消费者行为之间关系的研究领域。作为新技术的产物，融媒体的受众使用意向、使用态度等都能够直接反应出其使

①金可 . 二维码消费者使用行为研究 [D]. 上海：上海师范大学，2013.

用行为，因此，作为一项对于新科技、新技术以及新产品的使用者的成熟的研究理论，技术接受模型可以作为本研究的理论基础。

2. 传播效果理论

根据郭庆光在《传播学教程》中的解读：首先，传播效果是一种在受传者身上发生的变化，这种变化源于带有说服动机的传播行为，这些变化包括在受传者身上引起的心理、态度和行为的改变；其次，它还指传播活动尤其是报刊、广播、电视等大众传播媒介的活动对受传者和社会所产生的一切影响和结果的总体，而且这些影响更多的是潜移默化的，甚至是无意识的。本研究主要探讨的是第一方面的传播效果，即在新媒体时代，媒介的传播活动对受传者都造成了哪些影响。

第一方面的传播效果依其发生的逻辑顺序划分为三个层面：第一个层面是认知层面，即外部信息作用于人们的知觉和记忆，会引起人们知识量的增加和知识构成的变化。第二个层面是心理和态度，这是由于认知的变化影响了受众的观念或者价值体系，进而发生了心理或者态度的改变。第三个层面是行为的变化，由于认知和态度的变化，受众会通过行为将这些变化表现出来。从认知到态度再到行为，这是一个效果的积累、深化和扩大的过程。

根据传播效果理论，本研究对融媒体的研究主要从这三个层面展开，通过问卷调查来研究县级融媒体的传播活动对其用户引起了哪些心理、态度和行为上的变化。

3. 使用与满足理论

从使用和满足理论的角度来看，用户是为了满足心理需求和社会需要，有目的性地消费和使用媒体。金炳坤、尹日基将用户对社交媒体的满意度影响因素分为系统和服务特性进行了分析。系统要素和服务特性细分为保安性、效率性、安全性、使用容易性、立即连接性、应答性等。结果证实，保安性、易利用性、共感性、确信性的影响力最高[①]（如图 6–3）。

①杨雪琼 .Instagram 使用满意度相关研究：以沉浸的媒介效果为中心 [J]. 科技传播，2021，（08）下：106–132.

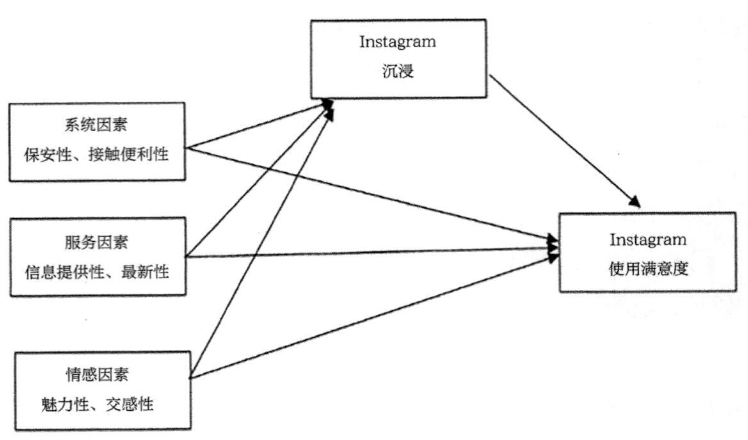

图 6–3 使用与满足理论模型

资料来源：杨雪琼，Instagram 使用满意度相关研究：以沉浸的媒介效果为中心，2021

应用以上三大理论，从县级融媒体的传播活动出发，全面衡量其对县域公众的价值和影响，以及引导群众和服务群众的效果。这既为县级融媒体效果评估体系的构建提供了理论依据和设计逻辑，也为县级融媒体研究提供了创新路径和方法。通过公众对县级融媒体各个媒介平台和服务项目的使用和反馈，发现优势和劣势，从而更好地实现县级融媒体提质增优的目标。从技术接受理论、使用与满足等传播效果理论的视角界定县级融媒体公众效果，作为构建县级融媒体传播效果评估体系建构的一部分，研究公众效果为县级融媒体效果评估模型构建提供理论支持。

4. 利益相关者理论

利益相关者是指影响组织行为及组织目标的实现，或是受到组织目标实现及其过程影响的个体和群体。利益相关者理论打破传统观点的束缚，核心观点在于组织应当综合平衡各个利益相关者的利益要求，不能一味强调自身的财务业绩，还应该关注其本身的社会效益。企业是利益相关者共同缔结的契约，企业利益与利益相关者利益捆绑在一起，彼此相互影响、相互依存。这就意味着，企业的一切行为都要着眼于并渗透着利益相关者的利益需求。虽然县级融媒体中心目前都是事业单位属性，但是为了减轻财政负担，同时积极创造经济效益以吸引人才，留住人才，提高人才积极性，经济效益是县级融媒体中心必然追求的目标，但同时县级融媒体中心有党性和事业性，应把社会效益放在首位，再实现社会效益的基础上追求经济效益。

利益相关者理论与县级融媒体效果评估密切相关的原因在于以下两个方面：一是县级融媒体中心传播效果最终都是由利益相关者共同创造的。利益相关者的利益诉求必然有相同，但也因处于价值链的不同环节而又有差异。因此，构建县级融媒体效果评估体系，要求尽可能反映所有利益相关者的利益信息，保证效果评估的客观与科学。二是利益相关者理论强调企业除了关注经济效益外，还需要关注社会效益，这与县级融媒体的属性要求相契合。

二、县级融媒体效果评估体系构建原则

媒体机构既有事业属性也有企业属性，媒介产品既具有商品属性，又具有文化属性，肩负着舆论宣传和引导、参与社会治理、服务群众、文化建设等重要使命。"对于文化产品和文化产业，除了以其经济价值指标进行衡量外，还要设立与它的文化社会价值相匹配的评估体系。这个标准也要三个有利于：要有利于保持和促进社会精神生产能力的不断增强、创造力得以充分发挥；有利于优质的文化产品质量不断提高、结构不断优化；有利于优质的文化产品的社会影响占主导。"①

综合考虑县级融媒体中心建设的目标和要求，县级融媒体中心效果评估体系构建应遵循以下原则。

1. 社会效益评估和经济效益评估相结合

《县级融媒体中心建设规范》对县级融媒体中心做了定义，县级融媒体中心是整合县级广播电视、报刊、新媒体等资源，开展媒体服务、党建服务、政务服务、公共服务、增值服务等业务的融合媒体平台。效果评估体系构建要统筹考虑县级融媒体中心社会效益与经济效益的关系，既要评估县级融媒体中心的舆论导向、宣传引导、传播影响力、服务水平、用户黏性等社会效益，也要评估广告经营、服务营收、电子商务、直播带货等经营活动所获取的经济效益。

2. 系统性与有效性相结合

县级融媒体评估指标选取时既要考虑主观意愿与客观实践的衔接，也要考虑媒体融合之后新旧不同指标之间的协同，还要顾及评估体系与实际需求的匹

①汪振军．论文化产品的价值传播 [N]. 光明日报，2012-12-08.

配，全面反映县级融媒体中心建设的综合情况，包括直接和间接的效果，短期和长期的效果，对政治、经济、文化、社会、生态等方方面面的效果，等等。同时，针对县级融媒体中心建设和发展现状，以及建设目标和要求，抓住重点，确保评估指标准确有效。

3. 科学性与可操作性相结合

科学地选取评估指标是建立评估指标体系的重点和关键所在。在构建县级融媒体中心效果评估指标体系时，要采用科学的理论依据，对县级融媒体中心评估指标进行规范处理。同时，在评估指标选取过程中要注意指标的可操作性，包括数据来源的可得性和权威性、测量的信度和效度、数据采集和统计处理是否可行等。这些都在一定程度上影响整个评估指标体系的实用性与可行性。

4. 定量评估与定性评估相结合

研究考量县级融媒体中心业务模式、内容质量、服务水平、用户互动、受众反馈等的关系，判断可以定量评估的部分和目前只能定性评估的部分，以定量评估为主，定性评估为辅，定量评估与定性评估相辅相成、科学权重、互为补充，使得评估体系的综合评估结果具备普适性和实效性。

三、县级融媒体效果评估体系构建框架与路径

县级融媒体效果评估是对县级融媒体的目标、内容质量、经营管理、社会效益、经济效益要素构建指标体系，建立评估模型，对县级融媒体的宣传业绩、经营业绩、传播力、引导力、公信力等作出整体的评估，为决策提供科学依据。

1. 总体框架

2019 年 1 月，中宣部和广电总局联合发布《县级融媒体中心建设规范》《县级融媒体中心省级技术平台规范要求》；4 月，又相继发布《县级融媒体中心网络安全规范》《县级融媒体中心运行维护规范》《县级融媒体中心监测监管规范》，都为全国县级融媒体中心的建设提供了发展依据。以政策规范为依据，县级融媒体中心是整合县级广播电视、报刊、新媒体等资源，开展媒体服务、党建服务、政务服务、公共服务、增值服务等业务的融合媒体平台。结合县级融媒体工作目标和工作实际，本文以技术接受理论、传播效果理论、使用与满足理论和利益相关者理论为依据，从县级融媒体中心舆论导向、社会影响、经营业绩、受众反馈四个维度展开研究，并以技术接受理论为主线，从受众需求

视角剖析县级融媒体效果评估过程中涉及的各种业务和活动，构建县级融媒体效果评估体系的总体框架。作为顶层设计的县级融媒体战略，关于县级融媒体中心的发展，习近平总书记给其确定的使命是“引导群众、服务群众”，因此要以“引导群众、服务群众”为中心，构建县级融媒体中心评估体系。

具体而言，主要基于以下几点考虑：一是县级融媒体中心建设是中国媒体融合转型的一部分，其已经上升为顶层设计和国家战略，以价值引导、社会影响、经营业绩、受众反馈等作为县级融媒体中心效果评估体系的一级指标，符合党和政府对县级融媒体中心的战略规划和政策方针。二是根据县级融媒体中心建设的目标和规范，将上述提到的效果的四个方面转化为指标，再按照价值引导、社会影响、经营业绩、受众反馈四个维度把指标分类，并整合为价值网络。县级融媒体中心的效果正是在这些价值运作过程中产生的。三是县级融媒体中心涉及多个利益主体，有的是经济利益的主体，有的是社会利益的主体，各个主体为县级融媒体中心的目标、要求和效果都在做着自己的贡献，相互合作又相互牵制，都影响着县级融媒体中心的业务活动。但从根本上来说，不同利益主体的根本利益是一致的，都是要让县级融媒体中心的社会效益和经济效益最大化。

2. 评估指标体系构建路径

评估指标根据被评估对象和评估目的确定，能够反映评估对象某方面状况或某种特征的度量，每个评估指标都从不同的侧面刻画被评估对象的状态。评估指标体系是由一系列相互联系的指标所构成的整体，能够反映出评估目的所要求的被评估对象的各方面情况。

总体思路。县级融媒体传播效果指标的确定和指标体系的构建，按照县级融媒体中心的定义：媒体服务、党建服务、政务服务、公共服务、增值服务等进行分类，围绕县级融媒体中心的各种有效的业务活动而展开。首先从价值引导、社会影响、经营业绩、受众反馈四个维度，剖析县级融媒体中心传播效果评估过程中涉及的一系列价值活动，然后用灰色关联分析法对评估指标进行论证优化。其次，选取 30 家县级融媒体中心为重点研究对象，以媒体服务、党建服务、政务服务、公共服务、增值服务作为评估要素，进行分类评估指标体系设计，采取德尔菲法与层次分析法相结合的方法对评价指标进行权重赋值、构建评价模型和实证检验。最后进行实证检验分析，采用数据包络法和德尔菲法相结合（DEDM）法来综合进行县级融媒体中心传播效果评估，根据评估结果验证县级融媒体中心传播效果评估体系的信度与效度。

分类构建县级融媒体中心传播效果评估指标体系。综合分析县级融媒体中心传播运营情况，对媒体服务、党建服务、政务服务、公共服务、增值服务分类进行效果评估指标初选，分类构建出版走出去效果评估指标体系。

（1）媒体服务效果评估指标体系。作为媒体的县级融媒体中心，坚持内容为王，传播优质内容的媒体服务，是县级融媒体中心的立身之本，也是实现其他服务和业务活动的基础和前提，这是衡量一个县级融媒体中心建设和传播水平的重要指标之一。

开展媒体服务效果评估，应将媒体种类和数量，发行量，收听率，收视率，传播度（阅读数、下载量、转发数、粉丝数），互动度（评论数、点赞数），受众活跃度（发文数、作品数、原创篇数），广告收入，常态引导和突发事件应急宣传，县域内外的覆盖面和影响力等纳入媒体服务效果评估指标体系，对媒体服务的效果和影响因素进行实证研究，为县级融媒体中心优化媒体矩阵和战略布局，优化媒体规模、品种、结构，提升媒体服务和效益提出建议。

（2）党建服务效果评估指标体系。党建服务是对接党委部门技术平台，为党建提供信息发布与宣传、管理服务，协助党建工作的开展。全面开展党建服务，是县级融媒体中心效果和效益的重要因素。开展党建服务效果评估的重点在于党建新闻发布的频次、党建业务管理的数量、党务管理的设置和使用率、在线培训考核数量、效果排名频次、党内沟通渠道的设置和使用率、党委部门和党员反响、服务收入等纳入评估指标体系。对党建服务效果以及影响因素进行实证分析，有针对性地提出进一步提升党建服务效果的措施和方法。

（3）政务服务效果评估指标体系。政务服务主要指对接政府部门技术平台，为智慧政务提供信息发布及宣传、互动业务。作为综合服务平台和社区信息枢纽，政务服务是县级融媒体中心的重要方面，其质量直接影响到县级融媒体中心的效果。做好政务服务，做好政务新闻发布和政策解读，宣传党中央决策部署、思想理论、核心价值观，也是县级融媒体中心建成主流舆论阵地的重要责任。

政务服务的效果评估，不仅仅要看其服务的数量和覆盖范围，更要看是否真正影响受众的行为实践。开展政务新闻发布的数量和时机、政策深度解读的数量和比例、政务公开的速度和范围、政务办理的可用性和便捷性、建言资政渠道的数量和使用频率、对用户评价的跟踪和反馈、用户使用率和满意度等方面纳入效果评估指标体系。对政务服务的有效方式、影响因素以及落地情况进行实证分析，为进一步有效提升政务服务提供决策依据。

（4）公共服务效果评估指标体系。公共服务是指按照“媒体+”的要求，实现民生、文化、教育等公共服务的功能。公共服务，是县级融媒体中心吸引县域公众、增强用户黏性、扎根群众、服务群众的有效途径。县级融媒体中心广泛开展提供智慧社区、水电燃气缴费、百姓就医、环境监测、税务办税、旅游购物、停车、文化演出、在线教育等公共服务，为县级融媒体中心建立与用户的紧密连接奠定了良好的基础。公共服务的效果评估应着重于民生服务的种类和数量、文化服务的种类和数量、教育服务的种类和数量、服务经营收入、用户使用率和满意度等指标。

（5）增值服务效果评估指标体系。增值服务主要是指为本地用户提供各类增值服务，提供广告运营、区域运营、电子商城及其他增值服务类业务。增值服务是县级融媒体中心为本地企业和用户提供多样化服务、开展多元化经营、实现创收的重要途径，也是县域品牌宣传和营销、推动县域经济发展、扩大对外宣传的重要途径。增值服务的效果评估应着重于增值服务的种类和数量；线上商城或直播带货等电子商务的流量、销售业绩、利润率、客户评价、市场份额；品牌营销活动的数量和投资回报率；广告订单转化率和投资回报率；服务收入和利润额；客户收入和满意度；品牌营销的数量和范围、传播力和影响力等指标。

3. 设置各层级评估指标和权重系数

采取层次分析法建立县级融媒体中心传播效果各评估指标体系的各级评估指标，可分为三个层级设计评估指标：一级指标基于县级融媒体中心内涵界定，即媒体服务、党建服务、政务服务、公共服务、增值服务；二级指标是依据一级指标属性进一步分解，即在五个分类指标下的价值引导、社会影响、经营业绩、受众反馈等重点评估指标；三级指标是对应二级指标对实现县级融媒体中心所做的所有创造价值和效益的业务活动，即对上述五个部分分类构建指标，将指标进一步细化实现数量化处理，根据标准化处理后的指标进行数据分析。

不同评估目的、不同的评估类型等决定了不同评估指标的重要性是不同的，应科学设置指标权重。充分挖掘利用县域内外各种数据，进行结果的一致性检验。

本研究依据传播效果理论、利益相关者理论等理论，结合县级融媒体中心建设实际，对构建县级融媒体中心传播效果评估体系的原则、框架与路径进行了探索，下一步还将在此基础上进一步深入研究，研究县级融媒体中心传播效果分类评估指标体系中各层级指标权重赋值以及实证检验分析方法等，不断完善和优化县级融媒体中心传播效果评估体系的针对性、普适性、有效性和可操作性，促进县级融媒体中心提质增效、全面健康可持续发展。

第四节　县级融媒体中心传播效果的提升方略

近年来，在行政和技术的双重驱动下，县级融媒体中心的建设和发展日新月异、突飞猛进，在新冠肺炎疫情爆发这一公共卫生重大突发事件中为疫情防控做出了重要且突出的贡献，在决战决胜脱贫攻坚、庆祝建党百年等重大主题报道中体现了融媒体建设的成果和进步。从调查研究的结果来看，总体上说，县级融媒体中心的建设效果也得到了广大受众的确认和肯定。随着全媒体传播体系的建立，县级融媒体中心的融合创新进一步深入，在体制机制、内容创新、组织管理、人才队伍建设等方面的挑战也日益严峻。首要的，当然是思维观念和体制机制的转变、人才队伍的“引用育留”，这已经是老生常谈，却是在实践中因为种种原因很难做到的；县级融媒体中心自己的客户端 App 往往下载量不是很高，活跃度一般，日活和基础用户较少；微信端又有一定的局限性，公众号的机制限制很多，一天只允许县级单位发布一次消息内容。在种种问题桎梏、主客观条件混杂的情况下，县级融媒体中心在功能和操作层面，有哪些可以精进的呢？我国各地情况复杂，发展很不均衡，没有模式可依。县级融媒体中心建设必须从本地区的实际出发，以受众使用行为和效果为导向，在增强“四力”、引导群众和服务群众上发力，既要有战略性布局，也要有策略性举措，有序推进。

一、力行体制机制改革倒逼人才队伍转型升级

把先进技术和项目资金向新媒体倾斜，绩效考核和人才激励的重点要放在

新媒体上，重点考核内容生产和传播的新媒体流量、活跃度、转发和评论数等指标，重点奖励新媒体爆款产品，激发人才对新媒体创作的积极性、参与性和创新性。可以借鉴上海广播电视台和钱江晚报的做法，对县级融媒体中心的部门和人员进行调整，仅保留一个传统媒体采编部门，将三分之二的员工纳入移动端生产和传播，设立新闻指挥室、视觉工作室、创意设计、产品和内容运营等适应新媒体采编和传播的机构和部门。北京经开区融媒体中心在体制机制改革上则更为彻底，由事业单位整建制转为企业方式运营。

建立针对项目组、品牌工作室等的动态考核机制，项目制是县级融媒体可以进行探索的机制之一。从灵活的项目组开始，项目成熟后可以打造品牌，成立融媒体品牌工作室。可以借鉴人民日报社的做法，其主打财经内容的“麻辣财经”、主打时政新闻解读的“侠客岛”等品牌产品，都是来自于各自的融媒体工作室，而在人民日报，这样的工作室有数十个。安吉融媒体中心打造了“十分”海报工作室、“遇见安吉”工作室、“源”视频工作室、梅地亚小黄人团队等一批行业知名品牌；实行全员绩效考核，各部门根据各自业务的特殊性，分别制定符合实际的考核标准，中心编内编外员工除基本工资因身份不同外，在其他方面同工同酬。① 垂直内容工作室、项目制是激发团队积极性和内容创新性的有效机制，通过“绩效激励＋项目招标＋专题培训”，用新媒体技术和互联网思维为原有人才赋能，增强县级融媒体中心人才的成就感和获得感，对特殊人才给予特殊待遇和绿色通道，才能引进全媒体高端人才，加快改善新媒体高端人才匮乏的现状。

淳安县融媒体中心也对部门机构、采编流程等进行了重组，推出大部制，部门架构充分向全媒体和移动端内容生产倾斜，设立新闻部、专题部、视频部、网络部、移动部、技术部、办公室、对外合作部，有效提高了全媒体新闻生产效率及其影响力，同时积极探索新媒体传播项目市场化运作方式，近年成立了短视频团队、直播带货团队，采用项目制运作，推出淳安地方性品牌活动。

体制机制改革，这是老生常谈，但却是最核心也是最难解决的问题。尤其是大刀阔斧地进行新媒体端的绩效考核机制和人才激励机制优化是体制机制改革最为重要的环节，但是由于涉及利益冲突，现实中这项改革往往名存实亡，

①祝青，章李梅，丁峰 . 新时代重塑县媒融合发展格局的安吉实践 [J]. 传媒，2022，（11）：25-26.

这直接影响人员的积极性和创造性，引不进人才、留不住人才，是桎梏县级融媒体中心发展的根本原因。

二、移动优先，大数据分析和主流价值引导相结合

坚持移动优先战略，利用大数据分析系统有针对性地打造爆款融合产品，并与主流价值引导相结合。

第一，县级融媒体中心的首要任务是做好新闻宣传和舆论引导，牢牢把握主流媒体话语权，传递基层主流声音，传播社会主义核心价值观，凝聚基层思想共识，更好地引导群众、服务群众。而要想有效完成宣传任务，更好地体现主流媒体的责任和担当，巩固县级融媒体的主流话语权和引导力，就必须坚持移动优先，才能更好地完成主流媒体的使命和任务。调查可见，网络媒体已全然成为县域人民生产生活的重要领域，县级融媒体的微信公众号和视频号、手机 App 都是县域群众使用频率最高的媒体。因此，县级融媒体应移动优先，将新兴媒体作为主要抓手，新媒体和传统媒体充分融合，进行资源整合和重组，将各种资源向移动端倾斜，切实提高党的新闻舆论传播力、引导力、影响力、公信力，更好引导群众、服务群众。

第二，县级融媒体中心应通过打造爆款融合产品来引导和传播主流价值，不断提升引导群众和服务群众的方式和水平。通过形态多样、手段先进的融合媒体矩阵，综合运用最新的传播技术和手段，找到受众的"痛点"，满足不同层次人群的信息需求，进行多媒体、跨平台、立体化传播，强化传播影响力，才能唱响主旋律，讲好县域故事。

第三，要利用大数据技术和分析系统，了解和发掘受众需求，策划制作传播内容，并针对内容传播效果及时作出反馈和调整，真正做到精准传播和有效传播，避免内容和传播资源的浪费。淳安县融媒体中心在浙江全省县级媒体首家开通全媒体数据库。2018 年 7 月，千岛湖传媒中心与杭州凡闻科技有限公司合作，建立了大数据中心及数据可视系统，即时分析和提取县内新闻传播、外媒报道淳安、新媒体覆盖效果、新闻专题分析和党报质量对比等情况，[①] 及时优化用户体验，极大提高了工作效率和整体效能。不同的县有各自的具体情况，

①宋士和 . 对县级融媒体中心建设的几点思考 [J]. 中国报业，2019，（04）：38–39.

如果在技术受限的条件下，还可以通过对受众的问卷调查、焦点小组座谈等综合方式，及时了解受众对主题宣传、新闻策划、议题设置、传播方式以及各类服务功能、质量的满意度和意见、建议。此外，县级融媒体还可以开发微信等移动端调查渠道，或与问卷星等调查公司合作，拓展途径与用户建立有效连接，了解用户的体验和反馈。

三、创新话语体系采取“去中心化”的生产方式

县级融媒体的话语体系创新应从单纯的内容表达、传播方式创新向生产模式创新升级转变，改变语态表达、改变传播方式，要从生产模式上入手，使生产和传播都完全适配移动端。县级融媒体中心的话语体系创新，要充分利用发挥社交新媒体的优势，通过与抖音号、快手号、今日头条号、火山小视频、西瓜小视频、知乎、B 站等平台展开合作或整合其资源，一方面可以扩展新闻线索，丰富了县域内新闻信息内容，经过筛选甄别，进一步对社会事件进行深入跟踪报道。另一方面，通过与自媒体平台间的优势互补，引导网民关注，热议相关话题，变单向传播为互动引导，这就是话语体系创新，从表层的内容、表达方式等演进到深层的生产传播模式和体制机制创新，聚合更多的内容生产、创作和传播者。

县级融媒体中心应以去中心化的生产方式，在微博、微信、知乎、抖音、B 站等互动平台设置话题，与报台同步发布融媒体系列微产品，通过全程监测分析数据、网络热点，根据实时热点投放内容。对内容进行适合平台传播方式的设计，以直发、转发、定制原创三种形式，以视频、图文等传播形式覆盖这些年轻人聚集的商业社交平台，使县级融媒产品触达不同的受众圈层，不同产品之间形成互相导流和互相迁移受众的效果，加强互动引导，发挥社交平台的优势，激发二次传播效应，引导受众关注、转发和讨论，极大提升内容生产活力和传播活力，引导强势舆论。

在这些社交平台上，一要抓住意见领袖，比如与知乎大 V 号、B 站百大 UP 主、抖音知名博主合作，共同生产个性化的短视频作品，并在社交平台联动转发，进行议程设置制造热点话题引发关注和讨论，然后利用腰部账号参与头部账号话题互动，产生裂变式传播的效果；二要利用明星效应吸引年轻用户；三是通过弹幕引导舆论，统筹商业平台的力量推动融合传播。

四、根据圈层定位用户需求提升服务质量和水平

根据受众群的不同圈层打造具有本地特色的专业的垂直频道垂直社区，进而形成融媒体品牌，通过圈层社交、本地社交形成线上黏性互动习惯和情感连接，形成品牌营销和盈利模式。

第一，着力提升党建、政务、商务、公益等整体服务水平，尤其是要提升民生信息发布和便民服务水平。调研中，当被问到“您认为县级融媒体哪些方面不能满足您的需求，未来需要在哪些方面继续加强？”调研对象提出：“提供便民服务方面继续加强”“多为社会提有帮助的便民服务信息”“应该及时发布考试和报名相关事宜，如幼儿园报名时间等民生关注的事情”。县级融媒体中心应紧密结合本地经济社会发展实际，整合与民生相关的各种服务到客户端，打造一站式便捷高效的民生服务平台。整合各部门的数据，整合各类移动应用资源，推出满足本地群众需求的便民查询、便民缴费、智慧交通、智慧医疗、智慧教育、智慧城管、网络文化活动等便民惠民的综合服务。

第二，分析发掘县域内的用户圈层及其需求“痛点”，有针对性的推出其真正需要的专业服务。新媒体所谓的“圈层传播”其实就在传统媒体时代的分众传播和垂直传播，即根据不同圈层的兴趣爱好和热门关注，分别提供汽车、体育、财经、教育、母婴、美妆、潮流、国风、养生等专业资讯和服务，并且圈层带来的群体认同感是效果显著的营销手段，可以直接带动电商销售和商业变现。通过品牌运营和内容营销，建立圈层、社群中的人与人之间更深刻的连接，同时，精准定位用户需求的本地活动，线上线下联动，共同打造品牌知名度和平台活跃度，创造盈利模式，提升社会服务能力。

第三，县级融媒体中心应通过用户场景创新和垂直模式布局等手段不断发掘县域受众的多样需求，从而提供他们感兴趣的内容产品和服务，提升服务质量和水平。建设发展中的融媒体中心不断丰富和完善服务功能，在政务、公共、民生、智慧城镇建设中发挥着重要的作用。但是笔者在调研中发现，除政务服务和民生服务之外，用户真正用起来、离不开的服务功能并不多，黏性也不够。这就要求县级融媒体中心紧密结合本地经济社会发展实际，把握本地群众多样化需求，丰富和完善县级融媒体的服务功能，科学分析用户的群体特征、需求

层次，了解不同的需求提供服务，激发潜在需求，注重现实需求，提高用户体验，增强用户黏性，不断提升本地群众服务质量和水平。

笔者在调研中发现，农村人口年龄两极分化严重，留守中老年人和留守儿童占农村人口的绝大部分，这部分人群中的成年人多以务农为主，这几年由于疫情对当地旅游业的影响，年轻人大都外出就业。留守人群对新媒体和新科技的了解和使用非常有限，因此对县级融媒体的接触也很少，愿意参与问卷调查的人也很少。县级融媒体中心应把脉这部分目标受众兴趣点、关注点，挖掘其需求点，老人对各种媒体的使用有困难，可以通过 VR、AR 等技术进行用户场景创新服务，通过语音和视频等形式进行身临其境的引导。

这种情况不只是淳安县，而是在全国范围内广泛存在。2021 年国家统计局第七次人口普查数据显示：60 岁及以上人口为 26402 万人，占 18.70%，预计到 2030 年老年人将占总人口的四分之一。尤其是在农村留守老人和儿童非常普遍。QuestMobile 发布《2021 银发经济洞察报告》显示，50 岁以上移动网民用户规模快速增长，网络使用程度也在稳步加深，平均每天用网 4 个多小时，银发人群已成为数字化发展中的重要群体。京东消费及产业发展研究院发布的《银发经济崛起——2021 老年用户线上消费报告》显示，老年用户网购销量同比增长 4.8 倍。① 当然，县域和农村的老人的资产积累和消费能力总体上不及城市老年人口，但是通过积极培育，县域和农村银发经济也能够成为市场的增长点。

县级融媒体应关注并发掘县域老年人群的多样需求，打造创新服务。随着上世纪五六十年代的人步入老年，更高的媒介素养和更新的生活理念赋予了他们更高的社交需求、消费需求和更强烈的表达欲。《2021 银发经济洞察报告》显示，娱乐类应用中，50 岁以上移动网民对于短视频平台同样具有较高黏性，头部应用占据明显优势。短视频中，不乏“银发网红”，积极通过短视频传播热爱生活、重视家庭和亲情的正能量。县级融媒体也可以挖掘“农村银发网红”的市场潜力，通过团队包装和持续性的紧扣社会痛点的内容输出，实现社会效益和经济效益的双赢。同时，县级融媒体中心还可以面向县域尤其是农村老年人开发更多的服务场景，如开发针对老年人的信息获取、在线医疗、金融指导、

①祁瑞萍，禹建强．展望 2022：传媒业发展十大关键词 [J]. 青年记者，2022，（01）：24-28.

购物旅游、休闲娱乐等，可以将“互联网+养老”作为提升服务力的一个重要突破口。

五、发掘县域特征打造专属品牌助力乡村振兴

乡村振兴战略是党的十九大提出的一项重大战略，是关系全面建设社会主义现代化国家的全局性、历史性任务，是新时代“三农”工作总抓手。县级融媒体的发展离不开县域地区的发展，正是要依托本地区的经济实力、综合实力、技术水平的总体提升，才能提升县级融媒体中心的实力；同时，县级融媒体的发展在一定程度上与当地的区位条件密切相关，本地自然资源、文旅资源、产业资源、社会活动资源、人才、技术等，也是县级融媒体持续发展的关键性因素。县级融媒体中心在乡村振兴的浪潮中，应不断寻求乡村发展的着力点和增长极。

第一，要积极推进县级融媒体与本地域内的特色相结合，因地制宜，为县级融媒体附上专属的品牌标签，充分发掘县域特征，将特色打造成品牌。淳安县融媒体中心一直都有品牌战略的意识，最早定下成立县级融媒体中心的时候，就挂牌名字叫“千岛湖传媒集团”，将本地最大的旅游品牌放在融媒体中心的名字中，也将“千岛湖”三个字融入了整个融媒体矩阵的命名中，如《今日千岛湖》、千岛湖之声、视界千岛湖 App 等，取得了很好的传播效果。淳安县融媒体中心把“千岛湖”这一文化符号、特色品牌融入到县级融媒体的架构里，2020 年年底，在所有媒体矩阵推出千岛湖全域旅游的专栏节目，宣传淳安的旅游形象、推介特色旅游产品。

第二，发挥媒体优势，全方位地展现县域内的自然风貌、人文景观、历史古迹以及当地民众的精神风貌、民风民俗、非遗项目，体现深厚的文化底蕴，依托特色优势产业，整合现有品牌资源，为经营打造品牌服务。县级融媒体要紧紧围绕品牌，适时推出相关的媒介作品、媒体行动等，用品牌滋养媒体，用媒体反哺品牌本身。

淳安县融媒体中心就是很好的例子。淳安县拥有中药材、茶叶、山茶油、山核桃、笋干和番薯干等一大批农特产，为培育和打响“千岛湖品牌”，淳安县融媒体中心发挥主题报道方面的优势，淳安融媒体中心与千岛农品专班主动沟通，拟定“千岛农品”短视频摄制计划，打造系列广电作品、融媒体作品，

打造并大规模宣传“千岛农品”品牌，开展“品牌强农工程”助力乡村振兴的最新实践，广播、电视、报纸、新媒体等平台全面联动融合传播，在专题专栏、新闻报道、公益广告、形象宣传片、活动直播、短视频和外宣等方面推出系列新闻报道全平台推广，尤其是充分发挥了短视频和直播两大利器，以讲故事的手法呈现农技工匠、农制品牌、农旅体验。围绕乡村振兴、共同富裕的主题，为“千岛农品”品牌赋能，不断提升“千岛农品”的品牌影响力，品牌效应和品牌美誉度也极大地提升了农特产品的附加值。

为拉动县域旅游经济，推动乡村旅游的复工复产，淳安县融媒体中心拿出全年的宣传策划方案，设定主题，策划“大下姜”等系列宣传策划活动。2020年3月，淳安县融媒体中心策划的“来下姜享春天”通过中国蓝新闻蓝媒号、杭州之家 App、视界千岛湖 App 进行全程直播。

六、拥抱电商新业态开拓多元创收渠道

县级融媒体应该拓宽多元化的创收渠道，除了通过商业广告投放的形式来盈利，还要不断拓展新媒体营销渠道，把线上节目的创收转至线下活动的营利，把本地企业和商业资源与融媒体很好地结合一起，积极介入电子商务和电商直播。2020年是电商直播的元年，媒体和电商融合已经成为县区市促进自身经济发展，推动乡村振兴的一个重要突破点。杭州市在电商领域有着领先优势和丰富资源，淳安县融媒体中心很早就成立了电商平台：千岛湖网商和千岛 go 购，布局本地的电商业务；客户端“掌上千岛湖”也有旅游购物功能。但调研中发现，县级融媒体中心的电商平台使用率不高。对此，一是要发挥专业优势，相比于普通的民营公司，县级融媒体中心在发展电商时应组建专业的电商团队，既要把县级融媒体自己的 App 与公众号等新媒体作为电商主力军，同时也要不断开拓电商市场和渠道，充分利用各类的电商资源和在抖音、淘宝等平台上也开启带货模式，通过产业合作、媒体合作、行业合作的形式积极拓展电商发展的边界，同时线上带动线下营销活动，组织线上线下交互的展会与活动，结合县级融媒体中心自办的节目和版面绑定经营，充分发挥媒体专业优势，扩大宣传积累和借鉴电商经验，打造有影响力的县级融媒体直播品牌。

二是开拓本地市场，与企业和本地商户捆绑合作，深度挖掘本县域内的优

势资源与卖点。根据本县企业和商户的需求，利用媒体资源，发挥专业优势开展直播带货；畅通农户参与渠道，开展直播和线上销售培训，让农户可以利用各类自媒体渠道销售产品。调研中，当被问到"您认为县级融媒体哪些方面不能满足您的需求，未来需要在哪些方面继续加强？"有调研对象提出："多些直播带货的培训，让淳安的产品远销全国。"县级融媒体要依托自身平台为本地农产品进行推广引流，成为广大农户的"经纪人"，为本县经济发展和乡村振兴助力。

三是发力 MCN 领域。疫情期间的直播带货给县级融媒体中心创造了新的发展空间和商业模式。县级融媒体中心可以与 MCN 机构合作，也可以建立自己的 MCN 运营公司，顺应移动互联技术和媒体传播业态，寻找适合自身的合作方式和市场运作模式。同时县级融媒体也要在自己的人才队伍中打造个人 IP，打造有影响力的主持人或主播，形成品牌效应和粉丝效应，可以反哺县级融媒体中心，带来流量。MCN 内容在原有基础上进一步的垂直分布，同时实现场景化，满足不同场景的用户需求。

七、提升原创短视频的质量打造爆款精品

根据中国互联网络信息中心 CNNIC 第 50 次《中国互联网络发展状况统计报告》数据显示，截至 2022 年 6 月，我国短视频的用户规模增长最为明显，达 9.62 亿，较 2021 年 12 月增长 2805 万，占网民整体的 91.5%。笔者在调研过程中发现，短视频融合产品也深受县域用户的喜爱，县级融媒体中心应不断提升短视频的内容质量和提升完播率，将完播率、点赞率、评论率、转发率、收藏率、本地下载量作为短视频产品质量的考核标准。2021 年 12 月 15 日，中国网络视听节目服务协会发布了《网络短视频内容审核标准细则（2021）》，规定短视频未经授权不得自行剪切、改编电影、电视剧、网络影视剧等各类视听节目及片段。短视频只能更加注重原创内容，不断提升内容质量才能实现可持续发展。其实农村题材的短视频创作从来不乏精品爆款。李子柒的农村题材短视频受到国内外的普遍欢迎。2021 年年末，来自东北农村的单身汉"张同学"又成为抖音"红人"，他的"乡村生活"的视频成为爆款。启示有三：一是接地气有地域特色的叙事方式。在抖音、快手等自媒体平台爆火的"乡村网红"，往往有一套民

间话语体系，他们更偏重于自身对周围事物的感性体验，带有强烈的主观色彩，通常采用第一人称的叙事角度，讲述县域内平凡人物的日常故事，以质朴纯粹的言语表达、简单粗糙的拍摄手法、不加修饰的生活片段出现在大众眼前，其勾起的乡土情感和价值认同是很难撼动的。二是要增强故事性。要掌握不同发布渠道短视频讲故事的规律，提升讲故事的能力，把故事讲得出彩、直击人心。这是在新的媒体格局下增强自身影响力的有效方式。① 三是县级融媒体在对新闻信息生产创作的实践过程中可以有针性的吸纳和培养乡村网红，学习其个人创作表达和叙事的方式，同时利用乡村网红拥有的粉丝群体，扩展县域影响力，通过电商直播、活动策划等渠道聚集人气，提升流量。

此外，县级融媒体还可以入驻快手、抖音、Bilibili、学习强国等新媒体音视频平台与短视频平台、新媒体平台、商业平台合作，推出衍生短视频节目。县级融媒体应把这些新媒体平台当成宣传窗口，更应把它当成主流舆论的阵地，既能吸引用户关注，又能撇开传统严肃的叙事风格，用生动新颖的表现手法满足互联网受众的需求，成功通过一个又一个创新的媒体作品和实践出圈。

八、增强主体意识全面参与社会治理

2022 年中央一号文件围绕乡村治理对县级融媒体进一步提出了新要求、新目标，县级媒体通过自身的舆论宣传、舆论监督、舆论引导等功能，直接或间接地一直在参与民主政治和生活实践，关系着社会和谐和大局稳定，成为社会治理体系的重要组成部分。

第一，县级融媒体要通过公共议题的设计引导加强基层传播。县级融媒体中心应借力媒体深度融合战略机遇，依托本地化和接近性优势，将党和国家战略部署与基层百姓关切相对接，深入基层发现问题，探索以深度报道或研究报告形式剖析问题根源、找寻解决方案，以媒体议程设置为切入点，与县域治理的政策议程等形成有机交互。2022 年中央一号文件发布，对县级融媒体中心提出新要求：依托新时代文明实践中心、县级融媒体中心等平台开展对象化分众化宣传教育，弘扬和践行社会主义核心价值观。县级融媒体要通过正向的价值观和文化信息的传播提升群众的文化素养，潜移默化地影响他们的行为和思想，

---

①卜宇 . 十问：媒体融合传播的实践策略 [J]. 传媒，2021，（01）：21-26.

提升其文化自觉，履行媒体的治理责任和社会担当。

第二，搭建互动平台，畅通参政议政渠道。社会治理就是要实现真正有效的连接，民众参与是提高我国治理能力的关键，更是实现有效基层社会治理的内在要求。民众参政议政的能力提高了，最终促进县域基层社会治理水平的提高。但是调查问卷结果显示，县域群众或是对问政的渠道了解不够，或是并没有充分运用问政渠道，或是反映了问题却没有得到有效反馈。当被问到“您认为县级融媒体哪些方面不能满足您的需求，未来需要在哪些方面继续加强？”有调研对象提出：“县级媒体，要下沉基层，了解民生，深入了解百姓和农民的苦衷”“要到基层农村了解实情，农民需要媒体报道农民的心声”“老百姓的合理性反应的问题，要提供满意的解决办法”。

可见，县级融媒体中心是政府和人民之间沟通的桥梁，不仅是上情及时下达，还要做到下情有效上传。这方面的栏目、板块和活动必须加强宣传，并取得成效，做到切实回应群众呼声、解决群众问题、维护群众利益。县级融媒体中心应在 App 和公众号上设立市民诉求平台和政企沟通平台，为群众和企业提出诉求、观点表达和信息沟通提供渠道，并对群众诉求和企业诉求的处理和解决进行监督，促进问题的解决，确保声音有回应，问题有处理，权利有保障。网络问政平台中关联县内各政府主管部门和机关单位，民众可以在问政平台直接向相关部门提出问题并得到及时处理，每条问政记录都会保留痕迹同时包括对应处理机构和人员、处理时间及回复内容、满意度回调功能，做到公开透明及时处理。对民众反映的重大或普遍性的问题，县级融媒体中心可以通过跟踪报道，及时向民众传达处理的最新进展和情况，真正成为基层社会治理的有效支撑和重要组成。

第三，尽可能多的为用户提供上传内容的渠道，鼓励用户生成内容。一方面，能充分发挥县级融媒体联系群众、下情上达的重要桥梁的作用；另一方面，用户上传的文字、图片或视频投稿发帖爆料都是最接地气和最具烟火气的内容，有助于县级融媒体中心抓住痛点，成为引导群众、服务群众、社会治理的重要抓手。除此之外，以受众上传的信息内容作为素材，可以成为内容二次开发的重要线索，专业的媒体从业者从中筛选加工生产，以满足受众的需求，同时也为县级融媒体的内容生产提供更广泛的来源、更真实的现场以及显著的传播效果。

用户生成内容应成为县级融媒体内容生产的一部分，PGC 和 UGC 相结合，可以设立用户上传平台，但是用户上传内容往往质量参差不齐，尤其是县级融媒体中心的受众媒介素养往往不高，一是可以建立和运营社群，可以通过线上线下的社群活动与用户建立有效连接，有意识的培养和引导用户生产真实有效的内容；二是县级融媒体中心要严格核实新闻来源和新闻素材，避免谣言和不实信息的传播。从内容生产到渠道传播方方面面层层把关，做好内容的“把关人”。

九、做好外宣吸引潜在受众助力县域建设

综合运用好省市级媒体平台以及短视频、电商等新媒体平台和社交平台，借力更大更优质的媒体平台让县级融媒体走出去，面向全国受众，一方面是要多形态多渠道传播本地品牌，积极地推动品牌走出去，综合运用多元化的传播渠道、丰富的表现形式来让更多的受众了解本地区的品牌和产业；另一方面，做好外宣，提升对外的传播影响力，吸引全国的潜在受众，尤其是乡贤回乡投资或创业，为家乡建设出力。笔者在与淳安县融媒体总编辑张志鹏的采访中，有一句话，笔者深感认同：“县域外的所有淳安籍人都是我们的淳安县融媒体中心的目标受众。”

让乡贤记住乡愁，让乡音承载乡情，让乡土传承乡史。共同生活在同一地理区域的社会成员共同拥有的生活经历、生活方式、语言符号、民风民俗等地域文化，对于流迁的个人而言，曾经熟悉的地域文化对他们的认知和行为的影响将伴随一生。流迁人员也是县域中的一个群体，通过县级融媒体了解家乡的现状，能够激发他们的乡土记忆，产生强大的感召力，增强自身对于县域文化的认知与信任。从县域外出的流迁人群也是县级融媒体的受众群之一，他们对于媒介的日常接触较为频繁，虽生活在别处但仍关注着家乡的动态信息，希望能够满足个人的信息需求与情感诉求。对此，县级融媒体要重构乡村文化自信，展示地方独有的文化底蕴和人文情怀，唤醒流迁人员对于地方的情感归属，通过主动设置公共议题，紧抓出门在外的流动成员的家乡情怀，对当地的典型人物、乡村建设、农业发展、社会民生等各个方面以接地气的口吻呈现，充分激发文化价值认同，同时融合当地历史文化背景、自然人文景观、思想观念、情感价值、生活方式等方面、引起县域外的广大社会成员的关注与参与；策划丰

富多样的助农、商务、节庆等文化品牌活动，讲述好典型人物及典型故事，构建以“文化 IP”为核心的生产发展格局，注入当地精神文化内涵，提高社会流动成员对乡土文化的认可度、好感度与情感依恋，流迁的个体不再是县域社会“熟悉的陌生人”，在移动网络空间中增进人们对于县域社会的地方归属感，将徘徊在县域之外的社会流动成员拉回熟悉的地方，实现县域共同体的信息共享，增强县域社会成员间的凝聚力，吸引他们回乡创业、投资或定居。

第七章　县级融媒体中心的国际传播论

国际格局与世界信息传播秩序的变迁为中华民族的伟大复兴带来了新的机遇和挑战。网络传播技术的发展和新媒体的广泛应用不仅对中国的媒介生态、社会治理和公众日常生活产生了深远影响，同时也使中国对外传播的主体、内容与介质更加丰富。在永久在线、永久连接的传播语境中，全球化已经嵌入人们的日常生活。国家“互联网 +”、媒介融合战略的推进为各级媒体参与国际传播提供了契机，县级融媒体中心所代表的基层传播力量在国家外宣战略体系中的作用日渐凸显。

习近平总书记在党的二十大报告中指出：“增强中华文明传播力影响力。坚守中华文化立场，提炼展示中华文明的精神标识和文化精髓，加快构建中国话语和中国叙事体系，讲好中国故事、传播好中国声音，展现可信、可爱、可敬的中国形象。加强国际传播能力建设，全面提升国际传播效能，形成同我国综合国力和国际地位相匹配的国际话语权。深化文明交流互鉴，推动中华文化更好走向世界。”①

2021 年 5 月 31 日，习近平总书记在主持中共中央政治局第三十次集体学习时强调，各地区各部门要发挥各自特色和优势开展工作，展示丰富多彩、生动立体的中国形象。各级党委（党组）要把加强国际传播能力建设纳入党委（党组）意识形态工作责任制，各级领导干部要主动做国际传播工作。②习近平总书记的这些重要论述表明，国际传播不只是国家层面的宏大目标，而且是全国

① 习近平 . 高举中国特色社会主义伟大旗帜　为全面建设社会主义现代化国家而团结奋斗——在中国共产党第二十次全国代表大会上的报告 [N]. 人民日报，2022-10-26（4）.

②习近平在中共中央政治局第三十次集体学习时强调　加强和改进国际传播工作展示真实立体全面的中国 [EB/OL].[2021-06-01]. http://www.xinhuanet.com/politics/leaders/2021-06/01/c_1127517461.htm.

上下从中央到地方都要积极参与的一项重要使命。[①] 作为我国主流传播体系“最后一公里”的县级融媒体中心，数量众多、覆盖面广。随着国家媒介融合战略的推进，截至2022年8月18日，全国已经有2585个县级融媒体中心建成运行。[②] 各级各类县级融媒体中心因地制宜、大胆探索，创新传播形式，拓展信息服务，在增强可持续发展能力的同时也将县域发展的信息传播至更广阔的国际场域，成为讲好中国故事、传播好中国声音的重要力量。

第一节　县级融媒体中心国际传播的出场语境

县级融媒体中心的设立提升了中国基层媒体的传播力与影响力，也意味着国家整体传播战略的布局优化和舆论引导能力的增强。通过整合县域媒体资源，县级融媒体中心成为传递县域形象的重要平台和全球化网络中我国与世界相联的基础节点，为中国的国际传播注入了新的活力。作为主流媒体对外传播的新要素、公共外交的新平台和跨文化交流的新中介，县融中心的国际传播需要明确自身的功能定位，增强国际传播的主体意识，把握全球化信息舆论场的出场语境，有效融入中国国际传播的战略设计与话语体系中。

一、作为主流媒体国际传播主体性要素的县级融媒体中心

县级融媒体中心是媒介融合时代的主流媒体，是中央媒体、省级媒体、市级媒体和县级四级全媒体传播体系布局的重要构成。通过与不同层级媒体之间的协同发展和优势互补，县融中心在开拓国际传播空间的同时也强化了在地化的信息服务，夯实了中国国际传播的媒介基础。

1. 县级融媒体中心是中国媒体对外传播体系的端口

现代社会的媒体建设是塑造国家形象、提升国家影响力的基础工程。当今世界正经历新一轮大发展大变革大调整，大国战略博弈全面加剧，国际体系

①黄典林，张毓强．国际传播的地方实践：现状、趋势与创新路径 [J]. 对外传播，2021（09）:67–71.

②中共中央宣传部就新时代宣传文化工作举措与成效举行发布会 [EB/OL]. http://www.china.com.cn/zhibo/content_78374587.htm.

和国际秩序深度调整，国际社会对中国的关注前所未有。站在国际交往的新起点，构建涵盖多元主体、多种介质、多维语境的中国现代化国际传播体系，是在百年未有之大变局中传递中国声音的应有之义。当前，我国主流媒体虽已在多国建立驻外媒体机构、形成全媒体矩阵并依托全球社交平台发声，但依然存在国际传播渠道覆盖不全面、与当地媒体合作不充分、内容定位缺乏特色等局限。① 作为地方性区域媒体的县级融媒体中心通过立足本土的信息生产，为国家对外传播提供了更多的视角和叙事维度。伴随县域的开放发展，地方外宣的“中心意识”也逐步强化。树立地方良好形象、及时向外推介地方资源，为引资引智营造优良环境，成为县域对外传播的重要指向。县融中心立足地方信息传播需求因势利导，积极发挥“引导群众、服务群众”的根本性功能，有利于凝聚思想共识，营造健康良好的基层舆论环境。在互联互通的媒介环境中，县融中心构建的传播网络使县域受众不再局限于单一信息渠道的接触与反馈，而易形成网上网下、国内国外信息传播的贯通体验。基于不同地理空间的县融中心在差异化、特色化发展过程中呈现出“百花齐放”的良好态势，有利于增强国家对外传播的量级，展示各具特色而又浑然天成的中国文化，丰富世界对中国的感知。

2. 县级融媒体中心是中国国际舆论宣传体系的要素

在县级融媒体中心成立之前，我国虽然已经初步形成了“以中央级新闻媒体为核心，以地方媒体为协助”的国际舆论宣传体系，但由于传播资源和技术条件的限制，县域媒体国际传播的渠道和影响范围十分有限，在我国的外宣体系中主体价值并未受到充分重视。县域范围内的报纸、广播、电视等传统媒体往往起到的是“通讯员”的作用，多是将地方发展的成就报道通过体系内的稿件刊播渠道交由上一级媒体扩大报道范围，或是协助更高层级的媒体完成地方新闻或专题报道的信息采集。这样的“中转”流程不仅时效性、整体性无法保证，也使县域媒体在地方议题的对外传播中失去了主体性，不利于激发媒体自身活力。随着互联网基础设施的完善和媒介融合进程的推进，县级融媒体中心成为全媒体传播体系中的重要节点，通过聚焦县域、社区、街道和个人，挖掘基层的民生百态，传递百姓生活风貌，为中国国际舆论宣传注入了新要素和新动能。县融中心的本地化报道以及在内容采编中的自由度与上一级媒体的焦点式报道

①陈虹．以系统思维重构国际传播战略体系 [N]. 中国社会科学报，2022-10-20（3）.

协同配合，容易形成对外传播的联动效果。县融中心不仅更容易深挖地方素材，也能够在不同县域间的交流中把握共性和地方特色，筛选出具备共识共情意义的内容，凸显县域文化符号，形成共享融通、高效联动的大外宣格局。

二、作为公共外交重要平台的县级融媒体中心

县级融媒体中心结合地方民生发展的内容表达丰富了中国国家传播的信息元素，使中国百姓的个像和群像交相辉映，拓展了公共外交的新平台、新载体，向世界展示出真实的中国百姓生活和对国家发展的美好愿景。

1. 县级融媒体中心是聚民心展形象的窗口

在地化、接近性的信息内容是县级融媒体中心凝聚地方受众、巩固受众群体的基础，也是与其他媒体平台争夺注意力资源的有效方式。遵循“本地人写，写本地事，给本地人看”的原则，县融中心不仅能很好地沟通县域内部信息，还可以将县域发展中的先进事迹、典型人物、美丽乡村、文化遗产等信息传递到更广阔的空间，增强基层媒体的传播力和影响力，为中国的对外传播及话语建构提供丰富的素材。县域治理是国家纵向治理结构中的基层环节，是国家治理效能的具象展现。县级融媒体中心融入国家对外传播体系，能够充分展现中国基层治理制度的优势，将中国特色社会主义建设过程中民主协商、公众参与、法治保障、医疗卫生、社会治安、生态环境等社会治理的方式与成效以具象化的百姓故事和生活变化反映出来，让世界了解中国的基本国情，理解中国人民的道路选择和追逐伟大梦想的坚定信心。

2. 县级融媒体中心是开展公共外交的载体

随着全球一体化以及新媒体的广泛运用，不同国家、族群中的组织、个体间交往的渠道不断丰富，对话互动更为深入。马克思的“世界交往”理念正在全球媒介生态的扩容中不断实现。基于社会交往而进行的人际传播活动蕴含着国际传播的新动能。公共外交倡导利用各种信息和语言的载体与活动如出版物、广播、电视、文化交流、非政府组织等方式来进行对外交流。国际传播工作是一个系统性、长期性、战略性的工程，既需要国家战略引导、政策支持，也需要媒体、智库、高校、企业、民众等多元化的主体协同发力。县级融媒体中心是匹配我国综合国力提升，适应国际传播新需求的公共外交新主体。县融中心

的传播“出海”能够实现国家形象传播的语境下沉，将丰富的中国元素、多角度的中国叙事、鲜活的民间话语延展至更广阔的国际空间，在与国际受众的交流中传递真实的百姓声音和中国态度，增强世界公众对中国的认同感，取得更广泛的舆论理解和支持，为国家发展和民族复兴营造和谐有利的外部环境。

三、作为跨文化交流中介的县级融媒体中心

跨文化交流是全球一体化时代的典型特征，县级融媒体中心重视挖掘、再现地方文化，是五彩斑斓的中国民间文化在数字化时代重要的信息源和传承者。在互联网连接的全球传播网络中，县融中心通过不断拓展传播边界，进行差异化的内容生产与传播释意，成为地方特色文化走出去的重要力量。

1. 县级融媒体中心是传播传承中国地域文化的信息源

地域文化是一定地理空间内人们在社会生产过程中所创造的物质文化与精神文化的总和，既是支撑地域性人们的生产与发展的精神力量，又是来自于地域社会生活并回归于社会生活的文化类型。[①] 广袤的土地、多变的气候和不同的地理空间孕育出了中华文明丰富多彩的地域文化。“大杂居、小聚居”的形式促进了中国文化内在的交融与发展，使民风民俗融入街头巷尾和百姓的日常生活当中。通过扎根本土深耕地域信息，以社区、村落为基层传播场域，县融中心不仅容易赢得地方受众的信任和依赖，也更能挖掘出更多百姓生产生活的具象故事。在地化优势也有助于县融中心将选题对象聚焦于乡土田园中的传统文化并运用现代化传媒技术进行传播创新，更好地呈现中华文明的历史意蕴。荣获新华社“县融中心国际传播示范单位”称号的山东章丘融媒充分利用融媒体平台传播优势，推出了“中国龙山泉韵章丘——‘两创’故事汇”栏目，以龙山文化的繁荣兴盛讲好黄河故事，展现了中华优秀传统文化的精神标识、文化精髓和时代价值。在全国一张网、全球互联的传播环境中，县融中心所代表的媒介生产力是地方性特色文化传播的重要齿轮，成为传承传播中国地域文化的信息源。

2. 县级融媒体中心是地方特色文化走出去的中继器

县域文化奠定了中国故事的文化基因，对县域文化的开掘和传播体现出县

①黄意武. 多学科视野下地域文化概念及内涵解析 [J]. 地方文化研究，2018（03）:107-112.

域文化的软实力。新媒体时代的地方特色文化传播需要在媒介创新中探索传承发扬的可行性。县级融媒体中心不仅是地方文化的记录者，更是地方文化的发扬者。要摈除“小地方没什么可说的”的想法，积极拓展外部传播链接，连接地方与省市、中央和国际的传播渠道，向上提升，向下兼容，减少由于信息层层过滤所造成的“舆论断层”，做好国际传播枢纽上的关键螺丝钉。县融中心将基层文化传承人推向国际传播的舞台，将宏观叙事直接转化为个体对话，既能消除“信息差”，也容易淡化意识形态的差异。县域空间中的地方文化能够很好地传递出中国文化中所特有的含蓄悠然，县融中心应注重将文化故事化、故事个人化，从众多个体性叙事中传播中华文化的多样性和统一性，展示多元一体、多姿多彩的中华文明。

第二节　县级融媒体中心国际传播的意义生成

当今中国正前所未有地走近世界舞台中央。县级融媒体中心的国际传播加速了县域融入全球化的进程，县域媒体生态的重构成为县域开放发展、顺应全球化进程的传播驱动力。在日益开放连通的全球信息网络中，中国县域的社会治理、科技进步、文化繁荣、公共服务都成为构建中国国际形象的内容要素，开拓了中国叙事国际传播的新范式。

一、县域发展中的媒介治理与国际传播

在社会治理的媒介服务框架下，县级融媒体中心既是推动基层社会治理优化转型与治理能力提升的重要抓手，也是推动县域经济发展与社会进步的无形力量。全媒体传播体系的形成为县域对接国际信息传播网络创造了条件。

1. 激发内生动力，增强造血功能

县级融媒体中心是媒体融合国家工程延伸至县域的载体，是在整合县域多种传播媒介形态基础上形成的多功能新型信息传播平台。在创新内容生产模式的同时实现成本收益的良性循环是县融中心“增质增效”的重要目标。互联网

促进了人才、资金、技术、物资的流动，成为社会生产的新工具。县级融媒体中心具备与各种社会主体、资源和平台对接的能力。长期以来县级媒体以民生新闻以及国家重大事件通稿为主要工作内容，使得县域媒体在转发、报送等程式化的工作中丧失了自主创造性，这也导致了思维僵化。通过将县域原有的报纸、广播、电视网站等媒体单位合并或重组，调整优化媒体布局，县融中心促进了各种新闻要素深度融合、各种报道资源充分共享和各种媒介互联互通。县级融媒体中心以国际化的视野参与对外传播有利于引进媒介融合的先进管理和生产理念，不断优化内部组织架构，从内容、人才、制度、渠道等各个方面，激活融媒体中心自身的经营活力，探索多元化的媒介经营渠道，延伸媒介文化产业。通过不断优化考评激励机制和人才选育模式，采用主动外出求才、面向社会引才等柔性手段吸纳国际传播人才，县融中心才能保持媒体人力资源的可持续性。

2. 拓宽外部链接，加速现代化进程

以县级融媒体中心为节点的传播网络和关系网络构成了我国全媒体传播体系的基层布局。互联网传播时代的国际传播呈现出节点化、广域化、个性化的特点，拓宽外部链接不仅是建立“全程媒体、全息媒体、全员媒体、全效媒体”的必然要求，也是县融中心提高传播力和国际影响力的前提。我国互联网用户基数远超其他国家，普及率也领先于全球水平，这为县级融媒体中心的协同传播和整体影响力的发挥提供了群众基础。全媒体传播环境中，县融中心融入国际传播场域除了充分开拓本地传播资源，还需要积极寻找外部推力。浙江省县级融媒体中心的调查显示，59% 的县融中心有提升本地外传播能力的强烈需求。近半数县融中心去年一年在国家级平台上发布的外推稿不足 100 条，半数以上县融中心在省级平台上发布的外推稿不足 500 条。[①] 借助国家级、省级传媒平台的渠道进行新闻分发，打造开放式内容建设平台是打破当前县融中心体量小和技术水平限制，增强对外传播能力的重要路径。外部链接的拓展也是县融中心承担县域内外信息枢纽的必然要求。“没有信息化就没有现代化。”信息化已成为现代化的重要内容和突出标志，不仅是当前经济社会发展的重要特征，更是重塑国家竞争力、占据发展制高点的关键。县融中心在搭建县域信息传播

①陈桔，甘恬 . 从对接省域传播平台建设看——县级融媒体中心发展的趋势与路径 [J]. 传媒评论，2022（09）:23–27.

平台时通过与政府各级组织、各个部门、各类企事业单位对接公共信息服务，有利于盘活信息资源，释放信息生产力，推进县域发展的现代化进程。

二、国家发展中的媒介生态与国际传播

县级融媒体中心通过整合县域公共媒体资源构建出县域媒体发展的新生态，促进了县域公共信息的全方位循环和流通，成为推动县域信息化发展的新起点。媒介传播逐渐弥合的信息差和不断释放的生产力为促进不同县域间的共同发展创造出新的空间。

1. 弥合区域差距，缩小数字鸿沟

我国不同省区经济基础方面的差异决定了媒介发展水平的不均衡状态，即使是同一省市的所属辖区，不同县级融媒体中心发展的媒介资源和受众基础也不尽相同。县融中心通过重视数字化、信息化的媒介技术加速县域内外的信息流通，以多终端、多介质的传播渠道覆盖更广阔的受众群体，能够有效地减少不同区域之间、城乡之间的信息差异，弥合区域之间由于信息获取不充分、不均衡所产生的发展差距。在构建全媒体生态体系的过程中，作为县域信息中枢的融媒体中心肩负着县域内外信息沟通交流、社会治理、文化传播与娱乐休闲等功能。“县域强则市域强，县域活则全省活。”以县域为节点的传播网络能够有效提升基层信息传播和社会治理的效率，实现县域、市域、省域发展的同频共振。同时，县域之间还可以在交流中互学互鉴，通过以互联网为基础平台的多种传播渠道加强各级单位、各类组织和社会个人之间的连接互动，减少传播层级，提升信息传播效能；在借鉴对照的过程中，立足自身资源禀赋，科学把握发展定位。从宏观视角来看，从县域到国际的传播空间延展，也给县域的开放发展带来了新的机遇。以县融中心为基点探索国际传播的可行路径，缩短了全球信息传递的时间差，减少了信息损耗，能够更好地使企业和百姓分享媒介社会发展的“信息红利”。

2. 释放媒介生产力，助力数字经济

在面向“互联网 +”社会转型过程中，以互联网为基础平台的媒介生产和信息消费方式对社会信息系统的传播结构和传播模式产生了巨大影响，传统媒体无论是业务形态还是广告运营都已经受到了剧烈的冲击。面对互联网这个最大的变量，县级融媒体中心除了要充分调动县域媒介资源，实现传统媒体与新

媒体的组织融合、内容融合、终端融合，也要善于统筹各类国内、国际媒介资源，释放融媒体环境下的媒介生产力，发展和营销融媒体衍生产品，拓展传媒产业空间。新媒体产业为传媒经济的发展注入了活力，撬动了传媒行业的信息扩容和服务升级，孕育出许多新的传播模式和商业模式，诸如网络直播、短视频、生活服务类消费的增值服务等新兴行业都有着可观的经济效益。县级融媒体中心加强新媒体传播平台建设不仅能扩展融合媒介生产的社会影响和经济收益，在国际议题的传播和国际交流中也能促成县域社会信息系统的逐步完善，释放出县域媒介生产与数字化建设的经济潜能。也只有在与世界交流交往的过程中握住机遇，寻找差异化的竞争优势，县融中心才能够创新经营模式、延伸产业链条，实现品牌与流量的共赢。

三、全球传播中的媒介联通与共同体构建

县级融媒体中心的成立为县域联通全球提供了坚实的媒介基础，增强了以县域为核心节点的媒介网络的主体价值，延伸出县域开放发展的“信息桥”，也为全球文化的交流互鉴和民心相通提供了稳固的平台。

1. 传递国家发展，构筑人类命运共同体意识

作为现今世界最大的发展中国家，中国始终将自身发展寓于世界发展潮流之中，倡导在开放中扩大共同利益，在合作中实现机遇共享。“推动构建人类命运共同体”是中国政府强调的关于人类社会发展的新理念，也是中国式现代化的本质要求。我国国际传播的要务之一就是要让世界看到中国、了解中国、理解中国、认同中国并信任中国。我国国际传播的发展轨迹实际上也是中国社会现代化发展的缩影，是共产党领导的全国各族人民的共同奋斗的印证。但不少西方国家为此感到惶恐，他们通过实施对中国的外交打压、渲染“中国威胁论”等企图遏制中国发展。要突破“西强我弱”“中心—边缘”国际舆论格局，中国的国际传播需要更系统的战略设计和体系构建，培养与当前综合国力与国情相适应的话语表达和舆论体量。县级融媒体中心的国际传播实践是挖掘中国发展故事、传递国家发展成就的重要路径。通过立足县域发展、融入地方视角，增加中国故事的讲述维度，能够改变中国地方形象在国际传播中存在的碎片化、浅表化、边缘化现象，增加对外传播的微观化、细节化表达。同时，县域叙事

的扩容也能够实现国际传播的语量升级，促成更多层次、更广泛领域的全球合作，增进国际友谊，传递人类和平发展事业的全球化理念。

2. 缩小文化折扣，让全球受众了解真实中国

媒介技术的进步和“一带一路”倡议为中国对外传播提供了更好的契机。县级融媒体中心作为县域文化产业的一部分，也具有一定的文化传播和意识形态塑造的功能，其背后隐含着一个国家的政治、经济、文化等方面的价值观念。跨文化传播过程中，传播主客体在价值观、历史、宗教、社会制度、自然环境等方面的差异是导致出现“文化折扣”现象的主要原因。为了实现有效传播，降低文化折扣给中国文化对外传播带来的价值损耗，县级融媒体中心要在文化产品的编码策略上下功夫，破解海外受众的“解码困境”。县融中心在国际传播中更易发掘本地文化的深刻内涵，对本地的风俗传统、文化遗产、特色产品进行更准确的意义阐释，以融合产品生产的创新性视角完成编码，从而增强国外受众对于中国文化的感知力和理解力。

第三节　县级融媒体中心国际传播的机遇和挑战

县级融媒体中心国际传播能力的提升为增进中国与世界的对话提供了平台和纽带。在多元文明交流、碰撞与融合的过程中蕴含着前所未有的机遇和挑战，县融中心的信息文化产品融入全球化的传播网络会遇到新的传播场景和来自不同国家、不同文化的信息流、意见流冲击，这不仅是一场以媒介为载体的交流对话，也是一场争夺受众注意力和话语权的传播竞争。

一、县级融媒体中心国际传播的机遇

互联网与传播科技的赋能为县融中心拓展传播边界、丰富传播内容、创新传播形式创造了条件。国际传播场域中县域媒体的积极参与使中外信息沟通和文化交流凸显出更深厚的文化基因与时代意蕴。

1. 突破时空限制，共享“地球村落”

从书信、报刊、电报、广播、电视到如今全球化的网络传播，国际传播的

空间感和距离感在消弭。县级融媒体中心的建设将进一步建立起以县域为单元的中国与国际社会传播网络相接轨的传播节点。在信息的传播和接收方式上，县级融媒体中心以互联网为传播基点打通了人际、组织和大众传播的边界，改变了以往自上而下的传播方式，扁平化的传播网络使用户之间的沟通更顺畅，交流更频繁。随着国家“互联网+”战略的推进，我国千兆光网已具备覆盖超5亿户家庭的能力，实现了“市市通千兆”“县县通5G”。[①] 截至2022年12月，我国城镇地区互联网普及率、农村地区互联网普及率分别达到83.1%、61.9%。[②] 不同功能的互联网应用在提升社会运行效率的同时，也为民众进一步开拓了连通世界、走向世界的渠道。融合式的新闻采制拓展县域内容生产的多个维度，无人机、虚拟现实技术、网络直播、人工智能正在成为许多县级融媒体中心传播创新的生产要素，丰富了县域故事的呈现方式。县融中心不仅是构筑县域百姓“拟态环境”的重要参与者，也是对外传播县域发展的重要中介。

2. 打破信息隔阂，共倡“全球发展”

在世界历史中，“东方”和“西方”既是表示地理方位的概念，又是关于文化、政治、经济的概念。中西方的信息隔阂除了来源于政治体制的差异，文化背景造成的理解偏差，还在于部分西方媒体对于中国形象的恶意包装。在相当长的时间内，西方发达国家以俯瞰的视角将发展中的中国塑造为一个贫穷落后的灰暗国度，影响了海外受众对中国现代化进程的认知。随着我国综合国力的增长，承办的国际会议、赛事和文化交流活动的增多，中国的真实面貌和发展故事被越来越多的海外受众所了解认同。县级融媒体中心加入中国对外传播的阵营，不仅实现了中国国际传播的网络拓展和语量扩容，还有利于打破中国基层社会与国际社会接轨的信息隔阂，向世界展示更加丰富的中国面貌。“构建人类命运共同体”的全球发展主张彰显了中国的国际担当，顺应了和平、发展、合作、共赢的时代潮流。县级融媒体中心作为国际传播的基层单元，也为县域内外交流打开了新局面，成为实现县域高质量发展的重要抓手。在全球发展新理念的指导下，县级融媒体中心畅通信息传播渠道，在借鉴发达国家和地区的生产经

①国新办举行2022年工业和信息化发展情况新闻发布会图文实录[EB/OL]. http://www.scio.gov.cn/xwfbh/xwbfbh/wqfbh/49421/49502/wz49504/Document/1735611/1735611.htm.

②中国互联网络信息中心.第51次《中国互联网发展状况统计报告》[EB/OL]. https://www.cnnic.net.cn/n4/2023/0303/c88-10757.html.

验的同时也能够传播中国地方发展的经验，帮助更多的发展中国家实现跨越式发展。在经验交流与合作共赢中破除国际对中国的刻板印象，向世界展示新时代的中国形象。

3. 贯穿人文长廊，共解“文化差异”

霍夫斯坦特认为，文化是在一个环境中的人们共同的心理程序，是具有相同的教育和生活经验的许多人所共有的心理程序。[①]不同的文化背景和文化传统使中西方在思维方式、价值取向、民主观念、行为准则和生活方式等方面存在相当的文化差异。社会不仅凭借传递与交流才存在，而且就存在于传递与交流之中。[②]媒介传播不仅构筑了社会信息系统，还增强了不同社会形态的链接。信息技术革命打破了文化和国界的藩篱，同时也加速了世界范围内各种文化的交流、交融、交锋。在跨文化交流中，差异性的文化往往具备更强的传播张力。党的二十大报告指出“尊重世界文明多样性，以文明交流超越文明隔阂、文明互鉴超越文明冲突、文明共存超越文明优越，共同应对各种全球性挑战”[③]。中华文明具有深厚的历史底蕴和开放包容的文化特质，“各美其美”“美美与共”是中华民族共有的文化信念。推动中国文化走出去不仅能很好地展示中国形象，也能够获取更多的国际理解，寻求更多的心理与情感的认同。随着一带一路倡议的实施，中国与世界文化交流的长廊更为畅通，交流的对象也更为广泛。县级融媒体中心作为中国县域文化的记录者和传播者能够为中国文化走出去提供源源不断的文化素材，同时也能够在文化的交流互鉴中赋予县域文化新的生命。县融中心通过扩展更多的信息服务能够增强公众对公共信息平台的参与意识，在感知和交流中正确理解中西方文化差异，增强地方文化的自豪感和自信心，同时为推动不同文明间的共存与互学做出贡献。

4. 助力民心相通，共推“互信互鉴”

现代化的媒介既是全球信息传播的渠道，也是人类文明交融互鉴的平台。县级融媒体中心可以成为国际人文交流，实现民心相通的微单元，既要围绕国

① Hofstede,Geert.H.Culture's Consequences:Comparing Values, Behaviors, Institutions, and Organizations across Nations, 2rd[M].Thousand Oaks, California:Sage Publications,2001:9–10.

② John Dewey, Democracy and Education: An Introduction to the Philosophy of Education[M].New York:The Macmillan Company, 1916:5.

③习近平．高举中国特色社会主义伟大旗帜　为全面建设社会主义现代化国家而团结奋斗——在中国共产党第二十次全国代表大会上的报告 [N]. 人民日报，2022–10–26(5).

家文化强国建设的重大战略进行地方文化挖掘，也要善于主动对接各级党政机关、涉外机构和社会团体对外交流活动，在文化年、旅游年、艺术节等活动中展现中国地域文化特色，感受不同国家地区的文化风采，增进中外民众之间的往来沟通，在交流中找准思想认知的共同点、情感交流的共鸣点和利益关系的交汇点。民心相通反映了一个国家对外交往的能力和水平。以县域为单位寻找民心相通的突破口，能够更好地展现中国地方民生民情，汇聚民意民智，保持民间文化活跃的生命力。随着我国对外开放程度的不断提高，学习交流的访华友人逐渐攀升，他们走进真实中国社会空间，也将自己真实的中国见闻传回各自国家，与访华友人的交流有利于县融中心寻找地方文化国际传播的着力点和民心相通的纽带。同时，县融中心有意识地培养和汇聚关心地方发展的意见领袖，通过国际友人的个体叙事，有利于拉近各国民众之间的心理距离，扩大共同的情感空间，中国形象的塑造会更具有说服力与可信性。

二、县级融媒体中心国际传播的挑战

县级融媒体中心“出海”必然要面对国际舆论场的信息博弈和观点碰撞，如何守牢意识形态与信息安全边界，将“正面宣传”和“精准批驳”结合起来，把“权威发声”和“群众呼声”融合起来是全球化语境中塑造国家形象、传递中国声音的重大挑战。

1. 守牢意识形态，发扬中国特色

意识形态是系统地、自觉地反映社会经济形态和政治制度的思想体系。苏东剧变后，中国成为世界上最大的社会主义国家，西方反华势力从未停止过在意识形态领域对我国的批判和颠覆活动。随着互联网成为国际传播的主渠道，西方国家的渗透更为隐蔽，文化思想入侵的影响更为复杂。维护意识形态安全是维护国家安全的核心任务。在全球化过程中，意识形态工作承担着为国家立心、为民族立魂的重要使命。建设具有强大凝聚力和引领力的社会主义意识形态是中国在改革发展过程中必须坚守的国家底色。融合传播衍生出丰富的信息交互方式，重构了意识形态的媒介呈现方式和思想文化宣传的新路径。筑牢社会主义思想阵地，夯实基层宣传网络，发挥思想引领作用是县级融媒体中心参与社会治理的重要指向。县融中心作为县域范围内最贴近百姓生活的地方媒体，

不仅要对当下的国际形势有清晰的认知，而且要注重弘扬新风正气，净化信息生态，营造健康和谐文明的精神世界，使民众自觉认同并维护主流意识形态。信息传播技术的迭代加剧了意识形态斗争的复杂性和不确定性。在沟通国内外信息的过程中，县融中心需要准确辨别隐蔽的传播风险，避免温水煮青蛙式的文化意识形态渗透，同时要善于主动出击，挖掘优秀传统文化与社会主义核心价值体系建设的契合点，探索个性化传播方式，传播社会主义国家治理体系的优越性，讲活讲好中国发展故事。

2. 驳抹黑正视听，传递真实中国

随着综合国力的不断提升和媒体出海战略的实施，我国的国际语量逐渐扩容，传播渠道日益丰富，但在中国崛起过程中却时常遭受无端指责与恶意抹黑。不少西方国家无视中国一直坚持的“不结盟”立场，将中国“一带一路”的国家倡议和构建“人类命运共同体”的美好愿景扭曲解读，在“台湾问题”“西藏问题”上干涉中国内政，在以 5G 为主的高科技领域对中国进行技术封锁，对中国的数字文化产品施加禁令，进而达到破坏中国形象、遏制中国发展的目的。在国际舆论场中，中国时常面临口碑两极分化的局面。一方面，通过加强与友好国家的合作，传递了中国国家发展的有效经验，深受广大发展中国家的赞誉。另一方面，在欧美等发达国家中主导的舆论场中，中国的崛起和发展被渲染为“威胁”，中国的对外传播将很大的力气花在了批驳“污名化”的过程当中。想要扭转被动“他塑”的国家形象，就必须建设具有更强音量的媒介体系，充分拓展传播场域，将中国的声音和国家观念传播出去，完成国家形象的“自塑”。县融中心主动融入国际传播场域，与国家级媒体相互配合，有助于共同营造和谐正向的国际舆论环境，在融入全球化浪潮的过程中提升民众的信息素养，树立民族自尊心、自信心和自豪感。

3. 引才育才留才，蓄积人力资源

人才是创新发展的核心要素。全媒体时代无论是内容生产还是产品运营都呈现出新的形态和逻辑。县级融媒体中心在成立之初大多依赖于传统县域范围报刊、广播、电视台等宣传系统的人力资源，他们拥有丰富的基层新闻采写经验，对县域发展了解深入，是主流舆论阵地的守卫者。县融中心要保持持续的生命力，除了优化内容生产流程和信息分发模式，开拓更加灵活的运营模式，还要重视全能型记者、新媒体运营人才的引进和培养。在县级融媒体中心融入国际传播体系的过程中，如何传播中国地方发展不仅考察媒体从业者多终端的采编制作能力，还需要从业者具备以国际视角进行选题策划和内容输出的能力，找到从县域通向国际的信息桥梁。为了充实人力资源，县融中心应该广开门路，积极挖掘联合地方“网红”“大V”，联络海外华人华侨，探索更灵活的合作机制。同时，保持对传媒经济新业态的关注，引进和培养整合营销人才，挖掘地方产品“出海”的护航员。

4. 恪守信息边界，维护国家安全

在全球化的过程中，中国面临着对外维护国家主权、安全、发展利益，对内维护政治安全和社会稳定的双重压力，各种可以预见和难以预见的风险因素明显增多，非传统领域安全问题日益凸显。信息安全涉及技术、制度、流程与人的安全。在传统媒体时代，县域媒体的传播空间和受众范围有限，而接入互联网后，无远弗届的传播时空拓宽了公众与世界交流的渠道，也将县域更为丰富的信息呈现在网络世界中。作为地方重要的信息内容平台和基层社会治理的智慧新平台，在联通县域与国际信息空间时，县级融媒体中心必须时刻守牢信息传播的安全边界，着力规范信息安全的制度化建设，确保数据信息采集、存储安全。媒体从业人员不仅自身要恪守信息保密规范，认真落实选题把关和内容发布的审核机制，担当好“把关人”职责，而且要通过科普传播提升民众的信息安全素养。县融中心要通过完善县域舆情监测系统，第一时间分析研判公共事件的舆情走向，及时解疑释惑，疏导公众情绪，建构积极健康的信息环境，将基层社会治理与国家安全统一起来。

第四节　县级融媒体中心国际传播的主要路径

讲故事作为一项软实力战略，是奠定当今国际传播格局的重要因素。[①] 讲好中国故事是加强我国国际传播能力建设的重要任务，也是中国对外宣传报道的最佳方式。塑造可信、可爱、可敬的中国形象是县级融媒体中心国际传播的

①陈先红，李颖异，王艳萍．对外讲好中国共产党故事的策略[J]. 对外传播，2021（05）：29-32.

重要指向，全媒体传播体系的构建和融合新闻报道模式的确立为县融中心拓展国际影响奠定了基础，国际化的传播语境则对县融中心的内容生产、传播创新、平台构建和产品运营等全方位的能力提出了更高要求。

一、内容生产策略：挖掘本地特色，打造文化纽带

县级融媒体中心面向国际传播场域的内容生产必须立足本地、凸显特色，以差异化的竞争策略争夺受众的注意力资源，精心策划对外传播的选题，以有效的信息传播凝聚海内外关心县域发展的受众群体。

1. 传播民风民俗，传递人文气息

过去我国对外宣传大多集中于对中国式现代化成就的展示和中华文化观念的输出，对县域文化的挖掘和传播都较为欠缺。在中华文明的构成版图里，农耕文明是最主要的基调，中华文明的优秀品质多来自于乡村，乡村是中国传统文化的宝库和文化孕育的沃土。作为统一多民族国家，中华民族的方言、服饰、饮食、风俗、节日资源非常丰富。所谓“百里不同音”，县域内各村各镇都有流传下来的传统民俗文化。他们彼此之间相互关联又各具特色，这为县融中心的内容生产和国际传播提供了丰富的素材支撑。城乡一体化使城市文化与乡村文化融合共生。随着县级融媒体中心的建立和乡村数字化进程的推进，中国的民间文化和乡村文化也获得了更为广阔的传播空间。民风民俗的传播既能呈现中国百姓生活面貌，让世界见证生生不息的中国乡土文化，也能让更多的国外受众感受到中国悠久深厚的历史人文气息。可信、可爱、可敬的中国形象正蕴含在城市乡镇以及居民百姓真实、生动、鲜活的故事里。县融中心具备亲近民间文化的先天优势，通过关注民生发展，挖掘文化特色，展现人物故事，中国国际传播的内容生态将更加丰富，传播语态更为轻松，传播风格更加活泼。在对民风民俗的传播中，县融中心要兼顾系统性和有序性，一方面要注意系统开掘，对民俗民风进行文化意涵的准确解读，消除可能产生的文化理解偏差；另一方面，也要借助现代化的传播技术和传播手段创设更具沉浸感的传播场景。

2. 呈现国家治理，展示综合国力

互联网的高速发展和“互联网 +”战略的实施使中国社会治理的场域从线下转向线上线下融合，治理模式从单向管理转向双向互动，从单一政府管理转向多元主体的社会协同治理。县级融媒体中心是建设全媒体传播体系的关键环

节，也是提升基层社会治理效能的有效抓手。基层治理现代化是国家治理现代化的重要体现。县级融媒体中心在参与基层社会治理过程中有着地域、情感和内容方面的卓越优势，其治理成效直接关系国家治理的整体水平。[①] 以县级融媒体中心为窗口的国际传播内容输出，一方面要拓宽选题视角，从国家观念、经济发展、文化繁荣等各方面呈现国家现代化治理的成就，将国家的方针政策具象化为打动人心的鲜活故事，强化价值引领，让民众在与世界的交流中体会到自豪感、获得感和幸福感，在对外信息沟通和文化交流中凝聚思想共识。另一方面通过借由扁平化的信息沟通机制和传播网络，加强各县域治理主体之间的信息共享和协同联动，畅通基层群众诉求表达渠道，在沟通对话中激活基层民众维护国家形象的责任感和行动力，使民众在不同的传播场域都能够自觉与不利的国际舆论进行斗争，在观点交锋中维护国家的根本利益。

3. 培养意见领袖，推广个体叙事

国际舆论场对中国存在刻板印象的原因之一是与过去中国国际传播中缺少个体叙事的状况有关。网络新媒体的发展充分释放了社会个体的生产力，赋予了优质内容创作者充分的注意力资源。县域空间的百姓生活蕴含着丰富的智慧和才能，在新媒体的加持下，围绕县域发展的叙事主体和叙事范围都在不断开拓，任何愿意分享的个人和组织都能够在互动空间中分享见闻、表达观点。意见领袖是社交空间传播的关键节点，他们的追随者往往具有相对接近的偏好与观念，在国际议题面前能够形成较大范围的支持性意见。相对于县融中心制度化的信息输出和严谨的观点表达，公民个体的内容生产和叙事方式更为灵活有趣，他们既不站在政府决策施政的宏观角度，也不负担专业媒体信息传播的职业责任，在身份上弱化了由性别、职业、年龄、地区、民族等因素带来的区隔，能够减少国际传播中对政府或媒体官方身份的刻板偏见。如在非遗文化的国际传播中，李子柒、阿木爷爷、手工耿、滇西小哥都有着超高的粉丝量和视频播放量，他们的视频内容都结合了所在地域和行业特色。县融中心应有意识地孵化、培养地方网红代言人，拢聚国际传播平台中的“意见领袖”和友好外籍人士，从知识分享、饮食生活、文化传承、艺术娱乐等垂直内容领域储备人力资源，及时与社交媒体场域的“意见领袖”

①方启雄 . 平台化转型：县级融媒体中心参与基层社会治理的创新实践 [J]. 河南社会科学，2022（09）：104–110.

分享县域发展的信息素材，借助个性化的表达和叙事方式提升传播内容的亲和力。

4. 运用民间话语，呈现百姓心声

媒介话语是通过媒体呈现和传播的言语行为。在国际舆论场中，官方话语和民间话语都是中国话语重要的构成要素。在网络社会形成之前，有关“中国”的话语主要由主流媒体特别是权威性的国家媒体担当和传递，从话语内容到话语形式都带有显明的体制特色和行政印痕。[①] 民间话语是群众所创造的广为流行使用的语言体系，在国际传播中常常代表着民众对国际事件的需求、理解，表达着喜欢、不满、愤怒等各种情绪。民众心声也是治国理政和国民观念的一种直观反映，民间话语的表达简单质朴、形象生动、容易理解，在传播中更容易广为流传，有利于弱化政治摩擦。如在英国广播公司 BBC 发布的一支“探访新冠疫情过后的北京”的视频中，被随机采访的北京市民就“中国恢复得如何？”记者提问时风趣幽默的回答体现出普通民众对中国政府抗疫行动的认可和社会主义制度优势的自信。随着中国改革开放的不断深入，世界各国文化在中国交流碰撞，同时越来越多的中国百姓也走出国门，分享关于海外的所见所闻。县融中心的国际传播既要紧跟国家官方话语表达的整体基调，也要做到话语下沉，借助平民化、生活化的视角表现中国式现代化的成就和中国百姓融入世界的积极变化。为了保持国际传播的生命力，县融中心还应成为官方话语与民间话语的融通中介，维护国际议题的理性讨论空间，在互动交流中提升民众的国际传播素养。

5. 联系华人华侨，观世界看家乡

华人华侨基于血脉亲情对家乡的自然和人文环境有着与生俱来的亲近感，分布于全球各地的华人华侨是县域家乡在国际社会的代言人和形象使者，他们关心家乡的发展变化，在国外的生活经历使他们更容易体会到中外文化的共性与差异。华人华侨建立的同乡会、商会、联谊会等丰富的社团组织是天然的家乡共同体，他们加强彼此的联系，共享地域家乡的信息，为县域信息的国际传播提供了土壤和空间。县级融媒体中心的国际传播与华人华侨对于家乡形象的宣传和维护能够相互配合，提升中外文化交流的互动性和认同度。县融中心应

①丁云亮．社交媒体时代国家话语能力的建构逻辑 [J]. 安徽师范大学学报（人文社会科学版），2019（05）：109–116.

主动探索建立联络华人华侨的平台和机制，积极联系海外华人社团，发挥组织传播优势；以人为媒，拓展县域信息国际传播的社交网络，融通县域与海外信息空间，传播县域文化，塑造开放发展的中国地方形象；通过组织线上活动、节日庆典等活动加强华人华侨与县域的联系，建立其以县域发展为纽带的文化共同体。

二、传播创新策略：拓展内外关系，激发共情共鸣

数字技术的赋能、多终端的内容分发和交互式的信息接收方式为县级融媒体中心的传播创新带来了丰富的空间，也为中华优秀传统文化走出国门创造出新的可能。

1. 注重技术驱动，提升传播效能

传播技术的革新是信息社会生产力发展的重要标志。传播效能的提升不仅源于优质的内容生产，还源于对先进技术的采纳和创造性的传播活动。先进技术通过与传媒的内容、服务、体制机制等层面的融合，能够在媒体深度融合中发挥引领和驱动作用。5G、大数据、云计算、物联网、区块链、人工智能等信息技术革命成果是现阶段推动媒介深度融合的技术驱动力。相对于中央媒体、省级媒体和各类市场化的传媒科技公司，县级融媒体中心在传播技术的创新方面往往缺乏人力和资金支持，但在县域空间中的传播平台搭建和舆情管理中存有优势。互联网生产要素的加入重构了县域媒体相互之间的协作关系，蕴藏着国际传播的巨大潜能。5G + 8K 超高清技术、虚拟数字人、全景新闻、传感器新闻都是未来县级融媒体中心进行传播创新的可行性探索。县级融媒体中心在国际传播中既要敏锐捕捉信息传播的新业态，创新信息内容的表达方式，重视社交媒体场域的微传播、微互动，也要善于把握传媒技术创新发展的新机遇，主动探索新技术在新闻传播领域的应用空间。

2. 构筑传播网络，发挥在地优势

县级融媒体中心的传播网络包括以内容为核心的生产网络、以媒介为节点的信息网络和以人为媒介的关系网络。媒介融合不仅体现为媒介形态的变化，还意味着人、内容、媒介之间的关系变革与重构。在县融中心参与国际传播的过程中，中外受众之间交往空间被不断拓展，关系链条更加丰富，内容生产的

创作主体更加多元，媒介创新的手段更为新颖。发挥本地化优势和资源整合优势是县级融媒参与国际传播的优势所在。县融中心的“出海之旅”，对于处于起步阶段或者体量较小的县域来说存在一定的局限，这种情况下通过相邻县域媒体的协作配合和上级媒体的支持推广往往能收到较好的效果。构筑传播网络的价值不仅在于能够拓宽信息的传播力和影响力，还在于能够激发各类主体之间彼此连接的可能性。县融中心在国际传播网络中进行持续的信息分发和文化输出，既要构建起以自身为中心的内容生产和传播网络，也要善于协同联合，发挥集体优势。

3. 传递共有价值，善用情感话语

在处理与不同国家、不同民族、不同信仰的关系问题时，中华文明一直秉持和而不同、求同存异的哲学智慧。和平、发展、公平、正义、民主、自由是中国共产党积极倡导和弘扬的全人类共同价值，也是被包括西方社会在内的国际社会所认可和普遍接受的价值观念。习近平总书记指出：“讲故事就是讲事实、讲形象、讲情感、讲道理，讲事实才能说服人，讲形象才能打动人，讲情感才能感染人，讲道理才能影响人。”[①]美国学者博尔丁在阐述“国家形象”时认为“形象是对一个行为单元的认知、情感和评价的整体结构”。[②]国家形象的塑造包含事实的传播、情感的传递和价值的共享。情感不仅可以成为动机本身也可以成为交往实践的内容。在跨文化传播路径中情感具备独特的优势，只因其可以为跨文化交流提供先在性的沟通介质。[③]对共同价值的挖掘和情感表达能够弱化不同历史、文化、制度、发展的差异和隔阂。县融中心的国际传播应注重从文化视角挖掘全人类共有价值的物质载体和文化遗产。在传播主题的策划上，善于从传统文化资源中寻找灵感，如地名的历史由来、非物质文化遗产、作为中华文化瑰宝的唐诗宋词等都能很好地带入一个地方的人文场景，增强地方形象的亲和力和文化的感召力。在话语方式上，多使用叙实性话语和情感性话语，将叙事与说理相结合，以共情传播塑造价值认同，增进国际受众对于中华文化与中国体制的理解力和认可度。

①中共中央文献研究室．习近平关于社会主义文化建设论述摘编 [M]. 北京：中央文献出版社，2017:212.

②Boulding K E.National images and international systems. The Journal of Conflict Resolution[J]. 1959(02):120–131.

③张龙，蒋烨红，康骏驰．共情视域下中国非遗文化视频的国际传播 [J]. 当代传播，2023（02）:45–49.

三、平台构建策略：丰富传播渠道，拓展传播场域

县级融媒体中心的建立丰富了中国国际传播的主体，夯实了中国基层社会传播场域与全球化网络连接的媒介基础，顺应了媒介平台化发展的趋势，激发出全社会信息生产与文化创造的热情。

1. 连接中外媒介，打造传播矩阵

网络媒介促进了国内国际信息的流动，拓展了全球网民交往的范围，也为县级融媒体中心提供了借船“出海”的契机。现阶段我国县级融媒体中心参与国际传播的媒介渠道主要是依托国际、国内两个圈层的传播平台。县融中心除了建立与海外华文报刊、知华友华媒体机构的信息互通机制外，还可以探索入驻国际化的社交媒体，建立与海外受众的关系链接，如广州市黄埔区融媒体中心运营的海外社交媒体平台账号“@Yes，Huangpu！”（耶！黄埔）、海南（儋州）国际传播中心运营的“Visit Danzhou”（遇见儋州）都将地方人文历史、城市风貌、自然风光、发展规划作为主要内容。国内媒体合作方面，县融中心可以联合新华社、中新社等国家级通讯社，借助其平台影响力和业务体系优化内容生产，增强地方声音的国际化表达，如山东各县融媒体中心以“Discover Shandong”（发现山东）为统一身份标识开设了英文账号，致力于共同打造适合海媒传播的社交化、视觉化、互动化内容产品。县融中心在连接中外媒介的过程中需注意以各自为中心节点的传播网络建设，构建载体多样、渠道丰富、覆盖广泛的海外媒体传播矩阵，尝试在不同平台进行一体化运营，提升内容生产和分发效率，同时注重彼此之间的启发交流，形成相互交融的传播态势，突出文化导向，构建文化群落，发挥中国县级融媒体中心弘扬中国文化的集合效应。

2. 借力权威机构，笼聚传播能量

作为县域空间中的信息枢纽，县级融媒体中心的建设和国际传播活动应吸引多元力量的参与和推动。2022 年 6 月 30 日海南省首个县级国际传播中心——海南自贸港（文昌）国际传播中心在文昌市融媒体中心大楼揭牌成立。该中心由新华社新闻中心海南中心、文昌市委宣传部、文昌市融媒体中心共同打造。权威媒体、主管机构和地方媒体的协同参与有助于提高国际传播的效率，增加信息分发的渠道，聚合更多主体的信息发布活动。除了联合国内政府部门、主流媒体、商业传媒机构、网络平台和文化传播机构，县融中心还可以与驻外使馆、

爱国华人华侨组织积极联系，借力他们的传播网络提升国外受众对中国县域故事和地方文化的关注。同时，积极了解海外受众的信息偏好和媒介接触情况，逐步探索对海外受众的精准分类，为内容策划和传播决策提供智力支持，优化国际传播的地方视角，扩大支持县域发展的海外朋友圈。

3. 探寻联名合作，增强县域辐射

作为信息社会的重要生产力，现代传播技术的进步能够不断激发潜在的社会需求，推动消费升级。许多传统商品融入现代化的环保、科技、文化元素会赢得更多的消费市场。中国的地方文化资源中包括许多受国际受众喜爱的历史人物、自然风光和饮食文化等。“一带一路”倡议的推进使不同国家、地区之间的文化交流更为密切，为中国县域经济的发展提供了新的增长极，许多地方产业借助数字丝绸之路打开了通向世界的窗口。联名合作既是市场营销策略，也是与文化符号有关的创意传播行动，不仅能够覆盖合作双方的目标受众，还能进一步提升合作双方的品牌价值。县级融媒体中心可以尝试与国内外企业、直播电商、国际网红进行合作，对一些地域特色产品、优势出口产品进行联名包装，挖掘文化内涵，打造地方名片，增强县域发展的辐射带动能力，拉动城乡一体化发展。对接国际信息资源，激发信息网络活力，辐射媒介影响是全球化时代媒介竞争力的重要体现。县融中心可以在与海内外媒体、影视公司、文化企业进行合作的过程中，加强县域空间的场景设置和文案宣传，提升地方及媒体自身的知名度和美誉度。

四、产品运营策略：打造县域名片，丰富国家形象

全媒体时代县级融媒体中心的信息传播和文化推广必须具备产品化思维，注重传播资源的整合优化，增强媒体品牌意识，提升全球传播网络中国县域的影响力。

1. 融入国家传播，提升国际影响

县级融媒体中心的国际传播在整体方向上要服务于国家的对外传播战略，密切围绕国家形象的总体设计来开展更为细致、持久的工作。树立内宣外宣一体的传播意识，有效衔接地市、省级和国家国际传播布局，做好国际传播的顶层设计，制定市县国际传播的规划和路径，形成地域特色鲜明的国际传播体系。

展现可信、可爱、可敬的中国形象，“可信”展示的是中国的公信力，“可爱”展示的是中国的温润度，“可敬”展示的是中国的责任感。不同维度的国家形象都来源于中华文明数千年沉淀下来的文化特质，也是适应中国和平发展定位的外宣形象。讲好中国故事也要讲好中国地方故事。县融中心作为国家主流媒体系统的“神经末梢”，要将地方传播作为助力国家对外形象传播的一部分，从不同维度具化可信、可爱、可敬的中国形象。县融中心要结合自身的地方资源、文化资源、传播资源凝练对外传播的重点方向，同时根据国家传播在不同阶段不同议题进行调整，适时围绕“美丽中国”“健康中国”“乡村振兴”等涉及生态、健康、经济领域进行重点选题的策划，传播地方发展的优秀个案，构建多元立体中国形象。

2. 注重编码释码，发掘交流载体

国际传播作为典型的跨文化传播行动，涉及不同文化背景、不同语境、不同语言、不同符号体系的沟通。信息、意义、价值与情感的共享需要做好交流内容的编码与释码工作。编码要求传播者考虑接收者的文化、历史、政治等背景因素，易于传播对象理解和接受。释码则强调接收者能对传播内容进行分析和解构。编码和释码所产生的作用是双向影响的。县级融媒体中心要能够对接收到的国际信息进行准确地辨析、理解才能有针对性地进行编码输出。同样，要使国外受众准确理解县融中心所传播的信息则需要其在内容创作时从语言风格、叙事策略、视听艺术等方面进行巧妙构思，方便国外受众对中国地方文化、历史等内容的认知、理解和记忆。数字化、智能化的传播科技丰富了媒介传播的形式，县融中心一方面要关注创新性媒介的使用，重视技术驱动，如算法、人工智能对于内容生产和分发的影响。另一方面要重视合作与交流，挖掘更广泛的交流载体，拓宽传播网络，注重语言和文化元素在国际传播过程中的作用，运用国际社会容易理解和接受的方式传播中国的县域故事，让全球受众感知鲜活而真实的中国。

3. 做好文化输出，坚定文化自信

在文明对话、文化碰撞的全球化语境中，如何有效推动中华文化走出去，向世界输出具有中国特色、体现中国精神、蕴含中国智慧的优秀文化是提高国家文化软实力、增强国民的“文化认同感”、提振国民文化自信的重要路径。从交往视角来看，世界文化交往是生产并交换“民族精神产品”的过程。纵观历史，中华优秀传统文化已经成为中华民族矗立于现代人类文明之林的“基因密码”，中国式现代化创造的人类文明新形态为中国文化走出去注入了新的活力。县级融媒体中心是中华文化对外输出的主体性要素，要在把握中国特色社会主义核心价值体系的基础上，深入挖掘中国传统文化、民间文化的深厚底蕴，“取精去糟”“推陈出新”，打造输出文化精品；同时充分发挥中国互联网产品和新媒体传播平台的国际影响力，创造性地将中国的网络应用、动漫、短视频等新时代的文化产品输出到世界。优秀的文化应该是包容的，而非排他的，中华文明的国际传播应在同世界其他文明的交流互鉴中汲取有益养分，在求同存异中尊重差异性，在解疑释惑的过程中消解不同国家之间的信息隔阂与文化隔阂，将传统的中国文化瑰宝与现代化的文明成果传播到世界。

4. 打造特色品牌，开发周边产品

县级融媒体中心的国际传播不仅要扩充中国传统文化的广度，还要注重呈现中国特色文化的厚度。不同县域的融媒体中心通过挖掘本地农产品、民歌民舞、民间故事等地方资源，呈现出千姿百态的中国县域风采，串联起长长的中国文化“珍珠”。在国际传播中，县融中心应在植根地方传统的基础上，重视原创内容的生产，善于观察风向但不盲目模仿，推重真正具有地方底蕴、地方风格和地方精神的信息产品。地方特色的凸显和传播是实现“破圈”的关键。为了避免不同县域信息传播的同质化现象和单一类型内容的输出，县融中心的国际传播要注重差异化的定位，明确自身的坐标，创造独具县域特色的文化品牌。差异化不仅是一种市场竞争策略，也是一种思考方式，代表着观察、吸收和发展的开放性思维。县级融媒体中心应在国际传播中不断打造易于识别和传播、具有丰富内涵和时代精神的文化符号。通过现代化的传播手段塑造优质的地方对外传播 IP，开发多元周边产品，打造县域发展的国际名片。

第八章　县级融媒体中心的人才论

2019 年，在主持中共中央政治局就全媒体时代和媒体融合发展第十二次集体学习时，习近平总书记要求，各级党委和政府要从政策、资金、人才等方面加大对媒体融合发展的支持力度。2020 年，由中共中央办公厅、国务院办公厅印发的《关于加快推进媒体深度融合发展的意见》特别提到关于（传媒）人才的培养、引进政策及人才配置等问题，明确指出要优化（传媒）人才队伍结构，充分释放人才活力。

截至 2022 年 8 月，全国共有 2585 个县级融媒体中心建成运行。如何进一步发挥这些全媒体传播体系“末梢”的重要功能，人才建设至关重要。激活人才资源是实现县级融媒体中心各项功能的重要保证，是县级融媒体中心建设的动力之源。本章结合相关理论，在考察全国融媒体中心人才建设现状和存在问题的基础上，结合典型个案研究，尝试提出几点发展建议，重点探讨需要什么样的人才，留住人才如何培养和吸引人才，以推动县级融媒体中心发展。

第一节　县级融媒体中心人才建设的理论基础

媒体发展壮大的关键是人才，实现媒介融合深度发展的关键也在于人才。如何改变传统的“记工分”考核模式，以科学而富有激励机制的绩效考核方式调动员工的积极性，关乎县级融媒体中心发展的未来。对人力资源的有效管理与开发决定了县级融媒体中心的竞争力。人才短缺、流失或结构不合理会制约县级融媒体中心的内容产出质量和创新速度，从而影响县级融媒体中心的未来发展。

一、人力资源及其开发的重要性

习近平总书记指出“读者在哪里，受众在哪里，宣传报道的触角就要伸向哪里，宣传思想工作的着力点和落脚点就要放在哪里”，要实现打通服务群众“最后一公里”，强化引导群众、服务群众的核心功能，将县级融媒体中心建设成主流舆论阵地、综合服务平台和社区信息枢纽，在这一过程中，人才建设至关重要。

2014 年至今，国内有多位研究者关注媒体融合背景下传媒机构人力资源管理，并积累了丰富的研究成果，既有成果主要聚焦于如下几个方面：对传媒从业者生存状况、人才队伍建设等进行研究；学界进行的个案研究或业界管理层的经验分享；对传媒人力资源管理实践的某个侧面或环节等进行研究；对传媒人力资源及其重要性的研究。[①] 但对于县级融媒体中心的人才建设问题，系统性的研究并不多，多是散见于著作或论文中。相关成果多为介绍典型个案的人才建设亮点，也有部分是对一些省、市内县级融媒体中心的人才建设存在的问题做实证研究。

以内容生产为主的传媒业被认为是智力密集型行业。因此，人力成本在总成本中占比较大。如何通过精细化管理，激发人才活力和创造性，提高内容生产的质量和传播效果，实现社会效益和经济效益的双提升，关系到未来县级融媒体中心的发展。

二、人力资本管理与绩效管理

习近平总书记在 2014 年 6 月 9 日的讲话中提到“要按照人才成长规律改进人才培养机制，‘顺木之天，以致其性’。要坚持竞争激励和崇尚合作相结合，促进人才资源合理有序流动”。

人才的成长是一个缓慢或渐变的过程，人力资源管理部门需要营造宽松的成才环境，观察、考核不同岗位、不同类型员工的综合表现和发展潜力，设计并启动人才培育计划，为有发展潜力的人才提供可观的薪酬和长远的职业规划，帮助其实现价值提升的同时实现媒体影响力的提升。

---

①申玲玲，曹越．媒体深融背景下传媒业人力资源管理探索 [J]. 青年记者，2022（10）：120–122.

人力资本的再生产是一种长期的投资。重视人、培养人，提高人才队伍建设、增强人才的生产效率、激发潜能等目标离不开对人力资本的管理。因此，县级融媒体中心建设迈入新阶段之后，面对人才结构不合理、融媒体专业人才不足的现状，更需要引进人力资本管理理念，加强人才队伍的培养和开发，推动县级融媒体中心健康、快速发展。

鉴于目前多数融媒体中心都实行了绩效管理，所以本文主要从绩效管理的角度研究融媒体中心的人才建设。绩效管理是设计与执行激励策略、介入行动与驱力的过程，其目的是将人力资源的潜能转换成绩效。其理论基础源于动机理论与学习理论的基本原理。从实务层面看，Kandula（2006）绩效管理可以划分成七种核心策略，分别是：①报偿管理策略：建立公平报偿系统；②职涯管理策略：重视员工培育；③团队管理策略：重视合作与团体目标；④文化管理策略：重视工作规范与文化；⑤衡量管理策略：一组可建立绩效效力的工具；⑥能力管理策略：重视人力资源管理策略；⑦领导管理策略：重视培育组织各层级领导与发展整合。①

实践中，可以从上述 7 个层面针对各中心的实际情况，为人才发展创造良好的发展环境和激励机制，实现人尽其才，尽可能发挥团队协作效应。

第二节　县级融媒体中心人才建设的类型与要求

当下的新媒体传播，视频化、互动化、社交化是主流，因此相比于传统媒体时代的内容生产，信息呈现方式更为多元，其环节更多，对相关技术的依赖性也逐渐增强。在这一背景下，县级融媒体中心的人才建设工作的系统性更强，要求更高。从县级融媒体中心内部的制度设计到团队成员的考核激励机制等都需要精细化管理。

①王毓莉．台湾四大报新闻记者劳动环境与绩效管理之研究 [J]. 国际新闻界，2018（11）：44-62.

一、县级融媒体中心人才建设的类型

各县级融媒体中心都成立有适合自己的组织结构，一般以党委为最高领导机构，根据业务线设有不同机构：负责内容生产的机构、负责行政管理的机构与负责经营的机构。考虑到县级融媒体中心的主要角色是媒体角色，其生命线和舆论阵地建设的关键在于人。① 融媒体中心人才建设工作的重中之重是负责内容生产的采编人员的招聘与管理工作。因此，本文重点研究与内容生产、推广运营有关的人才队伍建设问题。

县级融媒体中心是“集新闻传播、智慧城市管理、政务信息发布和电商经营、便民利民服务等于一体的综合性平台” ②，所需人才及其技能与专业素养和此前的县级媒体有较大差异，因此本文将县级融媒体中心人才分为以下几大类型：管理层、采编人员、技术人员和经营人员。

1. 采编人员

县级融媒体中心多是由县级各媒体整合而来，因此其负责内容生产的员工专业技能相对单一，具备稿件采写、图片处理、视频拍摄、视频编辑等综合技能的新闻人才占比不高。融媒体中心是为了适应新媒体发展而建立，因此，各中心既需要增强对老员工的新媒体技能培训，也需要招聘或引进优秀的能熟练掌握新媒体技能的年轻员工。此外，还需要保持合理的采编人员比例，条件允许的融媒体中心，可以增加记者数量，保留少数人员从事编辑工作。“一次采集，多次分发”，信息采集是基础，分发注重差异化、个性化，但前提是拥有较多的信息。

通过培训、经验交流等形式培养员工的互联网思维，在强化内容生产专业技能的基础上，提升他们的产品思维、互动意识、数据意识和用户意识。让他们在选题策划、内容生产和后期推广等环节，做到心中有用户，能借助相应的新媒体技术实现各平台的差异化传播，不满足于以往的宣传思维和传统的内容呈现方式。

一线负责内容生产的员工要做到“策划、写作、拍摄、编辑、互动”等方

---

①王智丽．中国县域治理现代化进程中的媒体角色与功能：对县级融媒体中心建设的考察 [J]. 社科纵横，2020（05）：73–78.

②田龙过，解倩怡．建设县级融媒体中心巩固基层舆论阵地 [J]. 中国广播电视学刊，2018（11）：6–8.

面样样能，并且能和负责技术、推广运营的同事之间展开合作，实现内容价值的最大化。在具体的工作实践中，中心可以通过项目制或工作室，建立较为稳定的合作团队，给予他们以政策和资源支持，建立中心自己的品牌，并且可以在重大报道中生产更多精品，在央级媒体、省级媒体、互联网平台等建立自身独特的影响力。条件允许的融媒体中心，还可以塑造自己的“网红”“IP”，扩大县域内的影响力。

2. 管理层

管理层的综合能力、统筹资源的能力、新媒体素养等会直接关系到融媒体中心的影响力和盈利能力。但目前管理层“普遍存在知识老化、对互联网传播规律、新媒体运营规律等缺乏深入了解，对最新的媒介技术更是无从下手”[①]的现象。打造一支精干高效的人才队伍需要任命一位优秀的县级融媒体中心主任，因为县级融媒体中心的历史包袱较重、利益纠葛多、发展任务重。[②]如果当地党委和政府选派能力强的优秀干部就任融媒体中心主任（一把手），就能更好地处理工作的利益调整分配、获取相关各方支持以更好整合资源。

具体而言，县级融媒体中心的一把手应该具备如下素质：熟悉网络与新媒体的传播规律和发展趋势；拥有改革创新的决心和魄力，能灵活处理各类复杂事情；政治站位高，学习能力强，具有盘活各种资源的能力；管理能力强，能带领全体员工积极探索创新，充分发挥“新闻 + 政务 + 商务”模式的落地，提升中心的传播力和影响力。

除一把手外，融媒体中心还需要业务能力强、能带领团队进行融媒体产品制作的业务骨干或中层领导者，在执行中心重大报道任务的同时，通过实践活动提升全体员工的新媒体业务能力。

3. 技术人员

2800 多家融媒体中心基本建立了新媒体传播矩阵，但要想进一步深度融合发展，实现差异化的精准传播，还需要充分发挥技术人员的优势。技术人员与内容生产人员的密切合作，不仅可以丰富信息呈现形式，增强内容的吸引力和可视化，还可以提高内容生产的效率以及传播的精准度。对于部分技

①王智丽．中国县域治理现代化进程中的媒体角色与功能：对县级融媒体中心建设的考察 [J]. 社科纵横，2020（05）：73-78.

②郭全中．县级融媒体中心完善的关键点与三种路径 [J]. 新闻与写作，2020（10）：82-86.

术实力强的融媒体中心，则实现了技术输出。充裕的技术人员还可以拓宽融媒体中心的盈利模式，通过舆情监测与引导等为区域内的相关部分公司提供服务。

县级融媒体中心技术人才的主要职责：①负责自家网站、客户端等平台的技术维护、功能增加等；②辅助采编人员内容生产过程中的平面设计、动画制作、数据挖掘与分析、网络直播等工作；③改造和维护等。但大多数县级融媒体中心的技术人员数量较少，参与到内容生产环节的也不多。作为尝试，可以采用柔性引进或者购买服务等方式解决技术力量逐步的问题，并从制度层面推动技术人员与采编人员、经营人员的合作，发挥他们的专业优势，提高内容的吸引力，分析用户数据，整合资源。

4. 推广运营人员

融媒体时代，媒体影响力和营收能力，除了与内容生产有关，和推广运营也有密切关系。好的内容如果不加以有效的运营，其传播效果可能也会大打折扣。如何更好地盘活并聚合资源、进行运营以获得价值补偿与价值增值，这些都离不开推广运营人员的努力。推广运营人员需要非常熟悉不同平台的传播特点，了解区域内不同客户的资源与需求、普通用户的兴趣偏好等数据，然后从选题策划环节开始介入采编工作，将新闻、宣传、活动等有机结合，实现社会效益和经济效益的最大化。

5. 合作者

除了自有员工之外，建议县级融媒体中心可以拓展自己的“通讯员”队伍。像新京报、梨视频、财新传媒等都有自己的“拍客”队伍，外援的加入可以增加中心采编力量，生产更多的本地化视频。各区县内都有自己的自媒体人，与他们建立长期的合作关系，也是县级融媒体中心发展壮大的思路之一。例如浙江长兴传媒集团就充分发挥“市民拍客团”“市民督导团”“市民爆料团”等六大载体的作用，在扩充信源和内容供给的基础上，推出了更多本地群众喜欢的内容。

对那些内容生产能力较强的合作者，可以建立多元化的合作关系，扩大双方的传播效果。合作中，融媒体中心需要具备较强的把关意识和责任感，维护中心权益，掌握主动权。

二、县级融媒体中心人才建设的要求

人力资源管理是县级融媒体中心改革和创新的保障，中心的顶层设计需要人事部门的精心调研和科学规划。要做好融媒体中心的人才建设工作，首先要强大人事部门的管理和服务能力。在此基础上再考虑具体的问题。

1. 人事部门角色需应时而变

随着中心的快速发展，要求人事部门提供更为专业化的管理、更为细致的服务、更具前瞻力的眼光。

（1）做组织设计的参与者。人事部门的制度设计和变革性管理，对于融媒体中心的目标实现起关键作用。因此，人事需要全盘考虑媒体外部发展环境的用户需求的变化，遴选能支撑媒体转型业务的优秀人才、关注现有人才的转型与技能培训、后备力量的储备与培养、奖惩机制的优化与完善，成为中心转型的先行者和设计者。

（2）从管理思维到服务意识。不论是从传媒业自身的发展还是从人力资源管理行业的发展来看，都要求媒体的人事部门改变原来的管理思维，强化服务意识，从原来的关注管理转为管理与开发并重，并重新定位自身与业务部门之间的关系，提供更为全面、精准、细致而及时的服务。

这种服务体现在如下方面：根据组织发展，为现有员工提供生活和专业上的服务；为中心发展提供更多的外部信息，便于中心发现新的市场机会、建立竞争优势；为中心内部的创新提供资源和政策等方面的支持；变原有的行政审批、管控思维为服务意识，推进不同部门的合作。

（3）从事务管理到项目孵化。决策者和人事部门的融合发展理念和创新意识体现在前瞻性眼光、落实在人性化的制度设计和政策扶持层面。激活员工创造性并予以大力支持，才有可能实现个人和组织的相互成就与提升。目前，不少县级融媒体中心在近几年纷纷制定鼓励员工创新创业等的政策，积极推动并支持项目和 IP 孵化。

（4）用数据辅助决策。制定人力资源管理战略规划，建设本单位详细的人才数据库，充分发挥“数字化管理”的优势和数据分析在人力资源管理中的选、育、用、留、出各个环节中的作用，帮助决策者科学研判融媒体中心核心员工、骨干员工的综合信息情况，以精准识别、精细化、差异化管理的思路，甄别和选用优质人才，为业务中的相关决策提供依据。

2. 增强决策者的互联网思维

实践中，传统媒体转型的目标、规划、步骤、资源配置等，多离不开各机构决策者的理念、领导力与执行力。因此，领导层尤其是决策者的互联网思维就成为转型成功的重要因素。鉴于高层领导多由上级部门直接委派，作为人力资源管理部门应充分发挥自身的专业性，协助领导层推进、执行各项管理理念与制度，推动媒体在组织架构、采编流程、管理制度、人才队伍等方面进行全方位的改革。认可并尊重采编队伍的贡献，对管理层和普通员工予以不同类型的激励和管理机制。

3. 拥有一定规模、结构合理的人才队伍

新媒体时代信息传播的渠道和形式日益多元，内容生产领域的竞争日趋激烈，内容生产的流程和时间被一再压缩。单位时间内容需要生产更多的内容才有可能获得更多关注或流量。在传播效果可以精确量化的时代，县级融媒体中心要实现在诸多主流平台的差异化内容生产，必然需要一支稳定的、颇具规模的人才队伍，以保证稳定的信息更新频率。这支队伍还需要人才结构合理。年轻的工作人员更懂用户，年长的工作人员则政治性更强，具有更强的把关能力。

4. 具备协同合作意识

当下，内容生产的团队化协同作战已成趋势，尤其是对于一些实行了“工作室制”“项目制”的中心。融媒体作品的生产，不同于传统媒体时代的“单打独斗”，需要的是不同工种或技能人员的融合，甚至是跨部门的合作。稳定的团队有利于日常重要选题的制作或者重大主题报道，更容易实现跨平台的差异化传播。要想生产更多优质的融媒体作品，势必需要更多业务能力强、团队意识强的员工。通过传、帮、带的方式，在具体实践中增强配合的默契度，推出更多精品。

当前，一些县级融媒体中心内部，因为历史因素，各单位之间协同配合度不高，双方依然停留在协作关系，而非融合关系。在具体的工作中，各自为政，缺乏必要的联动与内容机制，未能发挥不同人员专业互补的优势，使得新媒体矩阵传播的效果打了折扣。

第三节　县级融媒体中心人才建设的主要问题

各县级融媒体中心基本完成了“一次采集、多次生成、多元发布”全媒体矩阵传播的布局工作，接下来进入内涵式发展阶段，从内容生产的数量和品质、舆论引导的技巧与精准传播等方面需要迈上新的台阶，切实发挥信息传播与舆论宣传“最后一公里”的重要作用。能否做好人才建设关乎中心的转型升级。因此，需要各级管理者和领导者在全面厘清问题的同时制定有针对性的政策，激发人才活力，助力中心发展。

一、人员结构问题

由于历史等原因，县级融媒体中心组建的时间短，人员结构存在一定问题，具体表现在：①从年龄分布看，30 岁以下的年轻人占比较少；②从专业背景看，已有新媒体背景的员工较少，加之新媒体中心多是由县级媒体整合而来，所以传统媒体背景的员工占比较高，新媒体运营和技术人才较少；③从学历、职称看，大多数县级融媒体中心硕士以上学历、高级职称的人占比极少。年龄结构的断层，专业技能的不均衡等问题限制了融媒体中心的发展。而新媒体推广与运营的复合型人才严重不足则在一定程度上制约着县级融媒体中心新媒体业务的拓展。

二、普遍存在聘才引才难、育才难、留才难

因为自身区位劣势和待遇普遍偏低，使得全国大多数县级融媒体中心面临上述三大难题。以前县级媒体面临的“引不来、育不好、留不住、流不出”等问题在融媒体中心建设中依然存在。离职潮与招聘难这两个问题在一定程度上阻碍了传统媒体的转型。既有人才在内容生产能力、新媒体思维、新媒体运营意识、全媒体技能等方面有待提升。

三、缺乏技术和专业人才

县级融媒体中心上述问题的产生，有的是客观条件所限，有的是历史原因，也有制度因素。黄艳凤在调查了江苏、浙江、安徽三省的 26 家县级融媒体中心后发现，三省县级融媒体中心的工作人员中“能熟练操作中央厨房”和“操作一种以上新媒体平台”的工作人员约占 37%。从事内容生产的人员比较多，从事新媒体传播尤其是搭建新媒体“四梁八柱”、底层代码开发的人员几乎是空白。[①] 上述问题在全国的县级融媒体中心具有代表性。

四、创新意识不足

我国县级融媒体中心的性质、所处区域等因素决定了其人员招聘与传统媒体机构和事业单位的差异：薪酬体系很难完全市场化。从管理制度而言，人事管理制度行政化比较严重，在考核评价、分配激励机制、人员培养等方面存在着制度惯性。加之多数县级融媒体中心的营收能力较弱，那些非全额财政拨款的中心，收入较低。一些融媒体中心编制有限，聘用人员占比较高，但这些人的待遇较低。很多地区编制内外人员年终奖金和“五险一金”的保障比例上也存在差异。客观上存在的“身份”差异，很大程度上影响编制外从业人员的工作积极性和归属感。

五、人才队伍管理方式落后

很多县级媒体原本人才队伍管理方式滞后于发展需要，即使在建成县级融媒体中心改革后，旧的问题还没有来得及解决，又出现了如何融合不同类型媒体的新问题。目前，很多县级媒体把资金、精力用在硬件投入和内容建设上，缺乏人才队伍建设规划，[②] 缺少卓有成效可以让多方都满意的用人机制和薪酬体系。

县级融媒体转型多由以前的县级媒体机构组合而成，来自不同单位、员工

---

①黄艳凤．县级融媒体中心建设的人才困境与新闻教育回应 [J]. 传媒，2021（02）：84-87.

②方启雄．县级融媒体中心高质量发展的经验启示及未来展望——来自河南的创新实践 [J]. 中州学刊，2022（08）：168-172.

之间的既有待遇、考核标准、工作方式与理念、价值观念等都存在较大差异，这一基本因素也加大了人才管理的难度。

当下，不少融媒体中心缺乏专业的人才队伍管理力量，而且人事管理能力较为薄弱。融媒体中心的人事工作，流于一般性事务性管理，缺少以前瞻性眼光发掘员工潜力并能留住优秀人才的能力。此外，新建的融媒体中心人才队伍数量增加，人员构成也更加复杂，无形之中增加了管理难度。如何创新考评机制、构建完善的激励约束机制，既可以妥善安置考评来自不同县级媒体、不同身份的老员工，又能激发新员工的积极性，在优化调整人才结构的同时，提升员工收入、增强员工认同度，这些都是人事部门需要考虑的事情。

六、人才储备和后续动力欠缺

县级融媒中心建设是一项复杂而又艰巨的系统性工程。融媒体人才的核心竞争力是关于融媒体中心是否能建强用好、发挥最大价值。但当前面临的最大问题是人才供给的不充足、不到位，表现为一线工作人员缺乏融媒体核心竞争力、对体制内资源的严重依赖、人才储备与后续动力欠缺。[①] 要解决这一问题，需要县级融媒体中心盘活资源，推进“新闻＋政务＋商务”模式，增强营收能力。收入的提高才有可能在做大做强的同时提高对人才的吸引力，提升人才的主动性和竞争力。

综上所述，我国县级融媒体中心的重要性不言而喻，但是在人才建设方面存在不少问题，尤其是地处偏远的区县的融媒体人才建设面临更多挑战；但部分发展较好的融媒体中心的经验会对后发者具有一定的借鉴意义。

第四节　县级融媒体中心人才建设的措施与建议

县级融媒体中心能否建强用好，关键在于人才队伍建设。研究人员搜集了公开资料中各运营比较成功的县级融媒体中心的人才建设方案和举措，并将他

①黄艳凤．县级融媒体中心建设的人才困境与新闻教育回应 [J]. 传媒，2021（02）：84–87.

们的成功简要归纳为如下几点：1. 制定明确的人才发展规划，如人才梯队建设、人才储备工作建设、人才培育与引进工作建设；2. 完善薪酬体系、考核体系、激励机制，避免粗放式考核方式；3. 梳理融合发展的顶层思维；4. 做好团队建设。

一、县级融媒体中心人才建设的措施

当前的县级媒体发展，要切实提升县级媒体的传播力、引导力、影响力、公信力，更好地“引导群众、服务群众”，最需要的并不是“大屏幕、大平面、大机构、大技术”，而是从顶层设计角度的体制机制改革，以及与之相匹配的资金、人才、机构改革政策。①

1. 优化现行管理体制

融媒体中心建设的主要瓶颈是体制机制和融媒体人才不足。基层从业者的能力、工作主动性等和现有的体制机制密不可分。破除编内和编外人员的壁垒，实行同工同酬、同岗同酬，以此为基础完善既有的激励绩效机制，增强县级融媒体中心的“造血”功能，逐步提高员工待遇，才能实现长足发展，完成融媒体中心建设的预期目标。

媒体融合进程中的实践证明，现行的媒体运行管理体制存在着许多漏洞与不足。随着互联网媒体属性越来越强，如何优化管理体制、应对现有内容生产和传播、经营等方面的挑战，采用适合的人员调配工作制度，完善考核体制和薪酬改革，最重要的是需要解决好采编人员与技术人员、有编制人员与无编制人员、在传统媒体端工作的人员和在新媒体端工作人员的管理分配机制和考评规则，并能实现不同岗位、不同部门、不同专业之间的深度协调与融合。

2. 建立健全激励约束机制

传媒机构的激励大致可以分为：绩效激励、专项（作品）奖励、股权激励、创新创业激励等经济奖励。弗雷德里克·赫茨伯格认为恰当的工作组织和安排是实现激励的最好方法，使员工能够在工作中得到反馈并感受到挑战，满足其对成就和认可等的“高层次”需求②。因此，晋升通道和岗位责任的提升也应作为激励措施被纳入；同时规范员工的行为实现约束机制；引导员工动机并为

①陈国权．扎实做好县级融媒体中心建设推进县级媒体改革 [J]. 传媒，2019（02）：1.

②加里·德斯勒．人力资源管理（第 14 版）[M]. 刘昕，译．北京：中国人民出版社，2018：433.

其提供有竞争力的待遇，实现竞争机制；还包括为特殊人才开绿灯，给予有能力、有动力的尖子员工个性化的考评标准和重组的发展空间。

有效的激励机制结合有序的流动退出机制才有可能发挥效果。激励机制主要是面向业务骨干、生产优秀融媒体作品的团队或个人等，设立专项奖励或专项人才培养计划，融媒体产品专项奖励政策，激发优秀员工的创造性和主动性。如成都双流融媒体中心就增设了专业特聘岗位，设置精品力作专项奖励；福建尤溪县融媒体中心设立专项基金对全能型人才每年给予两万元奖励。

目前有据可查的考核约束机制并严格执行的资料并不太多，这可能也与编制等因素有关。

3. 优化考评机制

为了更好地适应媒体融合，获得更多适应新媒体生产环境的人才，各县级媒体在融合转型过程中均应改变以往的用人机制，探索适应融媒体中心发展的新的用人机制。①

媒体应采取硬性考核与软性考核相结合的弹性考核方式。除了规定员工每个月必须完成的基本工作量之外，鼓励更多采取绩效奖励、级差奖励等软性考核办法，即依据员工的智慧效益、运营业绩给予不同级差的奖励，贡献度越大，奖励额越高，以此种方式激励员工积极参与到政务运营中去，尽最大努力盘活政务市场的各项资源，推动媒体效益、个人效益“双丰收”。②

考核方面，注重数据化考评 + 主观性评价相结合的方式，重视流量但又不唯流量，考虑作品的社会效益和用户评价。从转型较为成功的媒体来看，大多能结合数字化转型所处阶段，调整绩效考核手段，不断优化人力资源管理制度与细则，并对组织架构进行调整。

曾祥敏（2020）等在调查中国主流媒体融合发展现状时发现 78.49% 的被调查单位对全媒体采编进行量化考核。③ 考核指标一般以发文量和优稿量为主，辅以新媒体端的阅读量、用户参与度、外推效果以及项目运营情况。但在实际运作中，以量化考核的数据统计相对烦琐，各指标所占权重是否科学也值得商

①黄楚新 . 县级媒体融合之路应该如何走 [N]. 学习时报，2019-01-07（005）.

②章玉政，杨安红 .“新闻 + 政务服务商务”的融媒实践路径 [J]. 青年记者，2022（06）：70-71.

③曾祥敏，刘日亮 . 中国主流媒体融合发展现状调查和重点问题探究 [A]. 曾祥敏 . 中国新媒体研究报告 2020[M]. 北京：人民日报出版社，2020：20.

権。部分媒体采用的量化考核的激励程度和导向作用并未达到预期目标，这也值得管理者重视。

二、县级融媒体中心人才建设的建议

1. 多元化的创新思路

目前发展不错的县级融媒体中心，大多做到了打破身份限制，改革分配制度与激励机制，实行“同岗同责、同工同酬、优劳优酬”等制度，全员绩效考核，待遇向业务骨干、一线优秀员工倾斜。个别资金充裕的融媒体中心会拿出专门的资金用于发掘、培养、奖励优秀人才，营造良好的工作氛围。

体制创新。打破官本位、去行政化，建立通畅的人才晋升淘汰通道。给年轻人更多机会。决策层和执行层，启用年轻人，毕竟互联网的主流人群以年轻人为主。目前，不少运营较好的中心的中层领导，多是富有开拓精神的“90后”。以项城融媒体中心为例，在打破身份限制后，实现了体制内外一样，员工能上能下，优胜劣汰，多次公开招聘，优化人员结构，团队平均年龄在26岁。

管理创新。县级融新媒体中心可以尝试推行事业单位企业化管理，以岗定人，以岗定薪，通过制度建设实现多劳多得，不劳不得，同工同酬，同岗同酬，打破身份、年龄、资历、职称等界限。通过全员竞聘，选用能力强的人员担任中层领导，并赋予他们更多的人才任用和个性化的考评权利。

2. 做好选才、育才工作

条件允许的中心，要重视对员工的培训，包括内容生产能力、推广运营能力、选题策划能力、舆情监测与危机公关能力等。当下的时代，是一个需要不断学习、不断了解用户的时代。因此，如何在了解用户需求的基础上，结合县域特色，策划、制作优质的内容，成为中心工作的重要一环。对于那些在招聘过程中吸引力不是太强的融媒中心，更要重视激发现有员工的主动性，培养他们的全媒体思维，通过脱岗进修等方式提高现有员工的业务技能。选才育才不易，留才也难。尽可能在政策允许范围内，增强营收能力，再拿出专门资金，采取多种措施，如专项人才培养计划，以灵活的薪酬体系或政策吸引专业人才。

3. 完善人员流动机制

各机构的人力资源管理制度中含有人力资源流动管理。适当的人才流动机制，有利于保持机构活力，推动创新。完善人员流动机制也是应有之义。主要包括以下两个方面。

（1）纵向上的晋升、淘汰。以芒果 TV 为例，2014 年至 2019 年，旗下中心每年坚决保持 10% 的淘汰比例（中层干部包括在内），同时引进新人填补空缺。这种近乎残忍的人才更新机制带动了公司内部人才的新陈代谢，但较高的薪酬回报和平台资源是前提。目前公开资料中极少见到县级融媒体中心裁人的信息。

（2）横向上的跨部门、跨业务、跨机构流动，可以是内部人员流动，也可以外部人才引进等。封面新闻推出的"伯乐项目"和"活水项目"，以《封面传媒技术人才内部推荐制度》和其他制度为保障，开启技术人才内部推荐渠道，促进员工的调配和流动。

除了上述管理措施之外，人力资源部门也需要关注员工反馈意见，及时发现并解决考评体系或其他在实践中潜在的问题；尤其不应牺牲专业质量来追求短期效益。需评估"考评标准"的科学合理性、考察效果的同时兼顾问题。比如高额奖励爆款内容的作者，是否能实现预期的激励效应？除了直接以阅读量、转发量、点赞量等指标为简单直观的作品衡量标准外，如何衡量作品的社会价值并将此类要素纳入到考评指标中来。

4. 加大"双培"力度

人才对于融媒体中心的发展非常重要，但是"县级环境存在对高端人才缺乏吸引力、缺乏专业人才引进制度、人才长期发展路径模糊等现实问题，制约了县级融媒体中心吸纳人才、留住人才，使得县级融媒体中心的发展浮在表面，滞留不前"[①]。"引才"工作面临困难，更为可行的是加大对现有员工的培养力度，不断深化学习观念，提升现有人才的专业技能。

（1）改进员工培训系统。在对组织的生产率产生的影响方面，培训的重要性要超过绩效评价和反馈，仅仅低于目标设定。[②] 人力资源的积累和工作效率的提高离不开与时俱进的员工培训系统。培训不能仅停留在专家讲座、授课等形式，人力资源部门应制定适合本单位的分层分类的、系统的培训学习体系，打造学习型组织，加强实战演练力度，增强新媒体运营技能等方面的专业培训。

①谢新洲，朱垚颖，宋琢谢．县级媒体融合的现状、路径与问题研究——基于全国问卷调查和四县融媒体中心实地调研 [J]. 新闻记者，2019（03）：56–71.

②转引自加里・德斯勒．人力资源管理 [M]. 刘昕，译．北京：中国人民出版社，2018：264.

此外，培训结束后，需要从“反映、学习、行为、结果”等四个方面对培训效果进行追踪评价，以便于后期培训计划的修订。

（2）重视优秀年轻人才培养。现在新媒体端的“爆款”多由年轻的从业者策划、生产而成，一方面我国网民中年轻人居多，平均年龄30岁左右的新媒体团队（如人民日报新媒体中心、芒果TV等新媒体核心团队）更容易策划、制作出爆款内容。对青年人才还应不断提升其专业技能。如湖南卫视的“30未满”计划、新华报业集团的“789青年干部培养计划”等支持计划。此外，通过人才数据库及“画像系统”，精准对标人才，以及时储备并引进优秀人才。

（3）开展人才素质提升。通过对外引才选优、对内培强育优等方式，建设一支能熟练掌握新媒体技能的全媒体人才队伍。一方面通过与本省本市内外新闻传播学类院校密切合作，通过建设实习实践基地，提高人才素质，并吸引年轻学子加入；另一方面，通过开办专题培训、派出骨干参加实训等方式，引导现有人员从观念到技能上向全媒体人才转型。

总之县级融媒体中心要创新人才培训方案，加快既有员工的数字化转型速度，培养新员工的选题策划制作能力。通过脱岗短期集中培训等方式，全面系统增强员工的业务能力。

5. 尝试推行共建模式

区县融媒体中心应对人才短板这一挑战，短期内可采取“双轨制”的招聘策略，事业编制和临聘用工结合。① 长远看，需要提高既有人才的专业组织，也需要补充新鲜血液。可以尝试县级融媒体中心可以和当地高校签订战略合作协议，即与高校搭建“双通道”：学生实习和融媒体人才专业技能培训。

县级的综合实力和发展前景决定了其很难吸引到如大数据、技术熟练等高素质新媒体人才。邓若伊等人认为解决这个问题的关键就在于省级统筹，可以通过挂职、轮岗、下派等途径实现人才服务。② 以项目制的运作方式，在短时间内建立一支执行力强的队伍。研究人员认为这种方式可以在短期内提升既有团队的执行力和项目运作能力。条件具备的中心可以试行。

---

①张克旭，赵士林，邓江．国家战略的地方路径：区县融媒体中心建设的上海探索——基于上海8个区级融媒体中心的实地调研与问卷调查[J]. 新闻记者，2020（06）：28-36.

②邓若伊，向凡洋．县级融媒体中心建设的核心与思路[J]. 新闻与写作，2019（05）：96-99.

6. 推动人才融合

县级融媒体中心的建设和发展过程，既是资源的整合，也是工作方式、运营理念和人员配置的整合。只有捋顺关系，才能发挥不同技能员工的优势，通力合作，盘活县域资源，实现传播目的，增强造血功能，切实“打通最后一公里”，做好信息传播和舆论引导等工作。

县级融媒体中心建设不仅仅是设备、技术等方面的提升，更重要的是在决策部门和人事部门的管理之下，结合中心工作，招聘适合的新媒体人才，提升队伍竞争力，精细调研员工需求，激发他们的主动性和积极性，提高待遇的同时，增强员工认同感和职业自豪感。

加强人才队伍建设，建立科学系统的学习、评价、培训体系和完善的福利保障制度，从政治建设、组织能力、业务素质等全方位提升人才综合能力，培养适应于互联网时代发展的全媒体人才队伍。①

第五节 个案研究

全国 2000 多个县级融媒体中心，所处地域、拥有资源等存在较大不同，因此在发展路径和模式等规模存在较大差异，本文筛选了部分优秀案例并总结它们在人才队伍建设中的主要经验，以期推动县级融媒体中心的人才队伍建设，助力县级融媒体中心快速发展。

一、安吉县融媒体中心

2014 年 1 月，安吉县将广播电视台和新闻宣传中心两家单位整合，成立安吉新闻集团。2018 年 11 月，更名为安吉县融媒体中心。2021 年 7 月，安吉县融媒体中心启动第二轮体制机制改革，明确事业单位性质企业运作实质的运行机制。2022 年，该中心营收达到 4.87 亿元，连续 9 年增幅都在 10% 以上。

安吉县融媒体中心的两轮改革，彻底解决了制约融合发展中的人员身份、

①黄楚新，李一凡 . 县级融媒体中心建设要行稳致远 [J]. 北方传媒研究，2023（01）：4–7+13.

绩效考核等难题。该中心打破以编制决定的身份区分标准，唯才唯德是举。由县委宣传部任命两名非常优秀的编外员工为集团副总经理和监事长。

融媒体中心主抓新闻主业，取得了优异成绩。该中心每年围绕县委县政府中心工作等，推出近百个主题报道，牢牢掌握新闻舆论工作主动权。保证一定数量的内容供给，奠定了旗下各传播渠道的影响力：集团旗下各类媒体平台用户数达到 165 万，是全县总户籍人口数（47 万）的 3.5 倍①。

该中心实行全员绩效考核，编内编外人员仅在基本工资方面存在差异，其他方面同工同酬。该中心要求各部门根据各自业务的特殊性，分别制定符合实际的考核标准。同时，工资待遇向一线倾斜，一线员工的工资部分实现翻倍，这极大地增强了员工的积极性。②

人员管理科学，特色鲜明。采编人员的招聘力求精简精进；提倡一专多能，推动全体采编人员向全媒体人才转型；对于高端人才，采用柔性引进方式，专业的事儿交给专业的人；实行工作室制，已经建立了“十分”海报工作室、“遇见安吉”工作室等知名品牌；注重培养有发展潜力的优秀员工；推出岗位竞聘制度，营造拼搏奋进的氛围，激发经营活力。优异的成绩得益于领导层的科学规划和团队成员的共同努力，也离不开卓有成效的管理机制。

二、长兴传媒集团

2011 年 4 月，浙江省长兴县委县政府通过整合多个部门单位，成立了全国第一家县级传媒集团——长兴传媒集团。发展至今集团总资产 9 亿多元，员工 400 余人，其中编委会下属员工 200 人（含为新闻生产提供后续服务的技术部、特技制作部等）左右，2019 年营收超过 2 亿元。2018 年召开的全国县级融媒体中心建设现场推进会上将长兴的融媒体中心模式作为示范样板在全国推广。

该集团特别重视人才队伍建设，形成责权利清晰的领导体系，并实施了“对外引进”和“内部培养”等配套机制，全集团传媒人才队伍素质得到不断提升。

---

①祝青，朱炜，丁峰．读懂县媒未来才能拥抱时代——安吉新闻集团县级融媒体建设实践探析 [J]. 中国广播，2021（07）：66–69.

②李磊．从发不出工资到年营收 4 亿元！这家县级媒体咋做到的 ?[EB/OL].[2022–08–18].https：//mp.weixin.qq.com/s/JZRD49caTlr1ElYY5Jxtmg.

其人才建设的创新和经验大致可以归纳为以下几点。

1. 打破身份限制，全员竞聘上岗

该集团不断完善党委会领导下的事业法人治理结构，按照采编、经营两分离原则，分为三条线进行管理：编委会、经委会、管委会。

该集团在组建之初就打破人员身份限制，全员竞聘上岗，结合双聘机制，实施五档薪酬体系，通过定档定岗定考核机制，设定科学合理的分配模式，并以“积分制”来细化和完善“升降档”管理，实现“档位能上能下、薪酬能增能减”的激励机制。[①] 普通员工根据学历、能力及其岗位等来确定岗位系数及薪酬，中层干部则按照年薪制进行运行，业务能力特别强的普通员工，则实行首席制度来配比薪酬。[②] 为了留住人才，该集团构建系列激励机制，通过积分制考核办法，开放薪酬晋级通道。实施中向重要岗位、重要专业技术人员倾斜。

2. 重视人才培养和引进

2017 年至今，该集团每年投入 100 万元实施的“万物生长”融媒人才养成计划，2020 年又推出“潜龙腾渊”技术人才培养计划，在培养员工成长方面起到了积极作用。该中心坚持一般人才本地化、高端人才引进化、特殊人才年金化的指导思想，出台一人一议政策，累计引进研发技术、主持人等关键岗位中高端人才 50 多名。此外，该集团对技术人才和技术力量进行有效整合，成立技术委员会，建成了一支 40 余人的研发技术团队。[③] 此举为推动集团数字化转型和开展相关业务提供了有力的支持与保障。

3. 双轨提升机制确保晋升通道畅通

该集团优化“双聘 + 五档薪酬”机制，2017 年开始实行“积分制考核体系”，并建立了中层管理人员和业务骨干双轨提升机制，[④] 进一步拓宽优秀员工的晋升通道，给他们提供更好的发展空间和待遇。对于那些具备管理能力的人员，结合绩效考核和选拔机制，纳入中层梯队，并实行年薪制；对于业务骨干，则采取特殊人才年金制和首席人员首席待遇制。极大提高了员工的积极性和

①王晓伟 . 跨界共生：长兴传媒集团的使命与担当 [J]. 传媒，2019（23）：21-25.

②郑琦 . 长兴传媒集团体制机制上的突破 [J]. 广播电视信息，2020（02）：20-21.

③长兴县融媒体中心 . 建强用好县级融媒体中心唱响新时代奋进凯歌 [J]. 中国报业全媒体微信公众号，https：//mp.weixin.qq.com/s/6v4McTMpv4-KEXJ-ZddzEA.

④陈国权 . 中国县级融媒体中心改革发展报告 [J]. 现代传播，2019（04）：15-23.

创造性。

4. 鼓励创新

为了落实集团的六大创新发展理念，该集团策划启动了创业创新大赛，激发全员的创新精神。比赛后，为创新创业团队和部门搭建服务平台，成立12个创新项目工作室，实施专项管理，促进业务创新和成果转化。[①]

三、江阴市融媒体中心

江苏省江阴市融媒体中心于2019年4月15日正式成立，目前已形成“报台网微端屏”六位一体的全媒体传播体系，拥有“最江阴”“江阴吃香喝辣”等10个粉丝数量超过10万的微信公众号，江阴市融媒体中心抖音号粉丝数超900万，点赞数超3.6亿。该中心获得建设优秀案例奖及其他国家级、省市级荣誉数10项，入选国家网信办2021年《互联网新闻信息稿源单位名单》（江苏唯一入选县级媒体）。

以上成绩的取得离不开上级主管部门的支持和团队成员的努力，也离不开科学的人力资源管理。该中心改革后的组织架构，打破了以往严苛的管理制度和权限设置，实行扁平化管理。

1. 引培同步，双向流动，挖掘融合人才

集团将干部员工进行全员重组，按照各自能力匹配岗位；实行以岗定薪、动态管理的分配机制；建立选优人才培养机制，内部选拔“领军人才”“技能英才”和“青年优才”，为青年骨干的成长提供支持。集团通过外派学习、业务技术培训、新媒体大赛等方式提升原有媒体人才的技能，尤其凸显90后、00后主力军地位，打造劳模工作室、融媒青年说、KOL大赛，培育“飞手”团队、直播团队、MCN机构运营团队。[②]

2. 突出自身优势，大力引进人才

在人才引进过程中，该中心最大程度宣传并发挥自身优势，以灵活的分级分类的招聘制度吸引不同类型的优秀人才。三年来，该中心引进的专业技术人才中，研究生学历占比近三成。此外，该中心还突出组合编制优势吸引

①王晓伟．长兴模式：县级融媒体中心的建设探索[J]．新闻与写作，2018（12）：92–94.

②王敏．创新：融媒体中心发展的不竭动力——江阴市融媒体中心的理论思考和实践探索[J]．新闻爱好者，2022（07）：26–29.

人才，对于表现优异的劳务派遣性质人员，则通过内部竞岗形式转为企业性质员工。

3. 多措并举，选才识才用才工作

该中心建立了多通道的晋升机制。为中层干部设置了管理类和业务类两大晋升通道，为优秀的年轻员工设立多样的优选人才计划，提升他们的待遇；建立干部、员工的考核流动机制，业务类和管理类两大类干部可以双向流通，部门业绩排名末三位的主要负责人，经组织考察后进行岗位调整；实行严格的考核制度，对于那些不能胜任的人员制定了退出机制，两年来，有 12 人进入待岗程序，因未能成功聘任岗位而主动离职或协议解聘的有 7 人。①

4. 全方位、阶梯式的人才培养计划

该中心对于新进员工采用轮岗学习培训形式，多岗位、多环境培育专业技能，帮助员工尽快适应全媒体工作，并做好短期和长期发展规划；以“文化融通、知识贯通、视野达通”为人才培养方向，打造“一专多能”型人才；按照“主业人才领先化、岗位结构多元化、从业队伍年轻化、人才梯队科学化”的目标，注重技能提升和专业重塑通过劳模工作室、KOL 大赛等形式，成功培养了“70 后”“80 后”“90 后”三代“飞手”、MCN 机构运营、大数据运维等专业团队，有效带动和引领了队伍在专特领域内快速成长。

5. 完善的薪酬激励机制

该中心以能力和业绩为导向，全员重组，激励先进，鼓励创新，薪酬管理向基层一线、重点岗位倾斜，对于核心人才实行薪酬单列管理，部门薪酬总盘与年终考评等级直接挂钩。赋予部门负责人充分的权力决定本部门员工的岗位设置和岗位薪酬，考核分配有决定权。运用关键绩效指标考核法，每月兑现好稿奖、关键事项奖。通过定期举办的活动发掘优秀的年轻员工。②

除了以上个案，研究人员在收集资料中，还发现其他一些县级融媒体中心在人才建设中的有效措施，以表格形式简要罗列如下。

①朱琳琳 . 县级融媒体中心“四步走”人才队伍建设路径 [J]. 中国记者，2022（10）：124-126.

②朱琳琳 . 县级融媒体中心“四步走”人才队伍建设路径 [J]. 中国记者，2022（10）：124-126.

表 1　部分县级融媒体人才建设的措施

名称	具体措施
浙江常山县	实行企业化运行管理；县级融媒体中心的财政保障政策，全面保障薪酬绩效考核制度创新，优化人才招引培养政策体系
江西分宜县	以主要业绩和履职尽责为依据的薪酬分配制度。通过增加配足编制，允许人员不足部分以聘用方式解决，在岗人数翻了一番。在薪酬制度上大胆改革，同岗同责、同工同酬、优劳优得。以“采编发数量＋优稿数＋网上供稿数量＋阅读点击量”的计算方法作为绩效考核标准
河南项城市	实行绩效考核、零工资制、全员竞聘、数据考核及末位淘汰制以提高公平性
四川合江县广播电视台	绩效考核采取依据文稿浏览量按照 5000 次至 10 万次不同标准发放稿酬
北京市海淀区融媒体中心	每年投用资金用于绩效工资发放，并设置社会聘用及购买服务人员岗位满足用人需要。在考评方面，实行主观评价与客观评价相结合，在客观评价中引入技术手段统计全网传播效果，其中传播占比超过 50%
邳州市融媒体中心	破除体制、机制方面的壁垒和障碍，改革利益分配和奖励惩罚的制度，探索内部人才培养的模式，实行“同岗同责、同工同酬、优劳优酬”
三明市	以内设机构为主体结合自身业务内容制定评价指标体系，尤其注重向一线岗位与重点岗位倾斜。采用“事业绩效＋产业绩效”的双重激励机制
贵溪市	推行“责重薪高、多劳多得、高效高酬”原则，实行薪酬待遇阶梯制、部室积分绩效考核制、一线人员首席制、重大贡献重奖制等

人力资源的管理与开发，事关媒体融合的成效和动力。顶层制度的设计，最终要落实到人。正视融媒体大趋势，以业务发展需要选才，在尊重内容生产和传播规律、人力资源管理与开发需求的前提下，决策者和媒体人力资源管理部门应当通过多元激励机制和科学管理方法，助力媒体人才队伍建设，为媒体深度融合提供必要且充分的智力支持和制度保障。

参考文献

1. 刘建华 . 党的十八大以来媒体融合的遵循与逻辑 [J]. 传媒，2022（21）：45.

2. 刘建华 . 建成新型全媒体：中国传媒融合创新的六大机遇和入口 [J]. 编辑之友，2022（07）：39.

3. 刘建华 . 中国新闻传媒业融合发展十二大现状 [J]. 编辑之友，2020,（02）：25.

4. 蔡雯，韩逸伦 . 新闻业务智能化趋势及其应对 [J]. 当代传播，2023（03）：76–81.

5. 王筱，张晓军，刘爽 . 数字时代“AI+ 广电”智能化转型路径浅析 [J]. 全媒体探索，2023（04）：35–37.

6. 唐嘉仪，李春凤，黄凌颖 . 新闻伦理视野下的 AIGC：冲击与反思 [J]. 南方传媒研究，2023（02）：29–37.

7. 曾祥敏，邹济予，胡海月 . 多维聚合与深度嵌入：2023 年全国两会融媒报道创新探析 [J]. 传媒，2023（08）：9–13.

8. 丛蓉，王晴川 . 地市级媒体深度融合困境与路径探析 [J]. 青年记者，2023（07）：77–80.

9. 方兴东，顾烨烨，钟祥铭 .ChatGPT 的传播革命是如何发生的？——解析社交媒体主导权的终结与智能媒体的崛起 [J]. 现代出版，2023（02）：33–50.

10. 田维钢，温莫寒 . 媒介化与结构化：我国媒体融合研究的知识演进（1999—2022）[J]. 当代传播，2023（02）：17–22+28.

11. 贾蓓，郇安妮 . 县级融媒体中心打造“网红县”的实践与对策探析 [J]. 传媒，2023（05）：41–43.

12. 方兴东，顾烨烨，钟祥铭 . 中国媒体融合 30 年研究 [J]. 新闻大学，2023（01）：87–100.

13. 甄锐，袁璐 . 困境与出路：技术视角下的媒体融合与智能传播 [J]. 青年记者，2022（19）：44–46.

14. 胡正荣，李荃 . 融合十年：2012—2022 年媒体融合历程回顾与前景展望 [J]. 现代视听，2022（09）：5–10.

15. 黄楚新，贺文文，任博文 . 激活与探索：我国西北五省区地市级广电媒体融合发展状况 [J]. 传媒，2022（17）：26–30.

16. 楚明钦 . 媒介经营与管理 [M]. 北京：中国传媒大学出版社，2020：155.

17. 宋建武，黄淼，陈璐颖 . 中国媒体融合转型 [M]. 北京：中国人民大学出版社，2022：1.

18. 本书编写组 . 党的二十大报告学习辅导百问 [D]. 北京：党建读物出版社，学习出版社，2022：33.

19. 常湘萍 . 均衡联动促可持续发展 [N]. 中国新闻出版广电报，2021–09–07（005）.DOI：10.28907/n.cnki.nxwcb.2021.003577.

20. 陈国权 . 扶持体系下县级融媒体中心市场机制构建 [J]. 传媒，2023（04）：32–36.

21. 刘梦晓 . 中国社会科学院新媒体研究中心秘书长黄楚新：媒体融合要进行差异化布局 [N]. 海南日报，2021–10–16（A04）.DOI：10.28356/n.cnki.nhlrb.2021.007204.

22. 崔忠芳，黄楚新 . 逐步探索县级融媒体中心“建强用好”新出路 [J]. 中国广播影视，2021（Z1）：44–46.

23. 陈国权 . 扶持体系下县级融媒体中心市场机制构建 [J]. 传媒，2023（04）：32–36.

24. 祝青，王特，丁峰 . 问计于才借力于智——县级媒体智库建设的目标和路径 [J]. 新闻战线，2023（02）：40–43.

附录：全国县级融媒体中心能力建设十一大典型案例

江西省贵溪市融媒体中心能力建设研究报告①

第一节　融媒体中心基本情况

贵溪市融媒体中心是中宣部确立的全国首批 57 个县级媒体融合试点示范县（市）之一。贵溪市融媒体中心现有员工 70 人，其中事业在编人员 36 人，聘用人员 34 人，在职党员 24 人。党组下设党总支，总支下设机关党支部、老年党支部。

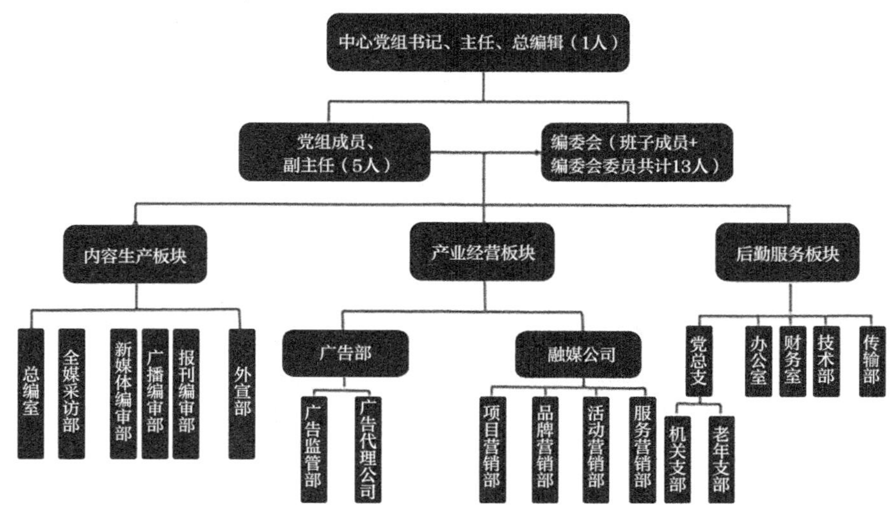

贵溪市融媒体中心组织架构图

①本文作者张志军系江西省贵溪市融媒体中心主任。

贵溪市融媒体中心前身为贵溪市广播电视台、贵溪市新闻中心、贵溪市委宣传部直属融媒体中心。贵溪融媒体中心建设发展到现在分了三步走。第一步是 2016 年，在全省甚至全国还没有融媒体建设示范案例时，由贵溪市委宣传部牵头，通过聘用加抽调人员的方式，组建了融媒体中心。当时全部 10 多个人窝在一间办公室，主要是运营微信公众号、客户端、网站等新媒体。第二步是 2018 年，贵溪市融媒体中心经过前期的打造，媒体传播指数、影响力和辐射面在全国、全省闯出了一些名头，并被确立为全国试点。第三步是 2020 年，中央《关于加快推进融媒体深度融合发展的意见》出台后，2020 年 5 月原贵溪市广播电视台、原贵溪市新闻中心、原贵溪市委宣传部直属融媒体中心正式合并成立贵溪市融媒体中心，为中共贵溪市委、贵溪市人民政府直属正科级事业单位，实现了机构重组、平台搭建和传播流程再造，为贵溪市融媒体中心健康有序发展打下坚实基础。

第二节　融媒体中心发展亮点

近些年来，贵溪市融媒体中心着力“深化改革创新有活力、深挖资源融合有阵地、深耕优质内容有作为、深拓经营服务有保障”，全方位、立体化、跨领域构建全市以内容生产为根本、技术赋能为支撑、管理创新为保障的全媒体传播体系和“新闻＋政务服务商务”的新型县级融媒体中心。始终围绕“做加法，做减法；找市长，找市场”的工作思路和“一、二、三、四、五”的工作目标进行媒体深度融合。一即围绕一个“目标”：新闻事业、经营产业做优做强；二即实现两个“确保”：第一，确保导向正确，第二，确保播发安全；三即提升三个“水平”：第一，提升新闻内容水平，第二，提升经营操作水平，第三，提升内部管理水平；四即打造四个“满意”：第一，党委政府满意，第二，受众用户满意，第三，合作伙伴满意，第四，干部职工满意；五即强化五个“保障”：第一，体制机制保障，第二，技术设备保障，第三，人才队伍保障，第四，行政服务保障，第五，主题文化保障。通过不断创新实践，推动了融媒体中心在筑牢舆论主阵地、提升服务群众水平、加强社会治理能力建设等方面发挥作用，实现新闻主业更优、经营产业更强、服务群众更好的工作目标。在全国、全省县级融媒体行列中排名居前，传播力、影响力不断扩大。近两年荣获中宣部“全国县级融媒体中心能力建设十佳创新案例”和中央扫黄打非办公室“全国扫黄打非进基层示范点”（全国唯一媒体单位）等荣誉称号，在江西省委宣传部组织的县级融媒体中心建设评估考核中长期位居前列。机制创新、人员队伍、生产传播、产业经营等综合实力位居江西省县级融媒体头部。

一、深化改革创新有活力

1. 深化体制改革

贵溪市把深化融媒体中心建设改革纳入“一把手”工程，成立市委书记任组长，市长任常务副组长，常委宣传部长、组织部长、常务副市长任副组长的领导小组，全力解决发展定位、机构设置、人事调整、财政投入等问题。一方面理顺了管理体制和机构，设立了贵溪市融媒体中心党组，配备了党组书记、主任一名和党组成员、副主任等六名的强有力班子；另一方面，贵溪市率先在江西省建立了以融媒体中心为领导主体的“三中心一平台”管理协调体制。市财政投资600多万元将新时代文明实践中心、党群服务中心、学习强国学习平台整合到市融媒体中心大楼进行“三中心一平台”一体化融合打造，切实让“三中心一平台”从服务群众的线下场所到线上服务智慧平台达到真正的融合，使政务服务群众线上线下合二为一、融为一体。

2. 深化机制创新

建立科学有序的运行机构。成立了以班子领导为核心的编委会，负责内容生产、产业经营、后勤服务三大板块的管理和业绩考核。按照“中心＋公司”模式，成立贵溪市心学文化融媒有限公司，在全省率先实行产业经营项目负责制，实现内容生产与产业经营两分开。建立高效可行的全员考核机制。出台了《全员绩效考核实施方案》和《中层干部聘任制实施方案》，全员纳入绩效考核，中层干部实行一年一聘制，能上能下，实现“人人有岗位，个个想争先”的用人氛围。建立激发活力的薪酬激励约束机制。破除原有的机关事业单位薪酬制度，实行阶梯薪酬制、部室积分绩效考核制、一线人员首席制、重大贡献重奖制等。按“责重薪高、多劳多得、高效高酬”的原则，建立以绩效考核为主的薪酬分配机制，业绩考核细化到每个部门、每个单元、每个岗位和每个人。

二、深挖资源融合有阵地

1. 新闻采访资源的融合

做加法，对新闻采编播资源进行融合整合，流程再造。成立了一体化的全媒体新闻采访部，现有全媒体采编记者23人，通过学习培训、优化组合，使人员、设备达到最优化、最大化的综合运用。

2. 传播平台技术设备资源的融合

做减法，坚持移动优先、内容为王、用户为王的原则进行传播渠道平台的融合整合，将原有的20多个传播平台整合为现有的两微（微信和微博号）和一端（客户端）、一抖（抖音号）和一头（头条号）和一网（新闻网）、一广播（972频率电台）、一电视（新闻综合频道）、一报纸（《贵溪报》）等11个全媒体传播平台，集中资源、力量打造自有传播平台“掌上贵溪”App，在江西省率先将实时看电视、听广播、读报纸、兑积分及线上下单线下配送“生鲜荟”商城、网络问政等政务服务功能在客户端上线，使新旧媒体真正融合，使“新闻+政务服务商务”在客户端得到真实体现，提高了日活率和下载量，客户端现有用户20.3万，占总人口数的40%。让新兴技术为内容生产服务，为引导群众、服务群众提供支撑。近些年用于新技术设备设施更新等投入超过1300多万元。

三、深耕优质内容有作为

始终坚守“内容为王”的理念，不断拓展新闻信息服务的深度、广度、锐度、温度、力度，每年原创稿件及音、视频作品达10000件以上，客户端等11个平台总用户数（粉丝数）已超过160万，是总人口数的三倍多，以内容优势做强党媒阵地赢得发展优势。《贵溪报》微信公众号传播力一直处于全省县级头部位置，2022年阅读量突破1400万人次，同比增加了138.75%，粉丝数达30万之多。爆款作品不断，单条最高阅读量达78.65万次，阅读量超过1万的作品176件，传播影响力进入全国县级融媒体公众号百强榜，最高月度排名第12位；“贵溪发布”微博总阅读量突破800万人次，单条最高阅读量达92万次；“贵溪发布”抖音号总点击量高达4亿次，单条最高点击量达6000多万次，粉丝数从2020年8万多扩大到目前60多万，在全省排名一举进入前5名；《贵溪发布》视频号总点击量达4506万次，单条最高点击量达404.8万次；“掌上贵溪”客户端总用户数达20多万，总阅读量达1.3亿次，单条最高阅读量达106.9万次。主要体现在三个“突出”：一为突出“快、全、深”三个“字”；二为突出“权威、本土、服务”三个“特性”；三为突出三个“转变”，即从单向传与受的关系向双向对话与互动的关系转变；从排浪式一体化传播策略向基于用户的特色化、个性化、定制化转变；从单一的PGC模式（专业生产内容）传播向UGC模式（用户生产内容）+PGC模式混合传播转变。

1. 外宣发稿稳中有升

外宣继续在鹰潭市区（市）中领跑。2022年完成中央级主流媒体上稿42篇，中央级新媒体45篇，省级主流媒体（一报两台）上稿265篇；完成学习强国189篇；完成鹰潭市级媒体645篇。为讲好贵溪改革发展故事，扩大了影响，营造了浓厚的氛围。

2. 围绕中心宣传有力

2022年重点围绕贵溪市“紧盯一个目标、探索两个途径、打造三个基地、建设四个贵溪、力争五个前列”战略和打造“融入长三角、争当排头兵、建设新贵溪”目标，强化主题新闻报道，凝聚人心，鼓舞士气。在广播、电视、报纸和新媒体各平台，开设了“喜迎二十大，奋进新征程”，学习贯彻党的二十大精神，奋进“双一号工程”，重点项目建设，乡村振兴，抗旱保收，创建进行时，疫情防控，移风易俗，安全生产，网络中国节等28个专栏，营造氛围，鼓劲加油。

3. 深入宣传疫情防控

2022年8月至9月疫情期间，采编播发完成新闻信息稿件1300多条。《贵溪报》微信公众号总阅读量达576.6万次，单条最高78.5万次；“贵溪发布”视频号短视频总阅读量达1506万次，单条最高阅读量404.8万次；“贵溪发布”抖音号短视频总阅读量达11201万次，单条最高阅读量514.2万次；“掌上贵溪”客户端总阅读量达1321万次，单条最高阅读量106万次。

四、深拓运营服务有保障

1. 新闻+政务

通过对“掌上贵溪”App客户端功能完善升级，上线网络问政服务、AI机器人服务、积分兑换服务、随手拍服务、3651890热线服务、文明实践志愿服务、医疗社保水电缴费查询服务等功能，并自主研发移风易俗婚恋交友平台和基层社会治理网格管理平台，打造贵溪市综合智慧服务平台，拓展“新闻+政务”服务，增强与群众交流互动，反映群众的呼声并解决群众的困难，全年通过网络问政等平台为群众解决难题307个。2021年起，通过先试点后全面铺开的方式，在全市21个乡镇、街道和部分有党委的市直单位，挂牌成立融媒体中心分中心，开通“掌上贵溪”客户端分端，打通政务服务群众的“最后一公里”，基本实现了政务服务全覆盖。

2. 新闻+服务

按照江西省委《关于推动全省党的基层阵地资源整合的试点方案》，投资600万元，作为市重点项目，将党群服务中心、新时代文明实践中心、学习强国学习平台整合到市融媒体中心办公大楼一起，进行融合整体打造，总面积超过6000平方米，设有志愿者综合服务、党群服务、国学讲堂、亲子阅读、电影放映、书画练习、群众娱乐等文明实践场所和3651890服务群众热线及“掌上贵溪”App服务窗口。让群众既可以到中心现场参加文明实践活动，也可以足不出户就把自身服务需求传达到中心，中心对需求进行分类并将服务内容传派给志愿者或加盟的服务商家上门服务，真正做到群众点单、中心派单、志愿者接单。目前已服务群众7万余人次，实现了服务群众线上线下全覆盖。

3. 新闻+商务

坚持“找市长，找市场”的理念，针对媒体运营资源产业化，做了一些有益的尝试。2018年11月注册成立贵溪市心学文化融合传媒有限公司，探索除媒体广告以外的媒体资源产业化市场化经营。第一，活动营销。通过策划组织“百姓电视春晚”“贵溪好声音歌手大赛”“贵溪市农特产品年货节”“贵溪千人相亲会”等进行活动营销；第二，品牌营销。挖掘心学文化开发以“贵溪养心茶”为主的系列文创产品进行品牌营销；第三，项目营销。竞标承接“电商进农村示范县”“中国好粮油”等政府宣传项目进行项目营销；第四，服务营销。通过与社会资本合作打造线上下单线下配送“生鲜荟”电商超市服务和视频摄制、网络直播及软件小程序开发、网红培育、数字服务等进行服务营销。近几年，年均完成主营业务收入3000多万元，年均实现利润500多万元，探索出了一条企业化运营媒体资源进行产业化发展的新路子。实现“新闻+政务服务商务”

的全媒体运营产业链体系，进一步增强了经营创收能力，反哺新闻宣传主业，使融媒体中心建设实现良性循环。

第三节 融媒体中心舆论引导实证研究

一、解读党的理论路线方针政策及上级党委政府精神

贵溪市融媒体中心坚持主题策划报道，特别是在重大节点、重大事件、重要活动的报道中，坚持主题报道为引领。在党的二十大即将召开之际，贵溪市融媒体中心在所有宣传平台开辟《喜迎二十大贵溪这十年》专栏，组织精干力量采写了系列报道，反映贵溪十年来取得的巨大成绩。在党的二十大召开之后，贵溪市融媒体中心第一时间开辟《学习贯彻党的二十大精神》专栏，在全市范围内掀起学习贯彻党的二十大精神的高潮。一方面，组织记者深入全市各单位采写学习贯彻党的二十大精神的动态报道；另一方面，通过文图、视频、海报等方式，系统解读、传达党的二十大精神内涵和方针政策。截至目前，中心各平台已刊发学习贯彻党的二十大精神相关稿件 1000 余条，让党的理论政策飞入寻常百姓家。

二、讲本地老百姓生产生活故事

贵溪市融媒体中心始终坚持“三贴近”原则，将笔触和镜头对准基层和群众。中心通过开设专栏，持续报道本地老百姓生产生活故事，注重解决百姓生产生活中的实际问题。结合贵溪创建全国文明城市、国家卫生城市，中心在《贵溪报》微信公众号，开设《曝光台》栏目，曝光各地不文明行为，曝光各地“脏乱差”，替百姓发声，督促各地整改；在“贵溪发布”微信公众号、《贵溪电视新闻》开设《创建进行时》《平安贵溪》《健康贵溪》《移风易俗》《新时代文明实践》等专栏，讲好贵溪老百姓故事，不定时发起“爱心助农”等线上线下公益活动，帮助农民销售农产品。在“掌上贵溪”客户端，开设网络问政功能服务，及时回应和帮助解决百姓诉求，取得良好的社会效果。

三、重大危机事件干预

在 2022 年 8 月以来贵溪疫情防控最严峻的时候，贵溪市融媒体中心运用视频、音频、图解、海报等多种形式，推出了一批接地气、有特色的防疫作品，取得了良好的宣传效果。第一时间发布疫情动态信息传播疫情防控一线正能量，尤其是在 8—9 月中心各平台累计收到粉丝留言百万余条。第一时间利用“掌上贵溪”客户端、“贵溪发布”《贵溪报》微信公众号、抖音号、视频号等新媒体平台优势，积极宣传我市疫情防控涌现的优秀人物和事迹，凝聚众志成城的决心和士气，大力普及疫情防控政策、科学知识、生活健康常识等，引导群众科学精准防疫。

贵溪市每年春、秋季节短时强降雨带来的小流域地质灾害和城市内涝比较严重。贵溪市融媒体中心发挥媒体融合发展成效，在强降雨来临之前，第一时间发挥新闻传播优势，在电视、广播、“掌上贵溪”客户端、微信公众号等众多平台发布强降雨信息，告知百姓注意出行方面的安全。

四、外宣传播强化本区域公众认同形成凝聚力向心力

前些年，贵溪市在婚丧嫁娶等方面，还是沿用以前的旧风俗，出现彩礼过高、铺张浪费、厚葬薄养等陋习。2021 年，贵溪市被民政部列为全国婚俗改革示范区。

经过两年来的改革，贵溪市移风易俗方面取得了一定成效。贵溪市融媒体中心紧紧抓住全国婚俗改革示范区这一招牌，精心策划，寻找亮点，组织骨干记者深入全市各个乡镇村庄采写婚俗改革方面的新闻报道，并及时将优秀稿件推送到央媒、省媒刊播。同时，邀请多批央媒、省媒记者来到贵溪，采写了一大批关于贵溪婚俗改革成效的报道。连续多篇幅的重磅新闻不断推出，让当地百姓了解了贵溪市婚俗改革取得的实际成效，逐步引导贵溪市民转变传统观念，倡导移风易俗新风尚。贵溪市婚俗改革相关报道在《鹰潭日报》和鹰潭电视台发稿 32 条，“学习强国”11 条，江西卫视新闻联播 3 条，《江西日报》2 条，《光明日报》1 条，《新华每日电讯》1 条，很好地提高了对外影响力和公众认同感。

第四节　融媒体中心舆论引导面临的问题与困境

一是专业人才队伍缺乏。网络舆论引导需要专业的人才支撑，特别是缺乏新媒体技术及大数据分析方面的人才，造成网络舆论引导步履维艰，成效不明显。

二是网络大环境的冲击。现在人人是“记者”，人人都可以通过自媒体发声，造成对主流媒体舆论主阵地的冲击和挑战。如何更好地掌握舆论主阵地，还需想办法、动脑筋。

三是舆论监督制度技术不全。县级融媒体中心在舆论监督方面缺乏相应的技术和能力，发现舆论问题较慢；同时缺乏和网信、公安等部门的沟通协作，导致舆情难以第一时间掌握分析和控制疏导。加上网络信息的隐蔽性和复杂性，难以甄别挖掘发现。

第五节　提高融媒体中心舆论引导能力的路径与方法

一是筑牢舆论主阵地，牢牢把握话语权。贵溪市融媒体中心作为党的喉舌、舆论引导的主阵地，牢牢把握舆论引导的主动权、话语权，弘扬主旋律，传播正能量。始终围绕中心，服务大局，大胆探索改革，优化栏目设置，精心组织策划，丰富宣传形式，利用先进的融媒体传播技术，围绕领导重视、群众关心的方方面面，选题从市内重大活动，到普通老百姓的生活日常，将内容做新、做活、做出影响力。

二是强化人才培养，夯实人才队伍。贵溪市融媒体中心实施绩效工资改革，财力向新媒体、向一线记者编辑倾斜，努力提高新闻专业人才的福利待遇；实施“首席记者”聘任制，给予物质和精神上的奖励，激发争先创优意识。同时定期安排新闻一线工作者参加央媒、省媒组织的专业培训，提高业务水平。通过事业留人、感情留人、待遇留人等方法，吸引一批优秀的新媒体内容生产、技术运维、管理经营人才，选优配强团队人才；同时加快全媒体、复合型、专业化尤其是一线采编播人员的培养，开阔从业人员视野，更新理念、提升技能；增加事业编制扩容，面向社会公开招聘的办法，增添新鲜血液，充实新闻队伍。

三是坚持内容为王，引领舆论导向。贵溪市融媒体中心充分运用融媒体平台，及时发布贵溪市委、市政府的重大活动、重要决策部署。注重发布推送涉及本市人民群众的工作、学习、生产、生活等方面内容，编发群众喜闻乐见的身边人、身边事，加大原创文章创作力度。同时推进全媒体原创内容生产，以短视频为突破口，突出专题专栏、家国情怀和群众参与，出精品爆款，生产图文、海报、音频、视频、网络直播、广播等全媒体作品。创新创作一大批适合融媒体时代播发的新闻作品，提高影响力。

浙江省温岭市融媒体中心能力建设研究报告[①]

1953 年，温岭县建立城镇有线广播站。1978 年 10 月，温岭县建立广播事业管理局，1984 年 4 月更名为温岭县广播电视局。1998 年 5 月，温岭人民广播电台、温岭电视台、温岭有线电视台“三台合一”，更名为温岭广播电视台。

1956 年 5 月，《温岭报》创刊发行，1995 年 2 月复刊；2000 年 12 月，经国家新闻出版总署批准，《温岭报》编入国内统一刊号公开发行，更名为《温岭日报》；2004 年 1 月加盟浙江日报报业集团，成为台州市唯一有公开刊号的县市报。2021 年 8 月，《温岭日报》回归地方管办。

1958 年 7 月，县广播站编播组和温岭日报社合署办公。2019 年 10 月，温岭日报社和温岭广播电视台合并，成立温岭市融媒体中心（温岭市传媒集团）。

第一节　温岭市融媒体中心基本情况

一、平台建设

温岭市融媒体中心（传媒集团）实行“一套人马，两块牌子”运营。市融媒体中心为市委、市政府直属公益二类事业单位；传媒集团为市政府直属正科级国企，归口市委宣传部管理。至 2023 年 8 月有员工 498 人，其中事业人员

①本文作者徐勇兵系浙江省温岭市融媒体中心主任，王军波系浙江省温岭市融媒体中心记者。

207 人、企业人员 291 人。有新媒体、电视、报刊、广播等 12 个主传播平台。

其中，新媒体包含 2 个自有平台（掌上温岭 App、温岭新闻网站）；3 个微信公众号（温岭发布、掌上温岭、曙光狮）；1 个微博（掌上温岭）；3 个其他第三方平台号（抖音号“东海好望角”、微信视频号“温岭发布”、微信视频号“曙光狮”），新媒体粉丝超过 260 万。电视开设 14 档新闻和专题节目，日播时长 18 小时。《温岭日报》为对开四版大报，每周工作日出刊，日发行量 3.9 万份。广播 FM103.6 日直播时长 8 小时。

二、职能职责

一是贯彻执行党和国家在新闻宣传方面的路线、方针、政策，提高新闻舆论传播力、引导力、影响力、公信力。

二是围绕市委、市政府中心工作和社会民生，开展全市重大宣传报道和舆论引导；加强对外新闻宣传，提高温岭知名度、美誉度。

三是实施国家有关广播电视、报纸、新媒体技术政策和标准；做好传播媒介的科技升级，抓好新技术新产业的引进、开发和应用，增强综合发展能力。

四是负责全市新闻媒体从业人员思想建设、组织建设和职业道德建设；开展业务培训，推进宣传争先创优，提升专业人员队伍整体素质。

五是完成上级交办的其他任务。

第二节　融媒体中心发展亮点

近年来，温岭市融媒体中心锚定“打造全国一流县域治理现代化服务平台”目标，推进机构改革、内容重塑、产业转型三大改革，努力建设“先锋融媒、创新融媒、智慧融媒、品牌融媒、活力融媒”。

一、体制机制

出台市融媒体中心（传媒集团）改革发展方案，实行事企并轨，按照三线管理模式推进架构调整升级：管委会承担综合事务，编委会承担新闻业务，经委会承担经营业务，为媒体融合发展奠定坚实基础。

领导班子按两正五副配置7人，党委书记、主任兼任集团董事长，党委副书记、总编辑兼任集团总经理，集团另外配置5名副科级副总经理。传媒集团按社会效益和经济效益7：3比例考核，充分保证集团经营、资金使用、人员招聘的自主权。成立5家子公司（温岭广电网络有限公司、温岭传媒发展有限公司、温岭市大数据发展有限公司、台州市萌狮创意文化有限公司、温岭市演出有限公司）。

二、内容生产

坚持以内容生产流程重构为引领，围绕中心工作，强化移动导向，树立进位意识，推动主力军全面挺进主战场。

一是以预算改革统筹宣传资源。2021年起，温岭市将分散于68个市属部门（街道）的宣传经费，统一整合到融媒体中心执行，极大推动了新闻传播和舆论引导“一盘棋”，加快了媒体内容生产的“供给侧改革”。

二是以专班运行倒逼新闻转型。设置内容、运营、保障三大中心12个专班，专班总监竞选上岗，专班成员双向聘任。专班独立考核，强化创优、外宣和新媒体导向。报纸电视减版提质，加强全员转型步伐。

三是以指数考核倒逼移动转型。建成4800多平方米的新闻生产指挥制作枢纽，打造以“掌上温岭”App为基础、多端协同的全媒体传播矩阵。引入媒体融合指数评价体系，在考核上突出作品在新媒体端首发、传播在新媒体端进行、绩效在新媒体端评价。

成立首年获浙江新闻奖一等奖，次年获长三角广播电视媒体融合优秀案例（县融共2个）。连续三年获浙江广电新媒体新闻协作特等奖，2022年以新媒体协同全省第一的成绩被评为全省融合传播协作县级先进集体特等奖。2022年温岭媒体融合指数位列全省各县市第二名。

三、经营管理

锻造“新闻+政务服务商务”引擎，推动事业与产业深度融合。2021年集团营收2.02亿元，2022年集团营收2.36亿元，居全国前列。

一方面打造传媒服务金名片。近两年主办、承办大型活动100多场次，如网络正能量一江山论坛、全国第三届工业母机论坛、首届岭商大会、首届西瓜节、首届温岭街旅游文化节等，连续多年策划举办中国童鞋产业高峰论坛，助力区域品牌发展；借助大型音乐节获全市最大户外草坪运营权。

另一方面转型智慧城市主力军。做强数据，转型视频项目，布设18000多路监控，成为全市最大的监控专网服务运营商。做优平台，建成智慧城市数字驾驶舱，入选国家融合发展重点实验室案例库。集成贯通，成立大数据发展公司，在全国首创数字化项目统筹建设管理改革，建设服务群众的平台型媒体。

四、人才激励

一是打通用人渠道。事业员工与企业员工混岗使用，企业员工可以担任中心中层，可提拔为集团副总对标市级国企薪酬。

二是优化干部队伍结构。中层干部平均年龄下降4岁，每两年重新竞聘上岗。

三是推行薪酬改革。新闻线考核向新媒体、原创稿件、高质量稿件高度倾斜；经营线根据经营额、利润等指标量化考核，优劳优得。

四是重塑考核机制。推进事业单位企业化改革，新招聘事业人员薪酬与业绩挂钩，试用期绩效考核合格后方可录用。事业人员锁定身份，月奖、年终奖与企业人员同等考核。

五是加强人才培育。成立以来引进全媒体采编、大数据、文创等方面优质人才70多名，全面提升队伍业务能力和综合素质。

五、媒体技术

中心拥有较强技术保障和研发能力。开发"村社传播通"数改应用，探索分众化精准传播路径。以"掌上温岭"App为主平台建立多维度用户标签库，根据宣传需求精准匹配目标用户，启动三级督阅提升触达率，实现政策精准到户、助力基层减负。注册用户70万，信息阅读率和闭环处置率达90%以上。该应用是唯一根据县级融媒传播改革打造的重大应用，获评全省数字化改革最佳应用、省改革突破提名奖、省智慧广电创新大赛金奖。省委宣传部确定温岭为"舆论引导在线"重大改革正面宣传唯一试点城市。员工获2021年度"全国广播电视行业技术能手”称号，为浙江省唯一一名，被省广电局通报表扬。

六、政务服务

2021 年在全国首创宣传经费预算改革，市属部门（街道）3000 多万宣传经费统一整合到融媒体中心执行，推动“整合资金、创新载体、集成宣传”。2022 年在全国首创数字化项目统筹建设管理改革，由融媒体中心统筹执行全市信息化项目。上述赋能不仅实现了融媒品牌全面提升，更突破了媒体转型的资源性体制性瓶颈，为“新闻枢纽”向“信息枢纽”转变、强化政务服务打下重要基础。投入近千万打造温岭市基层智治综合系统，集成网格智治中心、风险管控应用、隐患清零应用等 6 大场景。对上与省级重大应用贯通，承接台州市感知预警数据库；对下将治理触角延伸到镇村级驾驶舱，实现由分散建设向共建共享的模式转变，深度介入基层社会治理。

七、民生服务

强化“社区信息枢纽”定位，将客户端打造成为触达群众、引导群众、服务群众的综合入口。汇集高频刚需服务，打造千人千面模式，变“被动服务”为“主动精准服务”。在“浙里办”上线“阳光温岭”模块，实现民生服务掌上“一站式”办理，满足群众需求。创新打造“一村一屏”电视公共服务平台，电视、手机、PC 端三屏互动，涵盖公告发布、政策解读、意见征询等内容，成为村民知情、参与、监督村级管理的载体。2023 年 8 月，国家广电总局将温岭市确定为全国智慧广电乡村工程试点，全省仅三地入选。

第三节　温岭市融媒体中心舆论引导实证研究

一、解读党的理论路线方针政策及上级各级党委政府精神

坚决贯彻执行和解读宣传党的理论路线方针政策不动摇，守正创新，让党

的创新理论“飞入寻常百姓家”。

一是立足创新表达，强化精品打造。温岭是中国大陆新世纪曙光首照地。建党 100 周年之际正是融合第一年，中心充分发挥媒体融合优势，以重大主题报道为大练兵、大提升，精心组织策划“曙光行”大型融媒体新闻行动。推出以革命人物为主题的原创系列广播剧《曙光丰碑》，以革命故事为主题的系列视频专题《先驱足迹》，以革命老区为主题的系列回访报道《重访老区》，以温岭红色党史发展历程和温岭经济社会发展脉络为主题的长篇政论专题片《云霞曙色》。人、事、地、史四种维度相互交织，让党员和群众收获了思想的洗礼，提振精神。作品获长三角广播电视媒体融合优秀案例。

二是探索 IP 传播，强化全媒思维。着力打造创意新、沉浸感强、互动性高的新媒体产品。“曙光狮”是温岭融媒主创的“城市吉祥物”和“网络正能量”IP，以新媒体平台为阵地，不断推出动漫作品，成为省内外知名的网络形象，是中国第三届百名网络正能量榜样，2019 年度、2023 年度中国网络正能量一江山论坛吉祥物。在中宣部召开的基层工作加强年大会上作经验介绍。作品多次登上人民日报公众号、学习强国全国平台、中国军网、共青团中央等官方平台。“曙光狮”形象代言温岭童鞋走进动车，打造自有教育品牌，与区域产业互相赋能、同频共进。

三是紧扣时代脉搏，强化贴地践行。2021 年建立新闻采编人员“基层党支部联系点”制度，积极践行走基层抓活鱼、问初心提活力的理念。比如 2021 年“曙光行”《重访老区》系列，选择 5 名记者重返他们建党 90 周年时走访报道的 6 个革命老区。“5 人、6 地、10 年”，有情怀有故事，在 App 上该系列每篇阅读量都超过 10 万 +。又如，2022 年“这十年 · 勇争先”专题，在宏观主题之下，将报道的落脚点落在跑线记者的“线”上，让记者从幕后到台前，精选交通、产业、城市建设、环境变革等十年发展成色最足的 12 个领域。这组报道能取得成功，得益于记者联系基层（部门）制度的施行与强化，让记者成为该条线最熟悉、最专业的人员。

二、讲述本地老百姓生产生活故事

践行以人民为中心的价值取向，积极探索“新闻 + 政务 + 服务”的工作路径，讲好百姓故事，服务好群众生活。

一是锻造帮办名牌，践行新闻为民。“新闻为民小虎队”（前身为温岭日报“新闻为民小虎队”）是年轻主力记者组成的新闻为民团队，成立十多年来，成员从 80 后、85 后到 95 后与时更新，初心不变。2022 年初，因物流不畅等原因，松门一养殖塘塘内小海鲜滞销。“小虎队”记者联合志愿者线下义卖，两天内卖出 1.4 万余斤蛏子。“小虎队”还创下了“爱心电影院”“独唱团”“绿丝带助考”“暖心定制”“为你读报”“爱心 1 号键”等公益品牌。为偏远山区送电影的“爱心电影院”已走过 5 年半，累计放映 476 场，观影人数近 27000 人。

二是立足社区一线，提供分众服务。围绕“一老一少”，分别在电视、广播和新媒体同步开设《温岭记忆——老骥说》系列访谈、“曙光狮”儿童节目。新温岭人也是宣传关注的特别人群。温岭民营经济发达，共有 50 多万新温岭人，以湖北宣恩、贵州纳雍、安徽临泉、河南太康、云南镇雄、四川内江东兴区等地人数最多。2021 年春节，新温岭人响应防疫号召留在温岭过大年。温岭融媒体中心联合上述六家县级融媒体中心，在正月初一开展大型新闻直播连线活动，跟着主播对话家乡“云拜年”。远隔千里，情牵一线，通过两地融媒的镜头，让留守新温岭人和老家家人来了一场“零”距离、面对面的线上拜年。直播得到了新华网客户端转发和点赞，累计观看人次达 68 万 +，获得点赞数达 17 万 +。

三是关注民生痛点，创新舆论监督。2022 年，配合全国文明城市创建，推出全媒体特别报道《向里五十米》，将监督镜头从高楼大厦转向老百姓身边的背街小巷，每期选择一条街巷，直击脏乱差，传达群众热盼。中心与文明城市创建办紧密协同，推动节目“问实”到“落实”。节目连续播出 50 多期，起到了“把镜头当榔头，把笔杆当扫帚”的特殊作用，“向里五十米，创建看这里”成为创建工作响亮口号。2023 年起，《文明黑点》《隐患直击》等曝光类专题片，每月在市委常委扩大会播出，督促相关责任单位立行立改，体现了攻坚社会治理难题的效果。

三、重大危机事件干预

区域重大危机事件中，中心第一时间主动、正面、权威发声，扛大梁、得锻炼、显担当，在舆论漩涡里发挥了定海神针的作用。

一是突发事件舆情引导。2020 年 6 月 13 日，沈海高速温岭段发生槽罐车爆炸事故，引发全国关注。温岭市融媒体中心第一时间启动重大突发舆情一级应急响应。一方面在市委宣传部的统一部署下，参与做好上级媒体对接与信息统筹工作。另一方面，大频度推送权威发布，高密度监测舆情社情，大力度开展舆论引导，大强度进行打谣辟谣。事故发生 24 小时内，“温岭发布”微信公众号推送 9 条微信。采编主力第一批进入现场，根据救援进程和事情处置进展推送了现场搜救图集、直升机转运伤员、争分夺秒抢救生命、平民英雄等系列报道，48 小时内连续推送 12 条相关微信，总阅读量超 60 万人次，从不同维度向社会公开事故情况，引导正面舆论。网络舆情引导受到中央网信办肯定，被媒体评价为“教科书式”的舆情应对。

二是公共卫生事件常态引导。战疫期间，温岭融媒创新图文、H5、MV、连环画、短视频、直播等形态讲好战“疫”故事，疏解公众情绪紧张。在突发、热点问题上迅速反应，单条微信阅读量达百万 +。首批援鄂医护人员回浙的短视频，单篇全网最高点击量 1231 万，单条最高点赞量百万。首批 130 艘渔船解疫出海报道，在“中国蓝新闻”阅读量 143 万，创全省“蓝媒号”抗疫稿件阅读量之最。市疾控中心主任陪护女儿为主题的短视频系列《范主任护羊记》，深入浅出，首期视频号阅读量 22 万，创下“温岭融媒”视频号最高纪录，网友留言“居家出阳必追”。2021 年，结合“曙光狮”IP 形象策划出版健康科普亲子读本《健康保卫战》，是国内较早以战疫为主题的系列漫画作品。助力复工复产阶段推出“千企万岗云招聘”和“暖春行动直播带货”，策划“战疫发布”直播 15 期，为经济社会回暖助力。

三是探索技术赋能。2022 年底战疫进入新阶段，在 App 端开设“阳了怎么办”互助公益平台，借助村社传播通等应用重点推出两项服务。一是组织医卫专家志愿者，提供即时在线咨询，减少线下医疗资源拥堵。二是开设药品互通互助，缓解用药紧张。上线 1 个月，“你问我答”医卫专家咨询平台共回复各类提问上千条；“药品共享”社区成功对接 130 余例，爱心商家捐赠价值 1900 余万元抗疫物资，联合志愿者为独居老人等特殊群体送药上门 1800 余户。

四是提供舆情指导。温岭一度是各类舆情高发多发地，温岭融媒体中心参加了所有重大舆情的引导工作。作为温岭市委党校的客座教师，温岭融媒体中心主要领导连续十多年每年为中青班、市管干部班开设《舆情引导与媒体沟通》

课，并结合温岭案例开展实战演习。课程被评为台州市干部教育培训名师名课。

四、外宣传播强化本区域公众认同形成凝聚力向心力

作为县域重点外宣的主力军，温岭融媒体中心找准着力点，在策划中提炼亮点，在新媒体中做大声量，讲好温岭故事，传播好温岭声音。

一是结合产业特色，服务区域发展。定期召开外宣选题会，围绕市委市政府中心工作，分主题邀请相关部门、镇街召开重点宣传碰头会，精心选题、靠前策划。温岭是全国第一家股份合作制企业诞生地、民营经济先发地。中心坚持策划带外宣、外宣带内宣，推出重点报道。其中《四十余项产品在全国细分市场占有率第一温岭企业“长尾”里面找蓝海》等稿件在《浙江日报》头版头条刊发。《全国首笔“质量贷”落地温岭》获浙江新闻奖。围绕企业招工、农事需求推出的“新年新 up 来浙上班吧！”“全省农业春耕备耕暨科技下乡活动”等直播，借助省级平台的优势，放大了宣传效果，也服务了温岭经济社会发展。

二是紧扣先行示范，擦亮共富窗口。高质量发展建设共同富裕示范区是中央赋予浙江的光荣使命。中心找准共富典型，积极向上推介温岭故事、温岭人物。吉园果蔬专业合作社负责人辛宏权退伍 24 年不改军人本色，“追着太阳种西瓜”，闯出一条致富路，温岭融媒同省级媒体远至甘肃等地跟踪报道，上下联动放大传播效应，多人次被评为全国、省道德模范，全国脱贫攻坚先进集体、省优秀共产党员。通过举办大型融媒行动，沉浸式讲述东西部协作携手共建故事。2023 年 5 月，温岭融媒联合浙江卫视、《四川观察》、《浙江之声》、阆中市融媒体中心共同推出“山呼海应心手相牵”大型直播，央视新闻、人民日报等央媒平台直播分发，全网观看量超 500 万人次，一个半小时带货 16 万元。

三是主动设置议题，推介最美温岭。作为网络正能量一江山论坛活动之一，2023 年 8 月，50 多名网络大咖齐聚温岭石塘，循迹溯源，为碧海怀抱、风光秀丽的“东海好望角”集体打 Call，引爆互联网。结合采风活动，在微博策划发起 # 温岭好哇噻 # 话题，两天内话题全网触达量超 1 亿次，12 日更是登上微博同城热搜榜第一，话题互动量 1.5 万余次，吸引 40 余位网络大 V 参与话题讨论。其中，“老爸评测”、@ 孤烟暮蝉在抖音、微博平台全程直播采风活动，观看人数破 10 万，点赞超百万。1200 多名网友发布 # 温岭好哇噻 # 话题帖文

近5000条，让更多人发现温岭美食美景。2023年8月底，温岭又借势启动了“在这里，点亮温岭”大型网络外宣活动。

第四节　融媒体中心舆论引导的问题与不足

一是媒体改革进入深水区，体制机制改革创新不够充分，人员绩效和薪酬制度还未真正打破体制界限。一线骨干力量尤其是适应全媒体生产传播的复合型、创新型人才和年轻后备力量不够，与媒体深度融合和现代传播发展的需求有差距。

二是在牢牢把握舆论引导的主动权、话语权和领导权上仍需创新形式。围绕中心工作策划展开出彩出圈的作品不多。议程设置能力要加强，一些报道群众的关注度、接受度不高；“挺进主战场”仍在路上，不少作品缺少与新媒体语境匹配的“网感”，作品引导力、影响力仍需提升。

三是对标全国先进单位，自有客户端的建设有待进一步加强。由于较多政务服务功能端口集中在“浙里办”平台，“掌上温岭”App提供用户本地化服务不够多，作用发挥有待加强。“两微一端”等平台用户黏性还不强，“有流量没留量”的问题仍未从根本上破解。

四是推进媒体深度融合，需要在技术、人力等方面继续追加大量投入，有限的财政保障难以完全覆盖运行成本。而在媒体自身，由于传统广电、广告等业务断崖式下滑，新媒体版块尚难独撑大局，新运营模式仍在探索，使得后续发展缺乏有效的资金保障。

第五节　提高融媒体中心舆论引导能力的路径与方法

一、提高政治站位，融入基层治理大局

引导群众、服务群众，是中央交给县级融媒体中心的光荣使命。媒体融合

正从内部资源整合走向政务资源、社会资源的大融合。县级融媒体中心要做好顶层设计，加快推动区域资源整合，强化数据技术赋能，深融接轨社会治理赛道，在升级“媒体平台”的同时积极搭建“治理平台”，寓舆论引导于社会治理，在服务治理中体现引导能力。

二、推进机制创新，激发干事成事热情

根据媒体融合的新业态优化考核管理办法，在工作中大力倡导以业绩论英雄的氛围，完善对内公平、对外有竞争力的绩效考核体系，业绩与奖惩紧密挂钩。尤其要深化引才留才工作机制，选、用、育、留、升全链发力，以薪留人、以情留人、以事业留人，让有为者有位，通畅上升渠道。

三、坚持内容创新，推动“主战场”战斗力

适应移动化传媒的时代特征，加快新闻舆论工作的新媒体转型。内容上强化“说人话、切热点、有态度”的浙江经验，形式上探索短视频和直播等突破口，让内容生产出彩出圈，让党的创新理论“飞入寻常百姓家”。

四、强化用户思维，做强民生服务枢纽

要紧扣“社区信息枢纽”这一县融的最大特色、最大优势，充分整合政务、服务、商务资源，聚焦本地市场和百姓需求，打造区域内的新闻、信息和服务枢纽，增强用户黏合度，再建引导群众、服务群众的渠道新优势。

五、优化多元发展，壮大媒体产业经营

媒体融合，不仅拓展了舆论引导的主渠道，也开辟了产业发展的新赛道。紧扣特色产业、文旅开发，延长服务链，推动文化建设、区域经济与媒体发展同频共振；深化数字赋能，加强“智慧融媒”建设，探索基于新媒体的技术赋能和产业经营新模式，联动和反哺舆论阵地建设。

浙江省安吉县融媒体中心能力建设研究报告①

在县级融媒体五年快速融合发展的大潮中，涌现出一批很具特色的典型案例，它们已是全媒体传播体系中具有强大影响力的基层媒体，安吉县是“两山理论”的诞生地，依托生态优势，安吉县融媒体中心在“新闻+政务服务商务”方面走出了一条颇具特色的发展之路，这种“安吉模式”是广大县域媒体融合发展的一种方向和借鉴。

第一节　融媒体中心基本情况

安吉县融媒体中心现有员工 513 人，其中事业在编人员 136 人，聘用人员 377 人，在职党员 159 人，11 个党支部。

安吉县融媒体中心前身为安吉县广播电视台和安吉县新闻宣传中心。在安吉县委县政府主导下，两家单位于 2014 年合并，成立安吉新闻集团，完成了第一轮体制改革，实现了机构重组、平台搭建和传播流程再造，在内部实行三条线管理，编委会抓新闻主业、经管会抓产业经营、行管会抓行政保障。

2021 年上半年，经过 8 年融合发展的安吉新闻集团，启动了第二轮体制机制改革，成立安吉县融媒体中心。明确融媒体中心主抓新闻主业，同时将安吉新闻集团实质化运行，主抓产业经营。这次机制体制改革，是县级融媒体真正

①本文作者祝青系浙江安吉县融媒体中心主任。

实现集团实质化运行的先行单位，是在同工同酬基础上进一步打破人员身份、优化人才招引管理的有效举措，为安吉县融媒体中心下一步健康有序发展打下坚实基础。

第二节　融媒体中心发展亮点

安吉县融媒体中心以数字化改革为引领，秉持“融合、创新、跨越、共生”发展理念，坚持“新闻 + 政务 + 服务 + 商务”融媒发展定位，建立健全以内容建设为根本、数字技术为支撑、创新管理为保障的县域全媒体传播体系，推动县级媒体在加强基层舆论引导、便利群众生活、提升社会治理等方面更好地发挥作用，持续走在全国县级媒体融合发展前列。

一、聚焦主业，新闻宣传有为有位

安吉是习近平总书记关心关注的地方，也是一块创新热土，各级各界和群众在工作生活中不断涌现出好举措、好成果、好现象，中心坚持到一线去，深入挖掘、精心提炼，在宣传工作中迅速呈现，对内凝聚大家精气神，对外传播安吉好声音。

1. 无主题不报道

一是主题报道求精求全。中心始终坚持新闻立台，持续做强新闻主业，每年策划主题报道 50 余个，形成“全年性大栏目统领、阶段性报道连贯”的主题新闻宣传模式。2020 年以来，围绕建党一百周年、“两山”理念提出 15 周年等重大主题和县委县政府中心工作，推出《庆祝建党 100 周年——大国重器这样建》《让我们一起精彩》《沸腾在一线实绩亮战报》等主题报道 170 余个、10000 余篇次。二是主题报道求新求变。基层每年的重复性工作比较多，为求宣传报道让人眼前一亮，中心每年的主题报道力求新颖，以沉浸式、代入感强的主题报道取胜，如用“奔跑在春光里”“竞逐在激夏中”“拼抢在金秋季”“决胜在九冬时”来报道全县经济发展四季竞赛。三是主题报道求深求效。中心围绕重大事件做深主题报道，坚持无主题不报道、无深度不策划，围绕重大活动、重点工作等，以“小切口”反映“大时代”，紧跟部署、无缝对接，精准捕捉、深度呈现安吉在高质量建设国际化绿色山水美好城市过程中的精彩场景、亮点工作和经验做法。主题报道在为全县经济社会高质量发展营造浓厚氛围的同时，也为精品创作提供了源源不断的优秀素材，其中《喜迎“两山”理念提出十五周年我们走在大路上》《乡村治理在安吉》《为了习近平总书记的嘱托》《“两山”样板地的“余村经验”》等19篇“两山”主题新闻获得省新闻奖。

2. 无外宣不内宣

一是集众智谋划。县级融媒体缺少策划、采写、编辑等各方面人才，中心采取每天开编前会、每周开策划会、每月开编委会、每季度开展内部好新闻评选，倡导“三个臭皮匠顶个诸葛亮”，集中众人智慧来做好每一个新闻，同时自行研发融媒体系统，实行新闻报道“统一策划、统一采集、分类编辑、分类推送”。二是高标准制作。中心在新闻制作质量上精益求精，一直以外宣的标准来衡量内宣稿件制作，力求新闻内容与表现形式完美结合，极大提升了新闻影响力和美誉度，广播新闻专题《安吉有个“矛盾终点站”》获评第三十一届中国新闻奖，广播消息《抱团抱出个金娃娃20村分红千万元》荣获2019—2020年度中国广播电视大奖，《搜救吕挺纪实》荣获中国广播电视节目奖提名奖。三是多平台上送。中心在省媒以上对外传播条数每年均在1000条以上，连续三年央视《新闻联播》单条头条，2021年更取得《新闻联播》26条的历史最好成绩。2022年截至目前已实现了央广新闻联播首次单条头条的历史性突破，央视《新闻联播》已达11条，《浙江新闻联播》45条（头条3条）。

3. 无精品不创作

一是精品意识持续领航。中心以“精品要成为创作常识”为标准，在硬件设备上大量投入，鼓励年轻编导大胆创新，在创作手法和表现形式上不断探索，采用VR全景视频创作，上线AI主持人，推出vlog、H5、动漫、海报等形式，投入航拍、高清、4K等摄制设备技术，使作品呈现更加活泼新颖。二是精品评选百花齐放。中心积极组织作品参加各类评选，《三官》纪录片获得第五届（2020年度）浙江省纪录片“丹桂奖”优秀微纪录片奖；《一片情千里情》在全国脱贫攻坚优秀项目及优秀宣传成果评选中，获得优秀宣传成果一等奖；《我是红红石榴籽》入选国家广播电视总局2021年度优秀少儿节目精品节目，成为浙江省内首次斩获该奖项的县级台。连续 14 年广播电视均获浙江省对农节目考核优秀，连续 3 年浙江新闻奖一等奖唯一获得县（共获得 14 个一等奖），浙江广播电视新闻协作实现双双特等奖。三是精品效用无处不在。发挥“新闻+”在文创项目中的作用，每年筹办演艺、会展、培训等大型活动 150 场以上，承制各类宣传片、汇报片、公益片 100 余部，主动为其提供新闻服务，让文创项目实施更加顺利。如中心研发“两山”银行智慧管理系统，不仅成功开发产品，还将相关新闻推送到央视《新闻联播》播出，让对方收获双重喜悦，对中心新闻品牌更加信服。

二、多元发展，智慧广电有声有色

作为“新闻 + 政务 + 服务 + 商务”的努力探索者，我们始终把全心全意为人民服务作为工作宗旨。

1. 夯实网络更加深耕

一是守牢基本盘。在全国有线行业趋势整体下沉的背景下，通过网格化考核、服务入村入户、网络质量精细管理等方式，2021 年实现新发展高清电视用户 1652 户，新增互动用户 5194 户，新增宽带用户 4028 户，实现网络全年营收 1.6 亿元。尼尔森数据统计，安吉电视台收视份额从 2014 年启动融合时的 8.5% 提升至目前的 26%，位居全国县级台第一。二是做活“指惠家”。基于全县 13 万数字电视用户，开发以本地市民生活圈和数字电视服务圈为辐射半径的“指惠家”平台，服务涵盖本地生活、严选特供、数字电视线上开户、缴费订购、报修咨询等线上功能，在全国率先把有线电视服务网转型为百姓综合服务网，实现“有线”网络延伸为“无限”服务。三是做深“网络 +”。依托有线网络全域覆盖优势，以及现有人员、设施等优势，和文澜公司合作，开展智慧校园、智慧旅游、雪亮工程等建设工作，有效利用网络资源，提升中心影响力。

2. 数字建设更加广阔

一是研发刚需产品。整合全县数字资产，结合社会基层治理现代化需求，启动数字精细化运营，实现建设研发、安全运维、数字经营一体化新样式。前期已有公共资源“智管家”、田园综合体“云计算”、基层乡村智治的“一张图”、智慧旅游的“安”系列等众多平台应用上线，为县域治理提供智慧支撑。2022 年开发的“安居码”“安畅码”，助力疫情防控，取得良好效果。自主研发“云工益”平台已列入全省数字化改革揭榜挂帅项目，“安”心游旅游新业态安全监管系统和“安”心停车系统被列入浙江省文化和旅游数字化改革试点。二是聚焦民生实效。立足安吉良好生态优势和产品优势，不断拓宽“游视界”本地圈的运行能力，持续夯实平台，确保优质高效，使本地优质农产品从“田间地头”直通“自家灶头”。目前中心正按照县第十五届党代会精神，全力推进“安吉优品”区域公共品牌建设运营，将媒体赋能、文化策划与安吉产品本身的优质特性相融合，服务更广阔的共享天地，提升更省效能的生态价值。持续发挥“云工益”平台覆盖全县221个工会作用，为对口帮扶地区销售优质农产品。改版“爱安吉”新闻客户端，集成各类端口30余个，更加契合百姓使用需求，目前“爱安吉”下载用户超180万，注册用户26万，日活跃度25.2%，成为中宣部确定的全国7个示范项目之一。三是实施全国战略。通过在本地打造试验田、示范区，总结出成功经验，输送复制到全国各地，更加彰显为全国县级融媒体在实践过程中提供可参考样式的担当作为，已在全国23个省落地300余项智慧产品。其中和阿克苏地区广电台研发的数字化应用项目“阿克苏—Hi 苹果红了”新闻客户端于2021年5月18日正式上线，成为首个浙江数字援疆项目。

3. 相互赋能效果叠加

一是新闻服务。中心研发的各类数字产品、举办的各类文创活动，通过新闻渠道进行广泛宣传，群众知晓率、参与率大为提升，有效扩大影响力。二是智慧赋能。中心不断研发各类智慧产品，在服务群众的同时也有效提高了新闻传播率和传播效果，如2018年研发的“三屏融合”技术，打通手机屏、电脑屏和电视屏，实现新闻等服务在三屏上的同步传播，被列入浙江省2018年重点科研项目。三是受众黏合。新闻和智慧产品之间的相互赋能，让新闻受众变用户，有效提升了中心各类平台的用户数量，截至目前，中心旗下以“爱安吉”新闻客户端为代表的各类媒体平台用户数达到237万，是全县总户籍人口数（58万）的4倍。

三、改革赋能，人才建设有心有意

通过两轮体制机制改革，完善人才培养制度，招引人才、培育人才、留住人才，成为中心发展的助推器和永动机。

1. 意识形态领域塑人向真

实施《领导干部作风建设12条》，要求做政治生态明白人、发展创新领头雁、敬业奉献孺子牛、贴心服务知心者，同时将班子作风建设的运行机制下沉到二级单位，在全中心营造“沸腾在一线我带头争一流”的浓厚氛围；开设早餐知心会，创设“思享汇”“数字夜校”等学习品牌，对全体员工进行文化教育、思想淬炼；打造“新闻力量·战士模样”“有线网络·无限服务”等10个党建子品牌，同时在群团中形成“向着光”“新闻智慧她”等特色服务品牌，锻造出一支招之能战、战之能胜的新闻宣传战线队伍。

2. 人才队伍建设持之以恒

坚持事企分开，实行现代企业管理制度。打破行政级别，实行职位聘任；打破身份界限，实行全员聘用；打破平均主义，实行绩效考核；解决职务能上能下、待遇能高能低、人员能进能出的问题。通过强化阅评指导、重大选题领办、重点策划领衔和品牌栏目主导等方法路径，以综合深度、调研思考为主攻方向，推动多元化发展、复合型提升，培养一批新闻业务精英，打造出“十分”海报、“遇见安吉”、“源”视频工作室以及梅地亚小黄人团队等一批“名”字系列最具创意和影响力的品牌团队。

3. 体制机制改革全面释能

中心抓住在全国率先开展第二轮体制机制改革的东风，破解发展中的堵点痛点，释放融合发展更大动能。继续实施领军人才建设，持续打造星级员工制、导师帮带制，开设“名师工作站”，每年“请进来”名师10名以上，选送年青记者“走出去”，每年挂职央视、卫视4名左右，不断提升人才队伍素质能级。近几年来，已有4人入选传媒中国年度融合创新人物、全国广电和网络视听领军人才、全国广电和网络视听青年创新人才、浙江省网络视听年度人物、南太湖特支人才等。

第三节　融媒体中心舆论引导实证研究

一、解读党的理论路线方针政策及上级党委政府精神

安吉县融媒体中心坚持无主题不报道，尤其是对重大活动、重要节点、重

要内容的播报上，我们以主题报道为引领，在舆论宣传上形成磅礴气势，在县域内形成较大影响力。如2020年3月30日，习近平总书记到安吉余村考察，勉励余村百姓“再接再厉、顺势而为、乘胜前进”，而在15年前，习近平总书记也是在余村提出了“绿水青山就是金山银山”重要理念。为反映全县百姓15年来持续践行“绿水青山就是金山银山”重要理念，并在总书记勉励下奋勇前进的故事，2020年底，中心推出《习习春风里》主题报道，2021年推出《春风又绿苕溪畔》主题报道，2022年推出《不负春光不负人》主题报道，持续通过主题报道反映安吉百姓在总书记的勉励下生活“芝麻开花节节高”。

二、讲本地老百姓生产生活故事

在常态化开展新闻报道之外，中心坚持通过栏目引领，持续报道本地老百姓生产生活故事，注重解决百姓生产生活中的实际问题。如十多年来坚持开设《百姓连线》栏目，每周6期，每期10分钟，通过和乡镇部门合作，以及热线电话爆料等方式，挖掘百姓生活中的烦心事，通过新闻报道方式推动解决；开设《新闻观察》监督栏目，每周3期，每期5分钟，围绕企业消防安全集中整治百日攻坚、疫情防控措施落实、城市有机更新专项行动、污染防治攻坚等工作重点，与各项工作领导小组办公室或主要负责的成员单位密切联系，精准选题、跟踪督查，服务助推重点工作推进，如在2022年城市有机更新专项行动启动初期，报道组应领导小组办公室要求，走访芝里老区、老电影院区块等区域，集中曝光人居环境“脏乱差”等问题，从媒体监督的视角营造群众渴望城市有机更新的浓厚氛围；开设《生态家园》《我的农货我吆喝》等栏目，报道县域农业农村农民的发展现状，为百姓的滞销农货宣传推广。

三、重大危机事件干预

安吉是山区县，每年夏秋季节短时强降雨带来的小流域地质灾害和城市内涝比较严重。安吉县融媒体中心发挥媒体融合发展成效，在强降雨来临之前，第一时间发挥新闻传播优势，在电视、广播、爱安吉新闻客户端、微信公众号等众多平台发布强降雨信息，告知百姓注意出行、用电等方面的安全；在强降雨过程中，中心通过遍布全县的3万余个高清探头，为党委政府提供信息支持，发挥参谋作用，让人员转移、排水减涝等及时有效进行；同时，中心根据应急预案，全体记者深入一线，报道各地防洪排涝的及时信息和感人故事，以及灾后恢复工作，让群众时刻感受到党委政府的关心关怀。

四、外宣传播强化本区域公众认同形成凝聚力向心力

在新时代背景下，安吉县融媒体中心不再囿于传统媒体，而是通过各种平台唱响安吉好声音。

2018年，安吉黄杜村党员给习近平总书记写信，表示愿意捐赠1500万株“白叶一号”茶苗，帮助贫困地区百姓脱贫致富，习近平总书记作出重要指示强调，增强饮水思源、不忘党恩的意识，弘扬为党分忧、先富帮后富的精神，对于打赢脱贫攻坚战很有意义。2018年下半年，茶苗正式启运，捐往川湘黔三省五县，在这一重大事件报道中，中心迅速组建“一叶扶贫·千里传情”新闻报道组，集合报纸、电视、广播、新媒体等新老媒体记者跟车深入受捐地进行采访，开展“以我为主”的外宣报道，扎实采访的新闻迅速在央媒省媒等推出，形成一浪高过一浪的外宣声势；此后每年中心都组织原班人马到受捐地跟踪报道，外宣同步，淋漓尽致地展现两地百姓把好事办好的奋发精神。

在2022年安吉白茶开采报道中，中心派出多路记者采访，全方位报道，开设《春日问茶》《只为香如故》等专栏专题，积极向上级媒体供稿。关于安吉白茶采制，浙江之声发稿31条，单条7条；中国之声14条，其中《新闻和报纸摘要》头条1条，单条7条；浙江卫视15条，单条4条；央视7条，其中《新闻联播》1条；新媒体方面，蓝媒头条8条、美丽浙江2条，学习强国湖州平台签发145条，整组安吉白茶开采报道有声有色，很好地提高了对外影响力。

五、融媒体中心舆论引导面临的问题与困境

一是话语权和主动权不再唯一。在自媒体发达的现状下，主流媒体对话语权和主动权的掌握，和以前相比相对弱化，县级融媒体中心作为党的喉舌、舆论引导的主阵地，在牢牢把握舆论引导的主动权、话语权和领导权方面还需要创新形式、创新手段。

二是人才队伍基础薄弱。舆论引导需要具有新闻敏感性的专业人才，县级

融媒体中心在人才建设上一直处于弱势，人才专业能力层次不高，导致县级融媒体中心在舆论引导方面力不从心。

三是舆论监督体系滞后。网络发达的情况下，发布信息主体的虚拟性和匿名性，导致舆论环境非常脆弱，舆论引爆相关话题更加隐蔽，无法在相关话题发酵前及时开展引导，造成被动局面。

六、提高融媒体中心舆论引导能力的路径与方法

一是“新闻＋政务＋服务＋商务”相互赋能扩大新闻覆盖面。安吉县融媒体中心通过新闻和产业间的相互赋能，将新闻受众变成用户，旗下各新闻平台用户总数达到165万，是县域人口（58万）的2.8倍，在满足不同用户需求的同时，也让新闻传播触达各个层次、各个领域的群体，牢牢掌握新闻舆论引导的主动权和话语权。

二是“待遇留人、情感留人、机制留人”夯实人才队伍建设。人才是新闻舆论引导的基础，人才队伍强，舆论引导力就强。安吉县融媒体中心通过机制体制改革，建立绩效考核制度，开展早餐知心会、党委书记谈心谈话会、喜报送到家等活动，推出中层干部竞聘、编外员工晋升集团领导等制度，招引人才、留住人才、培育人才。

三是“横向强化合作、纵向趋于统一”建立舆论引导体系。在横向上，安吉县融媒体中心和县内各乡镇部门全部建立政务合作体系，全力帮助各乡镇部门开展新闻宣传、舆论引导；在纵向上，中心在县委县政府领导下，在县委宣传部指导下开展舆论引导工作，将县域分片区成立5个融媒基层站，将新闻舆论引导能力延伸到基层，在爱安吉新闻客户端开设“两山”号，统一管理各乡镇部门的政务微信公众号，形成上下贯通的新闻宣传体系。

浙江省长兴县融媒体中心能力建设研究报告①

长兴县融媒体中心是全国县级媒体融合发展的领头羊，自组建以来，中心主动求变、勇于改革，坚持走媒体融合之路，从全媒体到融媒体，并向智媒体发展，不断提升基层媒体舆论引导能力，为全省乃至全国县级媒体深度融合改革提供了宝贵的实践样本。

第一节　融媒体中心基本情况

长兴县融媒体中心于 2011 年由长兴广播电视台、长兴宣传信息中心、县委报道组、“中国长兴”政府门户网站（新闻版块）跨媒体整合而成，是全国首家县域全媒体传媒集团。

2015 年，中心被国家广电总局列为向全国推广的 17 个典型案例之一，是全国县域媒体中唯一获此殊荣的单位；2018 年，中宣部在长兴召开县级融媒体中心建设现场推进会，推广融合创新“长兴模式”；2021 年，入选中记协第十届常务理事单位，是全国市县媒体唯一入选单位，党委书记、董事长黄时兵当选理事会常务理事，并受到习近平总书记接见；2022 年，中心荣获长三角广播电视媒体融合先导单位；2023 年，中心获评国家广电总局媒体融合先导单位。

目前，中心旗下拥有电视、广播、网站、两微一端及平台号等媒体平台，

①本文作者王晓伟系长兴县融媒体中心总编辑。

其中移动端用户超600万。新闻作品累计获国家级奖项34件；获省级政府奖、新闻奖203件（含一等奖45件），获奖数量和质量均列全国县级媒体前茅。对外宣传连续12年荣获省级广播、电视、新媒体协作特等奖，央视央广用稿排名连续12年居全省市县台前三。

13年来，中心先后发布4个县融建设市级地方标准，发布浙江省首个纳入国家级试点的县级融媒体社会责任报告；牵头组建长三角县融协作平台，与全国60余家市县媒体达成项目合作。切实发挥出助力全国县融建设的样板作用，坚定不移地朝着打造全国一流的现代化智慧型区域互联网信息服务供应商目标奋进。

第二节　融媒体中心发展亮点

一、重塑体制机制，助力再生传媒

县级融媒体中心建设是一项系统工程。长兴县融媒体中心是“事业单位企业化运作”融合模式的引领者，在深化文化体制改革、推动县融建设发展方面做出了有益探索。

中心组建后，实行党委会领导下的事业法人治理结构，构建责权利清晰的领导体系；以移动端优先为前提建立全媒体联动机制，大力培育复合型媒体人才；实施“薪酬改革 + 人事改革”双轨驱动机制，消弭人员身份差距。连续12年获得县级机关部门综合考评一等奖。

2022年，中心刀刃向内发出“传媒十问”，设立“五大目标”，启动媒体融合二次改革、二次创业。探索建立按一类国企运作的新体系，以制度、人才、技术、内容、产能为切入口，全面实施事业单位改革、融媒机构重组、薪酬体系再造、营销模式创新、公司主业优化等重大举措，顶层设计赋能传递了强大信心，催生体制机制更灵活、人力队伍更年轻、业务创新更有力、经营发展更有序的新态势。

二、聚合优势内容，发力品质传媒

任何时代媒体都应坚守优质内容为本。自组建以来，中心聚合优势内容，发力融合传播。每年策划推出重大主题报道 40 多个，制作专题片 100 多部，举办大型活动 300 多场，开展各类直播 600 多场，创作融媒产品 1000 余个，原创精品全网阅读量过千万 400 多条，过亿 20 多条。

在重大主题上，把握新的传播格局和生态，探索主题报道新路径，去除厚重严肃、政治性强、宣传味浓的固化印象，创新表达方式，让宣传新闻化、新闻故事化、故事细节化。比如，2023 年新年伊始，长兴提出开展“六创六比六看”行动，激励全县上下全方位投身“在湖州看见美丽中国”实干争先主题实践。中心特别策划系列报道《比拼》，改变过去传统解说的报道模式，以记者为第一视角，用短视频讲述的方式，亲历乡镇（街道和园区）、产业、企业之间的比拼故事，让报道主题更集中，细节更具体，内容更饱满。再比如，“八八战略”实施 20 周年，中心以寻找习近平总书记在长兴的足迹为主题，策划推出 10 集系列短视频《足迹》。通过“动画 + 寻访”的模式，甩掉传统成就式报道冗长、枯燥的槽点，突出新媒体的“短平快”，让报道更活泼、更深刻，传播更广泛。

在融媒产品上，强化“产品思维”，依托“世相”“智行”“973 声音社”等融媒工作室，推出一批视角新颖、鲜活生动、技术创新、传播力强的作品。其中，短视频《何以长兴》县长专访突破时政新闻报道准则，运用真人秀手法进行拍摄，引发强烈共鸣。“采访编辑圈”公众号以《真用心，时政报道的典范！》进行了全片转载分享；微广播剧《星火燎原》、微纪录片《无名的你》讲述英雄故事追寻信仰力量；系列短视频《早餐长兴》连推五季，获新华社“最佳视觉奖”。抗疫短视频系列《人间》，第一集在“掌心长兴”视频号首发上线，点击量迅速超 10 万，评论超 3000 条，并被省委宣传部、省委网信办、省委组织部列入传播目录。融媒精品层出不穷，涌现出《工业的力量》《了不起的企业家》《摆脱贫困》《我们的村干部》《老兵无悔》《跨越五千公里的爱》等优品佳作。今年中心又围绕主题主线策划了专题片《羊倌新传》，以小见大，传递新时代青年奋斗力量。推出融媒作品《呱呱叫的土特产》，做好“土特产”文章。

在大型活动上，找准“社会效益”和“经济效益”的最佳契合点，做精有“靶向”的活动策划，朝着定制化、系列化、区域化的方向发展。比如，自 2000 年起启动“乡村梦想秀”项目计划，在对农创作上集中发力，助力乡村振兴。相继策划推出对农活动“乡村厕所变形记”“进击吧！乡村造梦师”“加油，乡村合伙人”“集合吧，乡村开放麦”“耕耘吧，返乡青年”等，多次荣获浙江省广播电视对农活动一等奖。开设栏目《乡村节节高》《走乡村》，均获浙江省广播电视对农栏目一等奖。去年起，中心连续策划少儿系列活动《重生吧古道》，以游中学、学中游的体验增进乡土文化的传承和保护，2023 年度荣获国家广电总局少儿节目扶持作品。

积极应用区域联动策略，变“单兵作战”为“整体协作”，形成区域联盟、县域同盟“同频共振”的传播合力。牵头联合 110 家县级融媒体中心开展“长三角一体化国家战略网络文化宣传季”活动；联合全省 38 家县融单位策划发起“山海 1+1 接力大连麦”异地新闻直播行动；联手全国 20 家省级学习强国平台及百家县融号共同推出大型生态主题融媒直播活动“我家门前有条河”，强化各地区交往交流交融，共同讲好中国发展好故事。

在对外传播上，打破业务部门壁垒，集中精力唱响本土好声音，并积极向中央级、省级主流媒体推送本地优秀新闻作品，深化正能量传播。今年 3 月，央视大型文化节目《典籍里的中国》栏目组在水口大唐贡茶院取景拍摄，中心配合摄制并策划推出六集微纪录片《茶经里的紫笋茶》，展现长兴紫笋茶的文化内涵；4 月，CCTV–4 中文国际频道清明节特别节目《传奇中国节 · 清明》走进长兴，向全国观众直播长兴《紫笋茶香传千年》，进一步弘扬本土优秀传统文化。同步中心借势出海，发挥传播效力。策划推出系列海外版短视频《非遗里的长兴》，展现极具民间特色的端午、七夕等传统文化节日。用国际化叙事视角推出融媒作品《边走边看——老外眼中的乡土中国》，以外籍友人探访方式，反映时代变迁。另外，《共享农机俏，老李带货忙》《苗二代的花木情》等广播稿件在美国洛杉矶鹰龙传媒洛城双语台刊播；《“双碳”目标中国在行动》《感受数字司法》等稿件在《人民日报》海外版刊播，大大提升了国际形象，增强了国际传播力。

三、创新经营模式，拓展产业传媒

中心积极探索“融媒 +”产业发展体系，经营创收结构从以广告营销为主转变为以智慧信息产业、文创产业和数字网络产业构成的多元结构，有效激发经营创收的澎湃动力，增强自身“造血”能力，经营总收入连续13年实现稳步增长，2022年总营收3.21亿元。

创新“媒体+”经营模式。深化“市场导向、精益运营、价值增长”的核心经营理念，做大做强传统经营项目，通过“媒体+产业”“媒体+会展”“媒体+文创”“媒体+活动”等多元模式，推进“融媒+”项目培育，谋划一批、成熟一批、推广一批，放大项目效应，激发产业效能。

拓宽“区域+”合作渠道。依托全国广播电视媒体融合先导单位的优势，拓展县外合作项目；创办融媒学院，实现融合经验成果输出，累计举办培训班100余场，参与培训5000余人。

试水“掌心+”文创产品。主动跨界培育特色项目、特色产品，“掌心”绿豆糕、“掌心”月饼、“品茗三绝”伴手礼等“掌心系”文创产品成功破圈，其中，“掌心”月饼，以长兴方言和长兴八大古桥为灵感元素，好评如潮。

打造“数字+”智慧产业。壮大数智型经营的智慧信息产业平台，超前布局数字化赛道，自主投资建成长兴县云数据中心，开发城乡一体化信息平台，推动数据从“资源”向“资产”转变。启用数智大厦，建成数字化改革成果展厅，招引32家数字经济产业项目及高精尖人才团队入驻，主导数字文化产业园区建设和运营，致力打造数字产业集群已成功申报湖州市第五批重点文化产业园区。至2020年底，智慧信息产业创收过亿，占比达40%，基本实现动能转换。

发展“5G+”全新业态。优化全域化经营的有线电视网络平台，做实4K业务、双向业务、大带宽业务及5G移动终端业务，推进智能类产品和网络支撑、技术服务的紧密融合，发展智慧家庭终端项目。

四、坚持引培并举，锻造铁军传媒

媒体深度融合，归根到底是人的融合。中心进一步创新用人机制和激励机制，实施“内强外引”工程，着力打造一支忠诚党的新闻事业、政治过硬、本领高强、求实创新、能打胜仗的融媒铁军。

树立正确的选人用人导向，健全干部选拔任用、考核评价、监督管理和保障激励机制。建立年轻干部后备队伍，85后干部占比36.5%，保证人才梯队建设的持续性。推行“管理 + 首席”双轨运行，举办“创新创业大赛”，设立“传媒嘉奖令”，先后孵化 10 多个融媒体工作室。致力打造“和”文化、“廉”文化、“家”文化，组建 16 个俱乐部，形成独具传媒特色的文化氛围。比如，今年夏天为员工开办了迈思传二代暑托班，真正想员工所想，解决员工后顾之忧。企业文化建设也为提升员工幸福感、为留住和激励员工发挥了积极的作用。

面向全国引进高端专业技术人才，并将高层次人才纳入《长兴县名师名家培养行动目录》，累计获评国家级、省市级人才 11 人。连续八年开展“红日初升”储备人才、“万物生长”融媒人才、“潜龙腾渊”技术人才和“生财有道”经营人才养成计划，其中“万物生长”获评浙江省 2016—2017 年度媒体融合创新案例。

五、强化技术引领，赋能技术传媒

当前，新技术越来越成为媒体竞争力的关键因素，成为媒体融合发展的重要支撑。长兴融媒积极引入人工智能、虚拟和增强现实、5G 技术等，并创新应用于媒体多个领域。

搭建融媒技术平台。量身定制“融媒眼”智慧系统，从技术层面提供业务支撑，实现日常报道、重大事件、突发新闻的统一指挥、统一调度、内外场协作，构建全新媒体融合发展生态。该系统获评国家广电总局媒体融合成长项目；自主研发运营集“新闻 + 政务 + 服务 + 商务”于一体的“掌心长兴”客户端，目前已迭代至 5.0 版本，总下载量超 180 万，注册用户 44 万。

加快技术应用落实。组建“数智”团队，累计落地 300 余个项目，研发 30 余款数字化产品，获得 25 项软件著作权，覆盖人工智能、人机交互、数据治理、云计算和智能识别等数字经济的核心领域。深度整合新型信息传播技术，推出 AI 虚拟主播，在新媒体创作中充分融入水墨动画、互动游戏、VR 航拍、5G 技术、4K 高清等最新技术和表现手法；自主实现演播室九路多屏且同步云端的联动直播；研发易直播设备获国家专利。

六、拓展服务模式，优化应用传媒

随着媒体融合的纵深推进，越来越多的融媒体中心重视各层级的互动、合作，探索开展多种形态政务服务。长兴融媒积极对接政府政策、资源，深化与党委政府的合作机制。

组建智库报道组，精心打磨《浙北新观察》《国庆勿忘老虎团》《千年贡茶的沉与浮》《寻踪浙江“旧石器”》等100余篇媒体智库报告，多篇被《浙江宣传》录用。同时，在内参报道方面进行有益尝试，推出《内部参阅》，为长兴经济社会发展热点、难点提供智库支撑和决策参考。

建设城市大脑。抢占先机建设云数据中心，开发城乡一体化信息平台，已有25个部门的28套系统搬迁入云，54个部委办局的2.8亿条数据纳入编目，实现了部门间数据实时交互、共建共享，加强了与省、市公共数据平台对接，为推进长兴新型智慧城市建设奠定坚实基础。编制智慧长兴规划，建设“1个核心平台+5个协同平台”，构建长兴智慧城市建设框架。

搭建治理网络。承建“雪亮工程”，为全县安装32000余路监控，覆盖全县所有村（居）社区，建成县域智能视频网。深度参与长兴数字化改革工作，承接长兴县吕山乡“乡村大脑”“未来社区”“智慧法院”、长兴县党员分类管理、长兴县社会矛盾纠纷调处中心信息化改造等系列基层治理智慧项目。

七、树立媒体社会责任，打造公益传媒

强化服务属性，发挥“媒体+”的宣传优势。长兴融媒进一步突出“媒体为民”理念，切实为老百姓提供帮助。

强化社区服务。将媒体融合与民生服务有效对接，“掌心长兴”客户端社区版块通过用户激励、话题策划、关系维护等方式，坚持引导用户发帖和互动，每年策划各类话题超50余个。如，“夸夸我的老师”“中秋成语接龙大会”“晒晒我的娃”“国庆回老家，喜看新变化”“长兴美食我来推”等话题，单个话题最高阅读量达60万。

打造指尖服务。建设多元、立体、精准、高效的服务体系，依托移动端建设包含文明诚信码、犬联网、“解纷码”“开店宝”“趣友”“指尖”“掌心商城”“掌心外卖”等本地应用场景共60多项民生服务。其中指尖饭卡利用“平台+食堂+商家”的运营模式，创新了数字消费模式。“文明诚信码”应用实现全县16个乡镇街道265个村社区60余万本地户籍人口全覆盖，让居民从被

动管理到主动自治，入选为省政府“观星台”优秀应用和全国走好网上群众路线典型案例。

彰显媒体责任。持续打造“温暖”“最美”“送给亲人”“帮扶在行动”等媒体公益品牌，建立百万公益基金，受益人次超20万。“送给亲人”累计慰问一线防疫人员超8000人，送出爱心商品80多万元，获评浙江省新闻奖社会活动奖和浙江省网络视听年度优秀公益项目。《帮扶在行动》以“掌心长兴”商城、“长兴鲜”线上平台为主渠道，结合主播、电商达人直播带货，多形式助农帮扶，累计销售本地农产品200多吨，总金额1500多万元。

第三节　融媒体中心舆论引导实证研究

一、准确传递中央声音，凝聚思想共识

长兴融媒坚持党的领导，贯彻党性原则，把党的理论路线方针政策和重大决策部署分析好、宣传好、阐释好、落实好。

策划推出全媒体党史党建理论宣讲品牌融媒走亲，一方面，坚持线上线下多轮驱动，依托宣传领域的优势，在全国率先创新探索“融媒走亲”线下宣讲活动，相继走进四川木里、甘肃民勤、吉林白山、浙江庆元等地，把长兴的好经验、好做法带到长兴结对帮扶地区，共同探索建设共同富裕新路子。另一方面，整合传统讲课与新媒体传播优势，根据不同受众之间的差异化订制宣讲菜单，推动党的创新理论、惠民政策、科普知识和实用技术等“飞入寻常百姓家”，打通基层理论宣讲的“最后一公里”。累计线下受益群众近3000人次，同时吸引30余批次近千人来长考察，总浏览量突破1000万，受益人群超100万人次。荣获浙江省理论宣讲先进集体、浙江省首届志愿服务先进典型最佳志愿服务项目。

二、讲好长兴故事，传递百姓心声

以百姓诉求为主旨，以解决百姓冷暖痛痒、喜怒哀乐为己任，长兴融媒体

全力打造具有地方特色风格的本土民生栏目《小彤热线》。通过融媒矩阵，关注环境、教育、医疗、就业等和百姓密切相关的领域，畅通百姓热线，倾听百姓心声，架设起普通群众与政府部门之间的沟通桥梁，弘扬社会正气，全面融入并服务于广大百姓的日常生活。如，在报道中，结合劳动节、青年节等，排摸梳理代表人物，有全国五一劳动奖章获得者，有清理下水道的疏通工，更有民宿管家、乐当农民的“兰二代”农田飞手这些新职业年轻人，记录平凡人的不平凡小事，以小屏带大屏的方式更全面地展示本地居民的生产生活情况。

发挥媒体舆论监督作用。积极与政府乡镇部门合力，加大了对《直击一线》舆论监督报道的力度，改变以往媒体只发声，对一些存在的问题仅仅流于表面现象的曝光，对于后续整改推进难度大的问题，积极联合各部门报道反馈，构建闭环报道机制，尽量做到件件有回音。如《浙北商业广场地下停车场臭气熏天》《公共水潭被填影响村民使用》《消防通道被堵安全隐患引发居民担忧》等内容在持续跟踪后，引起了相关部门和街道的极大重视，第一时间进行整改。

三、及时发出权威声音，正确引导舆论导向

长兴融媒在重大危机事件中及时响亮发声，引导舆论向正确的方向发展，避免危机事件导致的危害性扩大。如，针对本地“停水事件”引发的舆论热潮，第一时间开设《直击全城停水》网络专栏，及时有效疏导舆情，当日客户端日活达 26 万 +。

搭建求助平台，累计接收求助信息 500 余条，有效回复率达 100%，开辟“捉谣记”版块，加强信息公开，及时辟谣止谣，用事实说话，用数字说话，全力稳定人心。针对推发的各种新闻信息，中心按流程进行认真研判、细心审核、精准把控，严格执行“三级审核”制度，确保推发的信息精准无误。

第四节　融媒体中心舆论引导面临的问题与困境

媒体融合上半场，长兴融媒不断落实和深化媒体融合步伐，取得了显著成

效。媒体深度融合下半场，中心也面临着挑战与困难，亟待解决。

一是人才队伍依然薄弱。新时代、新时期对县级融媒体中心人员提出更高要求，但是县级融媒体中心受地域、福利待遇等因素的制约，依然面临着人才队伍薄弱、内部人员流失较为严重、难以吸引高学历人才的问题，特别是新媒体运用所需要的复合型、创新型人才储备不足。

二是融媒效能发挥不够。受技术水平的制约，目前媒体运营仍处于探索发展时间，县级融媒体中心未能有效整合区域有限公共资源，可管可控的高频应用服务场景仍然偏少，未真正实现区域基层治理一盘棋，区域社会治理效益还未全部释放。

第五节　提高融媒体中心舆论引导能力的路径与方法

作为基层网络传播的重要载体，县级融媒体中心是做好党的新闻舆论工作的重要依托，也是连接群众、服务群众的“最后一公里”。长兴融媒充分发挥县级融媒体中心贴近基层、更接地气的优势，结合本地实际，从政治引领、技术赋能、机制优化等方面入手，重塑新闻舆论宣传“四力”，提高舆论引导能力。

一是政治引领，夯实宣传主阵地。坚持正确舆论导向，牢牢把握意识形态。在围绕中心、服务大局的同时，面向基层，服务群众，通过深入实际、深入生活、深入群众来创新内容、创新形式、创新手段，打造有角度、有温度、有深度的优秀报道。以主题报道提升卓越视野，旗帜鲜明地传播权威新闻；以大型活动聚焦人气，并为用户打造高沉浸感、高互动性的极致活动体验；以融媒产品营造“年轻态”“青春范”，在“00后”用户中树立起新的文化标杆；以舆论监督聚焦基层社情民意，及时反映群众意愿呼声，切实提高新闻宣传质量，不断提升舆论引导能力。

二是技术赋能，构建传播新样态。把重兵集结在移动新媒体平台，着力个性化生产、强化可视化呈现、优化互动化传播。运用数字技术赋能打通客户端及媒体矩阵平台，做强做大事件直播、活动直播、公益直播、连麦直播、慢直播等“引流＋传播”新模式，与媒体同行共建共享，努力形成一个体现社会责任和价值取向的内容生态。与此同时，不断推动客户端升级迭代，整合内容发布平台，深度实现“新闻 + 政务 + 服务”模式，提升媒体传播力、引导力、影响力、公信力。

三是机制优化，打造队伍新形象。持续深化体制机制改革，大力培育复合型媒体人才。组织专场融媒体招聘会，与互联网创新企业、高校合作等方式，引进高端业务人才。持续开展“红日初升”储备人才、“万物生长”融媒人才、“潜龙腾渊”技术人才和“生财有道”经营人才养成计划，健全干部选拔任用、考核评价、监督管理和保障激励机制，多样化、全方位促进人才自我完善，打造一支在融媒体时代拥有全媒体素养的“新闻尖兵”。

福建省尤溪县融媒体中心能力建设研究报告①

随着通讯技术和新媒体不断发展，中青年受众多转向网络和移动终端，加上山区大量劳动力外流，县级广播电视面临受众分流、传播渠道分化、影响力减弱等问题。针对这些痛点难点，福建省尤溪县融媒体中心认真学习贯彻习近平总书记对宣传思想工作和融媒体建设的指示精神，着力推进传统媒体与新兴媒体融合发展，通过“四融四创”建设和运营县级融媒体中心，有力地提高了舆论引导力，创出县级媒体融合发展的“尤溪模式”，被《光明日报》称为县级媒体融合发展的“报春花”。

第一节　尤溪县融媒体中心基本情况

尤溪县位于福建省中部，是南宋著名理学家、教育家朱熹的诞生地，县域面积位居全省县（市）第二，经济实力强劲，交通便捷，环境优美，旅游资源丰富，被誉为天然氧吧，是福建省会的后花园。

尤溪县融媒体中心下设新闻中心、节目中心、运营中心三大中心、8个部室；汇集1个指挥中心平台，2个高标清电视频道（新闻综合频道、城市生活频道）、广播电台（FM106.6），尤溪新闻网，尤溪政府网及多个新媒体平台（“福建微尤溪”微信公众号，“尤溪头条”微信公众号，智慧尤溪App以及头条号、企鹅号、微博、抖音等），并入驻央视新闻移动网（央视新闻+App）和福建广电IPTV。

①本文作者张敏系福建省尤溪县融媒体中心主任、尤溪县广播电视台台长。

尤溪县融媒体中心为县委直属正科级事业单位，属于公益一类，归口县委宣传部管理。领导职数 5 名，“一正四副”：主任 1 名、副主任 2 名、总编辑（副科长级）1 名、总工程师（副科长级）1 名，拥有充分的人才管理和自主经营权。现有在职职工 85 人。每天除了一档 18 分钟广播和电视《尤溪新闻》外，还开办了 10 多档电视栏目、创作了大量的影视作品和新媒体作品，是福建省县级自制节目量最多的融媒体中心。

尤溪县融媒体中心先后荣获“全国市县 20 强电视台”“全国县级十佳电视台”“全国推动城市创新·广播影视影响力机构”“福建省十佳影视创作机构”“福建省五四青年奖章先进集体标兵”“三明市先进党基层组织”；《尤溪新闻》栏目被评为福建省县级“十佳电视新闻栏目”。是中国市县电视台影视研发基地、福建省市县电视台融合发展实训基地、福建省电视艺术家协会创作基地、中国电视艺术家协会市县电视委员会福建分会、中国传媒大学培训学院融媒体内容生产实践基地、浙江传媒学院产学研实践教学基地和山西传媒学院、吉林艺术学院、三明学院教学实践基地。

第二节　尤溪融媒体中心四个阶段的融合之路

一、初步融合阶段

作为尤溪县融媒体中心的中枢核心——尤溪县广播电视台，早在 2005 年就与广电局、网络公司分离，是福建省最早独立运作的县级广播电视台，由于独立，就有了与上下级同行及相关传媒广告公司合作的实践，这为后来的媒体融合奠定了坚实的基础。

二、探索融合阶段

2011 年，尤溪广播电视台合并尤溪新闻网，并开通了微信、微博等新媒体平台，2015 年在全省县级台率先开通微信直播功能；确立了以“新闻立台、影视兴台、人才强台、产业活台”为发展思路，尝试探索县级媒体融合改革路径。

三、实质融合阶段

2016 年 6 月，尤溪县政府注资 5000 万元，注册成立台管国有独资企业福建省朱子文化传媒有限公司。公司从“承接大型影视项目、加大新媒体融合发展、整合尤溪相关资源、开发旅游文创产品”等方面入手，扩大经营区域和业务范围。在此基础上，尤溪广播电视台紧抓机遇，乘势而上，不断加快推动媒体融合发展，构建全媒体传播格局，全力推进县级融媒体中心建设。县委县政府高位推动，从“机制创活、技术创新、内容创优、产业创效”四个方面入手，着力开辟县级媒体融合改革发展的新路子。县委主要领导亲自挂帅，召集专题会议研究融媒体中心建设问题，把好导向关、政策关；县财政拨出 6000 万元建设融媒体中心办公和活动场所，建成了融媒体中心指挥平台及新闻、节目、运营三大中心。县委报道组、县属各公共媒体和公共宣传资源并入县广播电视台，统一协调运作。2018 年 9 月 21 日，尤溪县融媒体中心正式挂牌成立。

四、全面融合阶段

融媒体中心成立后，更重视多类型媒体间优势互补，三大中心和广播电视台、尤溪新闻网及 10 多个新媒体平台共同发力。遵循不同类型媒体发展规律，有针对性地调整新闻宣传策略，根据不同的受众、不同的媒体特点进行内容再造，形成一次采集、多元生成、多端发布、分众传播、分类覆盖的格局，不断提高舆论宣传的传播力、引导力、影响力、公信力；同时创新报道内容、报道方式和手段，将传统深度与新媒灵动相结合，打通短视频、H5、图表、直播、VR 等各种传播介质，实现直播化、移动化和产品化；与中央、省市主流媒体和兄弟县市融媒体合作，实现传播渠道和传播内容的共享。

第三节　尤溪县融媒体中心建设和发展的亮点

尤溪县因势而谋、应势而动、顺势而为，坚持正确方向谋思路、直面难点痛点出实招，用“机制创活、技术创新、内容创优、产业创效”的“组合拳”，大胆突破县级融媒体中心建设的“瓶颈”，闯出了一条县级媒体融合改革发展的“康庄大道”。

一、机制创活，转变理念保障“融”

坚持高位推动，精准扶持，由县委主要领导挂帅县级融媒体中心建设工作领导小组，县委牵头宣传、发改、财政、人社等部门，在政策、资金、人才等方面对中心建设开足“绿灯”，共同推动媒体融合始终朝着正确方向发展。

一是聚合政策资源。县委、县政府召开专题会议研究融媒体中心建设问题，制定《关于推进尤溪县融媒体中心建设的实施意见》，确定融媒体中心的规格设置、经费保障、人员管理、绩效考核等具体内容，将融媒体中心列为县委直属正科级事业单位，并给予充分的人才管理和经营自主权，明确该中心优先参与全县的智慧政务、智慧城市等建设，并将包括人员工资、办公经费在内的1000余万元经费列入每年度县级财政预算予以保障，从谋划之初就严格把好正确导向关、政策关，为融媒体中心的可持续发展注入活力、动力。

二是聚合媒体资源。将原县委报道组、县广播电视台、尤溪新闻网等县内媒体平台整合在一起，将各部门、乡镇、村（社区）网站、户外大型电子屏、城区公共阅报栏、公交站宣传牌等公共宣传资源纳入融媒体中心。按照全媒体传播体系要求，县财政投入6000多万元，用于购置办公用房，建设全媒体采编中心、演播中心、运营中心等，建成集传统媒体、新兴媒体、社会宣传资源“多端一体”的全媒体矩阵，形成分众传播、分类覆盖的格局。

三是聚合人才资源。创新引才方式，与中国传媒大学和浙江、山西、吉林等传媒院校互设产学研实践基地，对所需重点引进人才实施奖励补贴，支持县融媒体中心突破人员身份障碍使用人才，形成专兼结合、分布均衡的人才队伍。目前，县融媒体中心员工85人，本科以上占比91.1%。按照“送出去”和“请进来”的方式，常态化开展培训，提升干部职工的“脚力、眼力、脑力、笔力”。创新绩效管理，出台《尤溪县融媒体中心绩效考核奖励办法》，打破身份、职位、职称限制，实行“同岗同责、同工同酬、优劳优酬、灵活轮岗”，充分调动员工积极性、主动性、创造性。

二、技术创新，打造平台支撑“融”

坚持移动优先，通过流程优化、平台再造，实现各种媒介资源、生产要素之间有效整合。

一是融合技术平台。根据国家融媒体建设规范建成融媒体中心指挥平台，可根据实际需求设置平台项目，实现采访任务、记者管理、稿件素材等统一管理和运作。建立安全保障机制，实现安全等级达到二级等保。利用“微聚合”技术，集成微信、微博、企鹅号、头条号、抖音号、智慧尤溪 App、百家号、人民号以及电视直播、节目点播、手机电台等媒体资源，方便群众一端打开、一键阅读。

二是再造生产流程。由指挥平台统一布置产品“菜单”和调配资源，建立资源数据库，存放一线记者采编的信息、图片、视频等“原材料”，由各个编辑岗位按照媒体特点、受众群体不同，选择“原材料”进行再打磨和深加工，制作适合不同受众“口味”的作品，形成“一体策划、线索汇聚、一次采集、多元生成、多端发布”的全新采编播发体系，实现渠道共享、内容共享、技术共享、人员共享的采编播高度融合，提高产品生产效率和质量。

三是融通传播渠道。与福建省广播影视集团签订战略合作协议，并与湘鄂赣三省县级手机台达成直播联盟协议，四省共同开展融媒体产品传播，以“借船出海”方式共同缔造“爆款”融媒体产品，实现资源共享、平台传播、宣传效果最大化。将传统广电媒体单一的传播形态和节目形式，变为新媒体“多屏、移动、社交”的融合方式和多样态融合产品。旗下微信公众号“福建微尤溪”每周点击量达 40 万以上，在 2018 年全国县级台微信百强榜中居第 10 名，仅 2019 年通过央视新闻移动网推出的短视频、微直播等融媒体产品，点击量 100 万 + 产品就有 15 多个。

三、内容创优，讲好故事服务“融”

深入推进媒体内容生产供给侧改革，立足本土资源创作亲民、为民的好节目好作品，积极向公共服务拓展，让群众在一个客户端即可享受全方面服务。

一是做特电视栏目。聚焦习近平新时代中国特色社会主义思想、“不忘初心、牢记使命”主题教育，结合地方实际，推出《爱学习》《党员说》《振兴之路》《天南地北尤溪人》等10多档接地气的原创节目，弘扬主旋律，传播正能量；把新闻作为立身之本，创新《尤溪新闻》播出形式和栏目内容，增设“今日话题”“记者体验”等带有尤溪泥土气息和人性温度的专栏，提升新闻节目的可看性和吸引力；坚持移动优先，以创新移动新闻产品为重点，大量采用短视频、H5、动漫等形式，使新闻作品更潮、更靓、更有穿透力，让群众特别是青少年“高看一眼”。抖音号推出的“拾金不昧”小视频2天内点击量突破4000万。

二是做精影视作品。加大融媒产品创意研发，组织创作各类宣传片、专题片、微电影、音乐电视、电视散文、微纪录片等作品，是全国首批运用4K技术制作融媒体产品的县级融媒体中心。2017年成为中国市县电视台影视研发基地、福建省市县电视台融合发展实训基地、中国传媒大学培训学院融媒体内容生产实践基地等9个研发或生产实训基地。2018年以来创作的34件广播电视作品在各类艺术节、盛典等活动评选中均获佳绩，其中22项作品获国家级一等奖。

三是做优服务平台。推广“智慧尤溪”手机客户端，开发接入智慧城市等各项便民服务、政务信息，打造“指尖上的行政服务中心”。目前已开通掌上政务、预约挂号、求职就业、智慧旅游、文明实践、尤溪特产铺、学习强国等10多项服务功能。设置建言献策、随手拍、公益求助、民生速递等网民意见收集、互动版块，要求相关部门对群众提出的问题必须在48小时内回复，成为群众办事“最多跑一趟”、政府回应诉求的得力助手。

四、产业创效，多元创收反哺“融”

运用“融媒体 + 产业”运营模式，不断拓展传媒业态，增强融媒体中心自我“造血”功能。

一是创新运营模式。2016年由县财政注资5000万元，成立县属国有文化企业——福建省朱子文化传媒有限公司，引入现代企业管理制度，将原广播电视台经营性业务转由传媒公司运营，台聘人员转为国企聘用人员，实现采编与经营“两分开”。除媒体广告、联办栏目、承办活动等传统经营方式外，主动承接县内各乡镇、行政事业单位的政务、活动宣传项目，经营范围和项目进一步拓展。

二是突破地域限制。与中国市县广播电视台“长城协作联盟”合作，打造“互联网＋广电＋旅游”的“游视界”平台，推动融媒体中心出县跨省承接业务。依托“中国市县电视台影视研发基地”品牌，2016年以来，共承接上海、浙江、湖北、广东等20多个省100多部宣传片、纪录片、微电影的拍摄制作业务。对外销售《守摊人》《阅读时光》等一批优质节目。

三是延伸产业链条。通过经营县域国有投资或新增广告业务，与中国传媒大学培训学院合作承接全国范围的融媒体培训业务，与电影公司合办3D电影院，与多个地产公司合作经营地产销售等各种产业，实现多产业发展、多渠道增收。尤溪县融媒体中心年经营收入从2016年的200万元增长到2018年的近2000万元，增长近10倍，实现融媒体中心自聘人员薪酬、设备更新等成本支出的自给自足。

第四节　尤溪融媒体中心提升舆论引导力实证研究

引导群众、服务群众是县级融媒体的中心任务。尤溪融媒体中心积极探索，坚持“人才第一、内容为王、技术支撑”的理念，多方位多层次发挥主流舆论的引导作用，不断提升舆论引导力。

一、通过提高人才素质提升舆论引导力

人才是第一资源，“世界上只要有了人，什么人间奇迹都可以创造出来”。为了适应新媒体时代的发展要求，尤溪县融媒体中心要求中心全体人员要不断增强脚力、眼力、脑力、笔力，通过媒体工作人员增强“四力”，推进宣传舆论工作“四力”（传播力、引导力、影响力、公信力）的提高。为此，在人才队伍建设上创新突破、增强动力。

一是创新引才方式。与中国传媒大学和浙江、山西、吉林等传媒院校互设产学研实践基地，采用“上门求”“进校招”“社会聘”等方式，招聘引进新闻专业、播音主持、后期制作等专业人才；同时，运用互联网思维，实时适当

借用机关事业单位或社会上人才参与采编工作，在乡镇（街道）、村培训 100 多名业余通讯员和“拍手”，形成专兼结合、分布广泛的人才队伍。

二是创新培训工作。组织全体员工认真学习领会习近平总书记对舆论工作指示精神和对舆论工作者的要求，明确必须做到“政治坚定、引领时代、业务精湛、作风优良”，因此，坚持每周一次集中学习，每天一次工作回顾；认真开展“不忘初心、牢记使命”主题教育活动和增强“脚力、眼力、脑力、笔力”教育实践活动，努力提高干部职工的理想信念、责任担当、服务能力；采取“送出去”和“请进来”的方式，组织员工“走出去”参加新闻从业人员职业道德、线索采集、编辑制作等方面培训，以点带面，举一反三，近 5 年来，外出培训 100 多人次；加强与上级媒体的业务交流，邀请相关专家、教授，在新闻写作、摄影摄像、无人机飞行、舞台灯光、播音主持等各方面对员工进行培训，不断提升员工的业务能力和专业水平；同时与省台合作，邀请省台播音主持到中心进行实战指导，以师傅带徒弟的形式，使中心的工作人员的素质获得快速高效提高。

三是创新管理制度。出台《尤溪县融媒体中心绩效考核奖励办法》，制定、完善《尤溪县融媒体中心聘用人员工资管理办法》《尤溪县朱子文化传媒有限公司经营管理办法》等一系列规章制度。通过制度的完善，加强内部管理，打破身份、职位、职称限制，实行“同岗同责、同工同酬、优劳优酬、灵活轮岗”制度，形成“有进有出、能上能下”的良性循环，从根本上解决员工“干多干少一个样、干好干坏一个样”的问题，干部职工的主人翁意识及工作积极性、主动性、创造性大大增强。

二、坚持内容为王提升舆论引导力

内容建设是提高舆论引导力的根本。县级融媒体的各类作品，要切实做到既传播党的理论方针政策，又反映人民群众的意愿和要求，做到党性和人民性的统一，有效引导社会舆论。尤溪融媒体中心发挥县域和基层的优势，在以下几个方面做出了成效。

一是设置议题，传播党的理论，反映人民的实践。坚持正确的政治方向、舆论导向、价值取向，围绕习近平新时代中国特色社会主义思想、党的路线方针政策和县委县政府各阶段的工作重点设置议题，根据议题的需要做好采编播。

近年来，尤溪融媒体中心在党的代表大会和各次全会后的一段时间内都开设学习专栏，例如“学习党的十九大精神”“在习近平中国特色社会主义思想的指引下”，每天针对一个理论问题，摘录或引用主流媒体上刊播的专家学者的学习指导，让党的理论“飞入寻常百姓家”；开办“爱学习”栏目，引导广大党员学习贯彻习近平新时代中国特色社会主义思想；开设《党员说》栏目，让身边的先进典型走上讲台，介绍自己怎样在基层岗位做好示范引领作用；开办《文明故事会》，请来最美家庭、最美扶贫人、道德模范，讲述他们践行文明的精彩故事；开辟“壮丽 70 年 · 奋斗新时代”“我和我的祖国”等栏目，庆祝新中国成立 70 周年。这些反映社会主义核心价值的的内容，把社会正能量传播到每一个老百姓心中，深受好评。与此同时，尤溪融媒体中心还根据县委县政府各阶段的中心工作在《尤溪新闻》设置议题，例如，《五比五晒推动发展》《实现乡村振兴》等栏目，报道县直各部门、各乡镇村抓好项目、精准扶贫、美化村容等各项生产生活的做法和实践；增设《今日话题》《记者体验》等专栏，邀请党员干部和基层群众畅谈体会感想、细说发展故事，宣传党的政策，反映民情民意，提升新闻节目的可看性和引导力、影响力、公信力，2015 年《尤溪新闻》被评为福建省县级台“十佳电视新闻栏目”。

优质的内容永远是融媒体时代下多元与高效传播的根本。本土化、贴近性是县级融媒体的最大优势。尤溪电视台开办的10余档固定栏目，重创意，细策划，精包装，实现了一栏目一特色，一栏目一品牌。人物类栏目《天南地北尤溪人》足迹遍及全国；时政类栏目《爱学习》《党员说》深入学习宣传贯彻党的十九大精神；文化类节目《阅读时光》《说古道今》掀起全县读书热潮；真人秀类栏目《玩转尤溪》推进全域旅游建设；少儿类栏目《小沈郎》真人与动漫融合；民生服务类栏目《健康尤溪》《农业新时空》《林业直通车》《法治在线》等，关注和指导人民群众的生产生活，成为百姓的文化大餐。

二是创作精品，拓展影视制作业务，向受众展现尤溪的绿水青山和人民群众的生动实践。尤溪融媒体中心注重融媒产品创意研发，组织创作各类宣传片、专题片、微电影、音乐电视、电视散文、微纪录片等作品，是全国首批运用 4K 技术制作融媒体产品的县级融媒体中心，也是能够应邀到全国各地拍摄制作专题片的少数县级融媒体中心之一。为使作品既反映实际，又引导有力，尤溪融媒体中心力求每一个作品都能成为优秀作品，每个优秀作品都要成为精品。每年都组织采编人员积极创作精品节目，参加全国、省、市组织的年度各类作品评选。选送的作品质量优、特色明、影响大，如电视栏目《玩转尤溪》《天南地北尤溪人》、宣传片《茶香台溪》《遇见桂峰》《尤溪》、专题片《空中看尤溪》、艺术片《寻梦燕园》、广播剧《爱丽丝的网》、广告片《尤溪金柑》、短视频《太阳照在屋顶上》《旅长村支书》、综艺晚会《我们的节日端午经典诵读》、短纪录片《守摊人》、系列报道《八闽军旗红》《凡人梦想》、短消息《联合梯田被评定为全球重要农业文化遗产》等，有 60 多件作品在各级组织的作品评奖中获大奖。2018 年以来，作品《稻梦》及其他 7 部作品荣获 2018 中国农民艺术节年度“优秀对农电视作品”一等奖等奖项；在“锦绣中华・大美山川”微视频大赛中，《尤溪 ONEDAY》以福建第一名的成绩和《福之洲・绿之城》一起作为“这里是福建”代表作在央视新闻 + 展播。

三是搞好活动，让受众在生动活泼的氛围中高唱主旋律、激发正能量。推出平民化、接地气的大型综艺和公益活动，是尤溪台近年来的新举措。先后举办过“八闽秀才——福建乡村达人电视大赛”、“为爱向前冲”大型公益相亲会、尤溪首届春节联欢晚会、尤溪县首届十佳医务工作者颁奖晚会、三明市最美医务工作者表彰大会、尤溪首届汉字听写大赛等活动；策划、执行与直播了三明市防汛应急实训活动、三明首届网络春晚、“我们的节日・端午”经典诵读晚会、“梦想启航——中国好家庭好家风巡讲活动走进福建”等大型综艺和公益活动。特别是在 2016 年 7 月，由尤溪台倡议并承办的“风雨同舟心系洋中”现场为灾区募捐活动，得到了全县上下的积极响应。各项活动的成功举办，不仅大大提升了电视台的影响力和尤溪的知名度，更体现了在全媒体时代主流媒体的责任与担当。

由于传统媒体和新媒体的融合，每项活动线上线下都有万人参与，有的达到 10 万 +，甚至上百万，传播和影响力、引导力都较大。因此，在策划过程中，就要充分考虑活动的政治方向和价值取向。例如“乡村大舞台”活动是一档以乡镇为单位，以宣传推介美丽乡村为重点，以展示发现乡土文化、民间艺术、农民才艺以及旅游特色资源为主的电视大型乡村综艺节目。节目组在策划每一场演出的活动内容时，将目光牢牢锁定乡村，将需要宣传的农村思想文化融入其中。在洋中镇，《乡村大舞台》每一个环节都充分考虑了洋中的每一个因素。

洋中，被称为“闽中山海对接第一镇”，因此节目组在策划第一个节目时考虑了歌舞《推开幸福门》，意喻洋中这座小镇在新时代发展进程中，充分利用区位优势提高农村经济发展水平，使人民安乐、生活幸福。“中国历史文化名村”桂峰村是洋中乃至整个尤溪的一张名片，节目组在策划时考虑桂峰素有“飞凤衔书”的美丽传说，因此第二个节目《凤凰飞来》就此诞生。在诸如此类的节目设置之外，节目组还策划了知识问答、土特产推介等环节，以及洋中民间工艺制鼓艺人、爱心人士蔡龙豪基金会代表的现场访谈，由洋中民间自发组织的爱心志愿者服务队的歌舞表演等。所有的内容都围绕主题认真策划，极大地提高了传播力、引导力。2018 年 10 月，《乡村大舞台》荣获中国广播电影电视社会组织联合会“2018 全国优秀创意活动 30 强”。

四是关注民生，通过服务引领社会风尚。服务群众是融媒体的另一中心任务。除了提供宣传文化产品上的服务外，由于紧贴基层、直面广大人民群众，县级融媒体可以利用媒体优势，为人民群众提供直接的服务。比如尤溪融媒体近年来坚持关注民生，参与扶贫，取得显著成效，2017 年 8 月 10 日，尤溪广播电视和微信播出《管前东上：20 万斤西瓜滞销，热心电商帮忙卖》的新闻后，东上村 9 户贫困户的西瓜很快销售；2018 年 12 月 17 日，县广播电视台播发《丰收年遇滞销，果农 10 万斤柚子盼收购》的消息，尤溪新闻网、微尤溪再造播发，到 27 日，10 万斤柚子销售大半；2019 年 1 月 8 日，微尤溪以“【暖心】尤溪果农产品滞销！他们买了数千斤……全城免费送！”为题的跟踪报道，在社会上营造了浓厚的扶贫助困、团结友爱的氛围；2019 年 7 月 24 日，微尤溪发出信息：【求助】600 斤蜂蜜销售难，尤溪贫困蜂农愁坏了！明天一起为他助力！不到半个月，600 斤蜂蜜全部售完，8 月 8 日，蜂农郑明炼向县融媒体中心及爱心企业送去锦旗以表达感谢。为了进一步提高服务能力，尤溪融媒体研发运营“智慧尤溪”App。目前已开通掌上政务、预约挂号、求职就业、智慧旅游、文明实践、尤溪特产铺等 10 多项服务功能，设置建言献策、随手拍、公益求助、民生速递等版块。每天点击量都在万人左右。2019 年，“智慧尤溪”App 在全市第一个接入 e 三明，人民群众通过 App 可以在全市受到生产、生活或政务上所需要的快捷服务。

三、坚持技术支撑提高舆论引导力

媒体的融合，并不只是人员机构的合并和内容生产的统一协调，它要做到真正融合，达到“我就是你”“你就是我”的境界，需要技术的支撑。尤溪融媒体成立攻关小组研制融媒体指挥平台，使各媒体的融合能够按他们的实际不断发展。现在，他们不仅是本中心的传统媒体和新媒体在技术上全部融合，还入驻新华社现场云、央视移动网、福建海博 TV 全国市县手机联盟。还可以与中国市县广播电视台长城协作联盟合作，打造“广电 + 旅游 + 互联网”的“游视界”平台，通过互联网的手段，整合各地旅游文化资源、节目资源、媒体资源、农特产品，以拓宽合作领域，开展形式丰富的线上线下活动，增强业务交流，提升各地影响力，增加经营收入，促进广播电视事业健康持久发展。

技术上的支撑使舆论引导力显著增强，例如，为了更好地宣传《乡村大舞台》，最大范围地在农村推广思想文化宣传工作，活动推出之前，户外宣传采用了县城交通干道旁大型宣传牌、公共场所易托包、休闲集中场所的大屏幕展播等形式，广播、电视、网络同时推出预告、片花、公告等；在活动开始后，尤溪电视台主频道、微信公众号“福建微尤溪”实施全程直播，同时新闻、专题紧密跟进，有海选花絮、选手风采、赛事背后的故事等；活动播出后，节目投放到网站及微信上，观众可实现随时随地收看。如此全方位高密度的多形式宣传，对整个大型活动起到了很好的助推效果。据统计，2017—2018 年，《乡村大舞台》每期节目播出时长为 1.5 小时，播出 15 天，微信现场直播每场演出现场观众平均 1.5 万多人，手机观看直播 8 万多人，电视播出受众超过 30 万人，倍受群众百姓热议和好评，取得了良好的收视效果，树立了良好口碑。2019 年 5 月份在八字桥乡举办的《乡村大舞台》，线上线下上万人参与，通过多端媒体共同发布，两天点击量突破 150 万。又如微纪录片《守摊人》2018 年 2 月 15 日起在尤溪电视台新闻综合频道播出，得到社会各界的关注和好评。“福建微尤溪”在推出 24 小时就突破 10 万 + 的阅读量，微友们纷纷点赞。尤溪新闻网在推出一周后就突破 20 万次的播发量。通过电视、微信、网站全媒体展播，受众 40 多万人，引起了社会各界强烈反响。《守摊人之蓑衣匠》荣获 2017 年度福建省广播电视艺术奖短纪录片项目一等奖，荣获国家广电总局全国第二批优秀国产纪录片、第二届中国梦·青年影像盛典最佳系列短片奖、“亚洲旅游影视艺术周”好纪录片奖、“创新中国”2018年度全国广播影视业最具创新力栏目等荣誉称号。

第五节　尤溪县融媒体中心舆论引导面临的问题与困境

一、技术平台的设计建设问题

为提升融媒体中心基层舆论引导力和促进自身未来的发展，尤溪县融媒体中心坚持用互联网思维和媒体生态链建设的发展思路，以内容生产和服务应用并重的建设定位，在建设融媒体指挥中心的基础上，要不断升级和拓展，建设大数据储存分析应用中心和智慧城市融媒项目集成展示中心。按照中宣部、国家广电总局制定的《县级融媒体中心建设规范》要求和项目建设功能定位，通过多方考察、调研和对接发现，目前还没有一家技术团队在“引导＋服务”“新闻＋应用”上有成熟的技术方案和可复制的技术软件，尤溪融媒体指挥中心的平台是在参考多个公司的建设方案，根据自己的实际需要进行研发，然后再找第三方合作边设计边做成的，成本过高，手续繁琐，再提升建设难度较大。

二、人事政策和资金支持的问题

由于地处山区，待遇较低，采取公开招考的方式，已很难引进高新技术人才和高水平的播音、主持、策划、编导等人才，因为高水平的人才要往高处走。这样，县级融媒体招的是一般人才，有的甚至是矮个中挑高个，勉强招录。好不容易培养了可用之才，往往又被发达地区或省市媒体招聘，县级融媒体成了其他媒体人才培训基地。另外，由于县财政困难，往往在编制上尽量压缩，想入编的无法入编。这样，人才问题将在很大程度上制约县级融媒体舆论引导力的增强。县级媒体平台相对狭小，自我造血功能不足，如果没有人事政策的开放和资金支持，压力相当大。

三、分众传播和传播覆盖问题

目前，多数山区县是人口人才输出县，乡村甚至连县城多是留守老人和孩子，他们很少使用电脑和手机阅读信息，看电视注意的内容五花八门，媒体如何创作作品使他们爱听爱看，还能引导他们？要通过什么途径让他们在外的亲人关注本县本地的新闻和其他信息？这不仅有内容再造的难度，也有传播领域的精准覆盖问题。因为资金的短缺和人才的缺乏，县级融媒体在这方面难以突破。

第六节　提高尤溪县融媒体中心舆论引导力的路径与方法

一、要强化队伍建设，为融媒体提高引导力提供人才保障

引进和留住优秀人才是县级融媒体中心建设取得成效的关键。一方面，要拓宽引才渠道，坚持五湖四海，与上级部门、周边区县、互联网公司等加强沟通合作，通过多种方式引进并用好各类人才。根据融媒体发展实际确定人员编制，引导鼓励优秀人才成为县级融媒体中心建设中的项目带头人、骨干成员，形成稳定的工作队伍。另一方面，通过体制机制改革，建立适应媒体融合发展的人员招录、绩效考核、薪酬激励和运营管理体系，吸引人才、留住人才，激发创新活力，为县级融媒体中心建设创造支持性环境，促进宣传队伍和媒体人在观念上实现恰当且到位的转变。建议在省级建立县级融媒体人才培训基金，免费为县级融媒体培训各类人才；同时，参考行政单位下派第一书记的方式，为县级融媒体中心选派专业技能人才，带动县级融媒体中心人才素质的提升。

二、要紧扣功能定位，以内容优势赢得发展优势

更好引导群众、服务群众是县级融媒体中心建设的功能定位。要实现这两大功能，一方面，要明确更好地引导群众的根本职责，做好面向基层群众加强

和改进新闻宣传这一核心业务，坚持与县委县政府中心工作同频共振、同向发力，及时提供更多真实客观、观点鲜明的信息内容，成为县域新闻报道和舆论引导的主导力量。主动适应不同种类、不同年龄的人群，做好各种融媒产品。特别是要适应农村群众的接受习惯，做好广播电视等主流媒体产品。要坚持“小成本、大情怀、正能量”的内容创新创优方向，放大“新闻+”，为用户和受众提供更多短视频、H5、直播、Vlog等微传播、轻量化、个性化定制产品，让网络空间的主旋律更响亮。另一方面，要明确更好地服务群众的重大使命，做细为谁提供服务，提供什么样的媒体服务，怎么样提供媒体服务等功课。比如，把各级党和政府的政策通过有效的传播手段和话语传播到每一个家庭、每一个人，为各部委办局的工作搭建宣传推进平台，把政务资源变为媒体运营资源；为群众的学习成长、生活生产提供本地化的服务；为县域内的企业品牌塑造、经济发展、美丽乡村建设提供传播和智库服务等，以此体现基层新型主流媒体的服务功能，增加舆论引导力。

三、要增强内生动力，通过自身动力的提高提升舆论引导力

提高经营能力是县级融媒体中心建设的关键内容。在运行经费捉襟见肘的情况下，财政予以支持是必要的，但财政供养只能保生存，难以保发展。县级媒体不仅要生存，也要发展。要在做好新型服务的基础上，善于经营。一方面要主动适应全程媒体、全息媒体、全员媒体、全效媒体发展趋势，坚持“融媒体+”经营理念，推出服务菜单，主动承接各类活动，与客户开展“打包式”合作，实现经营效益最大化。另一方面要善于打破区域的地理限制，通过各种形式的对外合作，不仅与各级传统媒体合作，更要与各互联网平台合作，共同把蛋糕做大，探索新的商业模式。比如，探索成立涵盖广告宣传、影视制作、活动承办、媒体网络、文化产业、娱乐服务等大型集团，使县级融媒体中心所有资源、影响力、公信力等通过市场化运营实现价值变现，提高整体实力。同时，要加快人工智能的媒体应用，打造智能+智慧+智库的“智媒体”，让融媒体成为个人资讯的智能助理，成为大数据+舆情的新型智库，给政府和企业决策提供参考，为用户提供资讯服务，通过有效的服务提升舆论引导力度。

四川省成都市双流融媒体中心舆论引导能力建设研究报告①

1950年，根据新闻总署《关于建立全国广播接收网》的决定，双流县建立收音站，后转建为双流县人民广播站；1992年12月，撤销双流县人民广播站，建立双流县电视台、双流县人民广播电台、双流县有线电视台；1998年2月，双流县电视台、双流县人民广播电台、双流县有线电视台合并为双流县广播电视台。

1988年7月，四川省第一份县级企业报《双流乡镇企业报》创刊；1996年7月成为县委、县政府机关报；先后更名为《双流企业报》《双流报》《新双流》《双流》《空港双流》；2004年3月《双流报》社更名为双流新闻中心。

2016年2月，双流撤县设区，“双流县广播电视台”更名为“成都市双流区广播电视台”；“双流新闻中心”更名为“成都市双流新闻中心”。

2019年，双流区委、区政府对原成都市双流区广播电视台和原成都市双流新闻中心进行优化整合，组建成都市双流区融媒体中心。5月22日，成都市双流区融媒体中心正式挂牌成立。

第一节　成都市双流区融媒体中心基本情况

一、平台建设

目前，成都市双流区融媒体中心加挂成都市双流区广播电视台牌子，为区

①本文作者韩国梁系四川省成都市双流区融媒体中心主任。

委直属正局级公益一类事业单位，归口区委宣传部管理。现有员工 164 人，其中在编人员 85 人、外包人员 79 人，下设策划中心、采访中心等 12 个科室，共有新媒体、电视、报刊、广播等 12 个传播平台。

其中，新媒体包含 2 个自持平台（“空港融媒”App、“空港融媒”网站）；1 个微信公众号（“双流发布”）；2 个微博（“双流发布”“空港融媒”）；1 个今日头条号（“双流发布”）；3 个其他第三方平台号（抖音“双双范儿”、微信视频号“双流发布”、知乎号“双流发布”）等 9 个平台，新媒体粉丝共计 230 余万。电视开设《双流新闻》《特别关注》《清风领航双流观察》《阳光问廉双流面对面》《委员讲堂》《双流党建》等 6 档新闻和专题节目（后 5 个非常态推出），日播时长 18.5 小时。报刊《空港双流》对开八版大报，每周二、周五出刊，发行量 2 万份。广播 FM100.9 空港之声在全国首创空港广播定制概念，开设《飞行早餐》《可可 C 哩》《空中潮我听》《空中 π 队》《快乐直达》《忽然之间》等 6 档直播节目，直播时长每天 12 小时。

二、职能职责

其一，负责贯彻执行党的宣传思想工作方针政策，把握正确舆论导向，为全区经济社会发展提供舆论支持，更好地引导群众、服务群众。

其二，负责贯彻落实媒体融合发展相关政策、法律法规和发展规划，做好理论研究与运用。

其三，负责实施“媒体 +”战略，构建“媒体 + 政务 + 服务”模式，促进媒体与公共服务融合发展。

其四，负责舆论监督、舆情收集、舆论引导，将有重要参考价值的现实情况编写成内参，为区委、区政府决策提供参考。

其五，负责实施“网底工程”，将传播端口向基层拓展，向楼宇延伸，向群众靠近。

其六，负责建立双流图片库、音（视）频库及其他数据库，服务智慧城市建设。

其七，负责完成上级下达的各项外宣、创优任务，做好通联工作。配合完成上级媒体和新闻单位来双的重大采访采风活动及其他重要活动。

其八，通过组织开展各类群众性文化、教育、科普、公益等活动，丰富群众文化活动，强化为民服务功能。

其九，完成上级交办的其他任务。

第二节　成都市双流区融媒体中心发展亮点

一、体制机制方面

一是推进机构融合。将原两家媒体 18 个内设科室进行优化整合，按采编流程设为 12 个，新闻宣传实现“一盘棋”管理。二是推进平台融合。对原两家媒体 41 个传播平台优化为 12 个，建成以新媒体平台为传播主体，广播、电视、报纸为内容支撑的“一体三翼”融媒体矩阵，传播载体实现“精细化”运营。三是实现矩阵式融合传播。实现本土重大资讯的电台频率上线、电视频道进网、微博微信发布、手机实时体验、线上线下互动的移动融合传播格局，不用打开电视也能看电视，不用打开收音机也能听广播，不用翻开报纸也能看报纸；与四川省县级融媒体技术平台实现了数据对接，实现传播平台垂直融合。

二、内容生产方面

一是着力打造自持平台“空港融媒”App。依托“空港融媒”App，初步实现“媒体 + 政务 + 服务”功能。集纳看电视、读报纸、听广播、点播节目、看网络直播、看微电影、读电子书等功能，媒体信息实现“一端通览”。邀请 60 余家政务服务承办单位入驻“空港融媒”App，开设政务分端，实现行政审批事项、办事流程等政务信息及时发布、实时查询，举报投诉、咨询建议等政务诉求迅速回复；搭建线上基层社区治理平台，充分发挥网格员末端优势，展示基层工作风采，积极引导市民参与社区治理，政务服务实现“一端通联”。为群众提供医院挂号、社保公积金查询等 40 余项日常生活服务，智慧生活触手可及，便民服务实现“一端通用”。二是采编机制实现“流水线”生产。建成“中央厨房”，建立“一次采集、多种生成、多元发布”工作流程，采编机制实现“流水线”生产，大大降低了内部各平台的沟通协调成本，一条新闻信息从策划到播发比原来节约了 30% 的时间，有效提升了采编播发的生产效率。三是媒体传播力不断提升。其一是稿件量大幅上涨。“中央厨房”24 小时实时反应、接受各类爆料及热点推送，全员生产创新活力被激发，报道形态不断出新，报道节奏迅速加快，稿件数量有了较大幅度的提升，原创稿件总数日均约100篇，较融合前增长约 5 倍。其二是精品佳作不断涌现。外宣数量和层级创历史新高，如 2020 年，全年外宣稿件 1020 条，其中 66 条稿件上央级媒体，18 次上央视，4 次登上《新闻联播》，2 次上《人民日报》；“学习强国”平台采用中心供稿稿件 650 条，其中全国平台采用 103 条，采用量位列成都市区（市）县第一，并在全市作经验交流发言。另外，55 件作品获得国家、省、市新闻奖，其中国家级 5 项、省级 18 项、市级 32 项，获奖数量、等级位列全省区（市）县第一。其三是影响力不断加强。媒体融合方面取得显著成绩，走在了全省乃至全国的前列，中宣部舆情局局长琚朝晖、国家广电总局传媒机构管理司副司长刘朝荣等国家、省、市相关领导均前来调研；山东莒南县、湖北荆州市、宜宾翠屏区、绵阳三台县等省内外融媒体中心先后前来考察学习；四川大学、四川师范大学、江苏紫金传媒智库等省内外传媒研究机构前来调研；成都地铁公司、武警警官学院、市自媒体协会等行业机构前来考察学习，先后接待 100 余个调研、考察、学习团队。

三、人才激励方面

一是加强绩效考核。实施以分级设岗、按岗定酬、以绩计酬为核心的外包人员岗位绩效考核机制改革，有效地对记者的供稿模式进行了升级，着力引导现有人员向融媒体记者转型，不断提升记者、编辑全媒体策划采编能力，采编人员实现“一专多能”。二是出台激励措施。推动出台区委、区政府《关于支持双流区融媒体中心高质量发展的十条措施》，从加强人才队伍建设、建立健全激励约束机制、着力强化阵地建设三个方面，拟制了提供人才编制保障、跨部门跨系统干部交流、建立人才委培学习机制、增设专业特聘岗位、设置精品力作专项奖励、严格落实淘汰管理机制、建立中层干部退出激励机制、打造一体化智慧型融媒体空间、加大技术设施设备投入、打造基层治理新平台等十条措施。

四、媒体技术方面

利用新技术加强自身能力建设。一是抓提质，完成“中央厨房”建设。在成都市率先建成全流程贯通的融媒体指挥调度平台“中央厨房”，打造集报道指挥、智能采编、传播分析、舆情监测、权威供稿、媒体监管六大功能于一体的线上指挥调度平台，实现“一次采集、多种生成、多元发布”。二是抓增速，完成新华智能云建设。利用最新的人工智能AI技术，植入媒体生产流程，实现视频编辑提速50%—80%。三是抓扩容，完成全媒体矩阵建设。建成以新媒体平台为传播主体，广播、电视、报刊为内容支撑的“一体三翼”融媒体矩阵，构建网上网下一体、内宣外宣联动的主流舆论格局。下一步，将对新媒体、电视、报纸、广播等传播平台所需的硬件和软件设施设备进行升级换代，购买4K超高清编辑工作站、高清播出系统、编辑后台系统等电视播出及制作设施设备，演播室服务工作站、演播室摄像机等新闻演播直播系统、数字广播直播系统、报纸全媒体资源服务平台、AI人工智能等设施设备。

五、政务服务方面

一是政务服务实现“一端通联”。依托“空港融媒”App，打通政务服务毛细血管，初步实现“媒体+政务”，邀请60余家政务服务承办单位入驻“空港融媒”App，开设政务分端，实现行政审批事项、办事流程等政务信息及时发布、实时查询，举报投诉、咨询建议等政务诉求迅速回复；搭建线上基层社区治理平台，充分发挥网格员末端优势，通过媒体平台及时上报所发现的问题，展示基层工作风采，积极引导市民参与社区治理，打造共建共治共享的社会治理新格局。二是着力打造“企业咖啡时”“航空经济大讲堂”等政务服务品牌。紧扣成都国际化营商环境建设，以“咖啡”为媒，建立政企沟通常态化机制，每月承办一期“企业咖啡时”线下主活动，并与区行政审批局合作建立“企业咖啡时”政企互动网络平台，把线上流转、线下办理贯通起来，2020年共承办12场主活动，线上线下累计收到企业诉求共4168件，办结4150件，办结率99.57%，满意率99.16%；同时，通过线上服务，促进企业平等获取发展机会，在已有的政策咨询、诉求回复等功能基础上，新增项目申报、机会清单等模块，共发布10批城市机会清单，主动释放政府资源；“企业咖啡时”被人民日报誉为“最解渴、最提神的咖啡”，连续两年被全市评为成都国际化营商环境建设创新案例。承办18期“航空经济大讲堂”，邀请行业专家为全区党员领导干部授课，提升建设航空经济之都能力、解决产业发展中的问题、收集城市发展的意见建议，共收集意见建议1200余条，并报区委研究运用。

六、民生服务方面

一是便民服务实现“一端通用”。依托“空港融媒”App，推动便民服务触手可及，初步实现“媒体+服务”，为群众提供医院挂号、社保公积金查询等40余项日常生活服务，智慧生活触手可及，便民服务实现“一端通用”。二是着力打造“舆情蓄水池”，构筑本地社群生态圈。依托“空港融媒”App建立11个社群，以多元化的活动、丰富的本地资讯、便捷的服务增强用户粘性，构筑本地化社群“生态圈”，解决市民“留得下”的问题；利用媒体平台，月均收集转办回复社情民意300余件，理顺社会情绪，构建本地舆情“蓄水池”，解决舆情“看得见”的问题；通过舆情转办、12345互通互联、“双双帮忙”、《阳光问廉·双流面对面》特色栏目等多种手段，将收集到的舆情及时化解，建立群众诉求“排水渠”，解决困难“办得了”的问题。

第三节　成都市双流区融媒体中心舆论引导实证研究

一、解读党的理论路线方针政策及上级各级党委政府精神

各传播平台始终把中央、省、市、区最新方针政策和安排部署放在宣传第一位，及时向群众传递党的“好声音”。一是高举旗帜，持续推进习近平新时代中国特色社会主义思想深入人心。始终把真信真学真用放在第一位，在学思践悟上下足功夫，努力把各级党员干部和群众的思想统一到习近平新时代中国特色社会主义思想上来，切实把武装头脑、指导实践、推动工作统一起来，持

续增强“四个意识”、坚定“四个自信”、做到“两个维护”。二是围绕中心，持续宣传省、市重要决策部署。围绕省、市重要会议、重要文件精神等，开设专题专栏，从不同阶段、不同视觉、不同表达方式、不同渠道、营造强势舆论氛围。三是服务大局，持续为建设中国航空经济之都凝聚意志力量。建设中国航空经济之都是区委和全区各界共同的奋斗目标，及时将区委想“干什么”、融媒体中心应该“讲什么”和群众想“听什么”贯通起来，将工作话语体系和大众话语体系融通起来，将线上和线下联动起来，将自身传播与借力借智结合起来，讲好新时代双流发展篇章。

双流区融媒体中心在电台常态化开设《党的理论飞入寻常百姓家》栏目，邀请专家学者、机关干部解读新思想。如 2020 年为深入宣传党的十九届五中全会精神，双流区融媒体中心特别策划了全会精神专题党课，通过广播“微音频”的形式传递党的“好声音”，有声党课设置“主题领读、辅导百问、学习声音”三个版块，“主题领读”和“辅导百问”版块主要对《中共中央关于制定国民经济社会发展第十四个五年规划和二〇三五年远景目标的建议辅导读本（节选）》《党的十九届五中全会（决定）学习辅导百问》进行宣讲，而“学习声音”版块则邀请全区各级党组织党员谈心得、讲体会，展示双流区党员干部“重塑荣光再出发”的新风貌、新作为。又如为宣传《习近平谈治国理政》第三卷，双流区融媒体中心依托“空港融媒”App，搭建“互联网 + 党建”“有声书”学习平台，把学习内容转化为语音，方便党员干部多渠道学习《习近平谈治国理政》第三卷。

二、讲述本地老百姓生产生活故事

双流区融媒体中心坚持“内容为王”，尤其是坚持做最“土”的内容，关注本区、本镇街、本村社的新闻，讲述群众身边的故事，关注群众最关心的事。

一是加强典型宣传。如 2020 年 2 月 25 日，正是疫情防控最吃劲的时候，双流双流区融媒体中心微信“空港融媒”的一条消息《老婆，辛苦了！女儿，爸爸欠你一个拥抱……》，感动和激励了全区干部群众。双流区公安分局交警大队辅警张林在一次凌晨检查车辆时，错过妻子生产的消息，愧疚的他只能通过微信视频安慰刚刚生产的妻子，战“疫”中迎接女儿的出生。张林的事迹通过双流区融媒体中心的宣传后，他在疫情防控期间的典型事例被迅速发掘和放大，张林本人也因此被评为双流区新冠肺炎疫情防控先进个人。

二是解决群众问题。如 2020 年 4 月 15 日，双流区融媒体中心各平台先后以《水压“力不从心”居民叫苦不迭》《改造施工已进场居民用水将不再难》报道了双流区东升街道永福社区新桥街 33 号小区居民反映自来水水压小的问题，岷江自来水厂东升分厂赓即前往该小区查看水压不足的问题；4 月 29 日，通过岷江自来水厂东升分厂的技术人员进行为期一周的努力，新桥街 33 号小区居民终于用上了压力十足的自来水。为此，新桥街 33 号小区全体居民到双流区融媒体中心送来了锦旗。又如 2021 年 5 月 3 日，网友在“空港融媒”App 上反映迎港花园小区大门左手边垃圾场污水横流，恶臭扑鼻，中心将问题通过区行政审批局转至东升街道进行处理，后来，网友对这个问题进行了反馈说:“经过上次反映的迎港花园垃圾场问题，‘空港融媒’通知速度必须点个大大的赞，当晚回来就看到社区和小区的领导在垃圾场商量解决方案，第二天就开始大改造了，现在基本都清理好了，期待美好的生活环境，点赞！”

三是关注企业需求。如为配合疫情防控工作，倡导文明、卫生、健康的用餐方式，增进社会文明、提升市民素养、促进大众健康。2020 年 4 月 23 日，双流区融媒体中心联合区餐饮协会，举办了“公筷公勺”文明餐厅联盟授牌仪式暨助力餐饮行业媒体公益推广资源发布会，通过开展“媒体公益推广活动”“健康餐饮倡议活动”“免费发放公筷活动”助力全区餐饮行业复苏，并倡导使用公筷、健康就餐。

三、重大危机事件干预

双流区融媒体中心在本区域的信息传播途径中，一直扮演着主导者角色，特别是在重大危机事件中及时响亮发声，引导舆论向正确的方向发展，避免危机事件导致的危害性扩大。如 2020 年 1 月 27 日，正是全国疫情防控最吃紧的阶段，“双流白家大市场没有蔬菜肉类供应，即将关闭”的消息在朋友圈疯传，双流区融媒体中心获悉这一情况后，迅速与区商务局取得联系进行核实后，通过广播、电视、报纸和微博“空港融媒”微信“双流政事”等多个平台迅速辟谣，全面传递白家大市场供应充足，市民完全不要担心，不必抢购屯货的信息。

又如，2019 年，双流区融媒体中心在“空港融媒”App 上获悉，花样年别样城小区内开设盈利性医院引起小区上千业主的强烈反对。空港融媒工作人员立即联系相关主管部门，同时记者第一时间前往求证此事并得到相关回复：2018 年 9 月 6 日，成都双流华府医院提出申请，拟在双流区公兴街道黄龙大道二段 333 号花样年别样城 2 栋 2 层、3 层及 4 层设立双流华府医院第二病区，用于内科免疫学专业门诊（该栋楼产权属于成都市花样年房地产开发有限公司，性质为商业）。2018 年 9 月 13 日，原区卫计局工作人员到选址现场进行初审，并在拟选址醒目位置进行了公示，公示期内未收到群众投诉举报。2019 年 5 月 12 日，该医院启动装修后，小区业主反映强烈，反对在花样年别样城 2 栋 2 层、3 层及 4 层开设病区，医院立即停止施工。通过双流区融媒体中心的努力，2019 年 5 月 16 日上午，由区卫健局牵头，召集公兴街道办、成都双流华府医院、花样年开发商代表、花样年业委会及物业代表召开协调会，达成一致意见：成都双流华府医院尊重业主诉求，决定不在此处开设医疗机构，并形成备忘录，在花样年别样城小区业主群内进行公告。

再如，2020 年 8 月 17 日，成都暴雨致黄龙溪古镇受灾严重，景区暂停对外开放，受连续强降雨影响，千年古镇黄龙溪区域内街道大面积进水，所处府河和鹿溪河水位超出警戒水位，沿江商户损失惨重。双流区融媒体中心立刻启动舆情预警，组织媒体矩阵各平台以多种形式进行信息发布、宣传报道。一是启动舆情监测，快速研判暴雨带来的网络舆情影响。本次分析的监测时间为 2020 年 8 月 2 日 12 点至 2020 年 9 月 1 日 12 点；查询的关键词为全部包含“黄龙溪”，部分包含“洪水、救援、抗洪、救灾、暴雨、灾害、被淹、清淤”。渠道来源中“网站”2265 条数据、“App”1384 条数据、“微博”950 条数据、“微信”924 条数据、“短视频”45 条数据、“论坛”24 条数据、“电子报纸”18 条数据、“Twitter”4 条数据。二是根据分享结果，进行策划宣传报道，综合采用多种方式，全方位、整体布局。对群众关注高、传播不对称的信息进行及时报道。在微博、微头条、广播上用图文对最新汛情进行播报；在“空港融媒”App 用视频和文图直播的形式《现场直接双流闻汛而动全力以赴》展现抗洪实况，让消息及时透明传播，让群众安心；在微信公众号和电视节目《双流新闻》《空港双流》内刊上对暴雨中正能量进行宣传；在“空港融媒”App 开设专题，让全区市民能全方位了解防汛抗洪情况。三是在汛后恢复阶段，全平台联动，多种形式进行报道，提振士气，展现成果。在报刊、电视、新媒体等多平台进行动态报道，另外在 App 开设话题“洪水退却后，这些身影真美”，让广大市民发图发文，分享身边抗洪清淤工作人员的奋战点滴，彰显社会正能量。除此之外，制作海报，在微信群和微信朋友圈进行传播，讴歌正面典型。

四、外宣传播强化本区域公众认同形成凝聚力向心力

双流区融媒体中心不断强化对外宣传，更好地展示双流形象。2018 年 6 月 6 日，官方微信以《若尔盖看草，红原看花？真的 out 啦！双流这 1 万多亩草原花海……太壮观！》为题，对空港花田项目的总体情况、航域景观、农业景象、川西林盘景观、美丽新村风貌、健康绿道风光、打造进度等内容进行了详细的报道，网友阅读量 10 万 +，空港花田成为了双流人、成都人新的游玩点位，经过网友传播，甚至成为了全川乃至全国新的“网红地”，游客络绎不绝。

一是关注中心工作重点工作，挖掘报道双流做法。2020 年 2 月 27 日，由双流区融媒体中心拍摄策划的中电熊猫在疫情防控复产工作两手抓的新闻在央视《新闻联播》中播出，标题为《四川：分区分类管理推动企业复产开工》，新闻充分展示了四川双流在帮助企业复工复产中的创新工作举措。中电熊猫企业在疫情期间得到了区委区政府和相关部门的大力支持，通过向企业派专员，捐赠防疫物资，提供专业防控技术指导等工作，让中电熊猫在 2 月份及时进入了复产阶段，及时止损盈利。

二是关注民生民情民意民事，提前做好新闻策划。春节是中华民族最重要的节日。聚焦这一重要节日，双流区融媒体中心认真策划，记者深入全区各镇街挖掘年味，对群众团聚、过年等丰富活动进行报道，营造浓浓的春节氛围。其中，对黄龙溪镇“火龙灯舞”（又称“烧火龙”）民俗进行挖掘，对群众烧火龙祈福、欢天喜地过新年的热闹氛围进行报道。2021 年 2 月 17 日，央视 13 频道《新闻直播间》以《欢喜过大年：四川成都黄龙溪火龙灯舞闹新春》为标题，对黄龙溪镇“火龙灯舞”闹新春进行了报道。

三是五项措施提升“学习强国”平台发稿量质。通过从制度机制入手形成供稿“生态链”、平台需求入手保障备稿“提货仓”、资源优势入手培植稿源“活水源”、技术特点入手增添素材“生力军”、创新思路入手内容取胜“中奖率”等 5 个方面，不断增强“学习强国”平台的供稿量质，深入学习宣传贯彻习近

平新时代中国特色社会主义思想，充分展示双流学习新思想、践行新理念的生动实践，展示双流形象、讲好双流故事。

第四节　成都市双流区融媒体中心舆论引导面临的问题与困境

一是高精尖人才缺乏。现有干部职工中，真正精通融媒体业务特别是全媒体采编、运营、维护、5G 技术、大数据方面的高端人才较少；再加上受体制机制制约，无编制、待遇低、上升空间缺乏，导致不易招聘到优秀的专业人才，且容易流失，严重制约媒体融合转型。

二是新技术运用不够。推动媒体融合发展的新技术层出不穷，但由于财政资金的限制，无法强化在新技术的运用上的投入，同时，自身技术队伍的建设滞后，在前后端开发、客户端开发、运维等基础技术方面过多依附第三方公司。

三是自身造血功能不足。在融媒体中心组建以前，双流台从 2012 年起全面停播各类医药广告；2013 年，双流划出 12 个镇街到天府新区，区域面积缩小；再加上专门服务广播电视节目生产和产业经营的区属国有公司双流现代传媒公司与电视台进行了管办剥离，对经济效益造成了一定的影响，广告收入近 3 年来下降趋势明显，产业营收上需寻找新的营收渠道。

第五节　提高融媒体中心舆论引导能力的路径与方法

一、坚持党媒姓党不动摇，强化永跟党走政治力

以“党媒姓党”的光荣感、使命感和责任感，围绕高质量建设践行新发展理念的中国航空经济之都奋斗目标，及时将区委想“干什么”、融媒中心应该“讲什么”和群众想“听什么”贯通起来，将工作话语体系和大众话语体系融通起来，

将线上和线下联动起来，全力投身新闻舆论工作，持续为建设中国航空经济之都凝聚意志力量和舆论支撑。

二、坚持引导群众不跑偏，凝聚社会强大正能量

坚持团结稳定鼓劲、正面宣传为主，坚定不移地唱响主旋律，把党和政府的声音传播好，把改革发展的主流展示好，把人民群众的心声反映好。宣传凡人善举，推动社会主义核心价值观在群众头脑中扎根，成为百姓日用而不觉的行为准则；弘扬双流“敢为人先、只争一流”的城市精神，不断增强凝聚力、向心力、创造力，激发全区人民共同奋斗的精神力量。

三、坚持服务群众不打烊，不断提升群众获得感

在做强做精新闻宣传的同时，充分利用媒体优势，围绕区委、区政府中心工作和重点工作，聚焦经济社会发展痛点、难点和堵点，收集社情民意，强化舆论监督，推动问题解决，当好民生问题“减压阀”；积极拓展服务领域，深入推进“媒体＋政务＋服务”工作，着力打造区级综合服务平台，全面实现机构职能从单纯宣传型向综合服务型转变。

四、坚持目标导向不歇脚，推动媒体融合作示范

为把双流区融媒体中心建成“立足双流、辐射成都、走向全国”的新型主流媒体，应在平台建设、宣传筹划、报道质效、活动打造等方面下功夫，坚持新闻宣传和特色活动“两条腿”走路，“扎实抓好县级融媒体中心建设，更好地引导群众、服务群众”，推动媒体融合向纵深发展。

五、坚持创新要不松劲，实现改革发展新突破

新的传播技术正在深刻改变人们的信息获取方式、交流方式和生活模式，融媒体中心要顺应互联网发展大势，勇于创新、勇于变革，利用互联网特点和优势，把握现代新闻传播规律和新兴媒体发展规律，推进理念、内容、手段、体制机制等全方位创新，因势而谋、应势而动、顺势而为，以变应变，扬长补短，

在融合发展中创造新优势、赢得新空间、实现新突破。

六、坚持对标发展不气馁，实现跨越赶超争一流

不满足于小胜即安，不满足于种好自己的一亩三分地，对标媒体融合先进地区，在对标的维度上注重纵向对标、横向对标；在对标的内容上注重全面对标、单项对标；在对标的标准上注重务实对标、跳高对标；在对标的方式上注重阶段对标、动态对标。突出问题导向，知道自己的长短、知道问题的根源，“眼睛向外”开拓视野、“刀刃向内”自我革命，在破立并举、知行合一上狠下功夫，实现跨越赶超。

七、坚持前沿思维不懈怠，勇当融合发展先行者

媒体融合走过了“相加”的阶段、正在进行“相融”，但从未来来看，应该是从基因进化角度推进融合，也就是智媒体，让信息传播跟人工智能相融合，最终实现传播的蝶变。目前，智能手机成为人们交流、沟通、分享的主要媒介和渠道，可以肯定，未来相当长一段时间这也必将是主要媒介，在 AI 的支撑下，信息传播的移动化、社交化、智能化特征更加明显。大势不可逆转，推动媒体融合向纵深发展，必须紧跟科学技术前沿，充分借助大数据、人工智能等最新科技成果，探索其在媒体传播各阶段、各领域的应用，才能找准融合转型的方向。

江西省吉安市吉州区融媒体中心能力建设研究报告①

2018年8月，习近平总书记在全国宣传思想工作会议上强调，要扎实抓好县级融媒体中心建设，更好引导群众、服务群众。自挂牌成立以来，江西省吉安市吉州区融媒体中心坚持“要资金不如要政策”理念，立足实际，顺势而为，充分发挥全媒体传播体系优势，深度运用“新闻＋政务＋服务＋商务”，争取并用活用好多种政策，不断增强自身“造血”功能，有力推动了自身融合改革之后的转型升级，探索出了一条可复制的县级融媒体中心可持续、高质量发展之路。

第一节　吉安市吉州区融媒体中心的前世今生

发展至今，吉州区融媒体中心前后经历四个阶段：

第一阶段：推进数字化转型。2000年8月撤市设区之后，原吉安市有线电视台新闻采编播人员组建吉州区新闻中心，主要负责制作以《吉安新闻》为依托的吉州时段新闻；同时组建吉州通讯编辑部，负责编辑以《井冈山报》为依托的吉州版面新闻。2010年，抢抓新兴媒体崛起的机遇，进行全面升级，基本实现了采编设备数字化，并打造了多功能虚拟演播厅。

第二阶段：构建融媒体矩阵。2013年1月，区委机关报《吉州报》创刊；

①本文作者罗家源系江西省吉安市吉州区融媒体中心主任。

2014 年 10 月，在全市县级电视台中率先开通首个新闻微信公众号——“微吉州”；2015 年 8 月，门户网站“江西吉州网”正式上线运行，初步构建了报纸、电视、网站、新媒体相互联动的融媒体矩阵。

第三阶段：探索市场化运营。2015 年 12 月，为破解新兴媒体发展中体制、人员和资金的瓶颈制约，探索成立下属国有企业——吉安市吉州区天祥文化传媒有限公司，实行市场化运作，为全区新闻事业提供支持。

第四阶段：实现全媒体融合。2018 年 11 月，借助融媒体改革的“春风”，整合区新闻办、区新闻中心、区委新闻报道中心、吉州通讯编辑部等区属新闻宣传机构，成立吉州区融媒体中心，为区委、区政府直属公益一类全额拨款正科级事业单位，归口区委宣传部管理。

中心现有人员 43 人（在编 21 人，聘用 22 人），下设办公室、总编室、新闻采访室、编辑制作室、新媒体室、运营发展室 6 个科室，拥有新媒体、电视、报刊等 16 个传播平台。其中，新媒体包含政务和民生 2 个品牌（“微吉州”“吉小融”），微信、视频号、微博、今日头条、抖音的公众号各 2 个，另有 2 个自有平台（“云吉州”客户端、“江西吉州网”），新媒体粉丝总计 100 余万。

第二节　吉安市吉州区融媒体中心发展亮点

近年来，吉州区融媒体中心锚定“新闻 + 政务服务商务”的发展定位，坚持导向为魂、移动为先、内容为王、创新为要，推动媒体融合向纵深发展。中心荣获第 20 届“全国青年文明号”，多次获得省级“青年文明号”“江西省报业优秀单位”“赣鄱云十佳县级融媒体中心”等荣誉；江西省县级融媒体中心考核中，连续多年位居全省第一方阵，2022 年考核评估列全省第一。

一、坚持体制创新，激发中心可持续发展原动力

体制机制创新是县级融媒体中心建设的一个重要内容，也是推动县级融媒体中心发展的重要保障。如何创新体制机制，激发发展活力，是吉州区融媒体

中心一直思考的重要课题。

一是“中心 + 公司”双轨运行。按照采编与经营分离原则，在全省较早成立天祥文化传媒公司，中心根据公益性、服务性要求，主要负责新闻宣传、公共服务等主责主业，公司按照“企业化管理、市场化运营”理念，主要负责活动举办、产业经营等商务商业，两者互为依托、互相成就，实现中心和公司“一盘棋”管理、互融互促发展。目前该模式已稳定运行 8 年，取得较好成效。

二是“输血 + 造血”同步发力。多数县（市、区）经济，财力，市场，资源有限，县级融媒体中心单纯依靠财政保障或自主经营都不可行。中心坚持“财政保运转、自主求发展”理念，争取区政府出台《关于支持区融媒体中心持续发展的若干措施》，在人、财、物、资源尤其是政策方面予以大力支持。区财政明确每年安排一定专项资金，用于保障中心正常运转和支持新闻媒体事业发展，预算原则上不降低，解除了中心发展后顾之忧。同时，明确政府性文化、广告、活动等业务优先由公司承接，并支持开展艺术培训、教育培训、智慧政务、数字乡村建设、农村电商等多元化、跨界化发展，延长产业链条，增强产业经营能力。

三是“编内 + 编外”一体考评。打破身份界限，对在编人员绩效工资进行二次分配。按照多劳多得、优绩优酬原则，制定在编人员、聘用人员绩效管理办法，全员推行量化评分管理和 ABCD 档次评绩效，实行“周统计、月评比、年表彰”，建立了科学有效、公平公正的绩效考核奖惩机制。探索建立首席制、领衔制、项目经理制等制度，提高优秀人才薪资待遇，拓宽、畅通人才晋升渠道，并实施中层干部竞聘上岗、工作人员双向选择，给足施展才华的舞台，有效激发了干部职工干事创业、争先创优的积极性。

二、注重内容创优，夯实中心可持续发展支撑力

无论新技术如何发展，媒体形态如何变化，权威、原创、优质的内容，永远是县级融媒体最核心的竞争力。吉州区融媒体中心始终坚持“移动优先、内容为王”理念，不断创新传播方式，全维度讲好吉州故事。

一是突出“移动”做强平台。明确传统媒体与新媒体功能定位，以电视、报纸传统传播渠道为基础，以手机客户端、微信、抖音、微博等新媒体平台为

发展重点，构建多媒一体、主次分明、无缝衔接的全媒体传媒矩阵。“云吉州”App汇集新闻资讯、政务矩阵、便民服务、智慧城市、直播视听等功能于一体，成为本地最具影响力的客户端；旗下江西吉州网、微信公众号、微博、视频号、头条号、抖音号等各平台全方位出击，成为江西省县级头部大号。在2022年江西省县级融媒体中心考核中，“云吉州”客户端排名全省第一，“微吉州”微信号排名全省第二，“微吉州”抖音号排名全省第一方阵，新媒体总粉丝数超过100万，接近全区人口数的3倍。

二是围绕“融合”再造流程。按照“一体策划、一次采集，多种生成、多元发布”理念，成立总编辑牵头的融媒策划委员会，每周定期调度，统筹策划、采写、编辑、发行、发布、播出等各环节，以全媒体运营的理念再造内容生产流程，实现人力资源和新闻资源的高度融合。强化媒体资源整合，全区各部门单位的政务信息集中到区融媒体中心媒体平台发布，实行“一个出口、统一发声”。2022年，刊发各类原创作品6000余个，200余个优质产品刊登在中央主流媒体网站、客户端，连续7次在省融媒体中心双月赛中获奖。中央“四报一台”上稿97条，总积分列全市第二；省“一报一台”上稿550条，列全市第一。

三是聚焦“民生”做优服务。按照“更好引导群众、服务群众”的要求，积极拓展政务服务、公共服务功能，着力打造成为民办事的服务平台。强化“新闻+政务”功能，引导全区各镇街和主要职能部门全面入驻“云吉州”客户端，让群众一端在手即可及时查阅各行各业的权威信息；利用客户端、微信等新媒体平台，集成各类政务服务，并联合相关职能部门开发网上党建、干部培训等特色功能，着力打造指尖上的政务服务中心，目前已集成30余项服务。强化“新闻+服务”功能，整合市政服务、医疗教育、文化旅游等便民服务，为群众提供全方位的生活信息服务，上线了江西首个智慧政协平台、首个县级疫苗预约平台，目前正在开发12343便民、文旅场馆预约等线上服务平台。

三、强化技术赋能，提升中心可持续发展竞争力

技术是县级融媒体中心建设的命脉。吉州区融媒体中心积极拥抱，利用新技术的变革，使其更好为中心建设服务，为新闻宣传服务，为经营创收服务，为事业发展服务。

一是管理信息化。依托全省融媒体中心“中央厨房”和“赣鄱云”平台，打造集生产传播分析、智能生产、能力服务、舆情分析、智能机器人五大功能于一体的线上指挥调度平台。同时，结合自身实际，聚焦选题策划、发稿、审核、聊天分享等功能，建设了涵盖电视、报纸、新媒体等全平台的吉州信息共享平台。三大平台互相补充、相互完善，改变了传统“报、网、端、微”各自为政的局面，实现了内容生产和管理一体化、信息化，建立了全媒体传播格局。

二是表达立体化。当前以5G为代表的技术变革重构了媒介格局和传承形态，万物互联、万物皆媒的趋势越来越明显，内容和技术相互驱动、高度融合。中心积极探索“5G+”新技术，充分利用图解、短视频、慢直播、H5、VR等各种新形式、新应用，实现内容产品从可读到可视、从静态到动态、从一维到多维升级融合。推出了“钓源古村”“螺子山”等特色景点的慢直播，通过现代信息技术手段，将吉州美景联动直播，让大家实时、多角度云赏吉州，累计50万人次观看，广大粉丝纷纷“种草”吉州。创新开展720° VR虚拟展厅、区“两会”5G+VR直播、各类执法直播、H5解读党代会、大数据解读两会等，给受众带来了新体验。

三是采编智能化。利用最新人工智能AI技术，植入媒体生产流程，工作效率大为提升。引入AI虚拟主播，降低了生产成本；引入AI虚拟演播间，让演播间无处不在；引入智能媒资，对新闻素材进行自动分类，高效率、高智能生产全媒体产品。同时，在智能写稿、视频和图片制作、审稿校稿等方面，探索使用新华智云、讯飞星火、百度文心一言等新一代AI大数据模型，大大提升了新闻采编效率。

四、探索多元经营，增强中心可持续发展生命力

吉州区财政底子薄、经济基础弱，“等靠要”难以跟上时代发展需要。吉州区融媒体中心始终秉承“要资金不如要政策”理念，精准自我定位，立足自身特点，积极争取区委、区政府大力支持，依托中心资源和公司市场化优势，坚持走功能化、品牌化、项目化运营的路子，以主责主业的影响力推动市场化运营，以市场化运营的成果反哺主责主业，实现双向赋能的良性循环。

一是开展功能化合作，做大做强基础业务。遵循“你正需要，我正好有”

的思路，整合融合全区党政部门信息资源，个性化定制融媒产品，在实现合作共赢的同时，不断提升官媒影响力、公信力。通过积极开展代运营政务新媒体、活动组织、视频制作等业务，现已与区级大多数部门单位达成了长期合作关系，每年利润收入近 300 万元。2022 年，联合推出相关职能部门开设《健康吉州》《“营”在吉州》《一分钟课堂》等 20 余个专栏，联合举办“红色故事我来讲”演讲比赛、广场舞大赛、“最美医师”评选、爱国卫生月有奖竞答等线上活动 30 余场，既提升了影响力，又获得了经济效益。

二是提供专业化服务，探索开展新兴业务。紧密对接乡村振兴发展需要，中心联动多方资源，开展“直播 + 特色农产品采购 + 电商”服务模式，使直播流量转化为助农致富能量。联合相关部门开展文旅直播带货、“红五月快乐消费季”等活动，带动本地农特产品销售，活动直播全网点击量超过 10 万 +，实现了口碑和经营双丰收，逐渐形成直播品牌。同时，联合相关职能部门，先后开发上线疫苗预约、智慧政协、企业招工、消费券报名抢券等平台，既提升了媒体服务能力，又实现了经营创收。

三是开辟项目化产业，拓展延伸多元业务。立足中心人才、资源、技术优势，以产业合作为突破口，推动产业经营模式向广告栏目、线下活动、文化产业服务等多元化产业链发展转型。区政府以文件形式，明确区级层面掌握的户外广告资源、老旧小区改造文化类工程，优先交由下属传媒公司运作。目前公司先后承接参与了老旧小区改造文化类工程、站所文化提升、新建小学新校区校园文化、城市儿童友好空间、应急主题公园等项目，带来了经营的爆炸式增长，仅 2022 年的老旧小区改造文化类工程就收入 400 万元。

五、加强队伍建设，提高中心可持续发展战斗力

吉州区融媒体中心成立之初，面临人员老化、人才不足的窘境。为此，中心坚持对外招引与对内培育并举、“走出去”与“请进来”并重，每年投入 100 多万元用于设备更新和人员招引，及时地“输血、换血”，有效激发了队伍活力。

一是引入“新鲜血液”，实现队伍年轻化。顺应新兴媒体发展需要，充分发挥下属天祥传媒公司在招才引才方面的优势，针对性挖人才、招人才，尤其

是争取政策支持，打通人才引进“绿色通道”，引进并留住精品创作、设计制作等各类急需人才 20 人，形成了一支年轻、专业、精干的融媒队伍。目前，有在岗人员 43 人，其中 80 后占比超 90%，90 后占比 70%；有 4 名 90 后担任科室负责人。

二是实行“内外兼修”，实现队伍专业化。向外，积极沟通汇报争取支持，打通跟班学习的通道，每年选派有潜力的一线骨干到中央广播电视总台央视江西总站、江西日报社、江西广播电视台等上级媒体跟班学习提升，及时补齐专业人才短板；向内，在积极开展融媒微课堂、师徒结对子、老带新等工作的基础上，组建由青年业务骨干、岗位能手担任队长的青年突击队，带领大家在业务中多岗位、多技能学习锻炼，增强工作技能，打通业务断点，提高协作效率。

三是拓展“编外力量”，实现队伍综合化。建立直达村（社区）和学校的通讯员队伍，实行通讯员“上挂”跟班学习，融媒体中心编辑记者“下派”蹲点等机制，既拓展了融媒队伍的“编外力量”，又加强了编辑记者与基层一线的联系沟通，有效提升融媒队伍把握宣传报道服务方向、策划宣传报道重点和精品的能力。同时，加大产教融合力度，与当地高校职校合作打造新闻实训基地，不断为人才队伍“补血充电”，锻造了一支专业、精干的复合型全媒体人才队伍。

第三节　吉安市吉州区融媒体中心舆论引导实证研究

中心坚持以习近平总书记关于新闻舆论工作的重要论述为指导，认真贯彻落实中央、省、市的决策部署，牢牢占据舆论引导、思想引领、文化传承、服务人民的传播制高点。

一、解读党的理论路线方针政策及上级各党委政府精神

1. 政治引领提升解读能力

积极采取大众喜闻乐见的传播方式，对方针政策内容进行呈现，确保群众

能够深入理解方针政策。其中，针对党的二十大，开设了八个专栏。《喜迎二十大》专栏以当地人大、政协委员说变化的形式让居民感受吉州的日新月异；《喜迎二十大奋进新征程》以短视频展播，充分挖掘基层人物的事迹和变化；《二十大报告@你》专栏以主播出镜微课堂的形式，对二十大精神进行解读；《我与国旗合个影》与学校联合开展活动，展现孩子们的爱国情怀。

2. 创新表达强化精品打造

中心始终注重创新融媒体验，提高媒体融合创新力、内容表现力、渠道影响力。例如，2021 年 7 月 1 日，习近平总书记在庆祝中国共产党成立 100 周年大会上发表重要讲话，中心立即将总书记“七一”重要讲话精神生动形象地打造成歌曲、专题片、短视频、H5、VR 等融媒产品，向不同学习对象精准推送传播，切实增强学习实效。比如，开设互动式理论学习栏目——《习近平总书记“七一”重要讲话知识快问快答》，在全区掀起你追我赶比理论知识的学习热潮；又如，利用吉安城革命历史陈列馆等宣传阵地打造的 720° VR 虚拟展厅，让参观者足不出户就能了解红色革命故事，学习参观者达到 5 万余人次。

3. 紧盯时事打造共振爆款

中心在弘扬主旋律的正能量作品创造中，力求使其与城市发展的脉搏相呼应，与社会发展的宏观背景和时代精神相呼应，让正能量作品中的主旋律更加振奋人心、铿锵有力。例如，在 2022 年的疫情期间，聚焦各行业党员干部群众冲锋一线的事迹，通过小人物、小故事实现以小见大、以情共鸣，先后制作《吉州人平凡的一天》系列等数十条视频，全网总播放量达 1200 万。又如，2023 年贵州村 BA 爆火后，紧抓流量风口，对我区白塘街道的村 BA 比赛进行全程直播，并制作相关视频，群众反响较好。再如，聚焦天价彩礼热点，推出了《“礼”轻情重》情景短视频，获得江西省第五期双月赛一等奖。

二、讲述本地老百姓生产生活故事

1. 关注民生热点，践行新闻为民

一方面，坚持政府所需，积极履行服务群众的社会责任。今年春节之后，中心记者了解到群众返工需求，立即录制六期系列招工短视频，以编导主持人走进企业的方式，为求职者实地了解就业环境、待遇，并开发线上找工云平台，为群众打开求职窗口。另一方面，坚持群众所盼，积极开展活动带动，引导全民参与。2022 年先后举办“家庭酷跑大会”“农民趣味运动会”“我爱井冈强国有我”等直播活动，线上观看或参与群众总计 160 余万人次。

2. 解决民生痛点，打造便民品牌

中心依托“云吉州”上的“网络问政”和“新闻爆料”功能，推出《小编帮你办》栏目，每周定期将群众反映的问题和建议收集汇总成台账，由小编、记者进行全程帮办和持续跟踪督办。现已办结 1000 余个群众反映的突出问题，组织专题报道 60 余期，该项工作受到省党史学习教育领导小组和广大群众称赞好评。同时，践行媒体社会责任，例如，2023 年 5 月记者到乡下采访时了解到有 20 万斤土豆滞销，第一时间宣传推广销售，推出了《紧急助力！ 20 万斤土豆盼买家》这条图文视频推送，较短时间内销售一空。

3. 参与社会治理，疏通民生堵点

中心充分发挥媒体监督和问政作用，积极参与治理体系和治理能力现代化建设。尤其是 2018 年，吉安开始发动全城创建全国文明城市，吉州区作为主城区，是创建的主战场。中心先后开辟文明《红黑榜》、城乡环境《曝光台》等栏目，记者跟随区文明办全天候进行巡视检查，对不文明行为、环境“脏乱差”问题进行曝光，助推吉安成功创建第六届全国文明城市。同时，联合相关职能部门开展食品安全执法等直播，形成强大的舆论监督氛围。

三、重大危机事件干预

1. 负面舆情的预防能力全面提升

2022 年吉州区遇到百年一遇的旱灾，持续高温导致全区晚稻干旱，农田缺水灌溉成难题，当时网上出现一些负面舆情，了解情况后，中心迅速组织力量推出系列抗旱救灾的宣传报道，吉州全力抗旱为农田解渴被江西新闻频道《整点新闻》、江西卫视《江西新闻联播》、江西新闻频道《新闻夜航》连续报道，《邻村“借水”记》获全省融媒体优秀原创作品双月赛二等奖。2023 年 4 月，强降雨致吉州区内涝，网上出现不力舆情，中心迅速派出记者跟拍各部门紧急排涝抢险，并将其制作成小视频，全网点击量破 10 万。

2. 危机时刻的引导能力全面提升

在重大危机事件中中心坚持党媒姓党的原则，第一时间权威发声，舆论引导效果显著。2022年疫情防控期间，中心所有干部职工迅速集结，在办公室吃住办公，全天候挖掘暖心故事、发布权威信息、传达上级精神、宣传防疫动态、普及科学知识，先后推出抗疫故事专题、《在"疫"线闪光》等系列视频。其中，《要解封啦！好消息来啦》科普短视频，播放量破510万；《公民防疫基本行为准则。这12点要牢记！》《吉州区社会面清零啦！这些仍要注意！》等数十条短视频，播放量超过1000万。

3. 技术赋能的帮扶能力全面提升

在疫情的最严重时期，中心充分利用所属新媒体平台，及时开发线上各类服务，为群众解决急难愁盼问题。发起了"同心战'疫'吉安加油"视频征集、"童心战'疫''绘'聚力量"绘画作品展等云接力活动，共收到视频、绘画作品投稿4200余幅，全网传播量突破1000万，营造了全社会参与疫情防控的浓厚氛围。在口罩最紧缺的时期，利用媒体渠道联系企业捐助了一批口罩，并通过"微吉州"微信公众号平台进行了在线预约领取；在新冠疫苗接种的最高峰时期，及时联系开发团队在"云吉州"客户端开发上线了全省首个疫苗预约县级平台，高峰期一天的访问量超10万人。

四、外宣传播强化本区域公众认同形成凝聚力向心力

1. 聚焦红色传承加强宣传推广

吉州是红色名城、革命老区，蕴含丰富的红色资源和厚重的红色文化，传承推广红色文化是中心的光荣使命。近年来，中心联合推出《小编带你游红色景点》《听主播讲党史故事》《图文讲述红色历史》等10余个特色专栏，《二十大报告@你·学习微课堂》全集被"学习强国"采用；归纳成集《梁一清的故事》《一件文物的故事》等系列红色情景微视频，斩获全省多项讲红色故事类优秀短视频奖。每年联合区教体局举办"红色故事我来讲"演讲比赛、"小小讲解员"等线上线下活动，以赛促学，总参与达30万人次。

2. 聚焦庐陵文化加强宣传推广

吉州历史文化悠久，是古代著名的"江南望郡"和"文章节义之邦"。为

进一步将古庐陵文化实现千古记忆与传承，中心先后策划推出《这里是吉州》《物话庐陵》等专栏，多次获得江西双月赛二等奖。拍摄制作《吉祥安泰话地名——吉州篇》《福地吉州》等系列精品融媒作品，宣传推介吉州庐陵文化丰厚底蕴。《品味吉州》栏目，拍摄记录了省级非物质遗产《吉安酱饼》《端午五“子”》等一系列吉州特色美食，登上“学习强国”总平台，全网点击量破百万。重点宣传了古村文化，围绕钓源古村这个文化IP，制作MV和短视频上百个，开展十余场直播，被人民日报、经济日报、新华社、央视新闻、光明日报等央媒多次报道。

3. 聚焦时代发展加强宣传推广

发展是永恒的主题，讲好新时代吉州故事尤为重要。围绕中心工作和本土特色，聚焦全域旅游、城市功能与品质提升、全面深化改革等方面，制作了系列主题突出又优质原创的融媒产品，多角度呈现吉州发展变化、社会民生，中央、省级主流媒体上稿常年位居全省第一方阵。近年来，先后有原创短视频《跟着萌娃一起打疫苗》、微电影《破局》、歌曲《一路有你》等数百个产品刊登在中央主流媒体网站，《青春之歌，时代之音》《稻田里的蜘蛛侠》等30余个精品作品在全国、全省各类比赛中获奖，《零工驿站才企相聚》《规矩》等数十个作品登上“学习强国”总平台。

第四节　融媒体中心可持续发展面临的问题与困境

一是在舆论引导能力方面还有不足。当前，吉州区仍有不少单位拥有多个微博号和微信公众号，但由于专业管理人员缺乏、信息审核机制不够健全、用户留言管理不足等因素，导致平台运行乏力、内容不精，大部分平台的粉丝数或用户数很少，活跃度不够，难以有效发挥舆论引导作用，也弱化了区融媒体中心官方主流媒体的影响力。

二是在生存发展能力方面面临挑战。一方面，中心面临着竞争更加激烈的市场环境，特别是新冠肺炎疫情严重阻碍了部分线下活动的正常开展，影响了中心有序运营和产业创收。另一方面，中心还面临着来自市级、省级媒体的资源竞争，互联网企业、自媒体也在加快抢占市场、争夺资源，大大增加了中心的产业拓展和创收难度。

三是在平台拓展能力方面限制较大。吉州区融媒体中心的“云吉州”客户端是在省级“赣鄱云”统筹之下建设的，在生产和运营方面受到一定限制，要想满足差异化功能需求，需要向省级平台提出开发申请，自主性不够，且面临研发等待时间较长、费用成本高等情况。同时，随着近年来中央、省级媒体合作运营的触角不断向下延伸，市级融媒体中心的改革成立，生存发展空间将一再受到挤压。

四是在人才和技术支撑能力仍显薄弱。吉州区融媒体中心新闻采编、技术保障、经营管理等人才仍较少，全媒体记者、高端技术人才和产业营销人才等高层次人才更为紧缺，甚至出现有项目无人才支持的窘境。此外，还存在技术支撑力量不足、技术保障体系不完善等问题，在对大数据、人工智能、AR 等高新技术的运用上仍停留在低级层面。

第五节　提高融媒体中心可持续发展能力的路径与方法

县级融媒体中心建设是新时代基层宣传思想文化建设的战略工程，需要重构体制机制，建设全功能平台，强化用户连接和服务，拓展产业运营和增强自我“造血”能力。

一、坚持规划“科学化”与策划“一体化”有机融合

媒体融合并不是一个简单的“合并”。中心将立足本地实际，科学统一规划融媒体中心各平台建设，从横向、纵向两个角度考量平台的延伸与发展，推动传统平台与新媒体中心的融合发展，并加强与上级媒体平台和基层各部门单位宣传平台的融合。同时，主动适应新时代新形势新技术，充分发挥新媒体平台优势，不断丰富信息发布和新闻宣传报道的传播渠道，不断创新丰富传播形式，不断增强自身竞争力。

二、坚持传播“平台化”与功能“多元化”互促互进

融媒体平台传播从“管状到网状”的场景塑造，为实现功能多元化提供了平台支撑。中心将充分利用传播“平台化”的优势和特点，加快信息沟通、数据共享、意见反馈，着力打破“数据孤岛”。同时，整合多种资源和力量，进一步推动多元主体共同参与基层社会治理工作，更好参与现代化进程和基层社会治理创新，不断提升融媒体平台的引导力、传播力、公信力、影响力。

三、坚持生产“云上化”与运营“生态化”良性互动

“云上化”生产的特点就是广域覆盖、互联互通、共建共享、集约化生产。中心将积极开展定制实现差异化生产，让多边用户和价值单元互动，产生信息共享和增值。同时，在运营中做到生态化发展，实现内容产品和服务的多样化扩展，构建参与者之间互惠互利、同生共存的新生态圈。推动两者之间良性互动，为“新闻＋政务＋服务＋商务”的发展创造了更多可能。

广东省高州市融媒体中心能力建设研究报告①

2018年10月9日，高州市融媒体中心率先在茂名市正式挂牌成立。把高州市广播电视台、高州市新闻中心进行整合，组建高州市融媒体中心，明确融媒体中心为市委直属公益一类事业单位，正科级，归口市委宣传部领导。成立以来，高州市融媒体中心严格按照规范建设的要求，抓好软硬件设施建设和人才打造，积极发挥平台作用，壮大主流舆论声音。

第一节　融媒体中心基本情况

一、整合媒体资源，筑牢宣传阵地

1. 资源优化，全媒整合

高州市融媒体中心以建设主流舆论阵地、综合服务平台、城乡信息枢纽为目标，把广播、电视、《高州新闻》报、“好心高凉”微信公众号、高州广视网等有机融合，对“高州组工网”“高州宣传”等市内政府部门主办的媒体实现代管代运营，实现市内各种传媒要素有效整合，打造全媒体传播新格局。

2. 夯实阵地，把好导向

加快建设第三方头部平台账号，拓展阵地，建设“广播电视报网端微屏”传播矩阵。通过不断拓展阵地，加快转型，传播矩阵不断巩固壮大，从原来传统的广播电视、报纸，不断发展壮大，形成“报网端微屏”传播矩阵。目前已

①本文作者谭庆茂系广东高州市融媒体中心主任。

开设微信公众号、App、抖音号、微视号、视频号、B 站号、今日头条号、腾讯新闻企鹅号、微博、南方日报（高州视窗）、南方 +（高州频道）、广东电视台触电 +（高州频道）等，实现优质内容多渠道发布，形成传播声势。通过整合各平台信息，统一发布标识，强化版权管理，集成全市各委办局、各街镇新媒体资讯，梳理整合了全新的业务流程，坚持有融有分、统分结合。“一次采集、多种生成、移动优先、全媒传播”使融媒体中心成为全市唯一、权威的新闻发布端，形成了强大的宣传合力，切实围绕市委、市政府中心工作开展宣传报道，讲好高州故事，把握好宣传导向。

二、加快平台建设，强化人才培养

中心正式挂牌成立以来，以被省列为县级融媒体中心建设试点为契机，积极争取上级扶持资金和自筹资金投入，到目前为止，上级财政专项资金679万元，已投入了 800 万元用于中心软硬件各项建设。

1. 抓好基础设施建设

基础设施建设已投入资金 213 万元。2019 年，市机构改革调配市区一幢建筑面积约 1200 平方米的办公旧楼给中心使用，中心争取了高州市财政专项资金 46 万元，自筹资金 86 万元进行整体修缮改造，并购置了空调、办公设备、会议室桌椅等设备，综合部等 9 个职能部门安置在 2 号楼办公。1 号楼自筹资金 81 万元建设融媒体中心的指挥中心、演播大厅、虚拟蓝箱室、化妆室等土建部分，并对 4 至 8 楼宣传口部门外墙装修改造。

2. 强化业务培训

2019 年以来，投入 36 万元进行业务培训。先后 4 次组织市直、各镇街的宣传委员、宣传干事、中心宣传口人员共 170 多人举办融媒体业务培训班，邀请省台、省传媒中心、触电传媒、暨南大学新闻传播学院等专家教授、技术权威进行授课；组织中心业务骨干前往湖南长沙、浏阳、省传媒集团、江门等地学习培训 236 人次，打造一支真正“综合融”的“全能型”采编播发人才队伍。

3. 配强设施设备

投入 407 万元采购了部分器材包括高清摄录器材、办公电脑、演播厅灯光、声学设备、空调、移动直播设备、调音台、音响和相关配套设备。

三、聚焦重点工作，提振发展动力

1. 围绕中心，服务大局

紧紧围绕市委、市政府的决策部署，全力做好主题宣传和重大项目宣传报道。去年以来，全媒体中心策划开展了现场直播活动 80 多场次，其中“中国荔枝产业大会”观看人数 100 多万。

2. 全媒齐动，抗击疫情

在抗击疫情期间，新闻工作者下沉一线，加强组织策划，及时全面地展示全市干部群众团结一心，众志成城，抗击疫情的信心和决心。相关宣传的总点击（阅读）量近 4191 万次。摄制《您是最美那座山》歌曲作为抗疫优秀作品，在“学习强国”等全国性平台和广东等省级平台播出。

3. 把握导向，凝聚共识

充分发挥媒体舆论引导作用，2020 年以来分别对扫黑除恶、农村人居环境整治和城市“创文创卫”进行监督报道，有效推动了工作的开展；大力宣传道德模范、身边好人事迹，营造崇德向善、见贤思齐的社会氛围。其中，“最美警花”罗冬妮惊心三秒勇救男童一稿先后在省、中央电视台播出，人民日报、新华社等央媒也相继转发。

4. 服务民生，助力脱贫

中心把全媒体建设与脱贫攻坚紧密结合，积极探索“直播 + 扶贫 + 助农”“报道 + 推销”的工作方式，实现党建与“三农”深度融合，帮助贫困村解决农产品销路问题。2020 年以来先后深入古丁镇马丽村、南塘镇大塘笃村等 39 条省定贫困村免费直播，主持人为乡亲当主播“带货”直播，为鲜活“好货”代言，助力高州市贫困村脱贫攻坚。

5. 聚焦乡村，助力振兴

高州市融媒体中心在乡村振兴工作中充分发挥“全媒调度、全网传输、全域覆盖”的优势，当好党的政策宣传员、思想观念引导员、农科技术指导员、招商引资助推员、农副产品推销员、服务民生的服务员，精心组织了《决胜全面小康》《高凉乡风》《乡村振兴看分界》《广东高州荔枝美食厨王争霸赛》

等专栏宣传报道及系列惠民活动，取得良好成效。

当好党的政策宣传员。在广播、电视、报纸、“看高州”App、高州广视、“好心高凉”微信公众号等平台设置专栏，全方位宣传贯彻党中央、国务院关于乡村振兴的各项方针政策、决策部署，真正使党和政府的各项惠民政策家喻户晓、人人皆知。2021 年 5 月以来，中心记者连续发力，每天早出晚归，头顶烈日，用脚丈量全市乡村每一方热土，基本保持每天有一条乡村振兴内容的自采稿件，栏目组《乡村振兴看分界》播出 9 期，刊播新闻稿件和短视频 160 多条。

当好思想观念引导员。以百姓视角讲好乡村振兴故事，大力挖掘报道乡村振兴亮点成效和典型事迹，用听得懂、记得住的语言，用身边事激励身边人，引导村民转变思想观念，增强主体发展意识，激发工作信心和力量。

当好农科技术指导员。联合农、林、渔等部门开展技术培训和服务，拍摄制作农科技术讲解视频在各平台刊播，利用 App 等平台同步上线网上课堂。组织农艺师及其他专家开展户外网络直播农技推广活动，走进田间地头，现场帮助解决技术难题，推广科学种养管理技术，提高农民群众致富能力。

当好招商引资助推员。借助融媒体中心平台的影响力，为农村制作刊播特色项目招商宣传片、短视频，在融媒体平台免费刊播招商广告，通过图文推送、专题报道、电视消息、短视频播发的矩阵式传播，推介优秀的自然生态、民俗文化资源，吸引乡贤企业家回乡投资，先后引进了鳄鱼产业、百香果种植、小龙虾反季节养殖等项目，为乡村振兴注入崭新活力。

当好农副产品推销员。结合荔枝、龙眼、香蕉等高州特色农副产品举办系列活动，通过现场直播推介，制作“短、新、奇”的小视频，软文广告等方式，为高州农副产品对接市场牵线搭桥。在 2021 年 5 月荔枝购销旺季，高州市融媒体中心举办了万众瞩目的“果乡——广东高州荔枝美食厨王争霸赛”，吸引了城乡 50 多个餐饮单位和个人报名参赛，打造了一批网红餐馆、网红厨师和网红菜式，带动了城乡荔枝饮食文化的兴起。他们精心制作出近百款以荔枝为食材的菜肴，通过高州市融媒体中心“报网端微屏”传播矩阵的直播和包装宣传，让舌尖上的美“荔”味道随着主流媒体的“渲染”进入了百姓餐桌。这些“网红菜”的制作手法录制成视频在高州市融媒体各平台广泛转发，开启了该市荔枝销售和深加工发展的加速“引擎”。据今年荔枝美食厨王争霸赛的冠军菜式得主——高州市长坡镇聚友农家菜馆表示，该餐馆在今年荔枝产销季节共采购近万斤优质荔枝用于餐饮食材，许多顾客慕名而来尝食冠军菜“贵妃寻梦”，营业额比往年同期猛增了50%。

一个传播矩阵的支点，撬动了一个农业主导产业的发展。几年来，通过高州“广播电视报网端微屏”传播矩阵全方位、立体化的宣传推广，缓解了高州荔枝因密集上市造成滞销、果贱伤农的难题。据统计，高州市融媒体中心在各平台发布端推出与农业相关的新闻信息、推文、短视频、专题片、音频等产品达10000条以上，有效带旺了农副产品销售，增加了果农收入，助力了乡村振兴。

当好服务民生的服务员。中心结合地方农时实际和群众需求，组织节目到乡村进社区，将政策宣传、法律服务、农科普及与宣传结合，拓宽宣传服务广度，举办了生命一号最美乡村（社区）评比、文明实践等群众性服务活动50多场次；拓展“媒体+”渠道，在城市服务、电子商务、文化创意、政务服务等方面大胆创新，先后与高州仙人洞景区、高州古郡水城乐园等进行合作，开展全媒体推广和销售服务，让宣传更接地气。

6. 强强联合，优势互补

分别与暨南大学、广东财经大学华商学院传播与传媒学院共建实践教学基地，在学生实习、就业创业、教师实践、专业建设、技术研究创新等领域开展深度合作，实现互惠互利、优势互补、共同发展。2021年5月，邀请江西省分宜县融媒体中心全媒体运营、采编5名权威到高州，全国先进县级中心为高州中心发展赋能。对中心班子、宣传各部门负责人进行培训，就媒体合作、事业创新发展进行深入探讨，加大横向交流合作，为高州加快打造全省标杆、全国一流县级中心注入新的动力。

第二节　融合改革不停步，力量重组生活力

一、探索机制创新，拓宽改革视野

1. 改革深化，力量重组

2021年，按照省委宣传部的部署，继续加大融合改革的力度，总结过去两

年来的建设实际，根据目前融合发展的需要对人员和部门进行了大胆灵活的调动组合，重组采编力量，重构“中央厨房”采编发流程，强化服务功能，深入推进机构融合、平台融合、数据融合、服务融合。

2. 分配改革，激活动力

2021 年起，改变了以往编制内人员吃大锅饭的情况，除基本工资外，体制内外人员绩效同工同酬，全部参与量化考核；设立部门绩效奖励基金，激发全体人员动力和潜力。通过完善绩效奖励方案，最大程度调动干部职工的积极性。优劳优酬，多劳多得，更加激发了干部职工的创造力，增强了他们的归属感。

3. 自我完善，不断壮大

2020 年 6 月，在办公用房紧张的情况下，将中心 10 个部门搬迁至市机构改革新调配的 2 号楼办公，腾出 5 层办公楼作为融媒体办公用房。此外，中心派人前往湖南长沙、浏阳、省传媒集团、增城等地学习培训 213 人次，2021 年，中心专门购买了线上课程，每周集中全体人员进行学习培训。采编人员从单一的岗位向全媒体全能型人才转型，突破岗位专业壁垒，打造一支真正“综合融”的“全能型”采编播发人才队伍。

二、打造全媒平台，奏响时代强音

打造新型传播平台，建成新型主流媒体，扩大主流价值影响力，让党的声音传得更开、传得更广、传得更深入。

1. 为民服务有广度

与市文明实践中心有效对接，先后举办了广场舞大赛、电商讲堂、文明实践等群众性服务活动 100 多场次；拓展“媒体 +”渠道，在城市服务、电子商务、文化创意、政务服务等方面大胆创新，先后与高州仙人洞景区、高州古郡水城乐园等进行合作，开展全媒体推广和销售服务，让宣传更接地气。今年，将加入国家数字乡村试点，创新服务群众途径。

2. 宣传方式有速度

“看高州”App 是按照“本土化定位、融合化宣传、平台化发展”的理念，把县域范围内分散的媒体资源集成、整合，用图文、音频、视频、直播等全媒体形式，全面提升舆论引导力，抢占新闻舆论高地，具有资讯丰富、传播力强、覆盖面广、受众认可度的传播优势，以最快速度及时传递党和政府的声音。

3. 宣传推介有深度

积极向“学习强国”平台荐稿，多角度展示高州形象，传播高州文化。2020 年，共有 96 件创视频和音频登上“学习强国”广东平台，其中《高州：红柚飘香金果富民》《高州：现代农业架起群众“致富桥”》等 10 多则短视频登上“学习强国”全国平台；中心一直位居南方号茂名矩阵影响力第二，2019 年被省广电局评为县乡融媒体中心“先导单位”，先后有 33 件宣传作品在省级评比中获奖。在今年北京召开的全国“两会”，广东向全国推出《只争朝夕看广东 24 小时》大型融媒直播节目。其中，中心制作的直播《高州让全国人民实现荔枝自由》《粤西最大的服装厂有序复产复工》表现出色，获得在全国播出。

三、加强媒体合作，拓展传播途径

为让主流声音有效拓展传播途径，让主流媒体有效扩大覆盖范围，高州市融媒体中心注重加强与上级主流媒体的合作，有效拓展传播途径，弘扬主旋律，传播正能量。

1. 向上级主流媒体多层次推送作品

积极向广东电视台、“南方 +”、《南方农村报》、“学习强国”等上级媒体和平台提供影音资源和稿件信息，传播高州好声音，树立高州对外好形象。

2. 加强与省市纸媒对接

2021 年以来，在《南方日报》开设“高州视窗”版块，每周刊发一期，着力推送高州时政新闻、乡村振兴、城市建设、红色党建等内容。向《茂名日报》“高州观察”专版供稿，多层次、多角度宣传报道高州市各单位各部门工作的好经验、好做法、好成效。

3. 邀请全国先进县级中心为高州赋能

2021 年 5 月，邀请江西省分宜县融媒体中心全媒体运营、采编 5 名权威到高州，对中心班子、媒体部门负责人进行培训，就媒体合作、中心事业发展进行深入探讨。双方聚焦发展问题、重点突破课题，加大横向交流合作，为高州加快打造全省标杆、全国一流县级中心注入新的动力。

四、创新“新闻 +”思路，加强政企合作

在媒体融合的潮流下，重塑商业模式，在做大做强主业的同时拓展服务和营收能力，从而更好地反哺主业。

近年来，高州市融媒体中心发挥资源和人才优势，创新“新闻 + 活动”“新闻 + 服务”等思路，以各种营销活动为切入点，整合电视、电台、报纸、新媒体等各平台资源，提供线上线下的策划、创意、推广、执行等专业服务，间接带动或直接参与产品销售，助力客户树立品牌形象、打开更大市场。同时，积极参与政府、企事业单位各类型的大型庆典、晚会、大型展览、展销会以及一些协会的专业活动、颁奖活动、成果展示汇演等，积极面向市场探索多元经营活动，探索更多的盈利模式，提升自我“造血”能力。

五、推进数字乡村建设，深化信息惠民服务

2020 年 8 月，高州市入选广东省数字乡村发展试点县（市）；同年 10 月，又被列为首批国家数字乡村试点地区，是广东省三个国家试点地区之一。高州市已确定高州市融媒体中心建设数字乡村平台。平台建成后，将通过“看高州”App 提供政务公开、广东政务服务等政务服务；提供法院直播、护照通行证、广东省教育等公共服务；为本地精神文明建设以及新时代文明实践建设展示平台，打造乡村精神文明网络文化阵地，做好乡村价值引领的主心骨、风向标。

第三节　舆论引导实证研究

一、解读党的理论路线方针政策及上级各级党委政府精神

1. 深挖地方资源，办活专题专栏

在党史学习教育开展中，中心以“融”为“媒”，通过“互联网 + 电视

+报纸”的模式和平台，搭建起全市有声有色的“学党史动态图书馆”，营造全市各地灵活多样学党史、深耕一线办实事的浓厚氛围。“看高州”App专门开辟《学党史悟思想办实事开新局》和《“学党史·当年今日”高州、全国党史天天读》两个专栏，发布学党史推文700多篇。

2. 全媒融合报道，营造浓厚氛围

充分发挥媒体融合的资源优势，在“高州广视”“好心高凉”“高州组工”微信公众号开辟了党史学习教育专栏。向广东电视台、“南方+”、《南方农村报》、“学习强国”等上级媒体和平台提供影音资源和稿件信息，传播高州好声音，树立高州对外好形象。今年以来，在《南方日报》开设“高州视窗”版块，每周刊发一期，向《茂名日报》“高州观察”专版供稿，多层次、多角度宣传报道高州市各单位各部门工作的好经验、好做法、好成效。目前，中心共播发各类学党史、办实事稿件近1300篇。

二、讲本地老百姓生产生活故事

讲述老百姓故事，传递社会正能量。2021年上半年，共摄制百姓新闻162辑，其中《来自台湾的他，扎根高州24年，建了个世外桃源》讲述的是：1997年，刚四十出头的台湾青年杨炽惠，从遥远的台湾屏东孤身来到高州长坡大石冲村，他看好高州“三高”农业的发展前景，与村里签订了500亩山岭和100亩山塘的长年承包合同，自此便在这山旮旯里“安营扎寨”，成家立业，一待就是20多年。此外，还在那100亩的山塘放养罗非鱼、鲩鱼等。之后，便心无旁骛地做起了“山大王”，与这些果树、鱼儿日夜厮守，不离不弃直至现在，在这片希望的土地上，见证了人不负青山，青山定不负人的故事。《乡村振兴中的高州新农人：荔枝妈咪——梁永艳》，讲述在高州的荔枝圈，有一位33岁年轻的“老前辈”，她早在2013年便开始通过网络销售高州荔枝。她斯文柔弱的外表里藏着一颗敢干敢拼的心，一边照顾家庭，一边销售家乡农产品，把家乡荔枝卖到青海、吉林等地区，她就是被人称为“荔枝妈咪”的梁永艳。

三、重大危机事件干预

2021年5月25日，茂名市政府新闻办举行疫情防控新闻发布会，通报25

日发现的一例新冠病毒无症状感染者相关情况。部分群众因茂名出现了一例无症状感染者，引起心理恐慌，市内各大医院接种人群大幅增加，接种秩序混乱，疫苗一度缺乏。根据这一情况，按照茂名市的防疫要求，中心立刻启动应急预案，在全媒体及时刊发党委政府通告，正面报道接种进展情况，及时发布疫苗储备和接种安排，权威发布涉疫相关信息，分 22 期对全市各接种点安排情况进行动态报道。邀请疾控中心权威解读正在使用的三种不同疫苗，正确引导全市适龄人群科学接种全程一针、两针、三针的疫苗，切切实实解决群众的疑惑。其中，“看高州”App 推文《高州疾控提醒：7 月份不再集中接种新冠疫苗第二剂次》点击量达 8.3 万次，《关于做好近期疫情防控的倡议书》推文点击量达 4.6 万次。

四、外宣传播强化本区域公众认同形成凝聚力向心力

1. 服务中心大局，助力乡村振兴

2020 年，融媒体中心选派党员主持人冯秋慧担任高州市根子镇元坝村第一书记，筹划新农村建设，推介该村荔枝、人文景观、自然遗产，并为该村桥头村代言；同年 3 月，中心各平台推出《2020 高州荔枝品牌营销系列活动启动》《看南粤大地美丽乡村》《茂名高州荔乡元坝年轻党员用画笔描绘家乡美景助力乡村振兴》《高州大唐荔乡（元坝）景观大道首轮评选进入全国前三名》等报道 38 篇；9 月，冯秋慧作为第一书记，参加在广东电视台珠江频道的《乡村振兴大擂台》PK，高州元坝桥头村在全省推荐的 32 条村中脱颖而出，被评选为“广东省十大最美乡村”，一举成为粤西网红村。2021 年 4 月，参加广东第二届《乡村振兴大擂台》茂名海选的分界镇以第一名胜出，代表茂名出征广东省第二届乡村振兴大擂台。在网络汇聚人气，向省、茂名推介高州分界镇过程中，全媒体重力推出《乡村振兴看分界》，展示分界镇秀美乡村，触摸乡村历史脉络，感受产业振兴之中分界镇实实在在的变化。目前已播发 16 期，全方位介绍分界镇作为高凉大地农耕文明的重要发源地、世界储良龙眼发源地、全国文明镇、中国桂圆加工第一镇、国家和省荔枝现代农业产业园的核心区地等。联合市农业农村局、市摄影家学会主办“乡村振兴 · 美丽分界”摄影大赛，增加知名度。

2. 聚焦主体主业，着力服务群众

2021 年 5 月以来，全媒体全程参与、宣传“广东喊全球人民吃荔枝”“520

我爱荔 2021 年茂名荔枝营销行动”、联合南方 + 网络直播“2021 中国荔枝产业大会”等活动，全方位向世界展示大唐荔乡的独特魅力，同时利用《寻宝大唐荔乡》综艺节目，发起抖音、官方微博、线上博览馆和短视频，吸引国内大批电商、网红、收购商云集高州销售荔枝。其中，中心对 2020 年刚获评“广东省荔枝专业镇”的平山镇进行重点包装推介，全媒体参与宣传平山镇发布的《荔枝采摘、收购倡议书》，制播新闻视频《打造靓“荔”头牌！平山镇的荔枝看他们！》，介绍平山特有的库区气候和新培育的翠玉绿荔、冰荔等新品种，使采购商、电商不断涌入，镇内 2.5 万亩荔枝销售畅旺，收购均价高出周边产区 1—2 元，据统计该镇荔枝收入接近 3 亿元。

3. 讲好地方红色故事，不断赓续红色血脉

2020 年 9 月，中心推送和播出了曹江镇堂阁村抗美援朝老战士陈喜初保家卫国、不忘初心、勤奋务实又深藏功名的感人事迹。全媒体重点讲述这名“张富清式”老英雄、93 岁的志愿兵轰轰烈烈战斗，勤勤恳恳工作，平平淡淡生活，以一名普通共产党员忘我无私、淡泊名利、坚守初心的高尚品格工作、生活着，顿时引爆朋友圈，形成刷屏之势，引起社会强烈反响和关注。《人民日报》、央视新闻网、南方 + 等中央、省级主流媒体纷纷前来采访报道。

第四节　融媒体中心舆论引导面临的问题与困境

一是融媒体宣传的传播力影响力不强。高州常住人口超过百万，但“看高州”App 下载量、日活率、最高阅读量等方面数值（2021 年 8 月 2 日）显示融媒体宣传影响力仍处于低位。

县区	2020 年人口基数	县级融媒体中心 App 下载量（人次）	App 用户日活跃量	8 月份原创稿件单篇最高阅读量
高州	143 万	14.5 万	1000 +	7000 +

二是融媒体 App 政务便民服务功能有待完善。目前融媒体 App 设置了粤省事、婚姻、住房公积金、政务公开、志愿服务等政务便民功能，但仅是通过

点击外部链接进入各党政部门政务页面进行办理，且水、电、燃气缴费服务及社保、汽车火车购票等与群众息息相关的服务未能设置提供，综合服务存在有而不实的现象。

三是融媒体中心"造血"功能薄弱。经济来源主要靠有线电视网络、广告、新闻专题业务收费及财政补贴维持运营，但网络、广告营收整体逐年下滑，资金缺口大。

四是融媒体中心建设专项资金投入不足。融媒体中心总收入下降、运营成本上升、新闻采编专业设备投入成本高、损耗大、更新快，在设备购置、更新升级、运行维护等方面存在较大资金缺口，中央及省级财政专项资金成为融媒体中心软硬件建设的主要资金来源。融媒体建设的后期需要大量的资金，专项资金投入仍然不足，导致融媒体中心被迫对建设项目进行删减，制约了县级融媒体中心的长期发展。

五是新媒体专业技术人员缺乏。中心新闻采编、播音主持 67 人中，初级职称 16 人，中级职称 8 人，无副高以上职称。

第五节　提高融媒体中心舆论引导能力的路径与方法

一、壮大主流舆论阵地，牢牢把握话语权

1. 牢牢把握正确舆论导向，改革采、编、播流程，使之适应新媒体的发展需求

综合运用多种编播技术，坚持移动优先策略，建构全媒体传播体系，进一步打造报、网、端、微、屏等多种载体全面融合的传播矩阵，全链条衍生图文、H5、直播、漫评、动漫、短视频等产品样式，提升县级融媒体在基层的传播力、引导力和影响力。融媒体中心已与省、茂名纸媒平台实现互联互通，在《南方日报》《茂名日报》设置"高州视窗""高州观察"版块，扩大影响力。

2. 打造特色提升活力

开设了一档电视端和 App 端大小屏互动的民生类栏目"看高州"，栏目在

电视和 App 分别投放，市民通过观看栏目对反映的问题进行讨论，留言建言献策。将好的留言和建议在下一期的栏目当中跟大家分享，对留言和建议较好的，进行媒体公开奖励。通过民生关注，大小屏互动、市民参与，提高了影响力、权威性，达到两端融合，增加大小屏两个端的日活量。

3. 进一步抓好“看高州”App 平台建设

目前“看高州”App 下载量为 14.5 万，将通过活动、投票、抽奖拉动下载量，通过导读（例如天气预报、农业技术、旅游购物、时政新闻），连续 15 天登录可抽奖小礼品等方式提高活跃度，力争 2023 年内下载量达到 30 万。

二、争取放宽平台权限，切实提升能动性

1. 把民生服务收费版块链接入“看高州”App

进一步提升完善 App 平台服务功能，抓好省级平台系统迭代升级，授权服务版块密码，加强与腾讯、阿里平台以及“粤省事”、i 志愿等省内重点平台的数据对接，并集中开发一批实用功能版块统一投放。授权“看高州”App 账号密码，把有线电视收费链接到 App。

2. 对触电平台建设有一个清晰的定位

明确职责、权利、义务（收集各县市合理要求），再加大投入，做强新媒体及平台，扩大拓展融媒体中心在广告、服务 +、电商平台（农产品平台，利用官方的公信力）的收入。

三、探索多元化经营模式，提升“造血”功能

利用现有的媒体资源，通过传统媒体和新媒体线上传播，举办各种文化节、旅游节、农产品展销、商业推介活动；利用网络直播，主持人带货，网络销售地方农业鲜品及农副产品；做强专题片、代售景区门票、办好培训业务和开发纸媒业务创收；开展网络增值业务，改造现有网络，依托省网络公司的双向数字电视平台，着力推动“U 互动”业务开展，包括 4K 电视直播、点播回看、视频监控、视频会议等业务；参与数字乡村、智慧城市建设，增加网络业务收入。

四、争取政府资金投入，加大“输血”力度

根据融媒体中心建设的需要，争取中央、省加大 App 平台党建＋微网格平台功能建设、新闻采编制分发舆情监测平台建设、智慧教育平台建设、平台维护等专项资金投入，并协调省触电传媒公司适当减免功能模块服务费用。根据中心目前的经济运行情况，积极向高州市委、市政府争取，把融媒体中心建设纳入民生实事工程，在财政上加大投入力度，支持中心建设和运营。

五、提升媒体人员“四力”，建强全媒体队伍

加强现有队伍的培训和继续组织各单位、镇、村、文明实践中心通讯员集中培训，扩大通讯员队伍，全面提高采、编水平；通过“走出去”与“引进来”，扩大与省内外高校合作，建强县级融媒体建设研究实践基地，以特聘、特邀、兼职等方式吸引外部优秀人才，为县级融媒体中心建设提供有力人才支撑；根据“三定方案”的规定，对照机构改革后核定的编制，通过职能部门分批招录中心缺编人员，重点向院校招录全媒体人才；根据全媒体发展的需要，把原设立的 18 个工作部门进行职能优化调整，按策划选题、统一调度、统一指挥三大架构职能，进行机构重置，提高工作效率。

河北省香河县融媒体中心能力建设研究报告①

河北省香河县融媒体中心自 2018 年成立以来，始终秉承习近平总书记“抓好县级融媒体中心建设，更好引导群众、服务群众”的总体要求，站位京津冀协同发展大局，积极探索传统媒体和新兴媒体融合发展路径，强力推进县级融媒体中心建设，以“最权威的新闻发布平台、最智能的社会服务平台、最全面的文化信息传播平台”为发展定位，致力打造县域内“上接天线、下接地气，围绕中心、服务大局”的强势主流媒体，不断提升舆论引导能力，开创了基层主流媒体建设的全新发展模式。

第一节　融媒体中心基本情况

作为香河县融媒体中心的前身——香河广播电视台，自 2014 年起就开始大胆尝试，探索媒体融合改革发展之路。从小屏到大屏，从传统媒体到移动客户端，实现广播、电视、地面数字、网络直播、IP 电视、手机客户端、手机报等多平台同步播发，新媒体影响力不断增强，优秀作品层出不穷，形成了一套独具广电宣传特色的全方位、立体化传播体系，真正实现了“一次采集、多点发布、快速传播、更广覆盖”格局。

香河县融媒体中心以原广播电视台为主体，于 2018 年 11 月 6 日，在廊坊

①本文作者史长城系河北省香河县融媒体中心主任。

市率先挂牌成立，成为廊坊市首家挂牌运营的县级融媒体中心，并承办了廊坊市县级融媒体中心建设现场推进会，经验做法在全市推广。同时，香河融媒体中心建设模式制成课件，得到了中宣部县级融媒体中心建设课题组充分肯定，并作为教材向全国推广。

香河县融媒体中心为县委直属正科级公益一类事业单位，归口县委宣传部管理。目前，按照国家广电总局的标准和要求，整体运转良好。中心现有员工128人，其中专业技术人员64名，下设办公室、新闻部、新媒体部、节目制作部、播发部、技术运维部、节目生产部、财务室、后勤保障部、微波站、运营部11个机构。

中心以“最权威的新闻发布平台、最智能的社会服务平台、最全面的信息传播平台”为发展定位，高效整合县域内优质公共媒体资源，全面探索“互联网＋广播电视＋报纸＋网站＋客户端＋智能户外＋楼宇社区”的多平台矩阵，全力打造县域内上接天线、下接地气、围绕中心、服务大局的强势主流媒体，开创和建构基层主流媒体建设的全新发展模式。

中心于2019年9月正式取得《中华人民共和国互联网新闻信息服务许可证》，成为廊坊市首家县级具有从事互联网新闻信息服务业务资质的单位，是河北省首批获得此证的七家单位之一。2020年、2021年，中心连续两次入选河北省广播电视媒体融合先导单位。2020年3月，香河县融媒体中心媒体融合经验做法成功入选全省广播电视媒体融合典型案例，是廊坊市唯一一家入选的县级融媒体中心，也是全省广电系统中10个入选《广播电视媒体融合典型案例》中唯一的县级融媒体中心。中共廊坊市委宣传部专门印发通知，在全市各县（市、区）委宣传部、融媒体中心推广香河县融媒体融合经验成功做法。在2020年省委宣传部对县级融媒体中心建设情况考核验收中，中心顺利通过考核验收，考核分值在全省名列前茅，被省委宣传部列为全省重点宣传推介的10家县融媒体中心之一。在中国电视艺术家协会组织的第八届全国市县台推优评选活动中，中心喜获“全国市县媒体融合先导单位”殊荣。

第二节　融媒体中心发展的亮点和启示

一年之计在于春，春天播下希望，秋天才能收获金色的丰盈。对于香河县融媒体中心来说，有风有雨是常态，风雨无阻是心态，风雨兼程是状态。无论前路是晴是雨，是坦途还是坎坷，香河融媒人都通过超乎寻常的努力和奋斗，毫无畏惧，上下同心，直面困难和挑战，变压力为动力，危中寻机、化危为机，准确改变、科学应变、主动求变，磨砺责任担当之勇、创新发展之智、统筹兼顾之谋、组织实施之能，用情、用心、用力，开拓进取，砥砺前行，营造出充满生机与活力的春天，为香河添上一道靓丽的风景。

一、把握导向，践行初心，是融媒体中心健康发展的根本前提

牢牢把握“党媒姓党”、坚持以人民为导向、营造正确的舆论氛围是香河县融媒体中心始终如一坚持的原则和宗旨，下大力量建设培养讲政治、顾大局、高素质的融媒队伍，更新观念、拓展平台、创新方式方法，用脑力、眼力、笔力、脚力，不断提升宣传的引领能力，用百姓听得懂的语言、看得明白的视频、喜闻乐见的节目，真正发挥县级主流媒体在基层宣传文化和舆论引导中的主导性、关键性作用，围绕中心、服务大局，引导群众、服务群众，举旗帜、聚民心、育新人、兴文化、展形象。

以深入学习宣传贯彻落实习近平新时代中国特色社会主义思想和党的十九大及十九届二中、三中、四中、五中全会精神为指针，以保通航、优环境、促发展、庆百年等县委、县政府的中心工作为切入点，组织开展全方位、多角度、立体化宣传攻势，为香河经济社会高质量发展营造良好的舆论氛围，提供强大的思想舆论保障和精神文化支撑，先后在香河电视台、香河广播电台、《新香河》报开设了《中国共产党成立 100 周年——不忘初心牢记使命》《在习近平新时代中国特色社会主义思想指引下——学党史悟思想办实事开新局》《百年本色初心使命》《京畿首驿如意香河》《学党史》《我为群众办实事》等专栏，

刊播一大批优秀稿件，组织拍摄大型系列历史文献纪录片《香河·印记》16集，抗疫专题视频《战“疫”香河答卷——香河疫情防控纪实》、专题片《学深悟透百年史砥砺前行新时代》和红色组歌快闪《最美歌声献给党》等优秀作品在县内外引起强烈反响。

二、高端站位，夯实基础，是融媒体中心健康发展的坚实保障

工欲善其事，必先利其器。媒体行业是重装备、高投入的行业，一流的宣传服务必须有一流的软、硬件技术来支撑，特别是基础设施建设必须要过硬，才有可能打造出一流融媒中心。为此，在县委、县政府的大力支持下，香河融媒体中心立足高起点、高站位、高科技、高质量，以打通基层宣传“最后一公里”为主旨，全面探索“互联网 + 广播电视 + 报纸 + 网站 + 客户端 + 智能户外 + 楼宇社区”的多平台矩阵，高标准建设了平台指挥调度中心、节目生产中心、信息发布中心和短视频拍摄基地，夯实了发展基础。

高起点建设平台指挥调度中心。基于大数据、智能化、云计算等技术，发挥集中指挥、采编调度、高效协调、信息沟通等“一站式”指挥调度作用，在此基础上，搭建全新的“一体策划、一次采集、多种生成、多元传播”管理系统，实现全媒体运作、全终端覆盖、全方位服务。

高标准建设节目生产中心。全媒体演播厅和融媒全景演播室，融合广播电视、IT等先进实用技术，能够满足时政、专题访谈、综艺娱乐等多种类型电视节目的演播与制作要求，具备线上线下互动、网络直播和远程实时互动等智能化功能。

高质量建设播发中心。具备广播、有线网络电视、地面数字电视、网络直播、IP电视、手机客户端、手机报等七大平台同步播发功能，播发信号能够达到香河行政区域内100%的覆盖率。

高覆盖服务民生发展。致力构建大众化普及性媒体网络，充分发挥巩固主流舆论阵地、提升社会治理水平的重要作用。在县委政府机关、便民服务中心、文化艺术中心、县人民医院等处首批安装了20台融媒体高清电子新闻大屏，全天候滚动播出优质节目，真正让高质量信息资源触手可得；在改扩建县人民广场和新城广场中，同步建设文化符号式高清智能户外大屏，对接5G技术和

智慧城市平台，与扎实推进智慧城市建设相融合；在县域内文化、教育、金融、医院、宾馆、车站、社区等重要公共场所投放高清电子新闻屏，根据百姓需求时时更新内容和版块，实现党的声音在县域内具有最高覆盖率。

三、拓展领域，组建矩阵，是融媒体中心健康发展的重要途径

直面新形势、新任务，香河融媒体中心坚持解放思想、更新观念，跳出传统媒体的固定思维方式，积极探索新时代基层媒体健康发展的新思路、新途径，以全新的发展理念、思维方式、工作方式开拓新时期宣传工作新领域。

以互联网思维为导向，积极适应分众化、差异化传播趋势，全力打通网上网下、版面页面传播渠道，积极构建集约高效的全媒体传播格局。目前，香河融媒已拥有包括电台、电视台、“香河融媒发布”“香河融媒直播频道”微信公众平台、《新香河》报纸、“冀云香河”手机 App、“香河县融媒体中心”微博、“发现香河”抖音号、快手号、头条号、视频号、环京津新闻网、《生活家周刊》及央视新闻移动网、央视频、人民日报人民号等媒体品牌及发布渠道，打造出香河融媒体矩阵。

广播电台拓展升级，部分栏目相继开通了蓝鲸直播、融媒体直播、抖音直播，多种传播方式和渠道使电台节目不仅能在收音机里听见，又能在手机里看见，增添了更强的传播力量。

《新香河》报纸成功借助河北广播电视报廊坊《生活家周刊》拓展香河版，开办新闻、文化、健康养生、诗书画原创作品乐园及中小学生作文等版块，成为青少年和中老年受众群体的最爱。

官方微信公众平台目前关注人数 10 万，2019 年曾荣获廊坊市政务新媒体“十佳号”称号，今年 4 月，优秀作品《手绘长卷：致敬劳动者》荣获 2020 年全国区县融媒体中心优秀案例提名奖，香河县融媒体中心也是河北省唯一一家获得此项殊荣的单位。

手机 App“冀云香河”在“舆论引导性、新闻传播性、社会服务性、观众互动性”具有独特优势，不仅可以及时跟踪报道县域重大新闻，展示香河的历史人文、精神文化，还可以实现电视、广播在手机端的直播、点播、评论互动等功能，有效推广广播、电视的收听、收视范围，便民、问政等版块，为群众

提供了便捷的政务服务和民生服务。

“直播香河”频道已累计直播各类活动和晚会百余场，粉丝突破 28 万，访问量突破 620 万。

短视频领域，倾力打造了抖音号、快手号、今日头条号、视频号、火山小视频、西瓜小视频“发现香河”账号，同时，短视频内容还在人民日报人民号、央视频、央视移动网、冀云香河、新华社现场云、冀时客户端等平台同步更新，打造了“发现香河”短视频品牌矩阵，累计发布作品 480 余条次，点赞量超千万，总浏览量突破 4 亿次。其中，浏览量突破千万的作品 10 部，突破百万的 33 部。“发现香河”抖音和快手平台粉丝量均突破了 21 万。今年 3 月，快手融媒学院公布了“2020 年快手区域媒体年度奖项”，“发现香河”快手号获得最佳媒体融合奖。

实现媒体资源共享，中心融媒体指挥平台端口实现了与省长城新媒体平台端口和市台融媒体端口成功对接；与新华社河北频道签订协议，取得央媒资源分享发布权。

四、突出特色，服务于民，是融媒体中心健康发展的有效补充

香河是久负盛名的“京畿明珠”，区位优势得天独厚，经济发展日新月异，连年获得全国综合实力、投资潜力、科技创新、绿色发展和新型城镇化质量五个百强县，发展前景十分广阔。为更好地宣传香河，服务于民，香河融媒体中心于 2021 年 4 月在香河渠口微波站创立了中国（京津冀）广播电视媒体融合发展创新中心（香河）短视频拍摄基地。

新建基地面积约 760 平米，着重打造富有历史文化气息、诗情画意般的情境、质朴的田园风格等多个拍摄场景，整体环境塑造清新雅致、绿色生态，可满足多样化短视频创作的拍摄需求。同时，为进一步丰富场景，提升拍摄质量，又对县域内农业产业和种植园等特色产业基地进行全面归纳梳理，优中选优，融合拓展了香河农耕教育基地、蒋辛屯镇水岸潮白田园综合体、菊香小镇、渠口镇大爱农场、安头屯镇千年古葡萄庄园、安平镇北运河文化公园、刘宋镇万亩荷塘湿地公园等作为基地的拍摄分部，统筹组建成立中国（京津冀）广播电视媒体融合发展创新中心（香河）短视频拍摄基地运行中心。

基地立足打造香河乃至廊坊农产品电商的培训基地，根据本县果菜农的需求，利用直播带货宣传，帮助广大农户拓宽销售渠道，让农户学会“吆喝”。并依托香河融媒体平台百万粉丝号，为本地农产品进行推广引流，成为广大农户的经纪人。同时，以资源节约、结构合理、差异发展、协同高效的全媒体传播体系高质量推动媒体深度融合发展，重构新时代媒体的引导力、传播力和影响力。

第三节　融媒体中心提升舆论引导能力的有益探索

不积跬步无以至千里，不积涓流无以成江海。太山之高，背而弗见；细微之尘，视之可察。千里之行，始于足下，香河融媒体中心坚持从小处入手，从细微之处做起，努力提升中心的生产效能和传播力、影响力，致力提高舆论引导能力，传播正能量，营造良好发展环境。

首先，全力做优新闻宣传主业，坚持守正创新，认真践行“四力”，充分发挥全媒体传播平台聚合效应，做大做强积极向上的主流思想舆论。特别是2020年疫情期间，从首发疫情提醒，仅一个半月时间，香河融媒共采集编发相关新闻稿件1850篇，制作专题片和短视频72个，为夺取疫情胜利起到了压舱石作用。中心被廊坊市委宣传部、市文明办授予奋力夺取疫情防控和经济社会发展“双胜利”主题宣传最美新闻人（团队）荣誉称号。2019年中心荣获河北省“新春走基层”活动增强“四力”先进集体荣誉称号。2021年以来，中心紧紧抓住全县保通航、优环境、促发展、庆百年等重点工作，利用广播、电视、报纸、微信、短视频等全媒体平台，通过开设专题专栏等多种形式进行了大量宣传报道，为工作开展营造了强大的舆论声势。多部图文和短视频作品先后被环京津新闻网、央视移动网、央视频、人民日报人民号及新华社现场云等平台、客户端多家媒体转载发布。5月3日，新闻《千年运河再现生机》在央视一套《新闻联播》播发。5月14日，由河北广播电视台公共频道、香河县委、县政府、香河县融媒体中心联合制作播出的“直播河北”，聚焦北运河旅游通航工程进展情况进行了持续一个小时的展示。

其次，坚持以人民为中心的创作导向，紧紧围绕群众需求创新内容生产，精心打造有角度、有温度、有深度的优秀节目。短视频《大十五的吃什么方便面呀》迅速创造了2800万的点击率，引起河北省广电局和河北省记者协会高度关注，分别在其官方微信平台，向全省推介香河县融媒体中心疫情防控宣传的系统做法。短视频《香河疾控检测人员舍小家为大家》的播放量突破1000万，点赞量达40万，该作品纷纷被“梨视频”“北京交通广播”“凤凰周刊”“南方都市报”等多家媒体转载。大型政务服务栏目《阳光问政》，从人民群众关注的热点、难点问题入手，督促相关部门履职尽责、担当实干，提高“以人民为中心”的责任意识，引发了强烈社会反响。拍摄制作的大型系列历史文献纪录片《香河·印记》，对标《中国影像方志》，对香河历史文化、社会民情进行全面、深入、系统的梳理，是以影像存志的大型系列历史文献工程，目前已被新华社客户端转载5集，被“学习强国”河北学习平台转载9集。2020年香河县文化旅游产业发展大会（云会议）大型融媒体直播活动，采用了“智慧化平台＋网络直播＋云会议＋云展览＋云导游”的全新方式，引发了社会的广泛关注，各新媒体平台在线观众超过200万人次。

最后，建设智慧媒体，科学谋篇布局。在县委、县政府的大力支持下，香河融媒体中心有效整合县域媒体资源、文化旅游、公共服务、社会大数据、政务服务、行业管理等本地资源加以综合利用，建成智能多元的社会综合治理平台，形成商业化网络媒体不具备的综合优势，坚持群众在哪里，融媒体平台的服务就到哪里。同时，充分借助3DGIS、VRAR、AI、IoT、MEC（边缘计算）等新一代ICT技术，发挥融媒平台优势，为“智慧香河”的建设提供有力支撑，将香河县级融媒体平台建成香河“县域社会治理”最有效的支撑平台，占领新型融合媒体传播体系的制高点。

第四节　融媒体中心舆论引导面临的问题

近年来，在推进融媒体中心健康运行和发挥主流媒体引导群众、服务群众作用的过程中，香河县融媒体中心坚持脚踏实地，立足开拓创新，做了大量的工作，取得了喜人成绩，但也存在着一些问题和困难，制约了媒体融合的发展速度和质量。

一、专业人才短缺

香河县毗邻京津，但在工资、福利等方面与京津地区有较大差距。因此，受人才“虹吸”效应影响，近几年，10余名优秀的编导、记者等专业技术人员相继参加各类招聘考试或跳槽到其他单位，造成了人才流失。当前，媒体宣传整体环境发生了深刻变化，“一体策划、一次采集、多种生成、多元传播”的传播格局，对从业人员的业务技能提出了更高的要求，移动化、可视化和智能化的传播趋势，更离不开相应的技术保障人才。特别是从“互联网+”到“智能+”的传播形态的快速发展，以微视频、短视频为主打传播形势的出现，使得中心更加凸显出专业技能人才明显不足的问题。急需加大“一专多能”的复合型人才引进和培养力度，包括全媒型新闻记者、编辑、编导、主播和专业制作人才，特别是互联网宣传专业人才。

二、发展资金不足

当今社会，科学技术日新月异，新设备、新技术层出不穷。特别是信息技术的快速发展，中心要想在新媒体领域创新突破，需要大量资金保障。同时，因体量增大、广告市场疲软等因素，目前融媒体中心自身“造血”功能仍显不足。

三、管理体制尚不完善

香河县融媒体中心在建设和发展过程中，逐步探索实践，初步建立了多劳多得、优劳优得的绩效激励机制，但受体制和现实影响，非在编人员不能参加县考核，与在编人员收入相差较大，影响积极性和工作效率。而这些人员同样是融媒体中心健康发展的中坚力量，特别是近些年所招录的专业技术人员都是目前所需要的紧缺人才，他们大多被安排在重要的专业技术岗位工作，主要从事新闻采编、节目制作、新媒体运营、编导、播音主持等核心岗位。受各种政策上的制约，中心的管理体制及激励机制还存在一定的不合理性，还不能充分激发全体职工的工作积极性、主动性，需要进一步依据相关政策修改完善。

四、部分项目推进受阻

县级融媒体中心建设是个系统工程，庞大而复杂，在资源整合层面，是以广播电视台为主体，涉及报社、新闻中心、政府信息中心等部门；在建设推动层面，涉及宣传部、组织部、人社局、财政局、编办等单位的部门协同；从职能层面看，融媒体中心将逐步整合县域内新闻报道、政策宣传、党群社区服务、公共信息服务等。如融媒体政务服务、民生服务功能问题，为群众基本需求提供网上一站式服务，是县级融媒体中心建设考核验收的重要内容，也是融合媒体服务深度融入“县域社会治理”格局的重要方面，要更好实现此项功能，需与县域各部门加强合作，单靠融媒体中心自己去推动，速度缓慢，还需要县委县政府全面把握、统筹协调。

第五节　提高融媒体中心舆论引导能力的路径与方法

明者因时而变，知者随事而制。思想有多远，路就能走多远。而梦在心中，路在脚下。直面新形势、新挑战，必须坚定必胜之心，汇聚磅礴之力，大力推进技术创新，着力壮大新极点，形成发展新动能，在抢抓机遇中赢得更大的发展空间。

一、站位高端布局，最大限度地争取政策支持

从发展的角度出发，科学论证，高端布局，争取县委、县政府和上级主管部门全方位的支持，特别是政策、资金的支持，为融媒体中心的发展提供不竭动力源泉。争取县委县政府从加强社会治理的角度，有针对性地出台指导方案、扶持政策，使县域各职能部门主动打破信息壁垒，开放数据、信息、服务等功能，将可以开放的数据、信息、服务等优先向融媒体中心开放，使融媒体中心在发挥好思想引导、舆论引领作用，成为县域基层巩固和壮大主流思想舆论根据地的同时，更好地发挥文化服务、社会服务、商业服务等重要作用，更好服务于

政务管理、基层治理，更好服务于经济社会发展和民生福祉。

二、加大专业人才引进培养力度

针对融媒体中心高度专业性的行业要求，争取县委政府给予相应人才政策倾斜，让融媒体中心能够根据融媒体发展需要，引进、培育各类急需人才，同时能够留住人才，补齐专业人才短板。同时，进一步加强对职工的思想教育和全媒体转型培训，增强职工的融媒意识，全力培养善用现代传播手段的全媒型的记者、编辑、主持人等人才队伍，为融媒体中心健康发展提供人才支撑。

三、创新管理模式，优化运行机制

中心将从有利于事业发展的角度，研究制定科学合理、可操作性强的绩效和薪酬方案，健全高效、公正的考评体系，让能力、业绩、效益真正挂钩，最大限度激发职工的工作积极性和主观能动性，提高县融媒体中心内生动力。

四、强化新闻敏感意识，突出地域特色，努力践行“引导群众、服务群众”

作为县域内的官方主流媒体，落实好习近平总书记“扎实抓好县级融媒体中心建设，更好引导群众、服务群众”的重要指示精神，就必须提高媒体人的新闻敏感意识，立足本县实际，围绕中心，引导群众、服务群众，真正发挥并逐步提高融媒体中心的舆论引导能力。香河历史悠久，历史名人众多，可以充分挖掘的内容很多，加之千年古运河重焕生机，城镇化和美丽乡村建设有序推进，只要用“实际、实用、实效”的工作作风，创造出一大批“香河人、香河事”的经典作品，并在尽可能大的范围内广泛传播，融媒体中心的舆论引导能力就会得到显著的提升。

江苏省邳州市融媒体中心能力建设研究报告①

推动媒体融合发展，是坚决贯彻落实中央交给媒体的一项重大政治任务，是巩固宣传思想文化阵地、壮大主流思想舆论的战略举措。近年来，邳州全面落实中央、省市决策部署，准确把握全媒体时代的发展趋势，在机构、内容、渠道、平台、人员、经营、管理等方面深度融合和全面升级，理顺体制机制，强化内容生产，拓展服务领域，将融媒体中心建设成为主流舆论的主阵地，成为党委政府引导群众、服务群众的重要主平台，形成了可复制、可借鉴、可推广的邳州样本，为全国县级融媒体中心建设探路先行做出了应有贡献。

第一节　邳州市融媒体中心基本情况

党的十八大以来，以习近平同志为核心的党中央作出推动传统媒体和新兴媒体融合发展的战略部署。2015 年，邳州坚持问题导向，在全省率先破冰启动媒体机构改革，大力整合广播、电视、报纸、网站、新媒体等媒体平台，探索事企并轨的运作模式，迈出推进媒体深度融合第一步。2017 年，邳州广播电视台以江苏省县级广电媒体深度融合试点为契机，按照试点工作要求，制定实施方案、梳理七类 38 项工程，经过几轮改革和完善，在完成机制体制改革、技术平台建设、融合渠道平台、一体化传播、统一经营服务的同时，提出了“一

①本文作者徐希之系江苏省邳州市融媒体中心主任。

棵树”的概念，将本土的银杏特色和融媒体相结合，打造了“银杏融媒”特色品牌，同年，“邳州银杏甲天下”App 客户端，获评中国县域最强广电 App 冠军。2018 年 10 月，邳州正式挂牌成立融媒体中心和银杏融媒集团，5 个案例获省级评选表彰，“银杏融媒”项目团队获评“年度优秀融媒体运营团队”，成为全国唯一获此殊荣的县级媒体。2019 年，邳州市出台《关于深化邳州市融媒体中心建设的实施意见》，继续深化融媒体中心建设工作，“银杏融媒”获江苏省综合示范案例奖，邳州广电台重塑品牌影响力，获“改革开放四十年全国百家县级广播电视台”荣誉称号，加速成长为形态多样、手段先进、具有竞争力的新型主流媒体，被国家广电总局表彰为全国广播电视媒体融合先导单位；作为全省唯一一家县级融媒体中心，入选中国（江苏）广播电视媒体融合发展创新中心共建单位；累计吸引 20 多个省 400 多家市县宣传部和融媒体中心来邳交流学习。

第二节　邳州市融媒体中心发展亮点

为破解体制机制上的桎梏，培育适合媒体融合发展的强健“根系”，银杏融媒启动机制体制改革，将现代企业管理制度引入事业单位，探索实践事企并轨运作模式并取得较好的效果。重塑管理体制体系。在县级台中先行探索融媒体中心主任、党委书记领导下的总编辑和总经理分工负责制，设立总编辑和总经理岗位。总编辑和总经理对中心主任、党委书记负责，分别统管融媒体新闻宣传和全平台经营创收业务。一体两翼，各负其责，激发活力。大胆改革用人制度。打破编内编外人员身份限定，用一把尺子量人才、评业绩，做到“同岗同责、同工同酬、优劳优酬”，40 名聘用关键岗位、拔尖人才与事业编制人员在工资待遇上同工同酬。推行公开竞聘的用人机制，中层管理人员公开竞岗、基层员工双向选岗，目前已有 37 名体制外优秀员工通过竞聘走上中层管理岗位，越来越多的聘用人员成为业务骨干和主力军。注重完善激励机制。强化薪酬正向激励，对符合融媒传播需求的人才实行“双特机制”：提出特殊要求并给予特殊待遇；建立工作室效果评价激励机制，以月度为单位，以作品实际传播效果为依据，根据发稿数量给予基础资助，根据爆款作品访问量实行优劳优酬；全员绩效考核，上不封顶下不保底，多劳多得，优劳优酬，奖优罚劣，奖勤罚懒，解决“干多干少一个样、干好干坏一个样”的老问题。创新人才培养模式。成立银杏融媒学院，对接中国传媒大学、南京师范大学等传媒高校，共建培训基地，全力打造人才培养的平台、融合创新的智库、学术交流的载体。加强和学界、业界的沟通交流，先后承办了第二届中国广电改革实战峰会、2019 中国县级融媒体中心建设研讨会暨银杏融媒新书发布会、中国传媒大学第十一届国际联合暑期班等。银杏融媒学院坚持每周开展一次内训，每月组织一场外训，每年举办一届全国峰会，平均每年培训 1 万人次。同时，立足本土选拔培育人才，施行“一专一特”融媒人才计划，以融媒记者为核心，打造精通“十八般武艺”的专业记者团队；以特约记者为补充，从各镇（区、街道）及机关单位公开选拔，组建 170 多人的融媒特约记者团队，壮大融媒采编力量。建立健全内控制度。由传统机关事业单位管理方式向现代企业化管理模式转变，制定规范了包括项目制申报、考勤请销假、财务报销、物品采购申领、员工评价体系等 30 项内控制度和 10 多个办事流程，不断激发内生动力和活力。

整合广播、电视、报纸、网站、客户端、微信、微博等媒体资源，构建“两台一报一网、两微一端多平台”八位一体传播矩阵，通过创新运行机制，催化融合质变，全力构建一体化传播矩阵。强化移动优先。坚持新生态、全业态、年轻态，推动资源、技术、力量向互联网主阵地汇集、向移动端倾斜，组建了“银杏融媒智慧港”（新媒体公司），着力打造产品创新的孵化器、智慧服务的主引擎、媒体融合的新高地，推进实施三年行动计划，开展“智慧 +”战略，重点在产品创新、视觉创意、品牌运营、技术研发、市场拓展、数据分析等方面突破，着力建成一批具有较强新闻传播力、数据研判力、媒介服务力和较高用户黏度的移动新媒体平台；持续创新推出一批具有本地特色，感染力较强的融媒体产品；研发拓展一批用户需要的、喜爱的应用服务模块。2016 年，集新闻资讯、银杏 TV、银杏直播、智慧城市、政务服务、手机问政、互动社区等为一体的“邳州银杏甲天下”APP 客户端上线运营，让 195 万邳州人“一端阅尽”家事国事天下事，“一端解决”柴米油盐酱醋茶，打造老百姓离不开、放不下的“掌中宝”，后台下载量达 270 万，注册用户 55 万，凭借其丰富的内容、完善的功能、便捷的体验连续两年摘得中国县域最强广电 App 冠军。同时精心培育“邳州银杏甲天下”“无线邳州”“银杏直播”三个具有社会影响力的微信公众号，粉丝量60万，稳居全国县级媒体微信百强榜；开通抖音号、头条号、企鹅号、网易号、大鱼号、百家号等十多个媒体号，构建载体多样、渠道丰富、覆盖广泛的移动传播矩阵，移动端用户量突破130万。建强“大脑中枢”。在推动媒体融合中，银杏融媒先后投入350多万元建设银杏融媒生产协同系统、指挥调度中心、大数据中心等技术平台，建立“中央厨房”运行机制，突出融媒体指挥调度中心的大脑中枢作用，实现宣传任务统筹、重大选题策划、采访力量指挥等统一生产指挥调度，再造策采编发流程，形成新闻“一次采集、多种生成、多元传播”的工作格局。每个融媒体记者的采访都要根据新闻表达的不同要求，为多个分发平台提供内容生产。建立了客户端24小时滚动播报，微博择优发布，3个微信公众号错时推送，今日头条同步编发，抖音、快手有效补充，电视、报纸跟进报道的全天候、全平台、全覆盖的传播模式，推动“小屏带大屏、大屏通小屏、多屏联受众”，催化融合质变，形成“一盘棋一个声音”的传播生态。向上对接江苏广电“荔枝云”实现与省台新闻资源、技术平台的交互共享，实现资源共享最大化、平台播出最大化、宣传效果最大化。通过招募、选拔人才，组建新媒体技术研发团队，围绕移动端产品开发、5G技术应用、综合服务平台技术对接维护，开展专业化的训练、研发和保障。联合第三方数据分析平台，构建银杏融媒数据分析系统，实现对用户画像、融媒传播力的有效分析，为内容生产、经营创收、技术开发等提供重要的数据支撑。对接大数据中心，加快构建城市区域性数据库，为政务服务、公共决策、舆情分析提供参考。放大传播效应。媒介在变，传播方式在变，但受众对优质内容的渴望永远不变。银杏融媒重点在“准”“新”“微”“快”上下功夫，按照跨部门搭配、兴趣化组合、项目制实施的原则，组建融媒实验室，推行“融媒工作室”创新工程，推动采编人员“IP”化，培养专业的产品经理人，以项目制的柔性方式自由组队，成立融媒工作室，开展融媒体产品的创意、孵化、生产。鼓励采编人员从幕后转至台前，用H5、动漫、视频、音频、VR等全媒体表现形式，全平台推送新媒体产品。成立了“视频创意工场”“运营创意”“智慧项目”“研发创新”等17个工作室。通过一段时间的运行，极大激发了团队的创新力，一批爆款产品不断涌现，新媒体活跃度明显提升。重要的是采编人员的思维和新闻生产模式发生了转变，比如围绕创文宣传策划推出“创文小剧场”系列短视频、“给邳州市民一杯 Mojito”MV 短视频、“我为文明城市代言”H5 接力互动、“创文问卷”H5 答题游戏、“我拍创文新变化”等系列产品，全网阅读量突破 100 万人次，吸引 25 万人次参与线上互动，大大提升了新闻的传播力和引导力。围绕党史学习教育宣传，成立了“E 起学党史”工作室，策划推出了 7 场宣传活动、6 个主题专栏、8 组系列报道的“768”党史学习教育系列融媒体产品，超 50 万人次参与全民学党史“百日擂台”线上答题，超 60 万人次观看“云邳州唱小康”红色歌曲展播，累计转载转发权威信息、采写编发新闻报道 600 余篇（条），推进了党史学习教育走深、走心、走实。搭建“银杏直播”平台，实现新闻移动直播的常态化，2017 年以来，共开展近 1200 场次网络直播，累计在线观看量突破 1 亿人次，最高单场直播观看达到 75 万人次。“银杏短视频”工作室探索 MCN 运作模式，孵化了 5 个主播抖音号，开展短视频创作，试水直播带货，新增粉丝 15 万，一个月视频播放量突破 1 亿，单条视频最高阅读量达 4300 万 +。

系统化探索“智慧广电 +”新业态，以大数据、智慧化、智能化为引领，以银杏融媒综合服务平台建设为抓手，从单纯的新闻宣传向公共服务领域拓展，增强互动性，从单向传播向多元互动传播延伸，将媒体与政务、服务等业务相结合，提供多样化综合服务，满足用户多样化的需求。通过“融媒 + 政务服务商务”的运作方式，全力打造主流舆论阵地、综合服务平台和社区信息枢纽，推动融媒体可持续发展。做强融媒 + 政务。在推进融媒体建设的过程中，银杏融媒发挥平台资源和技术团队优势，通过“邳州银杏甲天下”App 无缝对接县域各类平台资源，实现数据的共建共享共融，将面向全台的媒体平台升级为面向全市的政务服务平台。一方面通过开通“银杏号”，汇聚全市政务信息资源，打造政务公开信息发布平台，目前全市 200 余家政企单位入驻，涉及镇区街道、部门单位、教育、医疗、金融等领域，正在向 490 个社区、村延伸；另一方面推出网上办事大厅、手机问政平台、新时代文明实践云平台、举报监督等功能模块，构建全市统一的掌上政务服务平台。随着 5G 和人工智能的普及，银杏融媒将进一步把所有政府办事事项全部转移到 App 平台上来办理。在具体实践中，将通过与行政审批局合作，把 PC 端一些审批业务放到移动端，为个人和单位进行服务；同时，把平台延伸到村一级，打通服务群众“最后一公里”。未来，银杏融媒将参与更多的邳州智慧城市建设，实现更多的城市政务功能。

做实融媒 + 服务。利用 App 对接“智慧城市”建设和公共服务平台，聚合各类优质公共服务资源，打造一站式社区服务终端，开通便民查询、便民支付、同城生活、房产、招聘、医疗服务、明厨亮灶、教育培训等功能应用，成为市民在衣、食、住、行、娱、游、购等方面的贴心伴侣。目前已接入各项便民服务事项 100 多个。围绕智慧交通，接入重点交通路段视频监控，方便用户实施查看交通路况；围绕智慧法律，网友可以 24 小时在线进行法律咨询和申请法律援助；围绕智慧教育，中小学生可以上网课在线学习；围绕生活服务，推出“银杏同城”，集分类信息、同城好店、同城招聘、同城房产等于一体的吃喝玩乐服务平台，入驻商家企业达 230 多家；围绕助力复工复产，融媒体中心策划“抗疫助农草莓行动”，一周销量突破 2 万斤，联合拼多多开展“助农专场”12 个小时不间断直播带货，推销邳州特色农产品，交易额达 100 万元。开通“云招聘”平台，近 6000 名求职者疫情期间线上找工作。同时，启动智慧社区云平台建设，融入网格化社会治理，打通服务社区群众的“最后一米”。推进新媒体梯影终端部署，覆盖社区小区、车站、医院、商超等公共场所，提供政务信息、应急发布、生活服务等信息。此外，积极探索应用人工智能等技术，继续完善和更新服务项目，把 App 作为承接平台和服务平台，打造成为智慧城市的信息枢纽。

做优“融媒 + 商务”。相较于中央级融媒体与省部级融媒体而言，县级宣传系统规模有限，且受制于体制、资金、人才和设备等条件的限制，在营收模式过时的情况下时常因陷入困境而难以正常运转，在激烈的传播竞争中面临严重挑战。因此，县级融媒体在推进改革建设的过程中，必须用新的传播手段来重构媒体的商业模式，实现新的产业拓展，建立起自我“造血”和“输血”的良性循环，以适应社会主义市场经济发展提出的新要求。银杏融媒首先打破过去各自为战的分散经营模式，建立了一体化经营服务体系，统一管理，统一经营，拓展文化创意、影视制作、演艺活动、展会、教育培训、大数据、技术开发等产业，不断增强自我造血功能，为融媒体中心发展提供坚强的经济保障。依托本地博物馆及银杏资源，开发了“邳州礼物”系列文创产品，备受青睐；联合开发御品膏方白果草本膏，借势进入健康产业；精心培育的小主持人培训、小记者站、研学游等一批品牌教育产业方兴未艾；开发定制了“主播带你去旅行”、“带着爸妈去旅行”等主题游，文旅产业成效初显；集嗨吃、嗨购、嗨玩、嗨游为主题的“嗨邳”社群服务体系初具规模；试水直播带货，品牌营销优势彰显；

技术平台开发、大数据产业成为创收新渠道。进军智慧城市、数字经济等新产业，为各政企单位提供数字化应用平台开发、技术运维等服务，形成以新技术应用为支撑的数字产业体系。推进媒体融合改革以来，银杏融媒的传播力、引导力、影响力、公信力不断增强。

第三节　邳州市融媒体中心舆论引导实证研究

一、解读党的理论路线方针政策及上级各级党委政府精神

坚持以习近平新时代中国特色社会主义思想为指导，始终把讲政治、讲党性摆在首位，深化广播电视媒体“头条”建设和网络视听平台“首页首屏首条”建设，常年推出“新时代新作为”“学习进行时”等专栏专题，上接天线、下接地气，创新传播手段和话语方式，让党委政府直通人民群众，让党的创新理论“飞入寻常百姓家”，切实将银杏融媒打造成新时代宣传思想工作的主阵地，党委政府和人民群众的连心桥。推动与新时代文明实践中心在平台、终端和渠道上的互联互通，创新打造“文明实践云平台”“文明实践直播间”等平台：“云平台”紧扣推动习近平新时代中国特色社会主义思想深入人心、落地生根的首要任务，设计“实践课堂”“实践直播”“榜样力量”等功能版块，将党和国家的方针政策、宣传教育活动、好人事迹等各类资源同步到线上，方便群众浏览学习。“文明实践直播间”辐射了全市 25 个镇级文明实践所、497 个村级文明实践站，通过“邳州银杏甲天下”App 以群众喜闻乐见的方式宣传党的声音，使党的创新理论以更接地气的形式接近群众、深入群众。

二、讲本地老百姓生产生活故事

始终坚持从百姓的关注和需求出发，以关注民生、服务群众为立足点，在内容上着力制作民生类、服务类、问政类、方言类等节目，受到群众普遍欢迎。开设话题性栏目《有融有度》，用老百姓听得懂的“邳普”解读社会热点和政策，充分展示多方观点碰撞，从而达到舆论引导作用。《政风热线》直播问政

节目既是媒体监督，又是政策解读，累计解决百姓各类问题3900多件。融媒记者走遍全市490个村，让村支书拿起自拍杆讲述《俺村振兴我担当》的故事，每一篇都带着泥土的芳香；“有事您开口，我们搭把手”《搭把手》栏目记者成了为百姓排忧解难的贴心人。全面落实“我为群众办实事”，特别策划“融媒记者社区行”活动，新闻工作者走村串巷、进社区，聚焦“强作风、抓项目、提质效、惠民生”，累计帮助群众解决实际问题150余件。同时，发挥社会纽带和桥梁作用，在社会治理、公共事务决策、智慧城市建设等方面提供更多优质服务，更好地服务于本地党委政府工作大局，服务于当地群众的生产生活，服务于当地经济社会发展，不断创造政治效益、社会效益和经济效益。

三、重大危机事件干预

发挥舆论监督作用，在创文、违建、安全生产等领域开展持续曝光，做到现象追查属实、采写证据过硬，并透过现象看本质，直面“庸懒散、浮拖贪”，为邳州营造摸实情、求实效、干实事的浓厚发展氛围贡献宣传力量。施工围挡本应是文明安全的防护墙，却一度沦为脏乱差的“遮羞布”，群众出行的“拦路虎”。为进一步规范、提升城市管理，银杏融媒特别报道组策划推出《直击围挡背后乱象》，通过对全市266处施工围挡情况梳理，聚焦围挡背后存在脏乱差、违建、项目推进不力、地块闲置、变相商业盈利等热点问题，查现象、剖原因、谋整改，继而在全市范围内掀起共同参与、共同发力，全面整治城市管理乱象的舆论声势。节目一经推出，就带来极大反响：市民拍手称赞、相关部门工作作风得到极大改善，避免了舆情的产生。此外，针对僵尸低效企业形成原因、社会危害、整治进展等，开展新闻调查《聚焦僵尸低效企业》连续报道，推动解决矛盾突出问题，形成围绕市委市政府各项工作，及时跟进、主动作为，全力营造为全市经济社会高质量发展真抓实干、埋头苦干的良好氛围。

四、外宣传播强化本区域公众认同形成凝聚力向心力

持续深化与中央、省市级主流媒体的联动沟通，围绕市委、市政府中心工作，精心策划重大主题宣传，今年以来，在市级以上主流媒体刊发1160余篇（条），其中，中央级媒体150余篇（条）、省级媒体580余篇（条）。《人

民日报》3 篇专稿、《学习时报》刊发市委书记署名文章、央视 19 个单条、中央广播电台 4 个单条，《新华日报》3 篇头版、36 篇专稿，江苏卫视 5 个单条，“学习强国”学习平台 347 篇报道，《徐州日报》5 次系列报道、2 篇头版头条、20 篇头版、43 篇专稿，徐州广播电视台 257 条报道等一系列重点报道影响广泛，邳州好声音、邳州好形象得到充分展示，浓厚的干事创业舆论氛围持续深化。

第四节　融媒体中心舆论引导面临的问题与困境

全媒体时代，邳州市融媒体中心在舆论引导上面临着人才流失严重、技术创新不够等问题与困境：辛辛苦苦培养出来的优秀员工有了更好的工作报酬，主动提出离职，近几年流失近 30 人。对外招聘时，高精尖人才也因为得不到理想的待遇，不愿意到县级媒体贡献力量。随着媒体深度融合发展，现有技术系统已无法满足最新行业需求，且基础安全生产防护、人工智能及“5G + 4K”直播、融合生产升级等亟需大量资金投入。

第五节　提高融媒体中心舆论引导能力的路径与方法

全媒体时代给舆论引导工作带来机遇和挑战，要求主流媒体牢牢把握舆论场主动权和主导权，使互联网这个最大变量变成事业发展的最大增量。

坚持正确方向。坚持以习近平新时代中国特色社会主义思想为指导，增强“四个意识”、坚定“四个自信”、做到“两个维护”，把党管宣传、党管媒体贯穿始终，确保舆论引导工作始终沿着正确方向推进。

坚持移动优先。以互联网思维优化资源配置，把优质内容、先进技术、专业人才等向移动端倾斜，打造自主可控、传播力强的新型网络传播平台，用高质量服务和个性化体验吸引更多用户，让主流媒体牢牢占据舆论引导制高点。

坚持以人民为中心。始终坚持一切为了群众、一切依靠群众，充分发挥全媒体时代主流媒体在党委政府联系群众中的桥梁纽带作用，转作风、改文风，在及时性、权威性、思想性上下功夫，生产群众更喜爱的内容，有效回应群众关心关切，提高正面宣传和舆论引导水平。

湖北省宜昌市夷陵区融媒体中心能力建设研究报告①

媒体融合已有十个年头，县级融媒体中心建设也进入了第五个年头，在多年的融合实践中，涌现了很多成功的县级融媒体中心典型案例，如江西分宜融媒体中心、福建尤溪融媒体中心、浙江安吉融媒体中心、湖北夷陵融媒体中心等。县级融媒体中心已由最初两年的挂牌成立阶段进入较长时期的能力建设阶段。这个能力建设就是要通过体制机制、生产流程、经营管理、技术应用、人才培养、队伍激励、政策资源等方面的综合发力，形成符合本区域实际的全媒体生产与传播能力，真正建成主流舆论阵地、综合服务平台和社区信息枢纽，成为地方党委政府“治县理政”的平台和抓手，为中国式现代化实践服务，为中华民族伟大复兴中国梦目标助力。一方面，融媒体中心要紧紧围绕中央及各级党委政府的中心任务，通过解读好党的理论路线方针政策、讲好本地老百姓生产生活故事、做好重大危机事件干预和外宣传播等工作、发挥强大的舆论引导作用。另一方面，融媒体中心要高度重视传播本地文化工作，我们知道，中国社会主义道路的每一步开拓，都是基于中国国情和中国文化的实践探索，在全面推进中国式现代化的大潮中，马克思主义和中华优秀传统文化在进行紧密的结合，锻造出丰富的当代文化，形成新时代的中华民族现代文明，现代意义上的文化认同，必将为中国特色社会主义文化发展提供强大精神动力，为实现中华民族伟大复兴提供关键思想资源。为此，各级各类媒体务必高度重视对本区域本行业文化的传播，形成自己独特的文化体系，成为传媒产品生产传播取之不尽用之不竭的活力源泉，形成区域融媒体中心核心竞争力，打通传播“最后一公里”，

①本文作者刘建华系中国新闻出版研究院传媒研究所执行所长、研究员。

紧紧黏附本区域传媒文化产品用户，与中央省市级媒体形成互补优势，真正成为不可替代的基层新型主流媒体。

第一节　夷陵融媒体中心基本情况

湖北宜昌市夷陵区融媒体中心于 2019 年 3 月正式挂牌成立，为夷陵区委直属正科级公益二类事业单位，归口区委宣传部领导，加挂宜昌市夷陵区广播电视台牌子，负责全区对内对外宣传工作，广播、电视、网络和移动端等全媒体融合发展。中心内设股室 15 个，核定事业编制 71 名。现有人员 87 人，其中本科学历 52 人、研究生学历 12 人。中心按照“一类保障、二类管理”模式运行，近几年财政年均拨款约 1700 万元。中心现有“两台一网两微一端”等宣传平台，开设有《夷陵新闻》及《天南地北夷陵人》《党旗在一线飘扬》《落到实处以“四个重大”为例》《夷陵好人》等数十个节目。

通过近 5 年的融合发展，夷陵区融媒体中心取得了一定成绩，基本建成主流舆论阵地、综合服务平台与社区信息枢纽。2019 年，中心作为全省两个县市级代表之一向时任中宣部部长黄坤明做了汇报展示。2020 年，全省广电媒体融合创新与发展研学班在夷陵举办，该年度中心活力指数排名位居全省 103 个县（市、区）榜首。2021 年，中心创作的《媒旅新融合云端见三峡》荣获 2021 年湖北省媒体融合创新案例评选活动内容创新最佳案例。2022 年，中心荣获 2021 年度优秀城市融媒（区域融媒）综合影响力 Top10，“云上夷陵”App 荣获 2021 年度优秀城市融媒（客户端）综合传播力 Top10，有两件作品分获第三十九届湖北新闻奖二、三等奖。2023 年，中心荣获“2022 年度长江云平台优秀运营单位”。

第二节　夷陵融媒体中心能力建设亮点

打通传播“最后一公里”，建成新型主流媒体，成为地方党委政府“治区理政”的平台与抓手，最终要靠实力说话，夷陵区融媒体中心在能力建设方面主要有以下亮点。

1. 健全体制机制，激发全员活力

融合发展的本质是需要构建新的组织机构，配备新的体制机制，适应新媒体技术背景下的媒体生产与传播要求，提供适合社会需求的传媒产品与服务。作为一种新的媒体组织机构，县级融媒体中心要根据区域内外现实条件，选择适合自身融合发展的体制机制，重构生产流程，形塑经营管理理念，激发全员活力，提供适销对路的产品与服务，切实发挥“治区理政”的作用。夷陵区融媒体中心建成了全媒体指挥系统，成立了融 @ 新闻指挥中心，整合了区广播电视台、三峡夷陵网、“云上夷陵”App、“夷陵发布”微信公众号、“夷陵发布”视频号、“5210 我爱夷陵”抖音号等融合传播平台。成立了小视频生产团队，按照扁平化、小团队模式建立了适应全媒体运行、具备融媒体特征的新型组织架构和管理体制。

与机构建设相匹配，夷陵融媒体中心牢牢进行内部管控，大力加强队伍建设，既夯实了保障能力，又提升了工作积极性。内部管控方面，一是强化安全播出。全天候开展安全检查，全面保障重要保障期、重大时间节点及广播电视节目的安全播出工作，实现节目播出无差错零事故。二是强化宣传管理。加强节目编审流程管理，实施节目差错责任追究，推进宣传管理规范高效。创新内容生产、平台服务和广告管理，推进精品创作。三是强化考核培养。推行积分制量化考核绩效管理。开展新闻质量提升月采编播业务集中培训，全年组织各类线上线下培训 300 多人次，全面强化采编人员“四力”教育。队伍建设方面，加强中心人才保障，开展教育培训，年均引进成熟型融媒体记者、编辑、全媒体技术人才 10 名左右，组织各类业务培训 100 余人次，组织送出去、跟班学习等形式全面提升采编人员“四力”，引导从业人员向全媒体记者、全媒编辑、全媒管理人才整体转型。设立科学合理的考评体系、薪酬分配制度、特殊人才激励手段，按照“一类保障、二类管理”原则，实行 2.5 倍绩效工资激励考核机制，逐年优化绩效工资考核方案，最大限度调动职工积极性，不断提升凝聚力和向心力。通过健全体制机制，基本实现调动指挥更畅、新闻质量更高、传播速度更快、宣传渠道更广、服务功能更强。

2. 强化平台建设，锻造精品力作

加强与省市级媒体深度合作，全面优化“云上夷陵”App 和三峡夷陵网功能。通过强化新闻生产，举办线上线下活动、拓展服务功能等途径，打造拓展“1+5+3+X”全媒体传播矩阵，实现重大新闻、突发事件、重点报道移动端新媒体首发，提高在区域内的覆盖面、传播力和影响力，发挥“融多多”效应。务实探索新时代文明实践中心和融媒体中心“两心”人融、心融、事融、地融，多种生成、多元传播的“融多多”实践之路。与《看看新闻》合作，推出《追光 2022》慢直播，全网点击量突破 1 亿。2023 年上半年，“云上夷陵”发稿 4800 条、51 条稿件阅读量过万，三峡夷陵网 3520 条，“夷陵发布”微信 670 条，“魅力夷陵”微博 152 条。“夷陵发布”视频号、“5210 我爱夷陵”抖音号共发布视频 935 个，其中 50 万 + 视频 3 条，10 万 + 视频 37 条，抖音号粉丝增加至 11 万，30 多次上榜长江云营运周报，10 多个单项排名第一。

夷陵区融媒体中心聚焦区委区政府工作中心，持续强化重大主题宣传，不断创新内容生产，锻造一系列精品力作。精心打造的《云端三峡》大型山水线上直播栏目全网阅读量达 1.5 亿，开创全省县级融媒“媒体 + 旅游”先河，该案例入选中国新闻出版传媒集团组织评选的全国新闻出版深度融合发展创新案例和《全国广电媒体融合实战案例蓝皮书》。与上海东方卫视联合推出的《理想照耀中国丨许家冲村——大坝之畔建新村》阅读量达 1.94 亿，荣获第三十九届湖北新闻奖二等奖，新闻美术（公益广告）《聚焦党代会｜“2345”数说蓝图》荣获第三十九届湖北新闻奖三等奖。全年生成“报、刊、网、端、微、屏”等融媒体作品 27000 余件，其中报纸、书刊等线下作品 3000 余件，网站、客户端、双微平台、数字显示屏等线上作品 24000 余件。2023 年在中央广播电视总台采用稿件 19 条（其中《新闻联播》2 条），湖北广播电视台采用稿件 79 条（其中《湖北新闻》34 条），荆楚网采用评论文章 18 篇。

3. 优化公共服务，强化融合外宣

积极探索、挖掘、整合省市区各类政务服务资源，推动“云上夷陵”App 功能建设，优化政务、民生服务大厅，实现“云上夷陵”App 与政府服务的互通互融，用户一次注册即可享受政府相关部门提供的户籍办理、资质认证、公积金服务、车辆违章查询等 100 项政务公共服务。搭建网络问政平台，强化政务公开功能，切实增强客户端平台“新闻 + 政务服务商务”的综合服务能力。

实现“两心”的线上融合，通过云上夷陵新时代文明实践版块实现线上点单、线下接单、精准服务。2022 年元旦，推出《追光 2022》慢直播，全网点击量突破 1 亿。4 月，“两心”联合发起“峡州本草夷陵传承”——送你一朵芍药花活动，活动宣传全网点击率突破 3000 万。推出“智慧农业”版块，持续发布优质农产品销售等信息。在移动、联通、电信网络接入夷陵广播电视节目信号，促进电视用户的大幅增长，实现了传统媒体与新媒体传播力、影响力的同步跃升。

通过全媒体联动，聚焦区委、区政府重要工作，聚焦夷陵好山好水、好人好事、好产好业，深入挖掘、突出亮点，讲好夷陵故事，传播夷陵声音。全媒体平台每月发布稿件 2500 条次以上，拓宽对外宣传渠道，每年在国家省市主要媒体发稿数量和质量居全市前列。2020 年 8 月上线的《云端三峡》大型山水实景直播，引得各大媒体持续聚焦并学习借鉴。《我宣誓》系列广播剧在全国 30 多家广播电台推出。《党旗在基层一线高高飘扬——强基固本基层党组织更加坚强有力》在央视《新闻联播》中播出，中央广播电视总台采用中心稿件 50 余条。雾渡河猕猴桃酒上央视，湖北广播电视台采用稿件 84 条。全面创新短视频生产，其中抖音破 10 万播放量的达到 23 条。百里荒滑翔伞邀请赛以网红沉浸式体验的形式，带网友领略夷陵的秀美山川，采用抖音“共创”形式进行宣传，成功拍摄制作共创视频 6 条次，《宜昌百里荒，弹射起飞》阅读量达 32.6 万。

第三节　夷陵融媒体中心文化传播实践

2022 年 10 月，习近平总书记在党的二十大报告中指出，“坚持和发展马克思主义，必须同中华优秀传统文化相结合。……要推进文化自信自强，铸就社会主义文化新辉煌。增强文化自信，围绕举旗帜、聚民心、育新人、兴文化、展形象建设社会主义文化强国。……发展社会主义先进文化，弘扬革命文化，传承中华优秀传统文化，巩固全党全国各族人民团结奋斗的共同思想基础”[①]。2023 年 6 月 2 日，习近平在文化传承发展座谈会上强调，“在新的起点上继续

①习近平 . 高举中国特色社会主义伟大旗帜为全面建设社会主义现代化国家而团结奋斗 [M]. 北京：人民出版社，2022：18，42–43.

推动文化繁荣、建设文化强国、建设中华民族现代文明，是我们在新时代新的文化使命。……盛世修文，我们这个时代，国家繁荣、社会平安稳定，有传承民族文化的意愿和能力，要把这件大事办好。……'第二个结合'，是我们党对马克思主义中国化时代化历史经验的深刻总结，是对中华文明发展规律的深刻把握。……“结合”的结果是互相成就，造就了一个有机统一的新的文化生命体，让马克思主义成为中国的，中华优秀传统文化成为现代的，让经由“结合”而形成的新文化成为中国式现代化的文化形态”①。夷陵区融媒体中心近年来切实践行习近平总书记这些讲话精神，推出了很多创造性创新性的文化报道，旨在着力构建夷陵区文化体系，满足夷陵人民日益增长的精神文化需求，以富有夷陵特色的文化黏附当地人民，成为夷陵人民团结奋斗的共同思想基础。

1. 着力传播红色文化

结合党史教育，夷陵区融媒体中心策划7场次“百炼成钢路，音乐颂党史”音乐党史课，将革命歌曲与党史教育有机融合，反响很好。策划“我宣誓”沙画和夷陵版画，《我宣誓》系列广播剧在全国30多家广播电台推出，对本土真实革命历史进行造像，再现血与火的革命岁月。作品以声音作为形式要件，以“我宣誓”为线索、符号和载体，在融合创作中实现“还原真相、正视历史、启迪现实”的创作初衷。作品全长120分钟，用直叩人心的诵读和对白，追忆革命岁月，传承红色文化。全国100多家广播、电视传统媒体滚动播出，网站、手机App、视频号、微信、微博、抖音等“轰炸式”立体播发，“学习强国”、《中国艺术报》、《湖北日报》、湖北卫视、《三峡日报》等中央省市媒体推介，累计流量超千万，在夷陵和宜昌城区及周边县市区形成传播热点，做到了英雄故事家喻户晓、人人皆知。通过音乐党课和广播剧等融合传播，在全区营造了党史学习教育的浓厚氛围。

2. 着力传播生态文化

2020年，与三峡环坝旅游集团合作，由三峡环坝旅游集团出资，依托夷陵区融媒体中心“云上夷陵”App，共同打造《云端·三峡大剧院》，以直播、短视频等形式为游客打造沉浸式游玩体验，推进文旅融创深度合作。夷陵区融媒体中心为客户进行“高端定制”，策划现场直播，制作短视频140多条，超

①习近平出席文化传承发展座谈会并发表重要讲话[OL]. https：//www.gov.cn/yaowen/liebiao/202306/content_6884316.htm.

千万网民在线浏览互动。自 2020 年 8 月 8 日上线以来，三峡人家风景区平均每天游客数量超过 8000 人次，截至当年 12 月底累计接待游客 100 多万人次。2022 年 9 月 30 日，与相关媒体合作推出《江山多娇——探访国家文化公园·长江篇（下）》，行进式探访长江国家文化公园宜昌市夷陵区段黄陵庙、三峡大坝、许家冲，忆往昔、看今朝。在游览过程中重点讲解了湖北省、宜昌市、夷陵区对长江文化的保护与传承。

3. 着力传播民俗文化

2023 年 7 月 7 日，夷陵区融媒体中心与上海东方卫视等联合推出了《中国节令·小暑》直播，走进大学校园，与外国朋友们一起感受小暑节气文化，体验“小暑”和“末端阳”的奇妙结合，全国 30 多家媒体平台同步推送，累计流量超 500 万。2022 年、2023 年春节期间推出了《夷陵年味》《文化过年》系列视频，“夷陵发布”视频号与“5210 我爱夷陵”抖音号共推出短视频 85 条次，点击量逾 20 万。《夷陵年味》系列共推出 22 期，包含夷陵特色美食（抬格子、铁锅焖肥鸡、清炖天麻鸡、魔芋），夷陵年货节、特色民俗（高跷舞狮），天南地北大拜年，夷陵美景、夜景，新年心愿等，勾起了在外游子的浓浓乡愁。点击量最高的《夷陵年货节，启动》是 1.4 万。《文化过年》从除夕至初六一共七期，展现了夷陵版画、牵花秀、剪纸等非遗文化。大年初三，百里荒滑雪场迎来客流小高峰，央视《晚间新闻》《新闻直播间》和国际频道 5 次进行了报道。春节期间的小视频，合力呈现出文化夷陵、文明夷陵、温情夷陵的良好形象。融媒专题《天南地北夷陵人》以在外逐梦的夷陵人为主角，通过电视访谈的方式，旨在记录和传播优秀夷陵儿女的故事，弘扬乡贤文化，目前已制作播出 32 集。《天南地北人夷陵人》让每一位受访者悉知家乡的日新月异，让每一名观众感受远离家乡的夷陵儿女带给夷陵这座城市的荣光，全媒体播发浏览量 500 万以上。

4. 着力传播地缘文化

《飞阅夷陵》是将视角指向具有特殊地缘文化特色的边界区域，用纪实方式展现边界人文、地理、经济等风貌的电视栏目，也是基层媒体追求节目形式创新与内容本土化的一次尝试。“飞”是高度，飞上去了就看的更广、更高，就是用更高的高度去看更广的夷陵。“阅”是以目之所不能及的视角，更高、更广、更深的去看夷陵的重大项目建设，去看夷陵的人文风景，让广大群众通过精悍短小的视频，感受夷陵火热的发展气场，爱祖国、爱家乡之情油然而生。

《飞阅夷陵》通过“5210我爱夷陵”抖音平台首发，再由微信视频号、“云上夷陵”客户端等平台多种传播，共推出近30期视频，总流量过百万。早在10年前，《夷陵边界行》摄制组沿着夷陵区的边界地域，实地走访采访了63个边界村，总行程逾5万公里，节目旨在把更多的目光聚焦边界村，尤其是很多从来不为人熟知的山区村，让更多人通过了解边界村转而关注、支持边界村的发展。节目获得全国新闻宣传传媒发展实践学术成果交流评析金奖和“湖北新闻奖”等荣誉。

5. 着力传播艺术文化

多年来，夷陵区融媒体中心紧盯群众关注的热点，通过音乐和唯美的画面讲述夷陵故事，全方位展现夷陵的风土人情和好人好事。先后推出《流淌的三峡》《倾述》等融媒音乐MV。在中华人民共和国成立70周年之际，先后制作了《今天是你的生日》《我和我的祖国》音乐MV。《这是一个好地方》《请你走进我的家》作为区歌将夷陵美景尽情展现，广为传唱。推出了《深山里的烛光》《长江恋曲》《情满峡江》《香草幽兰》等共20多首音乐MV，让夷陵精神、夷陵故事在优美的音乐声中广为传诵。2023年7月14日至15日，夷陵区举行百里荒青燥音乐节，陈楚生、光良、动力火车等登台演出。区融媒体中心整合全中心力量，短视频、内外宣同时发力，取得了较好的宣传效果。“夷陵发布”视频号和“5210我爱夷陵”抖音号累计推送短视频共计66条次，截至16日凌晨，抖音热榜及“#百里荒青燥音乐节”话题总流量1003.5万。中心充分挖掘粉丝力量，宣传百里荒21度夏天的避暑概念，《当音乐节遇上绝美晚霞》等极具现场感的视频火爆网络。2020年初，为了引导广大市民安心宅家，区融媒体中心和区文联紧密联合，在“云上夷陵”App开设了《文学艺术》专栏，当年编发夷陵文艺界人士的抗疫文章、评论、美术等作品50多件，之后持续开设该栏目，发挥弘扬夷陵文化、传播夷陵精神、讲好夷陵故事的积极作用。

6. 着力传播饮食文化

夷陵区融媒体中心利用多平台，通过播发系列品牌产品研发新闻动态、品牌产品广告等形式，加强对稻花香酒品牌及企业文化的宣传，对稻花香主打品牌活力型、馨香型系列白酒的推广起到积极作用，助力稻花香品牌打造及科技成果应用。陆羽《茶经》里说，“茶，以峡州上”，夷陵自古以来就是中国优质茶产地之一，全区有茶园面积23万多亩，年产干茶3.5万多吨。中心加强宣传策划，加大茶叶产业发展宣传报道力度，有力助推“茶叶大区”向“茶叶强区”转变，打造全国知名“茶乡”品牌。中心深入挖掘茶旅文化，组建专门团队，对全区每届茶艺节、茶旅小镇等进行全媒体采访报道。中心大力宣传造势，传播夷陵雾渡河猕猴桃文化。雾渡河镇是世界公认的猕猴桃原产地，产品获国家“绿色食品”认证，“湖北夷陵雾渡河猕猴桃栽培系统”入选2016年全国农业文化遗产。2022年8月底，夷陵区融媒体中心主动联系中央电视台湖北总站，提供相关线索和报料，邀请央视就猕猴桃种植、销售等内容进行采访，很好地传播了雾渡河猕猴桃文化。

第四节　夷陵文化传播的未来方略

地方文化传播与区域形象塑造是融媒体中心的一个极为重要的任务，未来，夷陵文化传播应从以下三方面着力。

首先，在传播理念上，融媒体中心应肩负构建区域文化体系的历史责任。文化体系是文化各要素相互连接的整合系统，是文化特质和文化复合体的组合，是核心思想与基本行为的集合，具有文化模式化、文化整合、界线保持和体系自律四种属性。美国地理学家J.E.斯潘塞等认为，文化的最小单元，即文化的某个项目，不论它是人的某一行为还是使用的某一工具，都是文化特质。文化体系是某个区域某个团体为自己的生存而设计，经过历史传承和沉淀形成的一种有明显辨识度的自给自足的体系。区域有自己的文化体系，民族有自己的文化体系，行业有自己的文化体系，不论是从空间时间而言，还是从人群或行业而言，都可以拥有属于自己的文化体系。当然，这些不同的文化体系具有相对性和历史性的，它们存在包含交错的关系。从民族层面而言，中华民族有自己的文化体系，美英日韩民族也有自己的文化体系，中华民族所属的56个民族，又有自己的文化体系；从空间而言，中国、法国、德国因为政治和地理空间的间隔，有各国的文化体系，在一国之内，各省各市各县由于地理空间的间隔，有各区域的文化体系；就行业而言，由于行业的生产本质和规律不同，电力行业、石化行业、教育行业有自己的文化体系；就人群而言，由于人口统计特征与兴趣爱好不同，也有丰富多元的文化体系（文化圈子）。文化是人类发展进步的支撑力量，文化自信是一个国家和民族发展中最基本、最深沉、最持久的力量，文化体系对于所属的圈子、民族和国家而言，发挥着塑造共同思想基础、鼓舞群体士气的作用，能够推动经济社会永续强劲发展。

夷陵区由于地理空间与历史习惯的原因，在拥有所属民族国家文化体系之外，也拥有专属于本区域的文化体系，夷陵区人们在这片土地上千百年来的核心思想与基本行为，构成了夷陵文化体系。这种夷陵文化是为这个区域生活和生产的人们所熟悉的，它就像血液一样浇灌每个人的思想与行为，使这个土地上生存的人们拥有大体一致的世界观、价值观与人生观，令这个土地上的人们因夷陵而彼此关照、相互帮助、共同进步；不论走到哪里，夷陵会成为他们的牵挂、乡愁和骄傲，自古以来经久弥坚的“老乡情”其实就是区域文化体系的生动写照。尽管区域文化的存在是毋庸置疑的，但区域文化体系却并不一定都是一种成熟的存在。有些地方的文化可能是成体系的，有些地方的文化可能是零散的自然状态，有些地方作为行政区域的历史不长，文化可能较为贫瘠，更谈不上文化体系了。因此，需要我们把自然、零散的文化特质，通过有组织有计划的行为，转化为自觉、系统的文化体系，融媒体中心因其传媒的天然优势，历史地成为区域（圈子或行业）文化体系的组织者和构建者。不论哪个级别哪个类型的媒体，都有自己的“一亩三分地”，如人民日报、光明日报是面向全国，江西日报、四川日报是面向全省，三峡融媒体中心、萍乡融媒体中心是面向全市，夷陵区融媒体中心、共青城市融媒体中心是面向全县（区）。这个全国、省、市、县都有不同于他国/省/市/县的区域文化，这就需要各自的媒体肩负起塑造区域文化体系的历史重任。媒体有充足的社会动员能力，能够整合各种人力、物力和财力，共同塑造一个区域的当代文化体系。如此顺延，一代代媒体及其从业者都在着力塑造当下的区域文化体系，百千年后，回头来看，该区域文化体系的内涵与外延将无比灿烂丰富，而且都各具特色，有着无法替代的文化主体地位。夷陵区拥有丰富灿烂的地方文化，在夷陵区融媒体中心的持续努力下，必将构建既有历史文化传承又有现代化风格的当代夷陵文化体系，塑造夷陵现代文明，为建设中华民族现代文明添砖加瓦。

其次，在传播对象上，融媒体中心应发挥鉴别区域文化强符号的时代作用。我们经常会对文化、符号、媒介这三个概念的关系产生困惑，主要原因在于这些概念有着十分亲密的包含或重叠关系。文化是人类一切生活方式的总和，即只要打上人类印记的东西，都可以称之为文化。符号的本质是一种代表关系，即以“此”代表“彼”，有作为意义的所指和作为形式的能指，这个能指是丰富多彩的，也就决定符号的多元性。媒介是信息的中介，是可以传达意义的人事物，按照现代的说法，一切皆媒介，自然世界和人文世界的各种元素都可以成为媒介。从时间顺序上而言，符号与媒介要早于文化，当人类还处在野蛮时期，风雨雷电声音动作都可以是符号，媒介借助符号来传达意义，符号本身也是一种媒介，文化则是随着人类文明的不断演进而理论化、体系化、符号化，精神文化、物质文化、制度文化构建了人们生存发展的意义世界。随着物质产品的繁荣发展，有些物质品牌具有了文化意义，反映出某些价值观和生活方式，也就成为象征符号，人们消费物质产品不仅仅是生活需要，更重要的是精神需要，品牌产品的文化符号所指，能够表达和传递某种意义和信息，体现消费者的地位、身份、个性、品位、情趣和认同，在满足人的基本需要之外，体验社会表现和社会交流。在符号学看来，有声语言、文字、实物、衣饰、人物、事件等都可以是符号，一切人事物都具有指代功能，因此都可以是符号，自然世界和人类世界是符号化的世界。文化是媒介传播的重要内容，是传媒机构进行创意生产取之不尽用之不竭的活力源泉，媒介要通过文字、图片、数据、声音、影像、动漫等各种符号来承载信息、传播意义，因此，文化强符号自然成为传媒机构的宠儿，可以用最低的社会成本产生最优的社会福利，实现社会效益和经济效益的双丰收。

然而，“符号的价值不在于数量，而在于表情达意的鲜明性、突出性、代表性、巧妙性、智慧性，在于被强调、被改变甚至被颠覆的过程，只有在这个过程中，强符号才能产生并发挥作用。强符号是社会共同体的价值认同、主流意识、社会关系，包括媒介、组织、群体的主观推动等因素的共同结晶”[①]。当区域文化资源与品牌产品具有很强的传播力和影响力的时候，实际上就是代表这个区域古往今来人事物的文化强符号，这些文化强符号反映了区域当代主流意识形态，传播富有持久性，能指形式独特，被大众传媒和人们广泛使用，体现出较为稳定的价值认同。譬如长城、故宫、京剧、功夫、长江、黄山等就

①隋岩．符号中国 [M]. 北京：中国人民大学出版社，2014：215.

是中国著名的文化强符号，它们既有独特的呈现形式，又有通适的价值意义，可以为全世界人们所认可，有效传播了中国的良好形象，有利于可爱、可信、可敬的中国形象塑造。对于夷陵区而言，需要辨识、塑造和强化本地的文化强符号，融媒体中心恰逢其时地发挥了这一时代作用。物质品牌产品和历史文化资源都可以成为文化强符号的来源，包括儒家经典文化、历史名人、重大事件、自然风光、建筑服饰、物质产品、艺术歌舞、饮食等自然物质文化遗产和非物质文化遗产内容。对于夷陵区而言，重要的文化强符号包括：夷陵，一座来电的城市（指三峡大坝等大大小小的水电厂，是中国发电量最大的城市，号称世界水电之都）；桔都茶乡桃源酒城（夷陵柑橘产量位居全省前列，茶产业综合实力全省第一，是弥猴桃的发源地，稻花香酒厂所在地，这四种产品单论一项可能并不显眼，但四项合在一起发挥结构优势时，全国其他区县是不具备的，这就有了文化强符号的独特性与影响力）；世界飞行地宜昌百里荒（通过百里荒滑翔伞邀请赛等持续性的活动，把夷陵打造为世界飞行地品牌）；“三峡之眼”中华鲟文化（在中华鲟研究所附近置入地标性摩天轮，全国首个创新科技体验型中华鲟文化城市会客厅）；中国喜城（源自欧阳修的“水至此而夷，山至此而陵，人至此而喜”，探源夷陵历史文化和儒家文化，打造成快乐惬意的喜城文化）；云端三峡（以直播、短视频等形式为游客打造沉浸式游玩体验，推进文旅融创深度合作，了解三峡大坝景区文化）。夷陵区融媒体中心应聚焦这六个文化符号，通过多种形式的宣传报道，逐步丰富其能指形式，强化其所指意义，使其成为区内外人们熟知的文化强符号，从而有力传播夷陵区域形象，获得人们的肯定和好感，引进更多更优的区外资源促进夷陵经济社会发展。

最后，在传播手段上，融媒体中心要致力全媒体生产与传播的当下实践。县级融媒体中心是新型主流媒体的主力军，是党的宣传思想工作的重要抓手，这些中心的基本要求就是应该具备全媒体生产和传播能力，县级融媒体中心与中央省市级媒体共同为社会主义意识形态塑造与主流价值观传播发挥作用，合力为党和人民服务，构建网上网下一体、内宣外宣联动的主流舆论格局，建立以内容建设为根本、先进技术为支撑、创新管理为保障的全媒体传播体系，牢牢占据舆论引导、思想引领、文化传承、服务人民的传播制高点。

全媒体生产与传播既是一种生产能力又是一种传播手段，要求融媒体中心生产出多形态与多介质的传媒产品，实现线上线下综合传播。“所谓多形态主要指的是利用新媒体技术，对文字、图片、音频、视频等几种表达元素进行无极限地组合，满足不同圈子消费者的需求；所谓多介质主要指的是报刊、图书、广播电视、互联网、微信微博等不同介质的媒介形态。融媒中心作为一个新闻机构，深度融合的结果就像是太阳光一样，看起来是一种颜色，但实际上是由红、橙、黄、绿、蓝、靛、紫七种色光组成。在融媒体这个太阳光之中，涵括了文字、图片、音视频等不同形态和原子、电子、数字等不同介质的各种色光，这些多元媒体介质既是一个结构整体，又有各自独立存在，真正实现融媒体社会生产全过程的一体策划、一次采集、多种生成、多端发布。”[①] 当然，全媒体传播并不是指所有媒体机构所有时候对同一题材都得进行全媒体传播，全媒体传播只是一种理论要求和能力具备，要根据不同的报道题材和不同消费需求生产出或传统或新媒体或融合的传媒产品，以最低的社会成本实现最优的社会福利。对于夷陵区融媒体中心来说，在对六大文化强符号的梳理、挖掘与传播中，要根据他们的特质，从每个强符号独立的文化体系构建出发，对其历史源流、相关人物、类型文化、社会关系、实践影响等方面的文化特质进行深入描述与分析，用文字、图片、短视频、纪录片、影视等各种介质和形态的手段去表现其本质、规律、特征与价值意义，通过有计划的扎实推进，五年十年以后，各个符号所属的文化体系大厦必将建成。如此，“一座来电的城市”“桔都茶乡桃源酒城”“云端三峡”等夷陵文化强符号定将成型，届时，它们对于夷陵人民的意义将如同长城、故宫、长江等对于中国人民的意义。

①刘建华．建成新型全媒体：中国传媒融合创新的六大机遇和入口 [J]. 出版发行研究，2022（07）：38.

以国际实践推动媒体融合发展构建新型全媒体传播体系[①]（代后记）

面对不断增加的新变化与新挑战，转型中的中国传媒业需要吸收借鉴国际先进经验，不断创新发展，塑造自己的核心竞争力。日前，中国书籍出版社出版发行的“国际传媒前沿研究报告”译丛（8卷本），切中国内业界学界需求，介绍美国、加拿大、英国、德国、法国、俄罗斯、澳大利亚、韩国8个国家的传媒实践，着重译介了世界主要国家最新传媒发展态势的前沿研究报告，为中国同行打开另一个视角。该译丛从立项、组织翻译再到出版用了大约3年时间，在坚实理论的基础上结合了实践性、前沿性等特征。出版传媒商报专访丛书主编、中国新闻出版研究院传媒研究所执行所长、研究员刘建华博士，了解编译这套书的初衷，他们如何将自己的思考与实践融合进书系中，以及对中国传媒业未来发展有何看法和思考。

2014年8月18日，习近平总书记主持召开中央深改委第四次会议，审议通过《关于推动传统媒体和新兴媒体融合发展的指导意见》，这一年，被称为“媒体融合元年”。从此，我国的媒体融合发展进入快车道。在贯彻落实习近平总书记关于加强国际传播能力建设和文明交流互鉴的重要指示的过程中，为深入研究国外媒体融合发展的经验，2015年10月，中国新闻出版研究院新闻出版学术考察团到美国和加拿大有关高校、科研单位进行学术访问。在加拿大湖首大学传媒系交流访问时，该系杰普逊教授送给访问团一本由蒙特利尔康考迪亚大学新闻系迈克·加什尔教授等著的《加拿大传媒研究：网络、文化与技术》（第七版）。加拿大是诞生“传媒先知”麦克卢汉的国度。该书既有历史叙述、实践操作，又有理论归纳总结。研究院领导提议可以梳理检索世界上主要国家

①本内容为节选，原文载于《中国出版传媒商报》2023年11月03日第17版《传媒新媒》栏目，为该报记者马雪芬、管若潼对刘建华的学术专访。

最新同类著作作为系列译丛出版，以资国内参考，并把它作为院重点课题交给传媒研究所具体组织落实。

刘建华提到，党的二十大报告和习近平总书记在文化传承发展座谈会上的重要讲话均强调加强国际传播能力建设、深化文明交流互鉴，这就需要聚焦其他国家的传媒发展情况。“国际传播是一个完整的过程，文化交流互鉴不仅需要‘走出去’，同时也需要‘引进来’。”刘建华说。但近年来国内翻译的传媒产业专业书并不多，且大多数为理论著作，如果想要了解国际传媒业态的发展，最前沿的著作和传媒成果的引进就成为必要。这些书可以为国内的传媒学界和业界提供参考。此建议为政府管理者提供参考，有助于国内传媒从业者根据我国实际情况，更好地生产适合国际传播的传媒产品。

近年来传统媒体和新兴媒体融合发展已经成为国家战略，而媒体融合到底该怎么做？刘建华提到，传统媒体都在打造融媒体中心，但真正的融媒体中心需要具备一种全媒体产品的生产能力，也就是在掌握新技术基础上进行数字化生产，致力全媒体生产与传播的实践。在新技术的加持下，一体策划、一次采集、多种生成、多端发布。融媒中心不再只是一种媒体形态，而是一个组织机构，在这种组织机构的统筹安排下媒体既有传统媒体的生产能力，又具有了新媒体的生产能力，再根据不同报道题材和需求生产出或传统或新媒体或融合的传媒产品。“在媒体融合方面，其他国家的思想、观念、做法与实践值得我们去了解与参考，为我所用，这样在融合发展的实践中才能更好地脱困与突破。”刘建华说。

“中西文化间性是我们研究的重点。”刘建华认为，国内外在底层思想上、理论上、观念上对待新媒体技术的态度是不一样的。从媒体产业、媒体行业来看，我国的媒体行业、媒体产业的融合发展与变革转型主要是依靠政府推动。因此从长期发展的角度看，国内媒体需要在政府推动下，打造自己的主动“造血”能力，不能单纯依赖政策支撑和推动，媒体要更积极主动地完成好自己的任务与使命。

对于中国传媒业的发展来说，媒体融合已经成为必然。刘建华提到，媒体融合的最终目标是建立起全媒体传播体系，这就要求传媒机构必须具备新媒体内容的生产能力，提供人民群众喜闻乐见的产品和服务。未来一段时间内，新型主流全媒体能力建设有两大重要任务：一是占领舆论引导制高点；二是要建设本区域文化体系。

舆论引导主要是要做好四个方面的工作。一是做好党的理论路线、方针政策的解释与传播，以老百姓喜闻乐见的方式传播出去，同时又要把老百姓的诉求与关切传达到政府管理者面前。二是要讲好本地老百姓生产生活故事，用心用情用力去挖掘、报道宣传本区域本行业人们努力学习、奋发有为、乐观进取的多彩实践。三是做好重大危机事件舆情危机疏导工作，在舆情还没有发酵之前就把其化解好。当出现一些良性的舆情事件时，媒体可以将其引导至更好的方面。四是做好外宣传播工作，吸引各种优秀资源促进本区域本行业发展。

建设本区域本行业文化体系是每个媒体的历史责任和现实要求。媒体在报道中不断塑造并建设本区域的文化体系，挖掘特色文化符号，并进行深入描述与分析，在这一过程中打造核心竞争力。同时，文化体系的建设成果也成为媒体内容生产保持特色和优势、取之不尽用之不竭的源泉。新型主流全媒体应着力进行本地文化传播、塑造本地文化强符号、构建本地文化体系、传播本地良好形象，在“第二个结合”上稳定持续发力，建设当代区域或行业文化，为建设中华民族现代文明助力。未来，媒体应从以下三方面着力：首先，在传播理念上，融媒体中心应肩负构建区域文化体系的历史责任；其次，在传播对象上，融媒体中心应发挥鉴别区域文化强符号的时代作用；最后，在传播手段上，融媒体中心要致力全媒体生产与传播的当下实践。

本书写作分工：刘建华，序论“融媒体中心是治国理政的战略安排”和第一章“县级融媒体中心的角色论”；郝天韵、张志军，第一章“县级融媒体中心的角色论”；李文竹、刘盼，第二章“县级融媒体中心的功能论”；王晓伟，第三章“县级融媒体中心的生产论”；祝青，第四章“县级融媒体中心的经营论”；韦英平，第五章“县级融媒体中心的发展论”；卢剑锋，第六章“县级融媒体中心的传播效果论”；李炜，第七章“县级融媒体中心的国际传播论”；申玲玲，第八章“县级融媒体中心的人才论”，黄欣钰、杨雨晴、闫伟华、邹波等对本研究的学术调研与文献梳理做了大量工作。值此书出版之际，对各位领导、专家及朋友们的帮助表示衷心的感谢，对本书支持单位江西省贵溪市融媒体中心，致以特别的感谢。

刘建华

2024 年 2 月